사유와 운동

La pensée et le mouvant

Henri-Louis Bergson

사유와 운동

—

앙리 베르그송 지음 | 이광래 옮김

문예출판사

머리말

　이 논문집에는 특별히 이 책을 위해 쓰여졌고, 따라서 아직 출판된 적이 없는 입문적인 논문 두 편이 수록되어 있다. 이 논문들은 이 책의 3분의 1을 차지하고 있다. 그 나머지는 소론(小論)이나 강의안(講義案)들인데, 이것들은 프랑스나 그 밖의 여러 나라에서 출간되었지만 현재는 대부분이 절판된 것들이다. 이 논문들의 집필 시기는 대체로 1903년에서 1923년 사이이다. 여기서 나는 주로 철학자들에게 추천해야겠다고 생각한 방법에 대해 다루었다. 이 방법의 기원을 더듬어 올라가고, 또 이 방법이 제시해주는 탐구 방향을 명확히 보여주는 것. 이것이 서론부를 구성하는 논문 두 편의 특별한 목적이다.

　'정신적 에너지(L'Energie spirituelle)'라는 이름으로 1919년에 출간된 책에서 나는, 내 몇몇 성과를 살펴본 《시론과 강의안들》을 편집한 바 있다. 이 새로운 논문집은 앞선 논문집을 보충하려는 것이라 할 수 있는데, 이번에는 탐구작업 자체에 관한 '시론과 강의안들'로 엮었다.

　옥스퍼드의 클라렌던출판사 위원회는 지난 1911년 내가 옥스퍼드 대학에서 행했으며 그들이 정성껏 편집했던 두 강의안을 이 책에 재수록할 수 있게 편의를 베풀었다. 그들에게 정중한 감사의 뜻을 표한다.

_앙리 베르그송

5

1

서론 I

진리의 성장 —— 진리의 역행운동

철학에 있어서의 정확성에 대하여

철학(哲學)에 가장 결핍되어 있던 것은 정확성(正確性)이다. 철학의 여러 체계(體系)들은 우리가 살아가는 현실에 꼭 맞게 재단되지 않았다. 오히려 그것들은 현실보다 더 크게 재단되어 있다. 그것들 가운데 적당하다고 생각되는 것을 아무것이나 골라서 살펴보자. 그때 그 체계가 우리의 현실뿐만 아니라 다른 세계에 대해서도 똑같이 적용될 수 있다는 사실이 밝혀질 것이다. 즉 식물이나 동물은 없고 오직 인간만이 존재하는 세계, 먹지도 마시지도 않고 살아갈 수 있는 세계, 자지도 꿈꾸지도 않고 마음이 방황하지도 않는 세계, 늙은이로 태어나서는 젖먹이로 죽어가는 세계, 에너지가 그 사양길을 거슬러 올라가서 모든 것이 역행하고 거꾸로 되는 세계 —— 이런 세계에도 똑같이 적용될 수 있다. 왜냐하면 순수한 체계라는 것은 매우 추상적(抽象的)이고 따라서 광범위한 여러 개념들의 총체(總體)로서, 여기에서는 실재적인 것 이외에도 가능적인 것과 심지어는 불가능한 것까지도 모두 파악된다고 할 수 있기 때문이다. 그러나 만족할 만하다고 판단되는 설명은 그 대상(對象)에 꼭 들어맞는 설명, 다시 말해서 대상과의 사이에 조금의 틈새도 없는 설명이다. 요컨대 그것은 다른 설명이 똑같이 자리 잡을 수 있는 간격을 갖지 않는 설명으로서, 오직 그 대상에만 적합하며, 그 대상은 오직 그 설명에만 맞아들어간다. 과학적 설명이 이런 것일 수 있다. 과학적 설명은 절대적인 정확성과 점차 완전해지는 증거를 포함하고 있다. 과연 철학 이론도 그렇게 말할 수 있을까?

그런데 내게 하나의 예외로 생각되었던 학설이 있었다. 어쩌면 그랬기 때문에 나는 젊었을 때 이 학설에 끌렸던 것인지도 모른다. 스펜서(Spencer)의 철학은 사물(事物)의 각인(刻印)을 뜨고 사실(事實)들을 그 세세한 면에 이르기까지 본뜨려 했다. 물론, 그의 철학은 아직도 그 근거점을 모호한 일반화 속에서 찾고 있다. 나는 그의 《제1원리(First Principles)》가 지닌 약점들을 잘 알고 있었다. 이 약점들은 저자가 역학(力學)의 '최근의 사상들'을 철저히 규명하지 못한 데 기인한다고 생각했다. 나는 그의 저서의 이 부분을 다시 손질해서 견고히 완성하고 싶었다. 그리하여 나는 이에 관해 힘 닿는 데까지 연구했으며, 드디어 시간의 관념에 이르게 되었고, 내 앞에는 경이(驚異)가 기다리고 있었다.

지속의 배제

모든 진화의 철학에서 가장 중요한 역할을 하는 실재적 시간이 수학적인 취급 방식에 적합하지 않다는 사실을 알았을 때, 나의 놀라움은 매우 컸다. 실재적 시간의 본질은 경과(經過)한다는 것이며, 따라서 그 부분들 각각은 다른 부분이 나타났을 때 이미 그곳에 머물러 있지 않다. 그러므로 측정할 목적으로 한 부분을 다른 부분 위에 포개놓는 일은 불가능할 뿐만 아니라 상상할 수도, 염두에 둘 수도 없다. 어떠한 측정에도 틀림없이 관습적인 요소가 들어가며, 동등하다고 생각되는 두 체적(體積)이 서로의 위에 직접적으로 포개지는 일은 극히 드물다. 포개짐이라는 것은 체적의 부분적인 성질을 간직하는 여러 측면이나 결과들 가운데 하나에 대해서만 가능할 뿐이다. 따라서 우리는 바로 이 한 가지 결과나 한쪽 측면을 측정하게 된다. 그러나 시간의 경우에 포갬이라는 생각은 불합리한 면을 지니고 있다. 왜냐하면 자기 자신 위에 포개질 수 있고, 따라서 측정될 수 있는 지속(持續)의 결과는 모두 그 본질상 지속하지 않을 것이기 때문이다.

대학 시절 이래로 나는 지속(持續)이 운동하는 물체의 궤도를 통해서 측정되고 있으며 수학적 시간이 선(線)이라는 것을 잘 알고 있었다. 그러나 그때까지만 해도 나는 그런 조작(操作)이 우리가 측정하고자 하는 것을 대표하는 하나의 측면이나 결과 위에서 이루어지지 않고 오히려 그것을 배제시킨 것 위에서 이루어지기 때문에, 다른 모든 측정 행위와 근본적으로 대조된다는 사실을 깨닫지 못했다. 우리가 측정하는 선(線)은 운동하지 않지만 시간은 운동성이며, 선은 이미 만들어져 있는 것이지만 시간은 발생하고 있는 것이며, 더구나 모든 것을 발생하게끔 하는 것이다. 시간의 측정은 결코 지속(持續) 자체로서의 지속을 대상으로 하지 않는다. 그때 우리는 단지 시간 간격의 극한치(極限値)들, 즉 순간들, 다시 말해서 시간의 잠재적인 정지점(停止點)들을 헤아리고 있을 뿐이다. 한 사건이 어떤 시간 t가 지난 후에 발생하리라고 주장하는 것, 이것은 곧 지금부터 그때까지 어떤 종류의 동시성(同時性)들을 t개만큼 세게 되리라고 말하는 것이다. 이 동시성들 사이에서는 원하는 어떤 것도 발생할 수 있다. 그렇다면 시간은 극도로, 심지어는 무한(無限)에 이를 때까지 가속될 수 있으며, 이제 수학자나 물리학자 혹은 천문학자에 있어서 변화하는 것이란 존재하지 않는다. 그러나 의식(물론 내가 말하고자 하는 의식은 뇌 속에서의 운동과는 아무런 연대관계도 지니지 않는 의식이다)과 비교했을 때 그 차이는 엄청나게 크다. 의식에 있어서 기다림이란, 날마다 매시간마다 달라지는 고역인 것이다. 이러한 특정한 기다림과 그 외적인 원인을 과학은 고려할 수 없다. 과학은 지금 지나가고 있는 시간이나 앞으로 지나갈 시간을 다룰 때조차 그 시간을 마치 이미 지나가버린 시간처럼 취급한다. 어떻게 보면 이것은 지극히 당연한 일이다. 과학의 역할은 예측하는 것이기 때문이다. 과학은, 반복될 수 있고 계산될 수 있으며 따라서 지속하지 않는 것을 물질적 세계에서 추출(抽出)해내어 고정시켜놓는다. 그러므로 과학은 상식에 몸을 기댈 뿐이며, 이 상식이 바로 과학의 출발점이 된다. 시간을 말할 때 우리는 보통 지속의 측정치(測定値)에 대하여 사유(思惟)하며 지속 자체에 대하여 사유하지는 않는다. 그러나 과학이 제거해버렸고, 또 개념화(槪念化)나 표현이 극히 어려운 이 지속이야말로 바로 우리가 느끼고 있는 것, 우리가 살아가고 있는 것이다. 그것이 과연 무엇일까 탐구해보자. 시간을 보려 하되 측정하지 않으며, 따라서 시간을 파지(把持)하되 멈추게 하지 않고 결국에는 자기 자신을 대상으로 삼는 의식, 다시 말해서 관객과 배우, 자연 발생적인 것과 반성적인 것, 그리고 고정되어 있는 관심과 경과해가는 시간을 서로 합치할 때까지 근접시킬 의식의 눈에 시간은 과연 어떻게 비칠 것인가?

이것이 나의 문제였다. 이 문제를 푸는 과정에서 나는 그 당시까지만 해도 흥미가 없었던 내적 생활의 영역에 몰두하게 되었다. 나는 즉

시 정신에 대한 연상주의적 관점이 불충분함을 알아차렸다. 당시 대부분의 심리학자와 철학자들이 공통적으로 갖고 있던 이 관점은, 의식 생활을 인위적으로 재구성한 결과였다. 그러나 직접적 투시(透視), 즉 편견이 끼지 않은 무매개적(無媒介的)인 투시는 무엇을 제공해주는가? 기나긴 일련의 반성과 분석을 통하여 나는 편견을 하나하나 제거했고, 이전에는 아무런 비판 없이 받아들였던 많은 생각들을 폐기하게 되었다. 결국 나는 순수한 내적 지속을 발견했다고 믿게 되었다. 이 지속은 단일성도 다양성도 아니며 우리의 어떠한 틀에도 맞지 않는 연속성이다. 실증과학이 이러한 지속에 무관심했다는 사실처럼 당연한 일은 없다고 생각되었다. 왜냐하면, 과학의 기능이란 정녕 우리가 행위의 편의를 위하여 시간의 영향권을 빠져나갈 수 있는 세계를 우리에게 구축해주기 때문이다. 그러나 스펜서의 철학은 실재를 그 운동성 속에서, 그 진행 속에서, 그 내적 성숙 속에서 추적하게끔 만들어진 진화설이다. 따라서 어떻게 이 학설이 '변화 자체란 무엇인가'라는 문제를 간과할 수 있었겠는가?

실재적 시간의 회복

이러한 질문을 통해서 나는 실재적 시간을 고려하고 생의 진화라는 문제에 이르게 되었다. 이때 나는 스펜서 유(類)의 '진화론'은 거의 완전히 다시 만들어져야 한다는 것을 알게 되었다. 우선 당장 내가 심취했던 것은 지속의 투시였는데, 여러 체계들을 검사하면서 나는 지속에 대하여 철학자들이 거의 관심을 갖지 않았음을 확인했다. 철학사 전반을 통해서 시간과 공간은 동일한 지위에 놓였고 동일한 종류의 사물들처럼 취급되어왔다. 우선 공간을 연구한 다음 공간의 본질과 기능을 결정하고 얻은 결론을, 시간에 적용해왔던 것이다. 이렇게 해서 공간의 이론과 시간의 이론은 서로 짝을 이루게 되었는데, 전자에서 후자로 옮겨갈 때는 단지 한 단어만을 바꾸면 충분했다. 즉 '병치(竝置)'라는 단어가 '계기(繼起)'라는 단어로 바뀌기만 하면 되었던 것이다. 실재적인 지속은 고의적으로 회피되었다. 무슨 이유에서일까? 과학은 나름대로의 이유를 가지고 있지만, 과학보다 앞서 나타났던 형이상학은 그와 같은 이유도 지니지 못한 채 이미 그런 방식으로 행해지고 있었다. 여러 학설들을 보고 나니, 이에 언어가 큰 역할을 하고 있는 것으로 생각되었다. 지속은 언제나 연장(延長)을 통해서 표현되며, 시간을 지칭하는 용어들은 공간의 언어에서 차용된다. 우리가 시간을 부를 때 이러한 부름에 응답하는 것은 공간이다. 형이상학은 언어 습관에 순응해야만 했으며, 또 언어 습관은 그 자체로 상식의 습관을 본받고 있다.

그러나 과학과 상식이 이 점에서 의견을 같이 한다는 것, 즉 지성(知性)이, 자연적으로든, 반성적으로든 실재적 시간을 팽개쳐버린다는 것 —— 이는 우리 오성(悟性)의 목표가 그것을 요구하기 때문이 아닐까? 이것이 바로 내가 인간 오성의 구조를 연구하면서 발견했다고 믿는 점이다. 내게는 오성의 기능 가운데 하나가 바로 운동에서든 변화에서든 지속을 은폐하는 일이라고 생각되었다.

운동에 관한 한, 지성은 단지 일련의 위치들만을 고수하고 있다. 지성은 우선 한 점(點)에 도착한 다음에 다른 점으로 가고, 또다시 다른 점에 이르는 것이다. 이 점들 사이에서 무엇인가가 발생한다고 오성을 반박해보자. 그 즉시 오성은 새로운 위치들을 삽입하며, 반박받을 때마다 무한히 삽입시켜 간다. 오성은 변이(變移)에서 시선을 돌리고 있

14

다. 우리가 변이를 직시하라고 요구하면, 오성은 고려되는 위치의 수효가 증가할수록 점점 더 좁아지는 간격들 속으로 운동성(運動性)을 떠밀어 넣어서, 그것이 움츠러들고 오그라들어 결국에는 무한히 작은 것으로 사라지게끔 자세를 취한다. 이것처럼 당연한 일은 없다. 왜냐하면 지성은 무엇보다도 사물에 대한 우리의 행위를 준비하고 개발하도록 운명지어져 있기 때문이다. 우리의 행위는 편리하게도 오직 고정적인 점 위에서만 행해지며, 따라서 우리의 지성이 추구하는 것은 고정성(固定性)이다. 지성은, 움직이는 것이 어디에 있는가, 또 그것이 어디에 있을 것인가, 움직이는 것이 어디를 경과(經過)하는가를 자문할 뿐이다. 설령 지성이 경과의 순간에 주목한다 해도, 그리하여 지속에 흥미가 있는 것처럼 보인다 해도, 지성은 두 개의 잠재적인 정지점들의 동시성(同時性)을 확인하는 것에 그친다. 그 두 개의 잠재적 정지점의 하나는 지성이 고려하고 있는 움직이는 것의 정지점이며, 다른 하나는 그 진로가 곧 시간의 진로라고 가정되는 다른 움직이는 것의 정지점이다. 그러나 지성이 관계하고자 하는 것은 실재적이든 가능적이든 간에 언제나 부동성(浮動性)이다. 이제 운동을 일련의 위치들로 그려내는 이러한 운동의 지성적 표상(表象)을 무시해보자. 그리고 운동에 직접 다가가서 그것들 사이에 아무런 개념도 끼워넣지 않고 살펴보자. 그때 우리는 운동이 단순한 하나의 조각으로 된 전체라는 사실을 발견할 것이다. 조금 더 가까이 다가가보자. 그리하여 우리 자신이 만들어내는 의심할 바 없이 실재적이고 절대적인 운동들 중 하나와 그 운동이 일치하게끔 해보자. 이때 우리는 운동성을 그 본질에서 파악하게 되고, 그 지속이 곧 불가분적 연속성인 노력 속에 운동성이 혼합되어 들어감을 감지하게 될 것이다. 그러나 운동이 공간을 가로질러간다는 이유로, 언제 어디서나 고정성을 찾는 지성은 그 운동이 공간 위에 덧붙여지며 움직이는 것은 자기가 그 위를 따라 움직이고 있는 선분(線分)의 각 점들 위에 차례로 있다고 사후적으로 가정한다. 그렇지만 기껏해봤자 우리가 말할 수 있는 바는, 만일 움직이는 것이 더 일찍 정지했더라면 —— 즉 더 짧은 운동을 할 목적으로 우리가 전혀 다른 노력을 했더라면 —— 그것은 그 점(點)들 위에 있었을 것이라는 것이다. 이런 생각에서 미처 한 발도 떼기 전에 우리는 운동을 단지 일련의 위치들로 보게 된다. 그때 운동의 지속은 각각의 위치에 대응하는 '순간들'로 분해될 것이다. 그러나 시간의 순간들이나 움직이는 것의 위치들이란 우리의 오성(悟性)이 지속 및 운동의 연속성을 속사로 찍은 스냅 사진에 불과하다. 이렇게 병치된 시각(視角)에 있어서는 언어의 요구에 상응하고 결국에는 계산의 요구에 순응하는 시간 및 운동의 실용적 대용품이 있게 된다. 그러나 이것은 한갓 인위적인 재구성에 불과한 것이며, 시간과 운동은 이와는 전혀 다르다.[1]

변화(變化)에 대해서도 똑같이 말할 수 있다. 오성(悟性)은 계기적(繼起的)이고 뚜렷이 구별되는 여러 상태들, 즉 불변적이라고 여겨지는 여러 상태들로 변화를 분해한다. 그러나 이 상태 각각을 더 면밀히 살펴보면 그것들이 변동하고 있음을 알게 된다. 만일 이 상태들이 변화하지 않는다면, 그것은 어떻게 지속할 수 있단 말인가? 이러한 질문을 받는 즉시 오성은 그 상태를 더 짧은 상태들의 계열로 대치시킨다. 이러한 계열은 필요할 때는 언제든지 다시 분해되는 과정을 무한히 계

---

1 만일 영사기가 필름 위에 병치되어 있는 움직이지 않는 영상들을 화면에 비춰주면서 이것이 운동이라고 한다면, 그것은 이 기구 안에 있는 운동을 화면 위에, 말하자면 움직이지 않는 그 영상들과 함께 투사한다는 조건에서 그렇다.

속한다. 그러나 지속의 본질은 흐른다는 것이며, 안정적인 것은 서로 연결되어도 지속을 결코 만들어내지 못한다는 사실을 어찌 간과할 수 있으랴? 실재적인 것은, '상태들', 즉 다시 한번 말하지만 우리가 변화의 과정 동안에 찍어낸 속사 사진들이 아니다. 이와 반대로, 그것은 흐름이며 변이(變移)의 연속이거니와 그것은 변화 자체이다. 변화는 불가분적이고 심지어는 실체적(實體的)이기까지 하다. 만일 지성이 변화가 견실치 못하다고 판단해서 그것에 어떤 지주(支柱)를 덧붙이자고 고집한다면, 그때 지성은 변화를 일련의 병치된 상태들로 대체하고 있는 것이다. 그러나 이 다양성(多樣性)은 인위적인 것이며 이 위에 우리가 복원시켜 놓는 단일성(單一性)도 또한 인위적이다. 이제는 오로지 변화의 끊임없는 충동, 즉 가없이 뻗어나가는 지속 가운데에서 자기 자신에 언제나 밀착해 있는 변화의 부단한 충동만이 있을 뿐이다.

이러한 성찰에서 내 마음속에는 커다란 희망과 동시에 수많은 회의가 일어났다. 형이상학의 문제들은 지금까지 잘못 제기되어왔으며, 바로 이러한 이유 때문에, 그 문제들을 '영원하다'거나 해결될 수 없는 것이라고 믿을 필요가 전혀 없다고 이미 말한 바 있다.

형이상학은 현재 우리의 지성이 보여주는 바와 같은 운동과 변화의 본질적 모순을 엘레아 학파의 제논(Zenon)이 지적했을 때, 비로소 시작되었다. 이렇게 운동 및 변화의 지성적 표상(表象)에 의해서 야기된 난점들을 점차 더 정교해지는 지성적 작업을 통해서 극복하거나 회피하는 데 고대와 근대의 철학자들은 그들의 주된 노력을 쏟아넣었다. 그리하여 형이상학이 추구하게 된 것은, 시간 위에 자리 잡고 있으며 또 움직이고 변화하는 것의 저 건너편에 위치해 있고, 따라서 우리의 감각과 의식(意識)이 지각하는 것의 바깥에 있는 사물의 실재였다. 그 결과 형이상학은 고작해야 개념(槪念)들을 어느 정도 인위적으로 배열하는 일, 다시 말해서 가설적으로 구성하는 일밖에 할 수 없었다. 형이상학은 경험을 초월한다고 자처한다. 그리하여 점점 더 깊이 들어갈 수 있고 따라서 현시(顯示)로 가득 차 있는, 움직이고 있고 풍부한 경험에서 취한, 더 정확히 말해서 그 경험의 가장 바깥 표층에서 취한 추상적인 일반 관념의 체계에 지나지 않는다. 이렇게 하는 것보다는 오히려 나비가 나올 고치에 대해서 이야기하는 편이 나을 것이다. 즉 형이상학이 하는 일은, 하늘하늘 날아다니면서 변화하고 살아 움직이는 나비가 자기의 존재 이유와 완성을 그 껍데기의 불가역성에서 찾는 것과 별반 다를 바 없다. 이와는 반대로, 이제 고치를 풀어 번데기를 잠에서 깨워보자. 번데기의 운동성(運動性)을 운동에, 번데기의 유동성(流動性)을 변화에, 번데기의 지속(持續)을 시간에 되돌려 보내자. 그때 풀 길 없는 '위대한 문제들'이 껍질에 붙은 채로 떨어져 나가리라는 사실을 모를 사람이 있을까? 그 문제들은 운동이나 변화 혹은 시간에 관련된 것이 아니라, 이것들로 혹은 이것들의 등가물(等價物)로 오인된 개념적인 고치였던 것이다. 미리 그 본연의 모습으로, 즉 부단한 창조와 끊임없는 새로움의 용솟음으로 나타나게 될 것이다.

이러한 점을 우리는 운동 및 변화에 대한 습관적인 표현 때문에 보지 못하고 있었다. 만일 운동이 일련의 위치이며 변화가 일련의 상태라면, 시간은 뚜렷이 구별되어 병치되어 있는 부분들로 이루어져 있게 된다. 아직도 분명히 이 말은 여러 부분들이 서로 계기(繼起)한다는 말이다. 그러나 이때 이러한 계기는 영화 필름에 맺히는 상(像)들의 계기와 유사하다. 필름을 열 배, 백 배, 혹은 몇백만 배나 더 빨리 전개할 수는 있지만, 필름이 전개하는 것에는 아무 다를 바 없다. 설령 필름을 무한히 큰 속력으로 돌려 그 전개(이때는 기구 밖에서의 전개)가 순간적이 된다 하더라도, 그것은 여전히 똑같은 영상에 지나지 않는다. 따라서 이렇게 이해되는 계기는 아무것도 덧붙여 주지 않는다. 오히려 그것은 무엇인가를 잘라내버린다. 계기란 결핍을 드러내는 것이며, 또한 필름을 전체적으로 파악하지 못하고 하나하나 분리된 상들로 분할하도록 판결받은 지각의 불충분함을 표현해주고 있다. 간단히 말해서, 이렇게 탐구되는 시간은 관념상의 공간에 지나지 않는다. 이 공간에서는 모든 과거의 사건과 현재의 사건, 그리고 미래의 사건들이 줄지어 배열되어 있고 더구나 여기서 이것들은 한꺼번에 우리에게 나타나지 못한다고 가정되어왔다. 그렇다면 지속에 있어서의 전개는 바로 이미 완결 자체가 되며, 또한 부정적(否定的)인 양(量)의 첨가가 된다.

이러한 생각을 대부분의 철학자들이 의식적이든 무의식적이든 하고 있는데, 이렇게 해서 그들은 오성의 강요와 언어의 요구, 그리고 과학의 부호주의(符號主義)에 부응하고 있는 것이다. 그들 가운데 어느 누구도 시간의 긍정적 속성을 추구하지 않았다. 그들은 계기가 마치 성취되지 못한 공존인 양, 또 지속이 마치 영원성의 상실인 양 다루었다. 바로 이러한 이유 때문에 그들은 온갖 노력은 수포로 돌아갔고, 근본적으로 새로운 것과 전혀 예측 불가능한 것을 표현하지 못했던 것이다. 내가 지금 말하고 있는 철학자들은 비단 현상(現象) 및 사건의 연쇄가 아주 엄격하여 반드시 결과가 원인에서 유도되어야 한다고 믿는 철학자들은 아니다. 이러한 철학자들은 미래가 현재 안에 주어지며, 이론상 미래를 현재 안에서 볼 수 있고, 따라서 미래는 현재에 새로운 아무것도 더해주지 않을 것이라고 생각하는 사람들이다. 그런데 소수이기는 하지만 자유의지를 믿는 철학자들조차도 미래를 둘이나 그 이상의 선택지(選擇枝) 사이의 단순한 '선택'으로 환원하고 있다. 마치 이러한 선택지들이 미리 구도되어 있는 '가능적인 것들'인 양, 또 의지가 그 선택지 중의 하나를 '실현'하는 것에 국한되어 있기나 한 듯이 말이다. 따라서 그들은 그들 자신은 알아차리지 못하고 있는지 모르지만, 아직도 모든 것이 주어진다고 인정하고 있는 것이다. 완전히 새로울지도 모르며(적어도 내적으로는) 그 실현에 앞서서 단순히 가능적인 것의 형태로조차 결코 존재하지 않을 행위에 대해서, 그들은 조금도 생각지 않는 것 같다. 그러나 방금 말한 것이 바로 자유행위인 것이다. 따라서 자유행위를 그렇게 지각하기 위해서는 —— 어떤 면에서는 창조나 새로움 혹은 예측 불가능한 것을 상상하려고 할 때와 마찬가지로 —— 순수지속(純粹持續) 안으로 돌아가 자리 잡아야만 한다.

예를 들어, 앞으로 어떤 행위를 할 것인가를 알고 있을 때라도, 내일 행할 행위를 오늘 생각해내려고 해보라. 그것을 상상하는 데는 운동이 필요하다. 그러나 그 운동을 하면서 생각하고 경험하게 될 것에 대하여 오늘 아무것도 알 수는 없다. 왜냐하면 내일 우리의 영혼의 상태는 그때까지 살아 지내온 삶의 전부와 아울러, 바로 그 특정 순간이 그 삶에 덧붙여줄 그 어떤 것도 포함할 것이기 때문이다. 그 상태를 그것이 가져야만 하는 내용으로 미리 가득 채우기 위해서는 바로 오늘과 내일을 구분하는 시간이 필요하다. 그 이유는 심리적 삶을 한 순간으로 수축시킬 때든 항상 그 내용에 변경이 가해지기 때문이다. 한 멜로디의 지속을 그 성질을 바꾸지 않고 짧게 할 수 있단 말인가? 내적 삶이란 곧 이러한 멜로디인 것이다. 따라서 내일 할 일을 지금 안다고 가정할 때, 그 행위에 대해 예견하는 것은 단지 그 외적 구성에 지나지 않는다. 행위의 내부를 미리 예상해보려는 노력은 지속 안에 자리 잡고 있어야 한다. 이 지속은 자꾸만 뻗어나가 결국에는 행위가 완수되어 더는 그 행위를 예견할 필요가 없는 순간에 이르게 해줄 것이다. 행위가 참으로 자유롭다고 할 때, 즉 그 전체가 창조된 것이라 할 때, 이 행위가 완수되는 순간에 그 내적 색조는 물론 그 외적 설계는 과연 어떻게 될 것인가?

따라서 그 연속적인 위상(位相)들이 일종의 내적 성장에 의해 상호 침투하고 있는 진화는 뚜렷이 구분되는 부분들이 서로 병치(竝置)해 있는 전개와 근본적으로 다르다. 우리는 부채를 점점 더 빨리, 심지어는 순간적으로 펼칠 수는 있지만, 부채가 펼쳐놓은 것은 언제나 비단 위에 미리 수놓아져 있는 동일한 자수일 뿐이다. 반면에 실재적인 진화는 조금이라도 가속되거나 감속되기만 하면 내적으로 완전히 수정된다. 진화의 가속이나 감속이 바로 이 내적 수정이다. 진화의 내용은 그 지속과 하등 다를 바 없다.

이렇게 줄어들지도 않고 연장되지도 않는 지속을 영위하는 의식 외에, 시간이 단지 스쳐 지나가는 물질적 체계가 있다는 것은 사실이다. 그 체계를 뒤따르는 현상에 대하여 우리는 그 현상들이 단지 부채의 펼침이라는 것, 더 좋게 말해서 영화 필름의 전개라는 것 말고는 실제로 말할 것이 없다. 미리 계산될 수 있으므로 그 현상들은 가능적인 것의 형태로서 그 실현에 앞서 존재한다고 한다. 이것이 천문학과 물리학 그리고 화학이 연구하는 체계다. 물질적 우주는 전체적으로 과연 이런 종류의 체계를 이루고 있는가? 과학이 이것을 가정할 때, 과학은 그럼으로써 단지 우주 안에서 계산 불가능한 것을 모두 옆으로 치워놓을 뿐이다. 그러나 어떤 것도 폐기하기를 원하지 않는 철학자라면 그는 우리 물질적 세계의 제 상태가 우리 의지의 역사와 동시대적이라는 사실을 밝힐 의무가 있다. 의식이 지속하듯이 물질세계도 어떻게 해서든지 반드시 실재적 지속에 결부되어야 한다. 전체적으로 계산 가능한 체계의 계기적(繼起的)인 상태가 도안되어 있는 필름은 아무것도 변화시키지 않으면서 이론상 어떠한 속력으로라도 전개될 수 있다. 그러나 실제로 이 속력은 정해져 있다. 왜냐하면 필름의 전개는 우리의 내적 삶의 어떤 지속에 대응하기 때문이다 —— 이 지속 외에는 다른 어떤 것에도 대응하지 않는다. 따라서 전개되는 필름은 아닌 게 아니라 지속하면서 그 운동을 규제하는 의식에 결합되어 있다. 이미 말한 바와 같이 한 컵의 설탕물을 마련하고자 할 때는 반드시 설탕이 녹을 때까지 기다려야 한다. 기다려야 할 필요성은 중요하며, 다음과 같은 사실을 알려준다. 즉 시간을 단지 자신의 추상물(抽象物)이나 관계 혹은 수(數)로서만 지니고 있는 여러 체계를 우리가 우주에서 떼어낼 수 있을 때, 그 우주 자체는 전혀 다른 것이 될 것이라는 것이다. 우주를 전체로서, 즉 비유기적이기는 하지만 유기적 존재와 서로 얽혀 있는 전체로서 파악할 수 있을 때, 우리는 그 우주가 우리의 의식 상태만큼이나 새롭고 독창적이며 예측 불가능한 형태를 끊임없이 띠고 있음을 알게 될 것이다.

과거 속의 현재의 환상

그러나 진정한 지속에서의 계기와 공간적 시간에서의 병치 —— 즉 진화와 전개, 근본적으로 새로운 것과 기존물의 재배열, 요컨대 창조와 단순한 선택 —— 를 구별하기는 매우 어렵다. 따라서 이러한 구분을 한 번에 너무 여러 측면에서 밝힐 수는 없다. 그러므로 이제 지속이 창조적 진화로서 탐구되는 한, 그 지속 안에는 단지 실재뿐만 아니라

가능성도 영속적으로 창조되고 있다고 말해보자. 이 말을 많은 사람들이 인정하지 않는데, 그 이유는 사건이 완수되기 위해서는 반드시 그 사건이 미리 완수될 수 있어야만 하며, 따라서 실재적이기 이전에 미리 가능해야만 한다고 그들은 언제나 믿기 때문이다. 그렇지만 더 자세히 살펴보자. 그때 '가능성'이라는 말이 전혀 다른 두 가지 의미를 지니고 있으며, 우리는 대부분의 시간을 이 두 의미 사이를 왔다 갔다 하면서 본의는 아니지만, 그 의미를 가지고 말장난하는 데 빠져 있음을 알게 될 것이다. 음악가가 교향곡을 작곡할 때, 그의 작품은 실재적이기 이전에 가능했을까? 물론 이 말이 교향곡을 실현하는 데 있어 극복할 수 없는 장애가 없었다는 것으로 이해된다고 그럴지도 모른다. 그렇지만 우리는 가능성(可能性)이라는 단어의 이러한 부정적인 의미에서 아무런 경계도 없이 이 단어의 긍정적인 의미로 넘어간다. 즉 모두 충분히 정보를 입수한 어떤 정신(精神)에 의해 만들어지는 것은 미리 지각될 수 있었을 것이며, 따라서 관념의 상태로 그 실현에 앞서 미리 존재했다고 우리는 생각하게 되는 것이다. 예술작품의 경우에 있어서 이것은 얼마나 해괴 망측한 생각인가! 왜냐하면 음악가가 자기가 작곡하려는 교향곡에 대해 정확하고 완전한 관념을 갖는 즉시, 그의 교향곡은 이미 이루어지기 때문이다. 예술가의 사유에 있어서, 더군다나 우리의 사유와 비교될 만한 다른 사유에 있어서, 교향곡은 그것이 비인격적이든 아니면 단순히 잠재적이든 간에 실재적이기에 앞서 가능적인 것의 성질을 지니고 있지는 않았다. 그러나 의식적이고 살아 있는 존재 모두와 함께 취해진 우주의 어떤 한 상태에 대해서도 이와 똑같이 말할 수는 없을까? 그 상태는 아무리 위대한 거장(巨匠)의 교향곡보다도 더 새롭고 근본적인 예측 불가능성으로 충만해 있지 않을까?

설령 그것이 만들어지기 이전에 구상되지는 않았다 하더라도 그렇게 될 수는 있었으며, 이러한 의미에서 그것은 아득한 옛날부터 어떤 실재적이거나 잠재적인 지성(知性) 안에서 가능적인 것의 상태로 존재해 왔다고 언제나 믿어지고 있다. 이러한 환상(幻像)을 깊이 파고들어가면, 우리는 이 환상이 우리 오성의 본질에서 유래한다는 것을 알게 될 것이다. 사물(事物)과 사건(事件)은 어떤 결정되어 있는 순간에 발생하며, 이 사물과 사건들의 현현을 확인하는 판단은 그것들의 발생 다음에 올 수밖에 없다. 요컨대, 그 판단은 자신의 날짜를 갖는 것이다. 그러나 이 날짜는 모든 진리는 영원하다는, 우리 지성에 깊이 뿌리박은 원리에 의해서 졸지에 사라져버린다. 판단이 지금 참이면 그것은 언제나 참이어야만 한다고 우리는 생각한다. 그 판단이 아직 명백히 표명되지 않았어도 상관없다. 왜냐하면 그것은 실제로 제기되기 이전에 당연히 그 스스로 제기되기 때문이라는 것이다. 이렇게 해서 우리는 참인 모든 단언(斷言)에 대하여 소급적인 결과를 부여한다. 더 정확히 말하면 그것에 역행운동을 부여해준다. 마치 판단이 자기를 구성하는 용어들에 선재(先在)할 수 있기나 하듯이! 마치 이 용어들이 자기가 표현하는 대상(對象)들의 출현에서 유래하지 않기나 했듯이! 마치 예술이나 자연이 참으로 새로운 형태를 발명해낼 때, 사물과 그 사물의 관념, 또 그 실재와 그 가능성이 단 한 번에 동시에 창조되지 않기나 했듯이!

이러한 환상의 결과는 헤아릴 수 없을 정도로 많다.[2] 인간과 사건에

2   이러한 결과에 대하여, 더 일반적으로 말해서 참된 판단의 회고적 가치에 대한 확신 및 진리의 역행운동에 대하여, 필자는 1913년 1월과 2월에 뉴욕의 콜럼비아대학에서 강연을 하면서 상세히 설명한 바 있다. 여기서는 몇 가지 시사에 그치겠다.

대한 우리의 평가는 참된 판단의 회고적 가치에 대한 신념으로, 즉 진리가 일단 자리 잡고 나서 시간 속에서 자동적으로 일으키는 역행운동에 대한 신념으로 온통 가득 차 있다. 완수되었다는 사실 하나만으로 실재는 자기의 그림자를 자신 뒤의 무한히 먼 과거에까지 드리우고 있다. 이리하여 실재는 자기 자신의 실현에 앞서 가능적인 것의 형태로 존재한 듯이 보이는 것이다. 여기서 과거에 대한 우리의 생각을 왜곡하는 오류가 발생한다. 또 바로 이 점에서 모든 경우에 미래를 예측한다는 우리의 주장이 나타난다. 예를 들어, 우리는 미래의 예술, 미래의 문자, 미래의 문명이 어떤 것일까 하고 우리 자신에게 물어보며, 사회진화의 도표를 개략적으로 그려보고, 심지어는 사건을 그 세세한 부분까지 예측하려 한다. 분명히 우리는 실재가 일단 완수되기만 하면 언제나 그것을 그에 선행하는 사건과 그것이 일어났던 상황에 소급하여 연결시킬 수 없다.

그러나 전혀 다른 실재(물론 어떠한 실재도 그렇다는 것은 아니다)가 다른 측면에서 취해진 똑같은 사건과 상황에 소급되어 연결될 수도 있다. 그렇다면 과연 현재의 모든 측면을 살펴서 그것들을 모든 방향으로 연장시킨다고 해서, 미래에 선택되리라 가정되었을 때 실제로 미래에 선택될 가능적인 것들을 지금 모두 획득한다고 말할 수 있을까? 그러나 우선 이러한 연장 자체가 새로운, 즉 순전히 창조되었으며 절대적으로 예측 불가능한 질(質)의 첨가일 수가 있고, 다음에 현재의 '측면'은 우리의 관심이 그것을 분리해서 결국 실제의 상황 전체에서 어떠한 형태를 절단할 때 비로소 '측면'으로서 존재한다. 그렇다면 우리의 관심이 상황 전체에서 절단해낸 것의 원래 형태가 후속적인 사건에 의해 창조되기 이전에 어떻게 현재의 '모든 측면'이 존재한단 말인가? 따라서 이 측면(側面)들은 오직 회고에 의해서만 이전의 현재, 즉 과거에 속하게 된다. 그리고 미래 음악가의 교향곡이 우리의 실제 현재 속에 실재를 지니지 않듯이, 그 측면들도 그 현재에, 즉 현재였을 때에는 실재를 지니지 않는 것이다. 간단한 예를 들어보자. 우리는 오늘날 19세기의 낭만주의를 이미 고전주의 작가들에게서 보았던 낭만적 요소들과 연결하는 데 아무런 제약도 받지 않는다. 그러나 고전주의의 낭만적 측면은 낭만주의가 나타나자 그 낭만주의의 소급 효과에 의하여 부각된 것에 지나지 않는다. 만일 루소(Rousseau)나 샤토브리앙(Chateaubriand), 비니(vigny), 빅토르 위고(Victor Hugo)와 같은 사람들이 없었다면, 이전의 고전주의 작가들에서의 낭만적 요소를 우리는 결코 지각하지 못했을 것이며, 그뿐만 아니라 그러한 요소들은 실제로 존재하지도 않았을 것이다. 왜냐하면 고전주의 작가의 낭만적 요소는 그들 작품에서 어떤 측면을 절단해냄으로써 구체화되었을 뿐이며, 이 단편(斷片)은 낭만주의가 대두되기 전까지는 결코 고전주의 문학에 특정 형태로 존재하지 않았기 때문이다. 그것은 마치 예술가가 자기 공상대로 구름이라는 무정형(無定形) 덩어리에 형태를 부여함으로써 지각하게 될 그 재미난 모양이, 지금 흘러가고 있는 구름에는 존재하지 않는 것과 같다. 예술가의 도안이 구름에 작용하듯 낭만주의는 소급적으로 고전주의에 작용했다. 낭만주의는 소급적으로 과거에 자신의 원형(原形)을, 즉 자기 선조에 의한 자신의 설명을 창조해놓은 것이다.

이 말은 곧 단지 운좋은 우연(偶然), 이례적인 행운에 의해서만 현재의 실재 속에서 미래 역사가에게 매우 흥미 있을 것을 정확하게 주목할 수 있다는 말과 같다. 우리에 대한 우리의 현재를 연구할 때, 미래의 역사가는 주로 자기에 대한 자기의 현재를 설명하는데, 특히 자기의 현재가 포함한 새로운 것을 설명하는 데 힘쓸 것이다. 이 새로움에 대해서 우리가 지금 아무런 관념도 지니지 않을 때 비로소 그것은 창조가 될 수 있다. 따라서 사실들 가운데 기록되어야 할 것을 선택하는 데 있어서, 아니 그 지시에 따라 현재의 실재를 절단해냄으로써 사실들을 제작하는 데 있어서, 과연 어떻게 지금 그 새로움을 본받을 수 있단 말인가? 현재의 중요한 사실을 들자면 그것은 민주주의의 출현이다. 당대인들이 기술한 대로의 과거 속에서 우리는 틀림없이 민주주의의 징후를 발견할 것이다. 그러나 이 지표들은 지금은 매우 흥미 있을지 모르지만, 당대에는 오직 인류가 그러한 방향으로 나아가고 있다는 것이 알려진다는 조건에서만 주목의 대상이 되었을 것이다. 그 과정을 지금 알고 있기 때문에, 또 그 과정이 완성된 것이기 때문에 우리의 눈에 징후로서 보이는 것이다. 이 사실들이 나타났을 때는 그 과정이나 그 방향, 따라서 그 종착점은 결코 주어져 있지 않았다. 따라서 그 사실들은 징후가 아니었던 것이다.

더 살펴보기로 하자. 우리는 이러한 점에 있어서 가장 중요한 사실들이 당대인들에 의해 무시될 수도 있다고 말했다. 그런데 실제로 이러한 사실들의 대부분은 그 당시엔 사실로서 존재하지 않았던 것이다. 우리가 지금 그 당시를 총체적으로 재생하고, 또 현재 민주주의 사상이라고 불리는 극히 특정적인 형태의 조명등으로 그 당시에 불가분적인 실재의 덩어리를 이리저리 비출 때, 비로소 그 사실들은 우리에게 회고적으로 존재한다. 따라서 빛이 비추어지는 곳은 일부에 지나지 않으며, 이렇게 한 거장의 구도만큼이나 독창적이고 예측 불가능한 윤곽에 따라서 전체에서 절단된 부분들이 바로 민주주의의 전조적인 사실이 되는 것이다. 요컨대, 전세대의 주요 사건을 후세대로 하여금 설명하게 하려면, 그 사건은 이미 우리의 눈앞에 형태를 지니고 있어야 하며, 따라서 실재적인 지속은 없어져야만 한다. 우리가 미래 세대에 전승해주는 것은 지금 우리의 흥미를 끄는 것, 또 지나간 진화를 염두에 두고 있거나 더 나아가 구성까지 해보는 것이다. 우리는 미래에 있어서 새로운 이해관계의 창조를 통하여, 또 미래 세대의 관심 속에 새겨질 새로운 방향을 통하여 미래 세대의 흥미를 끌게 될 것을 전승하지 않았다. 바꾸어 말하면, 현재의 역사적 기원은 그 가장 중요한 측면에 있어서 완전히 밝혀질 수는 없다. 왜냐하면 불확정적(不確定的)이며, 따라서 예측 불가능한 미래를 통하여 과거가 그 당대인들에 의해 표현될 때, 비로소 그 역사적 기원은 전체적으로 재구성되기 때문이다.

회고의 논리

하나의 빛깔, 예를 들어 주황색을 취해보자.[3] 우리는 또한 적색과 황색을 알고 있으므로 주황색을 한편으로는 황색으로, 한편으로는 적색으로 생각하여 그것이 적색과 황색의 혼합이라고 말할 수 있다. 그러나 주황색이 그 자체로서 존재하며, 적색과 황색이 아직 이 세상에 나타나지 않았다고 가정해보자. 아직도 주황색은 그들 두 색의 혼합일 것인가? 분명히 그렇지 않다. 적색의 감각과 황색의 감각은 의식(意識)의 특정한 여러 기질 및 신경적이고 대뇌적인 메커니즘을 동시에 함축하는 것으로서, 실제로 일어나기는 했지만 일어나지 않을 수도 있었던 삶의 창조물에 지나지 않는다. 지구나 다른 전체에도 이 두 감각

---

3   이 연구는 필자의 책《도덕과 종교의 두 원천(Les deux sources de la morale et de la religion)》에 앞서 쓴 것인데, 이 책에서 필자는 동일한 비유를 했었다.

을 지니는 존재가 없었다고 한다면, 주황색의 감각은 단일한 감각이 되었을 것이다. 즉 황색의 감각과 적색의 감각은 주황색의 구성물이나 그 측면으로 결코 나타나지 않았을 것이다.

이러한 말이·우리의 일상적인 논리에 어긋난다는 것을 나는 알고 있다. 우리는 보통 다음과 같이 말한다. "적색의 감각과 황색의 감각이 지금 주황색의 감각을 구성하고 있는 이상, 그것들은 언제나 주황색의 감각을 구성하고 있었다. 설령 그것들이 존재하지 않았던 때가 있었을지라도 마찬가지다. 그것들은 잠재적으로 주황색의 감각을 구성하고 있었던 것이다." 그러나 이것은 우리의 일상적인 논리가 회고(回顧)의 논리이기 때문이다. 이 논리는 실제의 실재(實在)를 가능성이나 잠재성의 상태로 환원시켜 과거로 되던져버릴 수밖에 없으며, 그리하여 이 논리의 눈에는 현재 복합되어 있는 것은 언제나 그랬어야만 하는 것이다. 이 논리에 따르면, 한 단순한 상태는 그 본연의 모습을 지닌 채로는 복합적인 상태가 될 수 없다. 왜냐하면 진화를 통해서 이 단순한 상태를 탐구하는 새로운 관점들이 창조되었고, 따라서 이 단순한 상태는 관념적으로 분석되어 다양한 요소들로 되었다는 단순한 이유 때문이다. 우리의 논리는, 이 요소들이 만일 실제로서 불쑥 나타나지만 않는다면, 이후에는 결코 가능성으로 존재하지도 않게 된다는 것을 믿으려 하지 않는다. 그러나 실제로 한 사물의 가능성이란(그 사물이 기존 요소들의 순전히 역학적인 배열인 경우를 제외하고는) 일단 한번 나타난 실재가 무한한 과거 속에 드리우고 있는 환영(幻影)에 지나지 않는 것이다.

우리의 논리는 현재 불쑥 솟아오른 실재를 가능적인 것의 형태로 과거 속으로 되돌려 보낸다. 왜냐하면 우리의 논리는 갑자기 나타나는 것들이 있다거나 어떤 것이 창조된다는 것, 또 시간이 어떤 효력을 지닌다는 것을 인정하려 하지 않기 때문이다. 이 논리는 새로운 형태나 새로운 질(質)을 오직 낡은 것의 재배열로만 생각하며, 결코 절대적으로 새로운 것이라고는 보지 않는다. 이러한 논리에 있어서 모든 다양성은 유한개(有限個)의 단일성들로 분해된다. 뚜렷이 구별되지도 않고 더구나 분할되지도 않는 다양성이라는 생각을, 환원컨대 순수히 내연적(內延的)이고 질적이며, 그것을 탐구하는 새로운 관점들이 나타남에 따라 점점 무한히 많아지는 요소들을 포함하면서도 그 본연의 자태 그대로 남아 있는 다양성을 인정하지 않는 것이다. 물론 문제는 이러한 논리를 포기하거나 이에 대항하는 것이 아니다. 오히려 우리는 이 논리를 확장하고 유연하게 만들어, 새로움이 끊임없이 나타나고 창조적 진화가 있는 지속에 그것이 적응하게끔 해주어야 한다.

직접적으로 주어진 것들

이것이 바로 내가 선택한 방향이며 나는 이러한 방향으로 계속 나아갔다. 순수지속(純粹持續)을 재파악하기 위해서 내가 자리 잡은 곳을 구심점으로 하며, 수많은 다른 길이 내 앞에도, 내 주위에도 열려 있었다. 그러나 내가 위와 같은 방향으로 나아갔던 이유는 나의 방법을 시험하기 위해서 제일 먼저 자유의 문제를 택했기 때문이다.

그리하여 너무도 자주 내적 생명의 딱딱한 외피(外皮)만을 고수하고 있었다고 생각된 철학과는 대조적으로, 나는 그 내적 생명의 흐름 속에 다시 자리 잡게 되었다. 이러한 방향에 있어서는 철학자보다도 문학자나 도덕가가 더 앞서 있지 않았을까? 아마도 그랬으리라 생각된다. 그러나 그들은 필요에 의해 억지로, 또 단지 간간이 장애물을 돌

30

파했을 뿐이다. 지금까지 어느 누구도 방법론적으로 '잃어버린 시간을 찾아서' 길을 떠나려 하지 않았다. 어쨌든 나는 나의 첫 번째 책에서 이 문제에 대하여 약간의 시사점만을 던져주었고, 두 번째 책에서도 역시 약간의 암시 정도에 그쳤다. 그때 행위의 지평 —— 과거가 현재 속으로 응축되는 곳 —— 을 꿈의 지평, 즉 과거 전체가 분할되지도 분쇄되지도 않으면서 전개되는 것과 비교했다. 그러나 이렇게 해서 구체적인 것 안에서, 또 개별적인 사례들을 통하여 정신의 연구에 착수하는 일이 문학의 영역에 속한다면, 내게 있어서 철학의 임무는 무매개적(無媒介的)으로 자아를 통하여 자아를 관찰하는 일반적 조건들을 제시해준었다. 이러한 내적 관찰은 우리가 빠져 있는 습관에 의해 왜곡되어 왔다. 물론 이러한 왜곡 중에서도 주요한 것은 자유의 문제 —— 지속(持續)과 연장(延長)을 혼동함으로써 발생한 사이비 문제 —— 이다. 그런데 이것과 뿌리가 같은 다른 사이비 문제들이 있다. 즉 우리의 영혼의 제 상태는 계산 가능한 듯이 보이며, 강도(强度)를 지닌다는 것이다. 또, 그 각각의 상태들과 그 상태들 전체에 대신하여 우리는 그것들을 지칭하고, 따라서 그후부터는 그것들을 은폐하는 단어들을 대치시킬 수 있으리라고 믿는다. 그러나 그때 우리는 상태들에 대하여 고정성과 불연속성, 그리고 단어 자체의 일반성을 부여하고 있다. 우리는 이러한 덮개를 재차 파악하여 떼내야만 한다. 그러나 그렇게 하기 위해서는 우선 그 덮개의 형태와 구조를 고려해야 하고, 아울러 그것의 목표를 이해하여야만 한다. 그 덮개는 본질상 공간적이며, 또한 그 덮개는 사회적 효용성을 지닌다. 따라서 이러한 공간성과 극히 특별한 의미에 있어서의 사회성이 바로 우리 인식의 상대성을 유발하는 참된 원인인 것이다. 가로놓인 장막을 없앴을 때, 우리는 직접적인 것으로 되돌아가서 드디어 절대적인 것과 접촉하게 된다.

칸트주의와 연상주의

이러한 초기의 성찰에서, 지금은 다행스럽게도 거의 평범한 것이 되어버렸지만 그 당시에는 무모한 듯이 보였던 결론들이 나오게 되었다. 이 결론에 따르면 비록 연상주의(聯想主義)가 하나의 학설 정도는 아니더라도 적어도 하나의 방법으로서 널리 인정되고 있지만, 심리학은 그것을 폐기해야만 했다. 이 결론은 또 다른 것을 폐기하도록 요구하고 있었는데, 그 당시에는 나 자신도 막연하게만 알고 있던 것이었다. 즉 연상주의 이외에 칸트주의가 있었던바, 이것은 어떤 면에서 때때로 연상주의와 합세하여, 그에 못지않게 강력하고 일반적인 영향력을 끼치고 있었다. 콩트의 실증주의나 스펜서의 불가지론(不可知論)을 반박하는 사람들조차도 인식의 상대성이라는 칸트적인 개념에 대항하는 데까지는 이르지 못했다. 그때까지의 생각에 의하면, 우리의 사유(思惟)는 공간과 시간 속에 미리 흩어져 있고, 따라서 특별히 인간을 위해 준비되어 있는 물질에 대하여 작용한다는 사실을 칸트가 수립해놓았다고 한다. '물자체(物自體)'는 우리에게서 멀리 떨어져 있으며, 그것을 알기 위해서는 우리가 지니지 못한 직관적 기능이 필요하다는 것이다.

그런데 나의 분석은 이와는 상반된 결과를 가져왔다. 즉 적어도 실재의 부분, 즉 우리의 그 본질적인 순수성 속에서 '물자체'를 파악될 수 있다는 것이다. 어쨌든 여기에서 우리 인식의 소재는 후에 심리학의 유해(遺骸)를 우리의 의식과 같은 어떤 인위적인 용기 속에 던져버렸던 사악한 천재들에 의해 창조되었거나 맷돌에 갈려 모양이 변하거나 하지 않았다. 더 나은 편의를 위해 빠져들었던 습관을 떨쳐 버릴 때, 그 즉시 우리의 인격은 우리에게 '그 자체'로서 나타난다. 그러나 다른 실재들에 대해서도, 더 나아가 어쩌면 모든 실재에 대해서도 이와 똑같이 말할 수는 없을까? 형이상학의 웅비를 저지했던 '의식의 상대성'은 과연 독창적이고 본질적이란 말인가? 오히려 그것은 우연적으로 습득되는 것이 아닐까? 그것은 단지 지성이 일상생활에 필요한 습관에 물들어 있다는 사실에서 유래하는 것이 아닐까? 이러한 습관들이 사변(思辨)의 영역에 옮겨지면, 그때 우리는 변형되었거나 재편성된, 요컨대 배열되어 있는 실재와 대면케 된다. 그러나 이러한 배열은 우리에게 어쩔 수 없이 부과되는 것이 아니라 오히려 우리 자신에서 유래한다. 따라서 우리 자신이 만든 것을 파기할 수 있을 때, 우리는 실재와 직접적으로 접촉케 된다. 그리하여 내가 폐기한 것은 연상주의라는 심리적 이론뿐만이 아니라, 그와 유사한 이유에서 칸트주의와 같은 일반 철학, 그리고 그와 관련된 모든 것들이었다. 이것들은 모두 그 당시에는 그 개요(概要)에 있어서 거의 보편적으로 인정되고 있었지만, 내게는 철학과 심리학이 앞으로 나아가는 것을 방해하는 장애물처럼 생각되었다.

따라서 내게는 앞으로 나아가는 일이 남아 있었다. 장애물을 제거하는 것만으로는 충분하지 않았던 것이다. 사실 나는 우선 여러 심리적 기능의 연구에 착수했고, 다음에는 정신-생리학적 관계의 연구에, 그 다음에는 생명 일반의 연구에 차례로 몰두했다. 그러면서 나는 언제나 직접적 투시를 추구함으로써, 사물 자체와는 관련이 없고 단지 그 인위적인 번역이나 개념에만 관계하는 여러 문제들을 제거하려 했다. 이러한 연구의 첫 결과로서 나는 겉으로는 그렇게도 단순하게 보이는 방법이 실제로는 극도로 복잡함을 보여주었는데, 여기서 이 연구의 역사를 돌이켜보지는 않겠다. 단지 아주 간략하게나마 다음 장에서 이에 대해 다시 언급하게 될 것이다. 그러나 이 논문을 시작할 때 나는 무엇보다도 정확성에 대해 고찰해 보겠다고 했으므로, 이 논문을 끝맺음에 있어서도 내 생각에는 정확성이 다른 어떠한 방법에 의해서도 획득될 수 없다는 점을 밝혀 두고자 한다. 왜냐하면 부정확성이란 일반적으로 너무나도 광범한 종(種)에 사물을 포함시키는 것이며, 어떤 면에서 사물과 종(種)이라는 것은 이미 존재하고 있는 단어들에 대응하기 때문이다. 그러나 이제 이미 만들어져 있는 개념들을 던져버리고 일을 시작해보자. 그렇게 해서 실재적인 것을 직접적으로 주시하고 실재의 연결관계를 염두에 두면서 그것을 세분해보자. 그때 우리가 표현을 위해서 만들어내야 하는 새로운 개념들은 대상(對象)에 꼭 맞게 마름질될 것이다. 그 개념들을 다른 대상에 연장시켜 그 개념들이 일반성 속에서 그 다른 대상들을 원래의 대상과 똑같이 포착하게끔 할 때, 비로소 부정확성이 나타날 수 있다. 그 다른 대상들은 정작 우리가 대상으로서 인식하려고 할 때, 위와 같은 개념과는 멀리 떨어져서 그 자체로 고찰되어야만 한다.

2

서론 II
문제의 소재

직관에 대하여

지속(持續)이라는 주제에 대한 이러한 논의들은 내게 결정적인 듯
이 보였다. 나는 이 논의에 이끌려 직관(直觀)을 철학적 방법의 수준까
지 끌어올렸다. 그러나 '직관'이라는 단어를 쓰는 것은 오랫동안 망설
였다. 인식작용의 한 양태(樣態)를 지칭하는 모든 용어들 중에서 그것
은 아직도 가장 적당한 것이긴 하다. 그러나 직관이란 말은 약간의 혼
동을 야기시킨다. 셸링(Schelling)이나 쇼펜하우어(Schopenhauer) 유의
철학자들이 이미 직관에 대해 언급했고, 또 그들이 직관을 어느 정도
지성(知性)에 대립되는 것으로 만들었기 때문에, 독자들은 내가 직관
을 이와 똑같은 방식으로 사용하고 있다고 생각할 가능성이 있다. 마
치 그들의 직관이 영원한 것에 대한 직접적 탐구가 아닌 듯이! 그리고
그와 반대로, 내게 있어서는 직관이 무엇보다도 참된 지속을 찾아내는
일이 아닌 듯이! 수많은 철학자들이 개념적 사유는 정신의 핵(核)에
이르기에는 너무도 무력하다고 생각해왔다. 따라서 수많은 사람들이
직관의 초지성적 기능에 대해 말하여왔다. 그러나 그들은 지성은 시간

내에서 작용한다고 믿고 있었으므로, 그들에 있어서 지성을 넘어선다는 것은 곧 시간에서 벗어나는 것이었다. 그들은 다음과 같은 사실들을 모르고 있었다. 즉 지성화된 시간은 곧 공간이며, 지성이 작용하는 곳은 지속의 환영(幻影)이지 지속 자체가 아니라는 것, 또 우리의 오성(悟性)은 습관적으로 시간을 제거시킨다는 것, 아울러 정신에 대한 우리 인식의 상대성이 바로 이러한 사실에서 연유한다는 것, 따라서 지적 작용에서 투시로의 이행(移行), 상대적인 것에서 절대적인 것으로의 이행은 시간 이탈의 문제가 아니며, (우리는 이미 시간을 벗어나 있다) 이와는 반대로 우리는 지속으로 돌아가 실제로 그 본질인 운동성(運動性) 속에서 재파악해야 한다는 것을 그들은 모르고 있었던 것이다. 한걸음에 영원한 것으로 뛰어든다고 주장하는 직관은 지성적인 것에 만족한다. 그러한 직관은 지성이 제공하는 제 개념을 단 하나의 개념으로 대치시킨다. 이 개념은 모든 개념을 포괄하고 따라서 무슨 이름으로 불리든 간에 —— 실체, 자아, 관념, 의지 등 —— 언제나 동일한 것이다. 이렇게 이해된 철학은 필연적으로 범신론적(汎神論的)이어서 아무런 어려움 없이 모든 것을 연역적(演繹的)으로 설명할 것이다. 왜냐하면 그것은 여러 개념들의 개념인 한, 원리 속에서 모든 실재적인 것과 가능한 것에 앞서 주어질 것이기 때문이다. 그러나 이러한 설명은 모호하고 가설적일 것이며, 그 단일성은 인위적일 것이고, 이 철학은 우리 자신의 세계와는 전혀 다른 세계에도 똑같이 적용될 것이다.

그러나 실재의 파동(波動)을 따라가는 참된 직관적 형이상학은 이보다 얼마나 더 큰 시사점을 던져주는가! 분명히 그것은 단 한순간에 제 사물의 총체를 포착하지 않는다. 그 대신 각 사물에 대하여 그것에 정확하고 오직 그것에만 적합한 설명을 한다. 그것은 세계의 체계적 단일성을 정의하거나 기술함으로써 일을 시작하지 않는다. 세계가 실제로 하나인지 아닌지를 알 사람은 과연 누구인가? 오직 경험만이 그것을 말할 수 있으며, 만일 그러한 단일성이 존재한다면 그것은 탐구의 끝에 가서 그 결과로서 나타날 것이다. 출발할 때부터 그것을 원리로서 내세울 수는 없다. 더군다나 결과로서의 단일성은 하나의 지고한 일반화에서 나오는, 그리하여 가능한 세계라면 어떤 세계에든지 적용될 수 있는 그런 추상적이고 공허한 단일성이 아니다. 그것은 풍요하고 충만한 단일성, 연속의 단일성, 우리 실재의 단일성이다. 이때 분명히 철학은 새로운 문제들 각각에 대하여 새로운 노력을 요구할 것이다. 어떠한 해결안(解決案)도 다른 해결안에서 기하학적으로 연역(演繹)되지 않는다. 이미 획득된 진리를 확장시켜서는 아무런 중요한 진리도 얻을 수 없다. 우리는 보편 과학을 잠재적인 원리로서 취하는 일을 포기해야만 할 것이다.

따라서 우리가 말하는 직관은 무엇보다도 내적 지속과 관련된 것이다. 직관은 병치(竝置)가 아닌 계기(繼起)를 파지(把持)하며, 내부에서의 성장을, 그리고 현재 속으로 부단히 연장되어 들어가는 과거를 파지한다. 이때 현재는 이미 미래 속으로 혼합되어 들어가고 있다. 직관이란 정신의 직접적 투시다. 아무것도 끼어들지 않으며, 한 면(面)이 공간이고 다른 한 면이 언어인 프리즘을 통한 굴절도 없다. 단어와 병치되어 단어가 되어버리는 서로 근접한 상태 대신, 흘러가는 내적 생명의 불가분적이고 따라서 실체적인 연속이 있을 뿐이다. 그러므로 우선적으로 직관이 의미하는 바는 의식, 그것도 직접 의식이다. 그것은 보여지는 대상과 거의 구분할 수 없는 투시다. 그것은 접촉이자 일치인 인식인 것이다. 다음으로, 직관은 확대된 의식의 일종이다. 뒷전에 물러나 앉아 저항하는, 즉 굴복하여 자신을 되찾는, 무의식(無意識)의 연변(沿邊)을 압박한다. 명암을 급속히 교체함으로써 직관은 무의식이 거기에 있음을 알려 준다. 엄격한 논리와는 반대로, 직관이 단언하는 바에 따르면 심리적인 것은 원하는 만큼 의식적일 수 있지만, 그럼에도 심리적인 무의식도 있다 —— 이보다 더 많은 것을 의미하지는 않을까? 그것은 단지 우리 자신의 직관일 뿐인가?

우리의 의식과 타인의 의식 사이의 분리는 우리 육체와 타인의 육체 사이의 분리보다 덜 명확하다. 왜냐하면 이러한 구분을 명확히 하는 것은 공감이기 때문이다. 그런 예견력을 종종 발휘하는 무반성적인 공감과 반감을 살펴볼 때 인간 의식에 대해 하나의 가능한 해석을 내릴 수 있다. 그때는 심리적인 삼투현상(滲透現象)들이 존재하는 듯이 보일 것이다. 어쩌면 직관은 우리에게 의식 일반에 다가갈 길을 열어 줄지도 모른다. 그러나 우리는 오직 의식에만 공감한단 말인가? 모든 생물이 태어나서 성장하다 죽어가고, 또 생명이란 것이 진화이며, 이 경우에 지속이 한 실재인데, 약동적인 것에 대한 직관은 없단 말인가? 또 그 결과 어떤 의미에서 생명 과학을 연장한 생명의 형이상학도 없단 말인가?

과학은 분명히 유기화(有機化)된 물질의 생리 화학적인 성질을 점점 더 밝혀놓을 것이다. 그러나 이런 유기화의 근본 원인은 우리가 쉽사리 볼 수 있듯이, 순수한 역학이나 참된 의미에서의 궁극성의 영역에 들지 않으며, 또한 순수한 단일성도 아니고, 식별되는 다수성도 아니다. 그런데 실제에 있어 우리의 오성(悟性)은 이러한 유기화의 원인을 단순한 부정을 통해서 특징짓는다. 이와는 달리, 의식을 통해서 우리 내부의 생명의 약동을 재파악한다면 이러한 유기화의 근본원인에 도달하지 않을까? 조금 더 살펴보자. 유기화 과정의 피안에 있는 비유기화된 것은 마치 여러 체계로 분해될 수 있기나 한 듯이 보인다. 물론 이때의 체계는 시간이 관류(貫流)하지 않고 스쳐 지나가는 체계이며, 과학의 영역에 속하는 체계임과 아울러 우리의 오성(悟性)이 적용될 수 있는 체계들이다. 그러나 전체로서의 물질적 우주는 우리의 의식을 기다리게 만든다. 그 우주는 자기 자신을 기다리고 있는 것이다. 그 우주는 지속하거나 아니면 우리 자신의 지속 안에 들어와 있다. 그것이 정신과 관련맺는 방법이 그 근원에 의한 것이든, 그 기능에 의한 것이든 그 우주는 직관, 다시 말해서 그 우주가 포함하고 있는 실재적인 모든 변화와 운동을 꿰뚫는 직관과 관계한다. 사실 나로서는 미분법(微分法 : différentielle)이라는 개념, 더 정확히 말하면 유율법(流率法 : fluxion)이라는 개념은 과학이 이런 유의 통찰에 의해 제시한 것이라 생각한다. 과학은 그 시초에 있어서는 형이상학적이었지만, 점차 엄격해짐에 따라, 즉 정적(靜的)인 용어에 의해 표현될 수 있게 됨에 따라 과학적이 되었던 것이다. 요컨대 순수변화(純粹變化), 실재적 지속은 정신적인 혹은 정신성 안에 수태된 그 어떤 것이다. 직관이란 정신, 지속, 순수변화를 획득하는 그 무엇이다. 그 참된 영역은 정신이지만 직관은 사물들 속에서, 심지어는 물질적 사물들 속에서 그것들의 정신성에의 참여를 파악하려고 한다. 이것이 바로, 아무리 순수화되고 정신화된 우리 의식 속에서도 조용히 남아 있는 인적 요소 전체를, 비록 알지는 못하더라도 내가 맹세코 말하고자 하는 바이다. 이 인적 요소야말로 직관적 노력을 여러 수준의 다양한 시점에서 수행할 수 있게끔 하는 것이며, 또한 여러 철학에 있어서 비록 양립할 수는 있지만 서로 일치하지는 않는 결과를 낳을 수 있게끔 하는 것이다.

　내게 직관을 단순하게, 그리고 기하학적으로 정의해보라고 말하지 마라. 나는 이 단어가 수학적으로 상호 연역(演繹)될 수 없는 여러 의미를 지니고 있음을 쉽게 설명할 수 있다. 한 탁월한 덴마크의 철학자가 그 중 네 가지 의미를 지적한 바 있다. 나는 이보다 더 많은 의미가 있다고 말하고 싶다.[1] 추상적-인습적인 것이 아니라 실재적-구체적인 것, 그렇기 때문에 더욱더 이미 아는 구성체를 사용해서 재구축할 수 없는 것, 환원하건대 오성(悟性)이나 상식 또는 언어에 의해 실재 전체에서 절단된 것이 아닌 것에 대해 어떤 생각을 할 수 있으려면, 그것에 대해 다원적이고 상호 보조적이면서 전혀 동일하지 않은 여러 견해를 받아들여야 한다. 신(神)은 내가 하찮은 것을 위대한 것에, 즉 나의 노력을 거장들의 노력에 비교하는 일을 경계한다! 그러나 내가 이야기한 대로 직관이 갖는 다양한 기능과 측면은 스피노자에 있어서 '본질'과 '존재'라는 말이 갖는 의미의 다원성이다. 아리스토텔레스에 있어서 '형상(形相)', '가능태(可能態)', '현실태(現實態)' 등의 용어가 갖는 다양한 의미에 비할 바가 아니다. 《아리스토텔레스 색인(Index Aristotelicus)》에서 eidos란 단어가 갖는 의미들의 목록을 살펴보자. 그 것들이 얼마나 다른가를 알 수 있을 것이다. 다른 두 의미를 충분히 살펴볼 때, 이 둘이 거의 상호 배타적인 듯이 보일 것이다. 그러나 그렇지 않다. 왜냐하면 중간적(中間的)인 의미들이 연쇄적으로 그 둘을 이어주기 때문이다. 전체를 포착하기 위해 필요한 노력을 하는 사람이라

1　그러나 그가 발견했다고 믿었던 네 가지 의미가 그대로 이 가운데에 포함되지는 않는다. 필자가 가리키고 있는 사람은 하랄트 회프딩(Harald Höffding)이다.

면, 그가 하나의 단순한 공식으로 요약될 수 있는 수학적 본질이, 있어야 할 곳에 있지 않고 이와는 달리 실재적인 것 안에 있다는 사실을 지각할 것이다.

그런데 기본적인 의미가 하나 있다. 그것은, 직관적으로 사유한다는 것은 곧 지속 안에서 사유한다는 것이다. 지성은 보통 비운동적인 것에서부터 시작한다. 그러고는 비운동적인 것을 병치시켜서, 할 수 있는 최선의 것으로 운동을 재구축한다. 반면 직관은 운동에서부터 시작한다. 그러고는 그것을 실재 자체로 가정한다. 더 정확히 말하면 그렇게 지각한다. 그리고 비운동적인 것에서는 오직 운동의 한 추상적인 순간, 즉 우리 정신이 찍은 속사 사진을 볼 뿐이다. 지성은 보통 사물, 다시 말해서 정지적(靜止的)인 것에 관여하며, 지성이 생각하는 변화란 부가된 것으로 가정되는 우연이다. 반면, 직관에 있어서 본질은 변화다. 지성이 이해하는 바의 사물은 생성에서 절단되어 우리 정신이 전체에 대치해버린 파편이다. 사유는 보통 새로운 것을 기존 요소들의 새로운 배치로 여긴다. 아무것도 없어지지 않으며 아무것도 창조되지 않는다. 직관은 지속, 곧 성장에 연결되어 있으므로, 새로운 것 안에서 예측 불가능한 새로움의 단절되지 않은 연속을 지각한다. 정신이 자기 자신이 지닌 것보다 더 많은 것을 자신에서부터 끌어낸다는 사실, 정신성이란 바로 이런 점에 있다는 사실, 또 정신 안에 수태된 실재가 곧 창조라는 사실을 직관은 보고 알고 있다. 사유의 습관적인 작업은 어렵지 않으며 마음대로 연장될 수 있다. 직관은 노력을 요하며, 오래 갈 수 없다. 사유가 지적 작용이든 직관이든 간에 사유는 언제나 언어를 이용한다. 그리고 직관도 모든 사유와 마찬가지로 결국에는 개념들에 의거하게 된다. 예를 들어, 지속, 질적 다양성, 혹은 이질적 다양성 및 무의식에 —— 심지어는 처음 착안했을 당시의 것 그대로 이해되는 한에서의 미분법(微分法)에도 —— 의거하는 것이다. 그러나 지성적 기원에서 나온 개념은 적어도 노력을 충분히 기울일 수 있는 정신에 대해서 직접적으로 명확하다. 반면에 직관에서 발생한 관념은 우리의 사유 능력이 어떻든 간에 시초부터 모호하다. 하지만 명백한 사실은 두 종류의 명확성이 있다는 것이다.

명확성에 대하여

하나의 새로운 관념은 그것이 하나의 새로운 질서로 간단히 배열되어, 우리에게 우리가 이미 소유하고 있는 기본적인 관념들을 보여줌으로써 명확히 할 수 있다. 우리의 지성은 새로움 속에서 옛것만을 찾으면서 자신이 친숙한 땅 위에 서 있다고 느낀다. 그것은 편안함을 즐긴다. 지성은 '이해한다.' 이것이 우리가 갈망하는 명확성이다. 그리고 누군가가 우리에게 이런 명확성을 보여주면 우리는 그에게 언제나 최대의 고마움을 표한다. 그런데 우리가 따르는 다른 종류의 명확성이 하나 더 있다. 더군다나 그것은 오직 시간과 함께 나타난다. 그것은 근본적으로 새롭고 절대적으로 단순한 관념이 갖는 명확성, 조만간 직관의 관심을 끌 명확성이다. 우리는 그 명확성을 기존의 요소들로 재구축할 수 없는데, 그것은 요소들을 갖고 있지 않기 때문이며, 다른 한편으로 노력 없이 이해한다는 것은 곧 옛것에서 새로운 것을 재구성한다는 것이므로, 우리가 제일 먼저 하고자 하는 일은 그것이 이해 불가능하다고 말하는 것이다. 그러나 잠정적으로 그 명확성을 인정해보자. 그리고 그것을 가지고 우리 지식의 각 분과로 들어가보자. 우리는 그것이 자신은 모호하면서도 다른 모호성들을 안개 걷히듯 사라지게 하는 것을 보게 될 것이다. 우리가 풀 길 없다고 생각했던 문제들이 저절로 풀려서, 아니 오히려 봄눈 녹듯 녹아버려서, 분명하게 사라져버리거나 아니면 다른 방식으로 나타나게 될 것이다. 이런 문제들에 대하여 그 명확성이 해온 것을 감안할 때, 그것은 자기 차례가 돌아왔을 때도 역시 유용할 것이다. 그 문제들 각각은 본질상 지성적이므로 그것에 나타날 때는 자기의 지성적인 면을 보여줄 것이다. 이렇게 지성화된 생각은 그 명확성을 이용한 후에 이제는 거꾸로 그것에 유용하게 된 문제들로 새롭게 향할 수 있다. 더욱 좋은 것은 그 명확성이 그 문제들을 에워싸고 있는 모호성을 제거해버리고 그 결과 자기 자신도 더욱 명확해진다는 것이다. 따라서 우리는 두 종류의 관념을 구별해야한다. 하나는 자기 자신을 계속 조명하면서 그 빛을 자신의 조그만 구석구석까지 직접적으로 꿰뚫고 지나가게 하는 관념이며, 다른 하나는 사유의 전 영역을 밝히면서 밖으로 뻗쳐나가는 관념이다. 후자의 관념은 내적인 어두움에서 시작할 수도 있다. 그러나 그것들이 조사(照射)하는 빛은 반성 속에서 되돌아온다. 그리하여 그것들은 그들이 다루고 있는 것들을 조명하는 동시에 자기 자신을 조명하는 이중의 능력을 갖고 있는 것이다.

그래도 그렇게 되는 데에는 시간이 필요하다. 철학자들은 언제나 이런 인내를 갖지 못했다. 언어 속에 산적한 개념들에 자신을 한정시키는 일은 얼마나 쉬운 일인가! 그러한 관념들은 필요한 때에 지성에 의해 형성되었다. 그것들은 지성에 따라 인습적으로 행동하기 위해서 반드시 따라야 하는 선을 따라서 잘라낸 실재의 파편과 마찬가지이다. 대부분의 경우, 그 관념들은 우리가 이득을 취할 수 있는 방식으로 대상(對象)과 사실(事實)들을 배분하여, 동일한 필요에 관련된 것이면 모두 난잡하게 동일한 지성적 분실(分室) 속에 던져 넣는다. 우리가 서로 다른 지각에 동일하게 반응할 때, 우리는 '동일 종류'의 대상에 직면해 있다고 말한다. 우리가 직접적으로 반대되는 두 방법으로 반응했을 때 대상은 두 '반대 종류'로 나뉜다. 그리하여 애당초 그렇게 획득된 일반성에 녹아 들어갈 수 있는 것은 명확하게 될 것이고, 그렇게 환원될 수 없는 것은 모호하게 될 것이다. 따라서 철학적 논쟁에 있어서 직관적 견해가 열등한 것으로 취급된다는 놀라운 사실이 설명된다. 한 사람은 결정론을 주장하고 다른 한 사람은 자유주의를 주장할 때, 이 두 철학자 사이의 논쟁을 들어보라. 언제나 옳은 듯이 보이는 쪽은 결정론자다. 그는 초보자이고 그의 논적은 노련한 철학자일 수도 있다. 그는 자기의 목적을 냉철하게 변론할 수 있으나, 상대자는 자기 변론을 하기 위해서 피땀을 흘려야 한다. 사람들은 그가 단순하며 명확하고 정당하다고 언제나 말할 것이다. 그가 그렇게 하는 것은 쉬운 일이고 자연적인 일이다. 그는 단지 이미 수중에 있는 사유와 기성의 문구를 수집하기만 하면 된다. 과학, 언어, 상식, 지성 전체를, 그는 마음대로 처분한다. 직관적 철학은 비평하기에 매우 쉽고 또 분명히 비평을 잘 받아들이기 때문에, 초보자들은 그렇게 하는 것이 쉬울 것이다. 나중에 후회가 따를 수도 있다. 물론 원래부터 이해가 부족하지 않고, 또 문자로 환원 불가능한 것과 정신인 모든 것에 대해 개인적인 반감을 갖지만 않는다면! 철학계에도 율법학자와 바리새인들이 있기 때문에 이런 일이 일어날 수도 있다.

형이상학과 과학

이리하여 형이상학은 하나의 제한된 대상과 하나의 특별한 방법을 갖는다. 기본적으로 그것은 각각 정신과 직관이다. 이렇게 함으로써 우리는 형이상학과 과학을 명확히 구분한다. 그러나 동시에, 우리는 그 양자에 동일한 가치를 부여한다. 내가 믿는 바에 의하면, 그들은 모두 실재의 근본에 이를 수 있다. 철학자가 전개시켰고 학자들이 인정하는, 인식의 상대성과 절대자 파악의 불가능에 대한 주장을 나는 거부한다.

실증과학은 사실상 감각적 관찰에 의거하여 추상 및 일반화의 기능 그리고 판단과 추리, 결국에는 지성에 의해 재료를 살펴서 그 재료를 획득한다. 그것은 순수 수학에서 시작하여 역학을 거쳐 물리학과 화학을 거쳤고, 어느 정도 느지막하게 생물학에 이르렀다. 실증과학의 원 영역은 불활성(不活性) 물질의 영역으로서, 실증과학은 이 영역을 언제나 가장 좋아하였다. 유기적인 세계에서 실증과학은 그리 편안하지가 않다. 여기서 그것은 오직 물리학과 화학에 의존해서만 그 확실한 걸음을 내딛는다. 생물체 내에서 참으로 생동적인 것보다는 생동적인 현상에서의 물리-화학적인 것에 집착한다. 그러나 실증과학이 정신에 이르게 되면 그것은 매우 당황한다. 그렇다고 해서 실증과학이 그것에 대해 어떤 지식을 획득하지 못한다는 이야기가 아니다. 실증과학이 정신과 물질의 공통 경계선에서 멀어져갈수록 이 지식이 점점 더 모호해진다는 말이다. 이 새로운 영역 내에서도 오직 논리학의 힘에만 의존하던 옛날의 영역에서와 마찬가지로 전진할 수 없다. 우리는 끊임없이 '기하학적 정신'에서 떨어져 '미묘하고 섬세한 정신'에 다가가야 한다. 그러나 은유적인 어떤 것이 있다. 마치 지성이 정신적인 것을 이해하고 설명하기 위해서는 그것을 물리적인 것으로 전위(轉位)시켜야만 하는 것처럼. 이와는 대조적으로 불활성 물질로 되돌아오기만 하면 순수지성(純粹知性)에서 나온 과학은 안정감을 느낀다. 이것은 조금도 놀라운 일이 아니다. 우리 지성은 우리 감각의 연장(延長)이다. 사색하기 전에 우리는 살아야 하며, 삶은 우리로 하여금 자연적 도구인 기관(器官)이나 인위적 기관인 엄밀한 의미에서의 도구를 사용하여 물질을 이용하도록 요구한다. 철학과 과학이 있기 오래전, 지성의 역할은 이미 도구 제작과 우리 신체의 행위를 주위 물체로 인도하는 일이었다. 과학은 이러한 지성의 작업을 더욱 밀고 나가면서 그 방향을 전환하지 않았다. 무엇보다도 그것의 목표는 우리를 물질의 지배자로 만드는 것이었다. 과학은 사색하고 있을 때에도 여전히 행위에 몰두하고 있다. 과학 이론의 가치는 그것으로 인해 얻어지는 실재 파악의 견고성에 의해 측정된다. 그런데 그것이 바로 우리로 하여금 실증과학과 그 도구인 지성에 대해 완전한 신뢰를 갖게끔 해준 것이 아닌가? 만일 지성이 물질을 이용하기 위해 만들어진 것이라면, 그 구조는 의심할 바 없이 물질의 구조를 모방한 것이다. 적어도 그것은 가장 단순하고 가능성 높은 가설이다. 우리는 그 지성이 자기의 대상을 왜곡, 변형 혹은 구상한다거나, 대상의 표면만을 지나친다거나, 아니면 대상의 외양만을 파악한다거나 하는 사실이 증명되기 이전까지는 지성에 의존하여야 한다. 이 증명을 위해서는, 철학이 빠져들어간 풀 길 없는 난관과 지성이 전체로서의 사물을 사색하려 할 때 빠져들어가게 될 자기모순 이외에는 아무것도 요청되지 않는다. 그것은 지성이 특히 부분의 탐구에 운명지어졌는데도 우리가 그것을 전체의 인식에 사용하려 했을 때 우리가 자연적으로 부딪히게 되는 난점과 자기모순이다. 그러나 그렇게 말하는 것만 가지고는 불충분하다. 우리 지성의 메커니즘과 우리 과학의 진보를 생각할 때 우리는 언제든지 지성과 물질 사이에 사실상 대칭

(對稱)과 화합과 대응이 있다는 결론에 다다른다. 과학자의 눈에는 한편으로 물질은 점점 더 수학적 관계로 용해되어 들어가고, 다른 한편으로 우리 지성의 기본 기능들은 기하학이 적용되었을 때에만 절대적으로 정확하게 기능하는 것으로 보인다.

의심의 여지 없이 수학은 그리스인들이 부여했던 형태를 원래 취하지 않을 수도 있었다. 아울러 수학이 어떤 형태를 취하든 간에 그것은 인위적인 기호를 엄격히 사용해야만 한다는 사실 또한 틀림없다. 그러나 약속의 막중한 임무를 지니고 있는 이 공식화된 수학에 선재(先在)하여 또 다른 수학이 있다. 그것은 인간 정신에 자연적인 것으로 잠재적이고 암시적이다. 어떤 기호를 사용해야 할 필요성 때문에 수학에의 접근이 어렵다면, 정신은 이러한 장애를 극복한 후에 이를 보완하여, 다른 곳에서는 찾아볼 수 없을 정도로 쉽게, 이 영역 안에서 활동한다. 이 경우 증거는 직접적이고 이론상 순간적이며, 이해하려는 노력은 대부분의 경우 실제로 존재하긴 하나 그 존재가 정당한 것은 아니다. 이와는 반대로 다른 부류의 학문에 있어서는 이해하기 위해서 사유의 성숙 과정이 있어야 한다. 이 과정은 어느 정도 결과에 집착하며, 본질적으로 지속을 충만시키고, 이론적으로도 순간적이라고는 생각될 수 없다. 요컨대 만일 우리가 물질에서 우리 감각에 새겨진 외면적 인상만을 고려하고자 한다면, 또 우리 지성으로 하여금 지성이 일상 작용할 때 취하는, 그 모호하고 불분명한 형태를 그대로 취하게 하고자 한다면, 우리는 물질과 지성 사이의 분기(分岐)를 믿을 수도 있다. 그러나 지성으로 하여금 다시 그 정확한 윤곽을 취하게 하고, 또 물질이 우리에게 그 내부 구조를 보여 주게끔 우리 감각 인상을 충분히 탐구해볼 때, 우리는 지성의 각 마디마디가 정확하게 물질의 골절에 적용된다는 사실을 알게 된다. 따라서 나는 물질과학이 왜 절대자에 이르지 못하는가를 알지 못한다. 물질과학은 이러한 견해를 가정하고 있고, 그 환각적인 성질이 밝혀지지 않는 한, 모든 자연적인 신념은 진리로, 모든 외양은 실재로 생각될 것이다. 우리의 과학을 상대적이라고 선언한 사람과 우리의 인식이 그 대상을 왜곡하거나 구상해낸다고 주장한 사람들은, 이제 그것을 증명해야 할 부담을 짊어지게 되었다. 그러나 이들은 이 의무를 완수하지 못한다. 왜냐하면 과학과 형이상학이 참된 토대 위에, 즉 우리가 그것들을 본래의 자리로 놓아준 토대 위에 서 있다면, 과학의 상대성에 대한 학설은 들어올 여지가 없기 때문이다.[2]

더 나아가 지성이 지니고 있는 틀이 어느 정도 신축적이며, 그 윤곽이 어떤 모호감을 지니고 있고, 또 그러한 지성의 비정확성이 바로 지성을 어느 정도 정신에 대해 적용할 수 있게 하는 것이라는 사실을 우리는 알고 있다. 물질과 정신은 어떤 한 점을 공통으로 지니고 있다. 왜냐하면 물질의 어떤 표면적인 동요는 외면상으로 감각이라는 형태

---

2 우리가 여기서 상대성을 이야기하는 이유는 한계에 이르기까지 고려되는 과학에서 상대성을 추방하기 위해서, 다시 말하자면 과학적 진보의 방향에 대한 오류를 피하기 위해서인데, 이 상대성이 아인슈타인의 상대성과 아무런 관계도 없음은 말할 필요도 없다. 아인슈타인의 방법은 본질적으로 사물들의 수학적 표상을 추구하는 데 있다. 그런데 이 표상은 관찰자의 관념(더 정확하게 말하면 좌표계)과는 독립적이며, 그 결과 절대적 관계의 총체를 구성한다. 철학자들이 외부 세계에 대한 우리의 인식이 상대적이라고 생각할 때, 그들이 이해하는 상대성은 이와 같은 상대성과 어느 것보다도 상반되는 것이다. '상대성 이론'이라는 표현은 철학자들에게 여기서 표현되는 것과는 정반대의 것을 제시해주는 단점을 갖는다.
상대성 이론에 대해 덧붙여 말하건대, 이 이론은 우리의 여러 작업의 대상이 되어 있는 형이상학을 찬성하기 위해서도 거부하기 위해서도 요청될 수 없다. 이 형이상학은 지속의 경험을 그 중심으로 하면서, 지속과 이것을 측정하기 위해 채용된 공간 사이의 관계를 확인하는 것이다. 상대론자든 아니든 모든 물리학자는 문제를 제기하기

위해서는 우리들의 것, 세계 전체의 것인 시간 안에서 측정한다. 그가 문제를 해결했다고 하면, 그 해답을 검증하는 곳도 그와 똑같은 시간, 즉 세계 전체의 시간 안이다. 공간과 혼합된 시간, 즉 4차원의 시공(時空)에 대해서 말해보면, 그것이 존재를 지니는 곳은 오직 문제의 위치와 그 해답 사이의 간격 안, 다시 말하자면 여러 계산 안 요컨대 종이 위이다. 그래도 상대론적 관점은 수리 물리학에 도움을 준다는 점을 감안할 때, 역시 커다란 중요성을 지닌다. 그러나 그 시공의 실재는 순수히 수학적이다. 이 실재를 형이상학적 실재, 혹은 간략하게 말해서 '실재'로서 수립시키기 위해서는 후자의 단어에 새로운 의미를 반드시 부여해야 한다.

이 명칭을 위해서 경험에 주어진 것, 혹은 경험에 주어질 수 있는 것이 요청된다. 확증된 것, 혹은 확증 가능한 것은 실재적이기 때문이다. 시공(時空)은 그 본질상 지각될 수 없다. 우리는 그 안에 위치될 수도 위치할 수도 없다. 왜냐하면 채용된 좌표계(座標系)는 본래 움직이지 않는 계(系)이며, 이 계 안에서는 공간과 시간이 구분되고, 실제로 존재하면서 실제로 측정하는 물리학자는 바로 이 계를 점유하고 있는 물리학자이기 때문이다. 다른 물리학자들은 모두 다른 좌표계를 채용한다고 생각되며, 따라서 이들은 위의 물리학자가 상상한 물리학자에 지나지 않는다. 필자는 예전에 이 여러 논점들을 증명하기 위한 책을 저술한 바 있다.

그것을 단순히 각주(脚註)로 요약할 수는 없다. 그러나 그 책이 종종 오해되고 있기 때문에, 필자는 이러한 오해의 근거가 되는 한 논문의 가장 중요한 구절을 여기에 다시 적어야겠다고 생각한다. 이 논문에 실제로 있는 논점은 물리학에서 형이상학으로 옮겨가면서 실재를 시간과 공간의 혼합물로 만드는 논점들을 일반적으로 회피하고 있다. 실재는 지각되거나 지각 가능한 사물로서, 계산되기 전이나 계산된 후에도 존재하는 반면, 위의 혼합물은 단지 계산되는 동안에만 존재하며, 계산 밖에서는 우리가 그 존재를 확증했다고 주장하는 그 순간 그 본질을 잃어버리는 것이다.

나로서는 일의 출발점을 다음과 같은 사실들의 이유를 아는 데 두어야 한다고 생각한다. 즉 상대성 가설에서 왜 '살아 있고 의식적(意識的)인' 관찰자들이 동시에 여러 가지 서로 다른 체계에 밀착하지 못하는가? 왜 실재적인 물리학자는 오직 하나의 체계 —— 실제로 좌표계로서 채택된 체계 —— 에 대하여 말하는가? 특히 설령 지금까지 철학자들이 물리학에 대한 해석에 전념할 필요가 없었다 하더라도, 왜 실재적인 물리학자와 실재적인 것처럼 상상된 물리학자를 구별하는 일이 이 이론의 철학적 해석에 있어 커다란 중요성을 차지하는가? 그러나 그 이유는 너무 간단하다.

예를 들어 뉴턴 물리학의 관점에 의하면, 절대적인 특전을 부여받은 하나의 좌표계와 절대적인 정지점(靜止點), 그리고 절대적인 여러 운동들이 있다. 그리하여 우주는 언제나 질점(質點)들로 이루어져 있는바, 질점들의 일부는 움직이지 않으며, 다른 일부는 완전히 결정되어 있는 운동에 의해 활력을 받는다. 따라서 이 우주는 자연적으로 공간과 시간 안에서, 물리학자가 위치하는 관점에 종속되지 않는 구체적 형태를 지니고 있음이 밝혀진다. 모든 물리학자는 그가 움직이는 어떤 계(系)에 속하더라도, 사유(思惟)를 통해서 특정의 좌표계로 되돌아간 우주에 형태를 부여한다. 사람들은 이 형태를 발견함으로써 우주를 절대 안에서 보게 된다. 따라서 설령 가장 뛰어난 물리학자가 그 특정 계(系)에 자리 잡고 있는 물리학자라 할지라도 여기서 이 물리학자와 다른 물리학자들을 근본적으로 구별할 필요가 없다. 왜냐하면 다른 물리학자들은 그들이 그 물리학자의 위치에 있을 때 일을 할 수 있기 때문이다.

그러나 상대성 이론에 있어서는 이제 특정한 계(系)는 없다. 모든 계가 타당하다. 어떠한 계일지라도 좌표계로서 수립될 수 있으며, 그때부터 비로소 움직이지 않는다. 그 좌표계와의 관계를 통해서 우주 내의 모든 질점(質點)들의 일부는 운동하지 않고, 다른 일부는 결정된 운동에 의해 활력을 받음이 밝혀진다. 다른 좌표계를 취해보자. 움직이지 않던 것이 운동하게 되고, 운동하던 것은 정지하거나 속도가 변하게 된다. 우주의 구체적 형태는 근본적으로 바뀌게 될 것이다. 그러나 우주는 그 두 형태를 동시에 우리 눈 앞에 보여주지 못한다. 동일한 질점(質點)은 정지해 있는 동시에 움직인다고 상상 혹은 개념화할 수 없다. 따라서 둘 중 하나를 선택해야만 한다. 어떤 결정된 형태를 선택하는 순간, 우주가 그 형태를 취하는 좌표계에 자리 잡고 있는 물리학자는 살아 있고 의식하고 있으며, 실제로 지각하고 있는 물리학자가 된다. 그리하여 이렇게 해서 선택된 우주의 형태 안에 자리 잡게 될 다른 물리학자들은 잠재적인 물리학자, 즉 단지 실제의 물리학자를 통해 물리학자로 개념화된 물리학자이다. 이들 중 어느 한 사람(물리학자)에게 실재를 부여한 다음, 이 사람이 지각하고 행위하며 측정한다고 가정하면, 이 사람의 계(系)는 더는 잠재적이 아닌 좌표계가 된다. 그 계는 이제 더는 실재적인 계가 될 수 있을 것으로 단지 생각되는 좌표계가 아니라, 확연히 실재적인 좌표계인 것이다. 따라서 이 계는 움직이지 않는다. 이제 우리는 새로운 세계 형태에 관계하게 된다. 조금 전에 실재적이었던 물리학자는 이제 상상된 물리학자에 지나지 않는다.

랑쥬뱅(Langevin)은 상대성 이론의 본질을 명확한 용어로 표현한 바 있다. "상대성 원리는 그 제한된 형태든 아니면 보다 일반적인 형태든 간에, 여러 좌표계와는 독립적인 실재의 존재를 확정하는 데 불과하다. 이 좌표계들은 다른 것과의 관계 아래에서 운동하고 있으며, 우리는 이들에게서 출발하여 변화하는 관점들을 관찰한다. 이런 우주가 갖는 법칙들은 좌표의 채택을 통하여 좌표계와는 독립적인 분석적 형태를 부여받는다. 각각의 사건에 대한 개개의 좌표는 좌표계에 의존하지만, 그것은 기하학이 공간에 대해 하듯이, 불변의 요소를 도입하고 적당한 언어를 구축함으로써 고유의 형태로 표현될 수 있다"고 그는 쓰고 있다. 말을 바꾸면, 상대성의 우주는 뉴턴 및 대다수 사람들의 우주와 마찬가지로 실재적이며, 우리의 정신과는 독립적이고 절대적으로 존재한다. 단지 대다수의 사람들에 대해서, 또 뉴턴에 대해서까지 이 우주가 사물의 총체인 반면(설사 물리학이 사물들의 관계에 한정된다 하더라도), 아인슈타로 우리 정신 안에서 표현되기 때문이다. 다른 한편으로, 정신은 신체에 작용하기 위해서 점차 물질로 하강해서 드디어 공간화되어야 한다. 따라서 지성은 비록 외적 사물로 향해 있지만, 너무 깊숙이 들어가길 주장하지만 않으면 내적 사물에도 적용될 수 있는 것이다.

그러나 이러한 과정은 정신의 표면에서 이루어질 때만 성공적인데, 이 과정을 정신 내부까지 적용하고자 하는 유혹은 너무도 강력하다. 만일 그러한 유혹에 따른다면, 우리는 신체의 물리학 위에 모사(模寫)된 정신의 물리학을 순수하고 단순하게 획득하게 될 것이다. 이 두 물리학은 함께 때로 형이상학이라 불리는 실재의 한 완전한 체계를 구성할 것이다. 이렇게 이해되는 형이상학이 정신 내부에 있는 정확히 정신적인 것을 인지하지 못하고 단지 물질에 속하는 것을 정신으로 연장하는 데 불과하리라는 것을 과연 모를 사람이 있을까? 아울러 이러한

인의 우주는 관계의 총체에 지나지 않는다. 여기서 실재를 구성하기 위해서 취해진 불변의 요소란 우리가 원했던 그대로의 모수(母數)가 표현된 것으로서, 이것은 어느 것이라도 상관없는 시간 혹은 공간 이외의 아무것도 표상하지 않는 것이다. 왜냐하면 과학의 목전에 존재하는 것은 그들 간의 관계이며, 만일 사물들이 존재하지 않는다면, 또 우주가 형태가 아니라면 시간과 공간도 더는 존재하지 않기 때문이다. 사물들을 수립하고 그 결과 시간과 공간을 수립하기 위해서는 (공간과 시간의 결정된 점들로 지각되는 결정된 물리적 사건에 대해 알게 되면, 우리는 매번 이런 일을 필연적으로 하게 된다), 세계에 하나의 형태를 복구시켜주어야만 한다. 그러나 그것은 하나의 관점을 취하는 것, 하나의 좌표계를 채택하는 것이다. 더구나 선택된 계(系)는 그 자체 중심계가 되는 것이다. 상대성 이론은 바로 그 본질상 다음의 사실을 보장해주고 있다. 즉 이 이론이 상정한 규칙에 우리가 순응한다면, 임의로 채택된 관점에서 발견되는 수학적 표현과 동일하다는 것이다. 이 수학적 표현을 고정시켜놓기만 하면 이제 어느 것이라도 상관없는 시간만 있게 된다. 시간을 복구시키면 사물들을 재수립하게 되지만, 이미 한 좌표계와 여기에 자리 잡은 물리학자를 선택한 것이 된다. 다른 것들도 선택될 수는 있지만 지금 당장은 다른 것이 있을 수 없다.

연장을 가능케 하기 위해서 우리는 지적 형태를 아직도 정신의 표면적 현상에 적용 가능케 하고 그럼으로써 외계의 사실에는 덜 근접하게 하는 비정확성의 상태에서 그 지적 형태를 취해야만 한다는 것을 과연 어떻게 모르고 지나갈 수 있겠는가? 또, 물질과 정신을 동시에 포착하는 이러한 형이상학이 거의 공허하고 어쨌든 모호한 인식을 낳는다는 사실은 조금도 놀랍지 않다. 정신의 측면에서는 거의 공허한데, 그 이유는 그 형이상학이 오직 정신의 표면적인 측면만을 실제로 보유할 수 있기 때문이며, 물질의 측면에서는 고의적인 모호성을 지니는데, 그런 형이상학자의 지성은 지성의 메커니즘을 충분히 이완시켜 물질의 표면에나 정신의 표면에나 똑같이 작용될 수 있게끔 충분히 조작(操作) 해놓았음에 틀림없기 때문이다.

우리가 과학과 병렬시켜놓는 형이상학은 아주 다른 것이다. 과학이 단순히 지성의 힘으로 물질을 탐구하는 능력을 갖는다는 것을 인정하면서, 형이상학은 자기 자신을 위하여 정신을 유보시킨다. 여기에서는 자기 자신에 합당하게도 사유의 새로운 제 기능을 개발하려는 노력이 있다. 외적 세계의 인식보다는 자기 인식에 있어서 진보가 더 어렵다는 사실은 이미 주지하고 있는 바다. 자기 자신의 밖에서 배우려는 노력은 자연적이다. 우리는 점점 더 쉽게 그 노력을 이룬다. 우리는 법칙을 적용하는 것이다. 그러나 자기 내부에서 우리는 긴박감 속에서 관심을 기울이고, 진행은 점점 더 고통스러워진다. 마치 자연적인 경향에 거슬러 올라가는 것 같다. 여기에서 놀라운 것은 없을까? 우리는 우리 자신에 대해 내적이며, 우리의 인격이야말로 우리가 가장 잘 알아야만 하는 것이다.

그러나 실상은 그렇지 않다. 우리의 정신은 마치 외국 땅에 와 있는 것 같으며, 물질이 더 친숙하게 느껴지고, 그 안에서 정신은 편안함을 즐긴다. 그러나 그러한 이유는 행위하기 위해 자신을 외화(外化)시켜야 하는 존재에게는 자아에 대한 무지(無知)가 유용하기 때문일 것이다. 즉 그것은 삶의 필요성에 응답하는 것이다. 우리의 행위는 물질에 작용한다. 행위가 효과적이면 효과적일수록 물질에 대한 지식은 더 많이 추구되어왔다. 우리가 효과적으로 행동하기 위해서는, 우리가 앞으로 무엇을 할 것인가를 생각하고, 우리가 지금까지 해온 것을 이해하고, 우리가 했었을지도 모를 것에 대해 명확한 개념을 갖는 일이 유리하다는 것은 의심의 여지가 없다. 자연(自然)이 우리를 그렇게 하도록 유도하기 때문이다. 이것이 바로 순간적인 인상에 완전히 매몰된 동물과 인간을 구별해주는 특성들 중의 하나이다. 그러나 자연적으로 우리는 우리의 내적 자아를 단지 흘낏 볼 뿐이다. 그러고는 정신을 지각한다. 그러나 그것은 물질 형태를 닮으려 하는 정신, 이미 물질에 적응해 버린 정신, 어떤 공간적인 것, 기하학적인 것, 지성적인 것을 가정한 정신이다. 정당하게 정신적인 그런 정신의 인식은 오히려 그런 목표와는 거리가 멀다. 그와는 반대로, 우리가 그것에 접근할 때란 우리가 사물의 구조를 연구할 때다. 그렇게 해서 자연은 정신을 정신에게서 멀어지게 하고 그것을 물질로 인도한다. 그러나 그런 과정에서 우리는 우리에게 용인되어온 정신의 투시를 우리가 어떻게 하여 무한히 확장하고 심화하고 강화할 수 있는지를 안다. 이런 투시는 불충분한데, 우선적으로 그것은 이미 '공간화'된, 따라서 물질이 삽입될 수 있는 지성적 분실(分室)들로 분할된, 정신에 향해 있기 때문이다. 그러므로 정신이 그렇게도 평온함을 느끼는 공간에서 정신을 또 물질에 작용하기 위해서 정신이 취하는 물질성에서 정신을 분리하도록 하자. 그럼으로써 우리는 정신을 정신 자체로 복구시킬 것이며 정신을 직접적으로 파악할 수 있게 될 것이다. 내가 이해하는 바로는, 이러한 정신에 의한 정신의 직접 투시가 바로 직관의 주기능이다.

직관은 오직 지성에 의해서만 전달된다. 직관은 관념 이상의 것이다. 그런데도 전달되기 위해서는 그 전달체(傳達體)로서 관념을 사용해야만 한다. 그러나 직관은 아직도 심상(心像)의 외부 장식을 보유한 관념보다는 가장 구체적인 관념들에 의존하려 할 것이다. 여기서 표현될 수 없는 것은 비유와 은유가 암시해준다. 그렇다고 해서 이것이 우회하는 방법은 아니다. 그것은 목적지로의 직선대로다. 만일 어떤 사람이 추상적인, 이른바 '과학적'인 언어를 계속 말한다면, 그는 물질에 의한 정신의 모사만을 정신에게 제공하고 있는 것이다. 왜냐하면 추상적 관념은 외계에서 유도되어 나온 것이며, 언제나 공간적 표상을 함축하기 때문이다. 그러면서도 그는 자기가 정신을 분석했다고 생각할 것이다. 따라서 그런 경우에 있어 오직 추상적 관념만이 우리로 하여금 정신을 물질의 모형 위에서 상상하게끔 하고, 정신을 전위(轉位)에 의해, 즉 정확한 의미에 있어서 은유에 의해 생각하게끔 할 것이다. 외양에 기만당하지 마라. 인식적으로 문자적 의미를 표현하는 언어와 무의식적으로 비유를 통해 자신을 표현하는 추상적 언어에는 그러한 외양이 심상(心像)에 지나지 않을 때가 있다. 우리가 정신세계에 이르는 순간, 심상은 단지 암시하는 정도에 그친다면 직접적 투시를 우리에게 줄 수도 있다. 반면, 추상적 용어는 원래 공간적이고 무언가를 표현한다고 주장하지만 우리를 은유로 몰아넣는 일이 너무도 자주 있다.

요컨대, 형이상학과 과학 사이의 방법상의 차이가 요구되고 있다. 나는 이 둘 사이에 가치상의 차이가 있다는 것을 인정하지 않는다. 나는 현대인이 이해하는 바의 경험에 기초한 과학은 실재의 본질을 획득할 수 있다고 생각하는데, 대부분의 학자들이 해온 것보다 겸손하지 못하다. 과학이 현재 실재의 일부만을 포착한다는 것은 의심의 여지가 없다. 그러나 언젠가는 그 부분의 근저에 이를 것이다. 어쨌든 그것은 실재 부분에 무한히 접근해 갈 것이다. 따라서 과학은 재래의 형이상학이 구상했던 계획의 절반을 이미 완수하고 있는 것이다. 만일 그것이 과학이라는 이름을 가지길 좋아하지 않는다면, 아마도 형이상학이라 불리웠을 것이다. 계획의 나머지 절반이 남아 있다. 이 절반의 계획은 내가 보기에 역시 경험에서 출발하고 스스로 절대를 획득할 수 있는 형이상학으로 정당하게 되돌아가고 있다. 만일 과학이 자신의 한계를 실재의 다른 부분으로 한정짓지만 않는다면, 우리는 이 형이상학을 과학이라 부를 것이다. 따라서 형이상학은 실증과학보다 우월하지 않다. 형이상학은 과학의 업무가 끝난 후에 더 고위의 지식을 획득하기 위해 과학이 다루었던 동일한 대상을 고찰하는 것이 아니다. 철학자들이 거의 변함없이 관습적으로 받아들이듯 이 양자의 관계를 이렇게 생각한다면, 그것은 양자에 대해 모두 오해하고 있는 것이다. 과학은 상대성이라는 형벌을 받는다. 또 과학이 그 대상이라고 알려져 온 정확하고 확실한 모든 것을 선취하는 반면에, 형이상학은 가설적이고 모호한 지식 이외의 아무것도 아니라는 것이다. 내가 형이상학과 과학 사이에 세운 관계는 이와는 판이하다. 나의 소신은 양자는 똑같이 정확하고 확실하거나 아니면 그렇게 될 것이라는 것이다. 양자 모두 실재와 관련을 갖고 있다. 그러나 각각은 오직 실재의 절반만을 보유하므로, 혹시 사람들 중에는 원한다면 이 양자 속에서 과학의 두 분야, 혹은 형이상학의 두 분파를 볼 수도 있을 것이다 —— 단지 그것들이 사유행위의 분기(分岐)된 방향을 뜻하지만 않는다면.

바로 그것들이 동일한 수준에 있다는 이유 때문에 그것들은 공통점을 지니고 있으며, 이러한 점에 있어 각각은 상대편에 의해 검증될 수 있다. 형이상학과 과학을 하나는 아래에서, 하나는 위에서 보아야 한다는 규정을 내세우면서 양자 사이에 품위상의 차이를 구별하는 일이나, 양자에 동일한 대상, 즉 제 사물의 총체를 부여하는 일은 곧 이러한 상호 보조적이고 호혜적인 조정을 배제하는 것이다. 그러한 경우에 형이상학은 필연적으로 —— 만일 실재와의 접촉을 모두 잃어버린다면 —— 과학의 농집(濃集)된 발췌나 가설적인 연장이 된다. 이와는 달리, 그 양자에 대해 서로 다른 대상을 분해하자. 정신과 물질이 서로를 접촉하므로, 형이상학과 과학은 모두 공통면을 따라서 서로를 검사할 수 있게 될 것이며, 드디어 이 접촉은 수태(受胎)되기에 이른다. 양측에서 각각 획득된 결과는 필연적으로 연결된다. 왜냐하면 물질은 정신과 연계되어 있기 때문이다. 만일 삽입이 완전하지 않다면, 그것은 과학이나 형이상학에, 아니면 양자 모두에 개정되어야 할 것이 있기 때문이다. 따라서 형이상학은 그 주변에서 과학에 건전한 영향을 끼친다. 역으로 과학은 그 주변에서 중심에 이르기까지 파급되어 있는 정확성의 습관을 형이상학에 전달시켜준다. 비록 형이상학의 극한치(極限値)가 실증과학의 극한치에 정확히 부합된다 할지라도, 우리의 형이상학은 우리가 살고 있는 세계의 형이상학이지 모든 가능한 세계의 형이상학은 아닐 것이다. 그것은 실재를 포착할 것이다.

다시 말해서 과학과 형이상학은 그 대상과 방법에 있어서 다르나, 경험에 있어서는 상호 교류한다. 양자 모두 보통의 개념들 속에 산적해 있고 단어에 의해서 전달되는 모호한 지식을 폐기해버릴 것이다.

그렇다면 결국 우리가 형이상학에 요구하는, 과학에 의해 이미 획득되어지지 않은 것은 과연 무엇인가? 오랫동안 실증과학의 길은, 실재를 언어 속에 기거하는 개념들로 재구성한다는 주장들로 인해 방해받아 왔다. '낮은' 것과 '높은' 것, '무거운' 것과 '가벼운' 것, '건조한' 것과 '습한' 것 등이 자연현상을 설명하는 데 사용된 요소들이었다. 개념들은 칭량(稱量)되고 측정되고 결합되었다. 그것은 물리학이 아니라 지성(知性)의 화학(化學)이었다. 사물을 보기 위해 개념을 폐기했을 때는 과학조차도 지성에 거역하는 것 같았다. 그 당시의 '지성주의'는 아 프리오리(a priori)한 물적 대상을 요소적인 관념들과 재결합시켰다. 실제로 이러한 과학은 자리를 양보했던 물리학보다도 더 지성주의적이 되었다. 실제로 그러했지만, 그럴 수밖에 없었던 것이, 물질과 지성은 서로를 모형으로 하고 있으며, 물질의 정확한 구조를 표출하는 과학에서 우리의 지성은 필연적으로 자기의 상(像)을 찾기 마련이기 때문이다. 따라서 물리학이 취하는 바의 수학적 형태는 실재에 가장 잘 대응하는 것이기도 하고 동시에 우리의 오성(悟性)에 가장 만족스러운 것이기도 하다. 참된 형이상학의 위치는 이보다는 덜 편리하다. 형이상학도 기성의 개념들을 제거함으로써 시작한다. 또한 경험에 의존한다. 그러나 우리가 말하는 바의 내적 경험은 여기에서 정확히 적합한 언어를 발견한다. 형이상학도 물론 개념으로 —— 거의 상(像)도 아울러서 —— 되돌아가야 한다. 그러나 그때 형이상학은 개념을 확장하고 더 유연하게 만들어야 하며, 또 연변(緣邊)의 빛을 띤 그늘 근처에서 자기는 경험 전체를 포함하지 않는다는 것을 통고해주어야만 했다. 그럼에도 사실 현대 물리학이 자기 자신의 영역에서 이룩했던 개혁을 형이상학도 자기의 영역에서 성취할 것이 틀림없다.

형이상학에서 간단한 결론이나 근본적인 해결을 기대하지는 마라. 이는, 형이상학이 제 개념의 조작에 지나지 않을 것임을 요구하는 것이다. 그것은 또한 형이상학을 순수히 가능한 것의 영역에 남겨놓게 될 것이다. 이와 반대로, 경험의 영역에서 형이상학은 불완전한 해결안과 잠정적인 결론 속에서 결국에는 확실성과 동치(同値)가 될 점증하는 개연성(蓋然性)을 획득할 것이다. 전통적 형이상학의 용어로 표현된 한 문제를 살펴보자. 즉 영혼은 육체의 사멸 후에도 생존하는가? 그것을 오직 순수 개념에 의거해 추리함으로써 결정하는 일은 평이한 일이다. 그러면 영혼을 정의하고, 플라톤처럼 영혼이 하나이며 단순하다고 해보자. 우리는 영혼이 분해 불가능하다고 결론지을 것이다. 따라서 그것은 불멸한다. 이 이상 명백한 것이 없다. 그러나 이 결론은 우리가 정의를, 즉 구상을 인정할 때에야 비로소 타당하다. 그 결론은 가설에 종속된다. 그것은 가설적이다. 그러나 우리가 삼각형의 관념을 구상할 때처럼 영혼의 관념을 구상하는 일을 포기해보자. 그러고는 사실(事實)을 주시해보자. 우리가 믿는 것처럼, 의식적 생명의 극소 부분만이 두뇌에 의해 조건지워진다는 사실이 경험을 통해 밝혀지면, 두뇌를 제거해도 아마 의식적 생명은 여전히 생존할 것이다. 이제 적어도 생존을 긍정하는 사람들에게보다는 그것을 부정하는 사람들에게 증명의 부담이 더 클 것이다. 그것이 단지 부가된 생명 정도의 문제라는 것을 나는 인정한다. 우리는 더 고도의 정확성이 형태를 갖추고, 또 이 생명에 대해 한없는 지속(持續)을 부여하기 위해서, 이번에는 종교에서 도출된 다른 이유를 가져야만 할 것이다. 그러나 순수한 철학적 관점에서 보더라도 이 이상 만일이라는 것은 없다. 우리가 매우 가능하다는 것을 긍정하고자 한다면, 우리는 그것을 범주적(範疇的)으로

―― 형이상학적 가설에 종속된다는 의미가 아닌 ―― 긍정할 것이다. 전자의 주장은 정의의 미(美)를 지니지만, 희박한 대기 속에, 또 단순한 가능한 것의 영역 안에 현수(懸垂)되어 있다. 후자의 주장은 미완성이지만 실재적인 것에 뿌리를 깊고 강력하게 내리밀고 있다.

제 체계

미성숙한 과학은 독단적이 되기 쉽다. 수중에 있는 경험이 한정되어 있으므로, 그 과학은 사실(事實)이라기보다는 사실에 의해 암시되었거나 안되었거나 간에 연역적(演繹的)으로 처리되는 소수의 단순한 관념에 의거하여 작용한다. 형이상학은 여타 과학 이상의 것이면서도 이런 위험에 노출되어 있다. 내적 경험으로의 길을 열기 위해서는 그 위험을 제거해야 할 전체적인 노력이 필요하다. 실제로 직관의 기능은 우리 각자에게 있지만, 생활에 더 유용한 다른 기능들에 가려져 있다. 따라서 선험적으로 형이상학자들은 이미 언어에 고착되어 있는 개념들이 마치 천상에서 하강하여 정신에게 초감각적인 실재를 현현시켜 주기나 하는 듯이 그 개념에 의거하여 작업해 왔다. 이리하여 나온 것이 플라톤적인 이데아론이다. 아리스토텔레스주의와 신플라톤주의의 날개를 타고 그것은 중세로 침투했다. 그 이론이 무심결에 현대 철학자들에 영감을 주는 경우도 간혹 있다. 이들 철학자들이 수학자인 경우가 종종 있는데, 이들은 정신의 습관에 의해 형이상학에서 오직 광대한 수학, 양(量)과 동시에 질(質)을 포착하는 수학만을 본다. 그리하여 기하학적 통일성과 단순성이 대부분의 철학자에 의해 설명되고, 명확하게 제기된 문제들의 완전한 체계는 종합적으로 해결된다. 그러나 이것만이 유일한 이유(理由)는 아니다. 하나 명심해두어야 할 사실은 현대의 형이상학은 종교의 대상과 유사한 대상을 다루었다는 것이다. 현대 형이상학은 신성(神性)의 개념에서 시작했다. 따라서 교조(敎條)를 확증하거나 아니면 무효화하거나 간에, 그 자신은 교조화해야 할 의무를 느꼈다. 그것이 비록 오직 이성에만 기초했다 하더라도 그것은 신학자들이 계시에서 얻는 그런 판단의 확실성을 지니고 있다. 어떤 이는 왜 형이상학이 그런 출발점을 택했는가 하고 의아해 할지도 모른다. 사실 그렇다. 그러나 요컨대 그것은 이 문제에 대해서 아무런 선택도 갖지 못했다는 것이다. 그 형이상학은 경험의 밖에서 순수 개념(純粹槪念)에만 근거하여 작용하므로, 우리가 그것에서 모든 것을 연역(演繹)해낼 수 있고 또 모든 것을 포함하는 그런 개념에 집착하지 않을 수가 없었던 것이다. 그 개념이 바로 형이상학이 가지는 신(神)이라는 관념이었다.

그러나 형이상학은 왜 신이라는 관념을 가졌는가? 아리스토텔레스가 모든 개념들을 단 하나의 개념으로 밀어넣고 보편적 설명 원리로서 플라톤의 선(善)의 이데아와 매우 유사한 '사유(思惟)의 사유'를 내세웠던 사실이나, 아리스토텔레스의 후계자인 현대 철학이 이와 유사한 노선을 걷고 있는 사실이 그 극단적인 면에서 볼 때 이해될 수 있다. 신이 인류가 신(神)이라는 단어로 언제나 지명해온 원리와 아무런 공통점도 갖지 않는 원리로서 불리웠어야 했다는 것을 이해하기는 그리 쉽지 않다. 고대 신화의 신과 기독교의 신은 의심할 바 없이 유사점이 거의 없다. 그러나 양자에는 모두 기도자가 있으며, 양자 모두 인간에 관심을 갖는다. 정적(靜的)이든 동적(動的)이든 간에 종교는 이 점을 기본적인 것으로 생각한다. 그러나 철학은 아직도 신을 그 본질로 인해 인간의 기원을 고려하지 않는 존재로서 부르려고 노력하고 있다. 마치

신은 이론적으로는 모든 사물을 포용하면서도 실제로는 우리의 고통에 눈멀고 우리의 기도에 귀먹은 것처럼. 이 점을 더 깊숙이 고찰한다면, 우리는 인간 정신에 자연적인 혼동, 즉 설명적 관념과 실천적 원리 사이의 혼동을 발견하게 될 것이다. 사물(事物)들이 그들의 개념으로 환원되고 이 개념들이 상호 부합될 때, 드디어 우리는 제 관념의 관념에 이르게 된다. 우리는 이 관념에 의해 모든 것이 설명된다고 상상한다. 그러나 실상 그것은 그리 많이 설명하지 못한다. 그 첫째 이유는 사회가 언어 속에 부착시켜놓았고 주로 편의를 목적으로 생산해냈던 제 개념들로 실재를 분류 분배한 것을 이 관념이 인정하기 때문이며, 둘째 이유는 이 관념이 이루는 관념들의 종합은 공허하며 순수하게 언어적이기 때문이다. 어째서 이런 기본적인 생각이 심오한 철학자들에게 일어나지 않았는가? 어떻게 이들 철학자들이 실제로는 세계를 편의적으로 기호(記號)로 표현하면서도, 자기들은 자기들이 내세운 원리들을 어떠한 방법으로든 간에 세계의 설명으로서 내세우고 있다고 믿을 수 있었는가? 이런 의문점이 생길 것이다. 위에서도 언급했듯이, '물자체(物自體)'에 어떤 명칭을 부여하더라도, 또 그것을 스피노자(Spinoza)의 실체(實體)로 만들건, 피히테(Fichte)의 자아(自我)로 만들건, 아니면 셸링(Schelling)의 절대(絶對)로 만들건, 헤겔(Hegel)의 이념으로 만들건, 또 쇼펜하우어의 의지로 만들건 간에, 그 단어가 명확히 정의된 표의(表意)를 지니는 일은 별 소용없는 일이다. 그것이 제 사물의 총체에 적용되는 순간 그 단어는 그 표의를 잃어버릴 것이며, 그것 안에서 모든 의미가 사라져버릴 것이다. 위에 든 위대한 '종합'들 중 마지막 것에 대하여 이야기하자면, 한 의지가 의지이기 위해서는 의지하지 않는 것과 대비되어야 하는 조건을 갖춰야 함은 명백한 일이 아닐까? 그러면 만일 그 자체 의지라면, 과연 어떻게 정신은 물질과 대비될 수 있을까? 의지를 모든 곳에 위치시킨다는 것은 곧 아무 곳에도 그것을 남겨놓지 않는다는 것이다. 왜냐하면 그것은 곧 나의 내부에서 느끼는 것의 본질 —— 지속, 분출(噴出), 연속적 창조 —— 을 내가 사물에서 지각하는 것의 본질 —— 여기에는 분명히 반복, 예측 가능성, 필연이 있다 —— 과 동일시하는 것이기 때문이다. "모든 것이 메커니즘이다" 라고 하든, "모든 것이 의지이다" 라고 하든 내게는 별 차이가 없다. 두 경우 모든 것이 혼동되고 있다. 양자의 경우에 있어 '메커니즘'과 '의지'는 '존재'와 동의어가 되며, 따라서 서로 상대편의 동의어가 된다. 그 안에는 철학적 체계의 원초적 악이 도사리고 있는 것이다. 사람들은 자기들이 절대에 대해 명칭을 부여하면 그것으로써 절대에 대해 무언가를 말한다고 생각한다. 그러나 다시 한번 말하지만, 한 단어는 그것이 한 사물을 지시할 때 명확한 의미를 가질 수 있다. 그것을 모든 사물에 적용하는 순간 그 단어는 의미를 잃어버리고 만다. 조금 더 말해보자. 만일 의지가 의미하는 것이 나의 의지 기능이라면, 또는 나를 닮은 창조물의 의지 기능이라면, 아니면 심지어 나의 의식 충동과 유사한 유기적 존재의 약동적 충동이라면, 나는 의지가 무엇인가를 안다. 그러나 이 용어의 외연(外延)이 점점 더 확장되어감에 따라 그 용어의 이해는 점차 축소되어진다. 만일 물질을 그것의 외연(外延) 속에 포함한다면, 자율성을 메커니즘에, 자유를 필연(必然)에 대립되게 하는 긍정적 제 특징의 이해는 사라져버린다. 결국에 가서 그 단어가 존재하는 모든 것을 지시하는 점까지 이르면, 그것은 존재 이외의 것을 의미하지 않는다. 그렇다면 단지 세계가 존재한다고 말하지 않고, 세계는 의지라고 말하는 것이 무슨 이득이 있겠는가? 그러나 우리는 이렇게 해서 도달된, 미결정 내용을 지닌 개념, 더 정확히 말해서 내용이 결여된 개념, 더는 아무것도 아닌 개념이 모든 것이라고 주장한다. 따라서 사람들은 결정 자체이며 또 본질적으로 실천적인 종교의 신(神)을 요청한다. 신은 존재의 정상에 군림한다. 우리는 우리가 잘못하여 지식의 정상에 있다고 생각한 것을 신과 일치시킨다. 따라서 인류가 신에게 부여한 예배와 존경은 신의 이름으로 장식되어 온 원리 속에 함입된다. 그리고 대부분의 경우 이것이 바로 현대 철학의 독단론(獨斷論)의 원천인 것이다.

실제로 한 존재는 오직 경험 안에서만 주어질 수 있다. 이 경험은 투시(透視) 혹은 접촉(接觸)이라 불리며, 물적(物的) 작용과 관련되었을 때는 외적 지각이라 불리고, 정신과 관련되었을 때는 직관(直觀)이라는 명칭을 부여받는다. 직관은 어느 정도까지 적용될 수 있는가? 직관만으로는 말할 수 없다. 직관은 밧줄을 타고 올라간다. 그 밧줄이 천상에까지 이르는가, 아니면 지구에서 어느 정도 거리에서 끝날 것인가를 알아내는 것은 직관이 할 일이다. 전자의 경우에 형이상학적 경험은 위대한 신비주의자의 경험과 연결된 것이다. 내 생각으로는 거기에 진리(眞理)가 있다고 말할 수 있다. 후자의 경우에, 이 두 형이상학적 경험은 여전히 상호 독립되어 있을 것이다. 그렇다고 해서 상호 배척하지는 않을 것이다. 직관을 어떻게 보든 간에, 철학은 우리를 인간적 상태 이상으로 올려놓을 것이다.

일반적 관념

직관은 이미 우리에게 어떤 사색적 확실성을 찾는 일을 면제해준다. 그것은 직관이 정신의 문제를 물질이 아니라 정신을 통해서 다루기 때문이며, 또 일반적으로 대부분의 개념이 의미하지도 않는 일을 그 개념들을 사용해서 해야 할 필요를 없애주기 때문이다. 이러한 개념들은 단어 속에 포함되어 있다. 그것들은 대부분 형이상학과는 관련 없는 대상의 관점에서 사회에 의해 만들어진다. 그 개념들을 형성하기 위해서 사회는 자기의 필요에 따라서 실재를 재단한다. 왜 철학은 어떤 경우에도 실재의 골절(骨節)에 대응하지 않을 파편을 인정해야 한단 말인가? 그러나 실제로 보통 이 파편을 철학은 인정하고 있다. 철학은 언어에 의해 제기된 문제를 용인한다. 따라서 철학은 이미 있는 해결안을 받도록 되어 있으며, 그렇지 않으면 기껏해야 문제를 이렇게 제기하는 한, 그와 영원히 공존할 둘이나 셋의 가능한 해결안들 중에서 하나를 단순히 선택하게끔 되어 있다. 만일 이렇다면 오히려 모든 진리가 잠정적으로 이미 알려져 있으며, 그 모형은 국가의 행정부에 의해 면허를 받고, 철학이란 그림 맞추기 놀이와 같아서, 여기에서의 문제란 사회가 우리에게 준 파편들을 이용하여 우리에게 그리 보여주고 싶지 않은 설계를 구성하는 일이라고 말하는 편이 나을지도 모른다. 또, 오히려 철학자들에게 선생의 공책을 대담하게 넘겨다 보아 그 안에 적혀 있는 이미 인정된 해답을 찾으려고 하는 학생의 역할이나 태도를 부여하는 것이 나을지 모른다. 그러나 실제로 철학에서는 물론 다른 분야에서도 문제를 발견하고, 따라서 그것을 제기하는 일이 필요하다. 이것은 문제를 푸는 것 이상의 일이다. 왜냐하면 사변적인 문제는 그것이 적합하게만 진술된다면 그 즉시 해결되기 때문이다. 이 말은 그 해답이 비록 계속 숨겨져, 말하자면 포장되어 있을지도 모르지만, 그래도 그 해답은 존재하고 있다는 말이다. 이때 우리가 할 일이란 오직 그 포장을 제거하는 것뿐이다. 그러나 문제 제기는 단순한 포장 제거가 아니다. 그것은 발명이다. 발견, 즉 포장 제거는 실제로 혹은 잠재적으로 이미 존재하는 것과 관계 있다. 따라서 그것은 분명히 조만간 발생한 것이다. 발명은 존재에 대해 존재하지 않았던 것을 부여한다. 그것은 영원히 발생하지 않을 수도 있다. 이미 수학에서는, 더욱이 형이상학에서는 발명의 노력이 대부분 문제 유발로서, 그 문제가 제기될 용어의 창조로서 나타난다. 여기에서는 문제의 제기와 해결은 거의 동일하다. 참으로 위대한 문제는 그것이 해결될 때야 비로소 제기된다. 그러나 수많은 사소한 문제들이 이와 똑같은 사정에 처해 있다. 철학에서의 기초적인 논문을 펼쳐보자. 거기에서 학생은 다음과 같은 질문을 받는다. "쾌락은 행복인가, 행복이 아닌가?" 그러나 우선 우리는 쾌락과 행복이 사물을 아류(亞流)로 나누는 자연적 구분에 대응하는 유(類)에 속하는가 아닌가를 알아야만 한다. 엄격히 말해서, 위와 같이 말하는 것은 단순히 다음을 의미한다. "쾌락이라는 용어와 행복이라는 용어의 일상적 의미에서 행복이 쾌락의 계기(繼起)에 있는가?" 그리하여 그것은 제기되고 있는 어휘의 문제이다. 그 문제는 언어를 가장 올바르게 사용하는 작가가 '쾌락'과 '행복'이라는 단어를 어떻게 사용하는가를 알아냄으로써 해결될 수 있다. 더군다나 사람들은 그 유용한 일을 해낼 것이다. 즉 더욱 정확하게 두 일상적 용어, 다시 말해서 두 사회적 습관을 정의할 것이다. 그러나 만일 여기서 더 나아가서 습관을 재고찰하는 것이 아니라 실재를 파악하고 있다고 주장한다면, 도대체 왜 인위적일지도 모르는 용어들이(그것들이 인위적인가 아닌가는 아직 알려져 있지 않다. 왜냐하면 대상이 아직 연구되지 않았기 때문이다) 사물의 본질에 관련된 문제를 제기하리라고 기대한단 말인가? 쾌락이라는 명칭 아래 모아놓은 상태들을 고찰해본 결과,

그것들은 모두 사람들이 찾고 있는 상태들이라는 점 이외의 공통점을 갖고 있지 않음이 밝혀졌다고 가정해보자. 사람들은 매우 다른 이 사물들을 동일한 유(類)로 분류할 것이다. 왜냐하면 사람들은 그 사물들에서 공통의 실용적 관심을 발견했고, 또 그것들 모두에 동일한 방법으로 반응했기 때문이다. 다른 한편으로, 행복이라는 관념을 분석하여 위와 유사한 결과를 얻었다고 가정해보자. 그 즉시 문제는 사라져버린다. 더 정확히 말한다면, 전혀 새로운 문제 속으로 녹아들어가는데, 우리는 쾌락과 행복이라는, 아마도 인위적일 일반적 관념에 도달하기 위해 사회가 외부에서 형성해놓은 인간행위를 그 자체로 연구하기 이전에는 이 문제에 대해 아무것도 모르며 여기에 합당한 용어조차 소유하지 못한다. 설령 그렇더라도 '인간행위'라는 개념 자체는 자연적인 부류에 일치하고 있다는 사실을 확실히 알고 있어야 한다. 실재를 이렇게 그것 자신의 경향에 따라 관절(關節)을 나누는 일이 바로 우리가 물질의 영역을 떠나 정신의 영역에 들어갈 때 나타나는 주요한 난점의 원인이다.

이 말은 곧 일반적 제 관념의 기원 및 가치의 문제가 어떠한 철학적 문제에서도 발생하며, 또 그 문제는 각 경우에 있어서 그에 합당한 특정한 해결안을 요구한다는 말과 같다. 이러한 문제를 둘러싸고 발생한 논란들이 철학사를 채우고 있다. 논의에 들어가기 전에, 이런 일반 관념들이 정말로 하나의 유(genre)를 구성하는가, 또 일반성을 조심해야만 한다면 그것이 정확히 일반 관념을 다루는 데에서 이루어져야 하지 않는가라고 자문해보는 것도 바람직할 것이다. 만일 하고자만 한다면 일반 관념의 일반 관념을 쉽사리 보존할 수 있음은 자명한 일이다. 일반 관념이란 한 동일한 명칭 하에 수많은 사물을 수집해놓은 대표물이라는 데에 동의하는 것으로 충분하다. 따라서 대부분의 단어들은 하나의 일반 관념에 대응하게 될 것이다. 그러나 철학자에게 중요한 문제는 어떤 작용을 통해서, 어떤 이유로, 또 특히 실재의 어떤 구조로 인하여 사물들이 그렇게 수집될 수 있는가를 아는 것이다. 이 문제는 유일하고 단순한 해결을 허용하지 않는다.

내게 있어서 심리학은 어떤 안내판이 없을 때 이런 유의 탐구에서 목적 없이 방황하고 있는 듯이 보였다. 행위 곧 정신의 작용 배후에는 기능이 있다. 일반 관념의 배후에는 일반성을 이해 혹은 지각하는 기능이 있다. 후자의 기능이 갖는 중요한 의미가 우선 결정되어야 한다. 정신의 행위, 상태, 기능들의 미로에서 우리가 결코 늦춰서는 안 될 끈은 생물학이 제공하는 바로 그것이다. 즉 생이 우선한다(primum vivere)는 말이 된다. 기억, 상상, 이해 및 지각 등, 요컨대 일반화는 그저 쾌락을 위하여 거기에 있는 것이 아니다. 실제로 어떤 이론가의 이론에 의하면, 정신은 그 존재가 단지 확인될 필요가 있는 심리적 제 기능으로 분류되어 천상에서 쫓겨난 듯이 보인다. 그 기능들이 그러하기 때문에 그것들은, 의심할 바 없이 그런 방식으로 사용될 것이다. 그러나 그와는 반대로, 나는 그 기능들이 현재의 그것들인 이유는 그것들이 유용하며 삶에 필요하기 때문이라고 믿는다. 그 기능들의 존재를 설명하고 필요할 때 그것을 정당화하기 위해서는, 다시 말해서 그런 기능들로의 일상적 분류가 인위적인가 아니면 자연적인가, 따라서 그것을 유지할 것인가 수정할 것인가를 알기 위해서는, 삶의 기본적인 사정에 대한 언급이 있어야 한다. 만일 우리가 하나의 기능을 연속된 심리적 조직에서 절단해낸다면, 그 기능의 메커니즘에 대한 우리의 모든 관찰은 왜곡될 것이다. 인간, 동물, 심지어 식물에 있어서까지 삶의 사정이 유사하며, 따라서 우리의 방법은 위험을 무릅쓰면서까지 인간의 인간적 특징을 도외시한다고 말할 것인가? 조금도 의심할 여지없이, 심리적 삶이 절단되고 배분(配分)된다고 해서 모든 것이 다 끝나는 것이 아니다. 인간에 있어서 각 기능의 성장, 심지어는 그 변형(變形)까지도 추적하는 일이 남아 있다. 그러나 어쨌든 우리는 정신행위에 있어서 이 독선적인 분류를 따르지 않을 기회를 갖게 될 것이며, 만일 그 심근(深根)에까지 파내려간다 해도 그 가지와 잎이 얼기설기 얽혀 있는 식물들을 분류해낼 수는 없을 것이다.

제반 일반 관념

이러한 방법을 일반 관념의 문제에 적용시켜보자. 모든 생물체, 심지어는 생물체의 모든 기관과 모든 조직이 일반화를 행하고 있음을, 즉 분류를 행하고 있음을 알게 될 것이다. 그 이유는 그것들이 자기가 처해 있는 주변 상황에서 매우 다양한 실체나 대상으로부터 자기의 특정 필요를 충족시키는 부분들이나 요소들을 수집할 수 있기 때문이다. 그 나머지는 무시당한다. 따라서 그것들은 한 공통적 속성과 직결된다는 이유로 자기의 관심을 끄는 특징을 분리하는 것이다. 환언컨대 그것들은 분류하며 따라서 추상(抽象)하고 일반화한다. 의심할 바 없이 거의 모든 경우에 있어서, 또 인간을 제외한 다른 모든 동물들에 있어서, 추상과 일반화는 실제로 경험되고 있으며 사유되고 있지는 않다. 그러나 동물 자체에서도 우리는 단지 반성만이 결여된, 완전한 의미에서의 일반 관념이 되고자 하는 관심을 갖춘 제 표상을 발견한다. 만일 그렇지 않다면, 한 마리 소가 이끌려 가면서, 어떤 목초지든 간에 단순히 그것이 우리가 풀밭 혹은 목초지라 부르는 범주 내에 들어온다는

68

이유만으로 그 목초지 앞에서 멈추겠는가? 또 말은 어떻게 하여 곡물 창고와 마구간, 평야와 도로, 귀리와 건초를 구별한단 말인가? 그러나 일반성을 이해하는, 더 정확히 말해서 지각하는 일은 말이 인간과 마찬가지로 동물이며, 본능과 필요 욕구를 가지고 있다는 자격만으로 인간의 경우와 동일할 수는 없다. 반성이나 중재의식(仲裁意識) 없이도 인간의 제 경향성 가운데 하나에 의해 매우 다양한 대상들에서 유사성이 도출될 수 있다. 그 경향성은 이 대상들을 한가지 유(類)로 분류한 일반 관념을 창조한다. 이 일반 관념은 사유되었다기보다는 행위된 것이다. 자동적으로 추출된 이런 일반성들은 인간에 있어서는 그 수가 더욱 많다. 인간은 본능 이외에 본능적 행위를 어느 정도 모방할 수 있는 습관을 지니기 때문이다. 만일 지금 완전한 일반 관념, 즉 의도적으로 의식되고 반성되고 창조된 일반 관념에 접근해보면, 우리는 대부분의 경우 그 기초에서 일반화의 주요소인 이 유사성의 자동적 추출을 발견할 것이다. 어떤 의미에서는 어떤 것도 다른 것을 닮지 않는다. 왜냐하면 모든 대상은 다르기 때문이다. 또 다른 의미에서 모든 것은 다른 모든 것을 닮는다. 왜냐하면 사람들은 일반성들의 사다리를 타고 충분히 올라가서, 임의의 두 상이한 대상이 같이 포함되는 어떤 인위적 유(類)를 언제나 발견할 것이기 때문이다. 그러나 불가능한 일반화와 무용한 일반화의 사이에는 여러 경향, 습관, 동작 및 태도에 의해서 원형 그대로 요청되는 다른 일반화가 있는데, 그것은 대부분의 인간적 일반 관념의 기원에 자리 잡고 있는, 자동적으로 성취되거나 스케치되는 제 운동의 복합체들이다. 우리가 보고 있다고 주장하는 사물이나 상태들 간의 유사점은 무엇보다도 이 상태나 사물들에 공통적인 성질이며, 이것은 우리 자체에서 동일한 반응을 획득하고, 우리의 신체로 하여금 동일한 태도를 띠게끔 하고, 동일한 운동을 시작하게끔 한다. 신체는 물질적 환경이나 도덕적 환경에서 자기에게 영향을 끼칠 수 있었던 것, 자기의 관심을 끌었던 것은 무엇이든지 추출해낸다. 그것은 곧 상이한 제 행위에 작용하면서 그것들에 유사점을 부여하거나 혹은 유사점을 발생케 하는, 이들 행위에 대한 반응의 동일성이다. 따라서 방울[鈴]은 매우 상이한 충격 형태에서도 —— 손가락으로 칠 때, 바람이 불 때, 전류를 통해줄 때 —— 언제나 동일한 음을 내며, 그렇게 하여 이 충격의 형태를 진령장치(振鈴裝置)로 변조(變調)해서는 상호 유사하게끔 만들 것이다. 이들 각각은 단순히 방울이 언제나 동일하게 있다는 이유만으로 동일한 유(類)를 구성하게 된다. 방울 이외의 어떤 것도 아닌 그 방울은 일단 반응하기 위해서는 울리는 도리밖에 없다. 말할 필요도 없이, 의식(意識)을 물질적 틀에, 즉 태도와 운동에 삽입한 것에 지나지 않는 제 표상을 반성이 순수 사유의 상태에까지 상승시킬 때, 반성은 단지 관념에 지나지 않을 일반 관념들을 자발적으로, 직접적으로, 모방에 의하여 형성할 것이다. 이렇게 할 때 반성은 단어에서 강력한 지원을 받을 것이며, 이 단어는 다시 표상에 대하여 그것이 꼭 부합될 수 있는 틀을 제공할 것이다. 그러나 이번에 그 틀은 육체적이기보다는 정신적인 틀이다. 그럼에도 실제로는, 개념의 참된 본질을 알아내고 어느 정도 성공의 가능성을 지니면서 일반 관념에 관계된 제 문제에 도전하기 위해서, 우리는 언제나 전동기적(電動機的) 태도 혹은 습관에 대한 사유의 영향에 눈을 돌려야 할 것이다. 일반화는 원래 행위의 지평에서 발생하여 사유의 지평으로 상승한 습관 이외의 것이 아니다.

그러나 이렇게 하여 일반 관념의 기원 및 구조가 결정되고, 일반 관넘의 발생 필요성이 설정되며 더 나아가 일반 관념의 인위적 구축에 의 한 자연의 모방이 확증되었다고 하더라도, 아직도 다른 일반 관념의 모형인 자연적 일반 관념이 어떻게 가능하며, 경험은 왜 우리가 일반성으로 번역하기만 하면 되는 유사성들을 우리에게 제공하는가를 명백히 해야 할 일이 남아 있다. 이 유사성들 가운데는 틀림없이 사물의 기본 근원에 이른 유사성도 있다. 그것들은 어느 정도는 아직도 개인과 사회에 편의를 제공할, 그러나 과학과 철학이 실재의 어떤 측면을 어느 정도 근사적으로 투시하기 위해 이러한 모체에서 분리해낼 일반 관념들을 생산해낼 것이다. 그 유사성의 수는 매우 적으나 일반 관념의 수는 대단히 많은데, 사회는 이것들을 대화와 행위에 쓸 목적으로 언어를 위해 준비해둔다. 그런데도 우리가 여기서 특별히 언급하고 있는 이런 수많은 일반 관념들 중 많은 것들은, 연속된 중간 매체에 따라, 즉 모든 종류의 조작(操作)과 단순화와 변형에 따라, 본질적 유사성을 번역하는 소수의 관념들과 연결된다. 상당히 긴 우회로를 따라 그런 관념들과 함께 그와 연결되어 있는 유사성으로 되돌아가는 것도 종종 시사해주는 바가 있다. 따라서 여기에서 약간 논점을 바꿔, 실재 자체에 본유적(本有的)인 객관적 일반성이라고 불릴지도 모를 것에 대해 살펴보는 것도 유용할 것이다. 객관적 일반성은 그 수가 제한되어 있지만, 자신에 대하여 또 자신이 방사하는 확실성에 대하여 중요하다. 그것들은 마치 초과 발행된 은행권이 지니고 있는 적으나마 모든 가치를 은행 금고에 남아 있는 금에 의존하는 것처럼, 그들의 확실성의 일부를 완전히 인위적인 유(類)에 대여해준이다.

이 점을 더욱 깊이 고찰해보면 내 생각으로는, 유사성들은 세 가지 군(群)으로 분류되며, 이 중 둘째 군은 아마도 실증과학 진보들로서 재차 분류되어야만 한다는 사실을 알게 될 것이다. 제일 범주의 유사성들은 본질적으로 생물학적이다. 그 유사성들은 다음과 같이 주장한다. 즉 생명은 마치 자기가 유(類)와 종(種)이라는 일반 관념을 지니고 있는 듯이, 마치 자기가 어떤 제한된 수의 구조적 계획을 따르고 있는 듯이, 또 마치 자기가 생명의 일반적 속성들을 구축해 놓은 듯이, 마지막으로 특히, 마치 자기가 유전적 전달(본유적인 것을 위한)의 이중 효과 및 어느 정도 완만한 변태(變態)에 의하여, 더 높이 올라갈수록 개체 간의 유사성이 점점 많아지는 그런 장척(長尺)을 따라서 생물체를 한 연속적 위계관계 속에 전동하기를 원하거나 한듯이 행동한다는 것이다. 우리가 궁극성이라고 표현하든, 아니면 지성을 모방한 특정한 속성을 생물체에 부여하든, 요컨대 어떤 매개적인 가설에 집착하든, 종(種), 유(類) 등등 —— 우리가 일반 관념으로 번역하는 일반성들 —— 으로 분류하는 일은 원리적으로 언제나 실재 자체(비록 우리의 분류가 실제로는 부정확하더라도)에 기초하고 있다. 또한 기관(器官), 조직, 세포 및 생명체를 구성하는 다른 모든 것에 대응하는 유사성들도 마찬가지로 실재 자체에 기초하고 있다는 말은 옳다.

그런데 유기체에서 비유기체로, 생물체에서 불활성적이고 인간에게 아직 알려져 있지 않은 물질로 이동해가면, 우리는 참된 유(類)를 발견한다. 그러나 이것은 성질이 매우 다른 유로서, 빛깔, 맛, 냄새와 같은 제 성질, 산소, 수소, 물과 같은 화합 원소들, 마지막으로 중력, 열전기와 같은 물리적 힘들이 있다. 그러나 여기서 일반 관념 하에 보여진 개개의 사물에 대한 표상들을 서로 결합하는 것은 완전히 별개의 것이다. 세부적 고찰로 들어가면, 의미의 미묘한 차이를 고려하고 또 우리가 과장해서 구분해놓은 것을 미리 한정시키며 아울러 '유사성'

이라는 단어에 그 가장 정확하고 협소한 의미를 부여함에 동의함으로써 설명의 혼란을 야기하게 된다. 나는 이것을 피하고 단지, 처음의 경우에 있어서의 분류 원리는 적합하게 지칭된 유사성이며, 두 번째 경우에서의 그것은 동일성이라는 말을 하고자 한다. 어떤 하나의 색조의 적색은 그것이 발견된 모든 대상 내에서 자기 자신과 동일할 수 있다. 우리는 동일한 음조, 동일한 강도, 동일한 음색을 지닌 음표(音表)는 동일하다고 이야기할 수 있다. 더군다나 옳든 그르든 간에, 물질을 고찰하여 화학적인 것은 물리적인 것으로, 물리적인 것을 수학적인 것으로 환원시켜감에 따라, 우리는 동일적 요소 혹은 동일적 사건으로 접근해간다고 생각한다. 그런데 단순논리에 의하면 유사성은 부분적 동일성이며, 동일성은 완전한 유사성이라 할 수 있다. 그렇지만 경험에서 우리는 전혀 다른 것을 배운다. 우리가 '유사성'이라는 단어에 우리가 시작할 때부터 부여한 그 모호하고 어느 정도 대중적인 의미를 부여하지 않고, 그 대신 '유사성'에 대해 '동일성'과의 비교를 통한 그 정확한 의미를 부여하고자 노력할 때, 동일한 기하학적인 것이며, 유사성은 생명적인 것이라는 사실이 나타나리라는 것을 나는 믿어 의심치 않는다. 전자는 측정과 관계 있으며 후자는 예술의 영역에 속한다. 후자는 진화론적 생물학자로 하여금 자기가 최초로 그 안에서 유사성을 발견한 연관된 제 형태를 가정하게끔 촉발하는, 순수한 미적(美的) 감각인 경우가 종종 있다. 그가 이 형태들에 부여한 그 구도는 때때로 예술가의 손과, 특히 예술가의 눈을 보여준다. 그러나 만일 동일성이 유사성과 그렇게 강력히 대조된다면, 다른 일반 관념의 범주와 마찬가지로 이 일반 관념의 새로운 범주에 대해서도 그것을 가능하게 하는 것을 결정하려는 노력의 근거가 있을 것이다.

그러한 탐구가 그 대상을 획득할 수 있는 곳은 오직 물질에 대한 지식의 더 진보된 상태에서뿐이다. 심층적인 생명연구를 통해 우리가 이르게 될 가설에 근거한 한 단어에 일단 만족하자. 몇천 몇만의 다른 장소에서도 동일한 녹색(綠色)인 (적어도 우리 눈에는, 또는 근사적으로나마) 그런 녹색이 있으며, 다른 빛깔들도 그와 마찬가지이고, 아울러 빛깔의 차이란 우리가 색의 지각 속으로 농축시키는 기본적인 물리적 사건의 빈도수의 차이에 의존한다고 가정해보자. 그러면 이 빈도수가 어떤 때, 어떤 상황을 막론하고 어떠한 특정한 빛깔을 우리에게 보여줄 가능성은 모든 가능한 빈도수가(물론 어떤 한계 내에서) 언제 어디서나 실현된다는 사실에 연유한다. 따라서 다양한 빛깔에 대응하는 우리의 빈도수는 필연적으로 다른 모든 빈도수와 함께 시간과 장소를 막론하고 나타날 것이다. 동일성의 반복은 이 경우에 있어 동일성으로 하여금 유(類)를 구성하게 해주는 것으로서 다른 원천을 갖지 않는다. 현대 물리학이 우리가 행한 성질의 분류 배후에 있는 수(數)에 있어서의 차이를 점점 더 명확히 보여줌에 따라, 이유의 설명은 모든 유에 대해서, 또 불활성 물질의 세계에서 발견되는 (다른 일반성을 형성하기 위해 결합될 수 있는) 모든 기본적인 일반성에 대해서 타당할 것이다. 실제로 그 설명이 완전히 만족스러울 때란 그것이 왜 우리의 지각이 광활한 빈도수의 평야에서 여러 빛깔들이 될 그런 특정한 빈도수만을 선별해내는가, 왜 우리의 지각이 다른 것이 아닌 그 빈도수를 선별해내는가를 설명할 때뿐이다. 나는 이 특별한 문제에 대한 해답을 이전의 저서에서 제시했던바, 생명체를 질과 양에서 결정되어 있는 행위능력으로 정의했던 것이다. 우리의 참된 지각, 또 자기의 인도자로서 필요한 정보, 아울러 매우 덜 긴장된 사물의 지속에서 발생하는 몇천 수만의 사건들을 우리의 지속의 한순간에 농집(濃集)시킨 것을 물질에서 추출해내는 것이 바로 이 잠재적 행위이다. 이러한 긴장의 차이야말로 물리적 결정과 인간적 자유의 간격의 척도이며, 동시에 그것은 그 둘의 이중성과 공존을 설명해준다.[3] 인간이나 이와 동일한 본질의 어떤 존재의 외양이 지구에서 생명의 존재 이유라면, 지각의 모든 범주, 즉 인간의 것뿐만 아니라 동물, 심지어는 식물(마치 지각을 지닌 듯이 행동하는)의 것까지도 전반적으로 농집을 위한 어떤 위대함의 질서의 선택에 대응한다고 이야기되어야만 한다. 그것은 단순한 가설이다. 그러나 내가 보기에 그것은 물질의 구조에 대한 물리학의 성찰에서 자연적으로 발생하는 것이다. 나의 지각이, 따라서 나의 행위가 만일 위대함의 질서 ── 그 물질성을 구성하고 있는 제 요소, 더 정확히 말해서 제 사건이 대응하는 ── 를 위해 만들어졌다면, 내가 지금 그 위에서 쓰고 있는 책상은 어떻게 될 것인가? 나의 행위는 용해될 것이며, 나의 지각은 내가 책상을 보고 있는 장소에서, 또 내가 그것을 보는 그 짧은 순간에 광활한 우주와 조금도 끝이 없는 역사를 포착할 것이다. 나로서는 어떻게 하여 이 운동하는 광활성이 내가 그것에 행위할 수

---

3 따라서 조금 더 근래의 물리학에서 물리학적 사실을 구성하는 기본적 사건들의 비결정성을 가정할 때도, 우리는 물리적 결정성에 대해 아직 이야기할 수 있으며, 또 이야기해야만 한다. 왜냐하면 이 물리적 사실은 경화(硬化)된 결정성에 종속되는 것으로 지각되며, 따라서 우리가 자유롭다고 느낄 때 우리가 수행하는 행위와는 근본적으로 구분되기 때문이다. 위에서 제시한 바와 같이, 이것이 바로 물질을 결정성으로 밀어넣기 위한 것이 아닌가, 또 우리를 둘러싸고 있는 현상들 가운데서 우리를 그 현상에 행위하게끔 해 주는 계기의 규칙성을 획득하여 우리의 지각이 기본적 사건의 어느 특정 밀집도에 주의하게끔 하기 위한 것이 아닌가 하는 것이 의문시될 수 있다. 더 일반적으로 말해서, 살아 있는 존재의 행위성은 사물들이 지속의 밀집을 통해 그 사물들의 담지체(擔持體) 역할을 하는 필연성에 근거하여 측정된다.

있게끔 부동경직(不動硬直)의 단순한 사각형이 될 수 있겠는가를 이해할 수 없다. 그것은 모든 사물과 모든 사건에 동의할 것이다. 우리가 살고 있는 세계는 각 부분의 상호 작용-반작용과 더불어 위대함의 등급 안에서의 어떤 선택, 즉 우리의 행위능력에 의해 결정되는 선택에 의해서 존재하는 세계이다. 다른 선택에 대응하는 다른 세계가 동일한 장소, 동일한 시간에 우리의 세계와 공존하지 못할 하등의 이유가 없다. 이렇게 해서 20개의 서로 다른 방송국이 동시에 20개의 서로 다른 음악회를 방송하는바, 이 음악회들은 그 어느 것도 다른 것의 음악과 자기의 음률을 혼돈시키지 않고 공존하며, 그 각각은 특정 방송국의 주파수를 선택하여 수용한 기구(機具)에서 완전하고도 단독적으로 우리의 귀에 들린다. 그러나 중도에서 마주친 문제에 대해서 너무 지나치게 주의할 필요는 없다. 지각에서 발생한 제 개념, 물질의 속성 및 행위에 대응하는 일반 관념이 가능한가, 혹은 사물에 내재한 수학 때문에 현재의 그 모습을 지니고 있는가를 확인하기 위해서는 물질의 본질적인 구조에 대한 가설이 필요없다. 이것이 한편에는 기하학적인 것을, 다른 한쪽에는 약동적인 것을 위치시키는 일반 관련들의 분류를 정당화하기 위해서 내가 상기시키고자 하는 모든 것이다.

우리는 이미 언급한바 제3의 범주, 즉 전적으로 인간의 사색과 행위에 의해 창조된 일반 관념을 살펴보아야 한다. 인간은 본질적으로 공작인(工作人)이다. 자연은 인간에게, 예를 들어 곤충들이 소유하는 바와 같은 기성의 도구를 부여하지 않는 대신, 그에게 지성이라는, 무한히 도구를 발명하고 제작할 수 있는 능력을 부여했다. 제작된 사물이 아무리 단순하더라도, 그것은 지각되거나 상상된 모형을 따라서 제작된 것이다. 모형 자체 혹은 그 제작 도식에 의해 한정된 양식은 실재

76

적이다. 따라서 우리의 모든 운명은 몇몇의 일반 관념에 의거하고 있는데, 그 관념의 내용에 대하여 우리는 충분히 알고 있으니 그것은 우리가 그것을 만들었기 때문이요, 또 그 관념은 매우 값지니 그것은 우리가 그것 없이는 살아나갈 수 없을 것이기 때문이다. 관념 일반의 실재성에 대한, 심지어는 그것들의 신성(神性)에 대한 신앙은 부분적으로 여기에서 연유한다. 그것이 고대 철학과 또 현재의 철학에까지 어떤 역할을 하고 있는가는 널리 알려진 바이다. 모든 일반적 관념은 그들 중 어떤 것이 지니는 객관성의 덕택을 보고 있다. 덧붙여 말하건대, 인간의 제작행위(製作行爲)는 단지 물질에만 작용하지 않는다. 위에서 열거했던 세 종류의 일반 관념, 특히 마지막의 일반 관념을 소유하기만 하면 지성은 이른바 일반 관념의 일반 관념을 갖게 된다. 그렇게 되면 지성은 임의로 일반 관념을 구상할 수 있다. 지성은 자연히 사회생활에 가장 유익할 수 있는 관념 혹은 단순히 사회생활과 관련된 관념에서 시작한다. 그런 다음에 순수사색과 관련된 관념이 나타난다. 마지막으로, 어떤 특정한 이유도 없이 단지 구상(構想)한다는 즐거움만으로 구상하는 관념이 나타난다. 그러나 우리의 처음 둘의 범주에 속하지 않는 대부분의 개념들에 있어서, 막대한 양의 일반 관념에 있어서, 그것들의 탄생을 주재하는 것은 개인의 관심과 아울러 사회의 관심이며, 또 대화와 행위의 필요성이다.

거짓 문제들

이제 더 직관적인 철학에 도달하기 위해서는 어느 정도까지 개념적 사유를 개주(改鑄)하고, 때로는 완전히 폐기할 필요가 있는가를 보도록 하자. 주지하듯이 이 철학은 종종 기성적 대상에 대한 사회적 시각에서 멀리 떨어져 있다. 이 철학은 우리로 하여금 이 철학을 형성하는 행위에 정신적으로 참여하도록 요구한다. 따라서 이것은 이 특정점에 대하여 신성(神性)에의 방향으로 우리를 되돌려놓는다. 사실상 인간에 있어서의 기본적인 특징은 개인적 사유의 작업으로서, 이 사유는 실제로 그렇듯이 사회적 사유에 삽입되며, 사회가 제공한 여느 다른 도구와 마찬가지로 기존 관념을 이용한다. 그러나 그 노력 안에는 아무리 천박한 것일지라도 이미 준신적(準神的)인 어떤 무엇이 있다. 즉 거기에는 생명의 약동에 재삽입되는, 사회를 발생시키며 관념을 낳게 하는 정신의 어떤 무엇이 있다.

이러한 노력을 통하여 형이상학자들, 즉 우리들 각자를 괴롭히고 있는 유령과 같은 문제들이 쫓겨갈 것이다. 나는 존재하는 것보다 존재하지 않는 것에 관련되어 있는 그 불안스럽고 불가해한 문제들에 대해 이야기하고자 한다. 그것은 존재의 기원에 대한 문제이다. 즉 "어떻게 물질, 정신, 신 등이 존재할 수 있는가? 분명히 그 원인이 있었음에 틀림없다. 또 그 원인의 원인이 있었을 것이니 이 과정은 무한하다." 따라서 우리는 원인에서 원인으로 되돌아간다. 만일 우리가 중도에서 멈춘다면, 그것은 우리의 지성이 그 위에서 더는 아무것도 찾지 않아서가 아니라, 우리의 상상이 마치 심연에서처럼 현기증을 피하기 위해 결국 눈을 감아버리기 때문이다. 다시 말하건대, 그 문제는 곧 질서 일반에 대한 문제이다. "왜 실재는 단계적인가? 그곳에서 우리의 사유는 마치 거울을 볼 때처럼 자신의 모습을 본다. 왜 세계는 비정합적이 아닌가?" 이러한 문제들은 존재하는 것보다는 존재하지 않는 것에 관계되어 있다. 암시적으로 무의 존재 가능성을 인정하지 않는다면, 그 어떤 것 —— 물질, 정신, 신(神) —— 의 존재에 대해 그렇게 놀라지는 않을 것이다. 우리의 존재는 진공(眞空)을 메꾸는 것이며, 무(無)가 논리적으로 존재에 선재한다고 상상한다. 더 정확히 말하면, 그렇게 상상한다고 우리 자신이 생각한다. 그리하여 원초적 실재 —— 그것을 물질, 정신, 신 그 어느 것으로 불러도 —— 가 첨가될 것인바 이것은 이해할 수 없는 일이다. 마찬가지로 우리는 질서에 종속되는 무질서, 따라서 질서에 적어도 관념적으로 우선하는 무질서를 염두에 두고 있다고 생각지 않는다면, 왜 질서가 존재하는가를 자문해보지도 않을 것이다. 따라서 설명될 필요가 있는 것은 질서이며, 반면 존재할 권리를 가진 무질서는 설명을 요구하지 않을 것이다. 단지 이해하려고만 할 때 사람들은 위험스럽게도 이러한 견해를 지니게 된다. 그러나 더 나아가 결과를 낳으려는 시도를 해보자(우리는 분명히 사유 속에서만 그렇게 할 수 있다). 우리가 우리의 의지를 확장하고 우리의 사유를 의지 속에 재흡입하려 하며, 사물을 발생시키는 노력에의 더 큰 공감으로 들어가려고 할수록, 이 난공불락의 문제들은 후퇴하여 사라져버린다. 왜냐하면 신적(神的)인 창조적 의지나 사유란 그 광활한 실재성 속에서 자기 자신으로 충만해 있으므로, 질서의 결여라든가 존재의 결여라는 관념이 거기에 조금도 가까이 가지 못하기 때문이다. 절대적 무질서, 더욱이 무(無)의 근거를 상상한다는 것은 곧 그것이 전혀 존재하지 않았을지도 모르며, 그러한 사실이 그 본성, 즉 힘(力)과는 양립할 수 없는 취약점이 되었을 것이라고 말하는 것과 같다. 우리가 이 창조적 의지에 접근해갈수록 건전한 정상인을 괴롭히는 의문점들이 점점 더 비정상적이고 병적으로 보인다. 한 예로서, 창문을 닫아놓고는, 창문이 닫혔다는 것을 검사하려고 창가로 다시 가고, 자신이 점검한 것을 다시 검사하고, 이렇게 검사의 검사를 계속하는 회의자

(懷疑者)를 살펴보자. 그에게 동기가 무엇이냐고 물어보면 그는 자기가 창문을 더 확실하게 닫으려고 할 때마다 그 창문을 열 것이라고 대답할 것이다. 그가 만일 철학자라면, 그는 자기 행동에 있어서의 주저함을 지성적으로 다음과 같은 질문으로 변형시킬 것이다. 즉 "사람들은 자기가 의도했던 것을 했다고 어떻게 확언할 수 있을 것인가, 그것도 명확하게 확신할 수 있을 것인가?" 그러나 실제로 그의 행위능력은 오점 투성이이며, 그 안에는 그가 고초를 당하는 악(惡)이 도사리고 있다. 그는 행위를 완수하려는 의지를 오직 부분적으로만 지니고 있는데, 그것이 바로 완수된 행위가 그에게 부분적인 확신만을 가져다주는 원인인 것이다. 그러면 우리는 이 사람이 자기에게 제시한 이 문제를 해결할 수 있을까? 그렇게 할 수 없다는 것은 분명하다. 그러나 우리는 그러한 문제를 제기조차도 하지 않는다. 여기에 우리의 우월성이 있다. 나와 그가 모두 창문을 닫고 나서 그는 철학적 의문을 제기한반면 나는 그렇지 않았으므로, 처음 언뜻 보기에 나보다는 그에게 무엇인가 이상의 것이 있는 것 같을지도 모른다. 그러나 그의 경우에 있어서 완수된 작업에 첨가된 질문은 실제에 있어서 단지 부정적인 것만을 징표한다. 그것은 이상의 그 무엇이 아니라 이하의 것이다. 그것은 의지가 결핍되어 있다. 그것이 바로 우리가 발생적 사유의 방향으로 향할 때 우리 내부에서 어떤 '위대한 문제들'이 가져올 결과인 것이다. 우리가 이 발생적 사유에 접근할수록 그 문제들은 후퇴하여 영(零)이 되어버리는데, 그것들은 발생적 사유와 우리 사이의 그 공간만을 채우기 때문이다. 그리하여 우리는 자기가 이러한 문제를 제기하지 않는 것보다는 오히려 문제 제기를 통하여 무엇인가 이상의 것을 하고 있다고 생각하는 사람의 환상(幻像)을 발견하게 된다. 그렇다면 가득

차 있는 병보다는 반쯤 비어 있는 병에 더 많은 것이 있다고 생각하는 편이 더 나을 것이다. 왜냐하면 전자에는 오직 포도주만이 담겨 있지만 후자에는 포도주와 더불어 허공이 있기 때문이라는 것이다.

그러나 우리가 진리를 직관적으로 지각하는 순간, 우리의 지성은 자신을 회복하여 자신을 수정하고 자기의 오류를 지성적으로 형성한다. 지성은 제의를 받아들이고 검증을 제공한다. 비행사가 공중에서 지적해낸 해저면의 바위를 잠수부가 감촉을 통해 알아내듯이, 개념적 환경에 몰입된 지성은 종합적이고 초지성적인 투시의 대상이었던 것을, 접촉에 의하여, 즉 분석적으로 이모저모 검증한다. 만일 외부에서 주의 환기가 없었더라면, 가능한 환상(幻像)에 대한 생각이 결코 지성에게서 떠오르지 않았을 것이다. 왜냐하면 지성의 환상은 그 본질의 일부이기 때문이다. 흔들려 잠에서 깨어난 뒤 지성은 무질서의 관념, 무(無)의 관념과 같은 것을 분석할 것이다. 지성은 —— 비록 환상(幻像)은 축출되는 직후 잠시 동안 다시 나타날지도 모르지만 —— 다음의 사실을 인지하게 될 것이다. 즉 한 배열(配列)을 사상(捨象)할 때는 반드시 그에 대신하는 다른 배열이 있어야 한다는 것, 다시 말해서 어떤 물질을 대신하는 다른 물질 없이는 그 물질을 제거할 수 없다는 것이다. 따라서 '무질서'와 '무'는 실제로 한 현존 —— 우리의 관심을 끌지 않는, 즉 우리의 노력이나 주의를 낙심시키는 사물 혹은 질서의 현존 —— 을 지칭하고 있다. 우리가 이 현존을 부재라 부를 때, 우리는 속임수를 쓰고 있는 것이다. 따라서 모든 질서와 모든 사물의 부재를 말하는 것, 즉 절대적 무질서와 절대적 무를 말하는 것은 곧 무의미한 말을 하는 것, 헛소리를 하는 것이다. 왜냐하면 사상이란 그 두 측면 가운데 단지 한 측면에 의해 고찰되는 대치(代置)에 불과하며, 모든 질서와 모든 사물을 폐기한다는 것은 곧 단지 하나의 측면 —— 둥근 사각형과 같은 존재를 지니는 관념 —— 만으로 대치하는 것이기 때문이다. 철학자가 혼돈과 무를 말할 때, 그는 실제적인 이용을 위해 만들어지고, 모든 질서나 모든 물질이 아닌 어떤 특정 종류의 물질이나 질서와 연관되어 있는 두 관념을, 단지 사색의 질서 —— 절대적인 것에까지 상승하고 따라서 모든 의미와 모든 실질적 내용이 결여된 —— 에 이전함에 그친다. 그렇다면 질서의 기원과 존재의 기원이라는 두 문제는 어떻게 될 것인가? 그것들은 사라져버린다. 왜냐하면 그것이 발생할 때란 오직 우리가 존재와 질서를 '발굴된 것'으로서, 따라서 무(無)와 무질서를 가능한 것이나 적어도 상상할 수 있는 것으로 나타낼 때뿐이기 때문이다. 그러나 그것들은 단어, 즉 관념의 신기루에 불과하다.

인간의 사유(思惟)로 하여금 이러한 확신을 간파하게 하자. 이러한 강박관념에서 자유롭게 해보자. 그 즉시 인간의 사유는 숨쉬기 시작한다. 사유는 더는 자신의 진보를 저해하는 문제들에 대하여 염려하지 않는다.[4] 이제 예를 들어 고대의 회의론(懷疑論)과 현대의 비판론이 제기한 난점들이 차례로 사라져가는 것이 보인다. 마찬가지로 사유는 칸트 철학과 여기에서 유래한 '인식론'을 무시할 수 있다. 사유는 이것들에 아무런 관심도 표하지 않을 것이다. 실상 《순수이성비판》의 전체 목적은 한 특정 질서가 비정합적이라고 가정된 사물 위에 어떻게 첨가되는가를 설명하는 것이다. 이 설명에 따르면 인간 정신은 어디서 유래하는지 모르는 '감각 가능한 다양성'에 자기의 형상을 부여하며, 우리가 사물에서 발견하는 질서는 우리 자신이 그것들 안에 집어넣은 질서이다. 이러한 설명의 대가를 우리가 어떻게 치루고 있는가는 주지의 사실이다. 결과적으로 과학은 합법적이기는 하나 우리의 인식 기능에 상대적이며, 형이상학은 과학의 외부에 아무런 인식도 없다는 이유로 불가능하게 되었다. 그리하여 인간 정신은 구석으로 쫓겨나게 되었다. 마치 벌받는 학생처럼 말이다. 정신은 머리를 돌려 실재 자체를 볼 수 없다. 절대적 무질서의 관념이 모순적이고, 더 정확히 말해서 존재하지 않으며, 단지 상이한 두 질서 사이에서의 정신의 동요를 지칭하는 단어에 불과하다는 사실을 깨닫지 못했을 때는 이보다 더 자연스러운 일은 없다. 실제로 이와 같은 경우에 있어 무질서가 논리적으로나 연대적으로 질서에 선행한다고 생각함은 불합리한 것이다. 칸트 철학의 장점으로 여겨졌던 것은, 자연적인 환상(幻像)을 발전시켜왔으며 그 환상을 최고의 체계적 형태로 보여주었다는 것이다. 그런데 칸트 철학은 이 환상을 아직도 보존하고 있을뿐더러 이 환상 위에 근거하고 있다. 이 환상을 제거해버리는 즉시 우리는 절대적인 것에 대한 인식을 과학과 형이상학을 통해서 인간 정신으로 복귀시킨다. 그럴 때 우리는 다시 한번 출발점으로 되돌아온다. 우리는 철학이 더 고차원적인

---

4 문제들이 해소되는 영혼의 상태를 추천할 때, 물론 우리를 진공 앞에 놓음으로써 우리를 혼미케 하는 문제들에 대해서만 그렇게 할 뿐이다. 아무런 문제도 야기하지 않는 존재의 준동물적 조건과, 인간적 약점에 의해 인위적인 문제를 제기하려는 유혹에 빠지지 않는 정신의 반신적(半神的)인 상태는 별개의 것이다. 후자의 특권적인 사유에 대해서는 언제나 문제가 야기되려고는 하지만, 그 문제는 이 사유에 직관을 제공하는 지성적 보상물(補償物)을 통하여 그것이 지닌 정확히 지성적인 것 안에 고정된다. 환상은 분명하게 나타나지 않으므로 분석되지도 분해되지도 않는다. 그러나 분명히 나타나기만 하면 환상(幻像)은 그렇게 될 수 있다. 그리고 이러한 상반적인 두 가능성은 지성적인 질서에 속하는데, 지성적으로 폐기되면 언제나 실재적인 것에 대한 직관에 자리를 내주게 된다. 우리가 인용한 두 예에 있어서 지성주의적 환상에 지성적인 보상물을 제공하는 것은 무질서와 무(無)라는 관념의 분석이다.

정확성을 지녀야 하며, 더 특별한 문제를 해결해야 할 위치에 있어야 하고, 필요하다면 실증과학 개혁자의 보조원 역할을 해야 한다고 말한 바 있다. 모든 가능한 것, 때로는 불가능한 것까지도 포함하는 거대한 체계 없이 시작하자! 실재적인 것, 정신, 물질에 만족하도록 하자. 그러나 우리의 이론이 실재적인 것을 아주 밀접히 포착함으로써 두 실재 사이에 다른 해석이 끼어들 자리가 없도록 하자. 그럴 때 오직 하나의 과학이 있듯이 오직 하나의 철학이 있게 될 것이다. 양자 모두 집약적이고 진보적인 노력에 의해 성취될 것이다. 참으로 우리는 실증과학이 이전에 수용했던 것과는 대비적이며 보완적인 철학적 방법의 완성을 이룩해야 할 것이다.

과학과 과학주의

위와 같은 사실을 일부 사람들은 과학과 지성에 반대되는 학설로 판단하였다. 이것은 이중의 오류를 범하고 있다. 그러나 이것에서 우리는 무엇인가를 배울 수 있으므로, 그 오류에 대한 분석을 해보면 유익할 것이다.

우선 주의해야 할 점은 일반적으로 내가 과학에 공격을 가했다고 비판한 사람들은 과학자들이 아니었다는 사실이다. 일부 과학자들이 때때로 나의 견해 일부에 대하여 비판을 가했을지도 모른다. 왜냐하면 정확히 말해서 그가 나의 견해를 과학적이라 판단했고, 또 내가 순수한 철학적 문제를 그가 안주하고 있는 과학의 영역에 옮겨 놓았기 때문이다. 다시 말해서 내가 원했던 것은 과학의 통제에 귀속되면서 과학을 진보시킬 수 있는 철학이다. 나는 그러한 철학을 발견했다고 생각한다. 왜냐하면 처음에는 역설적이라고 생각되던 나의 견해에 점차 심리학, 신경학, 병리학, 생물학 등의 문호를 개방했기 때문이다. 그러나 설령 나의 견해가 역설적으로 남아 있었다 해도 그것은 결코 반과학적으로 되지 않았을 것이다. 나의 견해는 과학과 공동전선을 형성하고 따라서 수많은 점에서 검증받을 수 있는 형이상학을 구축하려는 노력의 목격자로서 언제나 나섰을 것이다. 그 전선(前線)을 따라서 걸어가지 않고, 단지 그러한 전선이 있으며 따라서 형이상학과 과학이 접촉할 수 있다는 것을 알아챘더라면, 사람들은 내가 실증과학에 부여한 위치를 벌써 이해했을 것이다. 나는 지금까지 어떠한 철학도, 심지어는 실증주의조차도 실증과학을 그렇게 높은 자리에 앉히지는 않았었다고 말한 바 있다. 형이상학에 대해서와 마찬가지로 과학에 대하여 나는 절대적인 것을 획득할 능력을 부여했다. 내가 과학에 대해 요구한 것은 오직 그것이 끝까지 과학적으로 머물러 있을 것과, 과학이라는 미명 하에 무식자나 진정한 과학자가 되지 못한 자에게서나 나타나는 무의식적인 형이상학을 닮지 마라는 것이었다. 이러한 '과학주의'는 반세기 이상이나 형이상학의 도상에서 형이상학을 저지했다. 그리하여 직관의 모든 노력은 미리 좌절되고 말았다. 직관은 과학적이라고 간주된 부정을 향해 질주했다. 이러한 부정들이 실제의 과학자들에게 유래한 일은 참으로 한두 번이 아니었다. 그들은 과학에서 도출되었다고 자처하면서 이제는 거꾸로 과학에 작용하여 과학을 여러 점에서 왜곡시킨 잘못된 형이상학에 기만당했던 것이다. 이러한 형이상학은 심지어 관찰자와 사실 사이에 개입하여 관찰을 왜곡하기까지 했다. 이러한 사실을 나는 이전의 책에서 정확한 예, 특히 실어증(失語症)을 예로 들면서 과학과 철학에 대하여 동시에 증명했다고 믿었다. 그러나 사람들이 이러한 고려를 할 수 있을 정도로 충분하게 형이상학자나 과학자적이 되려고 하지 않으며, 학설의 내용에 관심 갖기를 거부하고 방법에 대해 알지 못한다고 가정해보자. 그러한 형이상학은 아무리 사소한 문제에 대해서도 공격받을 때는 언제나 대대적인 과학적 축성작업(築城作業)을 벌인다는 사실이 여러 적용 예에 조금만 눈을 돌려봐도 알려진다. 내가 과학에 부여한 지위를 알기 위해서는 많은 일이 필요하지 않다. 또한 바로 여기에 우리가 이해하는 바의 철학적 탐구가 부딪히는 난점들이 있는 것이다. 추상적 관념에 근거하여 추리하는 일은 쉬운 일이다. 형이상학적 구상은 우리가 조금이라도 그렇게 하려고만 하면 한낱 유희에 지나지 않는다. 정신을 직관적으로 탐구하는 일이 더 힘들 것이다. 그는 매 순간 자기가 지각할 수 있는 것을 재빨리 지각할 것이다. 이러한 반면, 만일 우리가 이러한 방법을 인정한다면, 우리는 예비적인 조사를 충분히 할 수 없고 그것을 충분히 배우지도 못할 것이다. 바로 여기에 철학적 문제가 있다. 그 문제는 우리가 선택한 것이 아니라 우리와 맞부딪혀온 것이다. 그것은 우리의 길 위에 담을 쌓아놓는다. 따라서 우리는 그 장애물을 제거하든가 아니면 철학을 포기하든가 해야 한다. 어떤 구실도 있을 수 없다. 우리의 관심을 얼러서 잠재우며 꿈속에서 진보의 환상을 보여주는 변증법적인 책략은 사라진다. 난점은 해결되어야 하며, 문제는 그 요소들로 분석되어야 한다. 그것으로 우리는 어디에 이르게 될 것인가? 그것은 아무도 모른다. 새로운 문제들이 속하게 될 과학이 무엇인가조차도 말할 수 없다. 그것은 우리에게 완전히 색다른 과학일지도 모른다. 그러면 과연 무엇일까? 그것과 친숙해지거나 그것에 깊숙이 침잠하는 것으로는 충분하지 않다. 때로는 새로운 문제를 야기하는 사람들과 근거 —— 바로 이것에 의하여 자신을 통제하면서, 어떤 과정이나 습관, 이론 등을 재형성해야 할 도리밖에 없을 때도 있을 것이다. 그렇다면 좋다. 우리는 미지의 과학에 입문하여 그것을 연구하고 필요하다면 변경할 것이다. 그 일이 여러 달, 여러 해를 요하면 어떻게 할 것인가? 우리는 이 일에 필요한 만큼의 시간을 투자할 것이다. 그러나 한평생으로도 충분하지 않다고 하면 어떻게 할까? 그렇다면 여러 세대를 거친 다음에 성공이 획득될 것이다. 이제부터는 어떠한 철학자도 철학 전체를 구축할 의무가 없다. 바로 이것이 내가 철학자에게 하고자 하는 말이다. 또한 이것이야말로 바로 내가 철학자에게 제안하는 방법이다. 철학자는 나이가 얼마이든 간에 언제나 다시 한번 학생이 될 자세가 되어 있어야 한다.

우리의 정신적 습관들

사실 철학은 현재 이러한 단계에서 그리 멀리 떨어져 있지 않다. 몇몇 측면에서 변화가 이미 일어나고 있다. 나의 견해가 처음 형태를 드러냈을 때 일반적으로 그것이 역설적이라고 판단되었지만, 그것들 가운데 몇몇 견해는 요즈음 평범하게 되어버린 것도 있고, 앞으로 그렇게 될 가능성이 있는 것도 있다. 나의 견해들이 처음에는 받아들여질 수 없었음을 인정하자. 왜냐하면 깊숙이 뿌리내린 관습들, 즉 자연의 진정한 여러 연장(延長)들에서 우리를 억지로 떼어내야 했기 때문이다. 실제로 우리의 모든 언어방식이나 사유방식 혹은 지각방식에는, 부동성(浮動性)과 불역성(不易性)이 정당한 권리를 지니고 있다는 것이 함축되어 있다. 또한 거기에는 운동과 변화는 스스로 움직이지 않고 본질상 변화하지 않는 그 어떤 사물에 마치 우연적인 것처럼 부가된다고 하는 주장도 함축되어 있다. 변화의 표상은 여러 질(質)들이나 상태들의 표상으로서, 그 질들이나 상태들은 한 실체 내에서 서로를 뒤따르고 있다고 가정된다. 이러한 질이나 상태들 각각은 안정적인 것이며, 변화는 그것들의 계기(繼起)로 이루어져 있게 된다. 실체는 그 역할이 서로에 계기하는 여러 상태들과 질들을 밑에서 받쳐주는 것이므로 안정성 그 자체가 된다. 이것이 바로 우리의 언어에 내재해 있는, 또 아리스토텔레스가 단 한 번에 형성해놓았던 논리다. 지성의 본질은 판단한다는 것이며, 판단은 주체에 속성을 부여함으로써 작용한다. 주체는 단지 명사화(名辭化)된다는 사실 하나만으로 불변한다고 정의된다. 변화는 우리가 그 변화에 관련해서 차례로 긍정하는 여러 상태들의 다양성 안에 보금자리를 마련하고 있다. 이렇게 주체에 속성을 부가하여 안정적인 것에서 다른 안정적인 것으로 진행해가면서, 우리는 지성의 취향을 따르고 언어의 요구에 순응하며, 요컨대 자연에 순종하는 것이다. 왜냐하면 자연은 인간으로 하여금 사회적 생활로 향하도록 미리 운명지워 놓았기 때문이다. 자연은 공동의 작업을 원한다. 이 작업은 우리가 한편으로는 주체의 절대적으로 한정적인 안정성을, 다른 한편으로는 곧 속성임이 밝혀질 여러 성질 및 상태들의 잠정적으로 한정적인 안정성을 받아들임으로써만 가능한 것이다. 주체(主體)를 말함에 있어 우리는 우리의 의사 전달을 우리의 대화자들이 이미 소유하고 있는 지식에 의존한다. 왜냐하면 실체가 불변적이라고 가정되어 있기 때문이다. 그때부터 우리의 대화자들은 어떤 점에 자신의 관심을 기울여야 할 것인가를 알게 된다. 이렇게 해서 우리가 그들에게 주려고 했던 정보가 나타나는데, 우리는 상대자들이 이 정보가 나타나리라는 기대 속에서 실체를 도입하게끔 만들었던 것이며, 이제 이 정보는 그들에게 속성을 부여해준다. 우리는 자연스럽게 변화와 운동을 우연적인 것으로 생각하는 반면, 불가역성과 부동성을 본질 혹은 실체로, 즉 보루로 삼게끔 미리 운명지어져 있다. 그런데 이러한 일이 단지 우리를 사회생활에 알맞은 모습으로 만들고 또 사회를 자유로이 조직하도록 허용함으로써 언어를 필연적으로 만드는 데에만 국한된 것은 아니다. 이외에도 우리의 지각 자체가 이러한 철학과 보조를 맞추어 진행한다는 사실이 부언되어야 한다. 우리의 지각은 연속적인 연장에서 요소들을 절단해내는데, 이 요소들은 고찰되고 있는 동안 불변적인 것으로 취급될 수 있게끔 정확히 선택된다. 변동이 너무 심하여 우리가 그것에 주목하지 못할 때, 우리는 우리가 관련 맺고 있는 상태가 더는 변화하지 않는 다른 상태에게 자리를 양보한 것이라 말한다. 여기서 다시한번 말하지만, 우리의 언어와 사유의 간선도로를 따라가면서 어떤 면에서 그것들을 전체적으로 일치시키지 않음으로써, 우연성과 가변성에 충분한 여지를 남겨놓은 것은 바로 개인적-사회적 행위를 준비하는 자연인 것이다. 이것을 확인하려면 우리의 지속을 이른바 사물의 지속이라 할 수 있는 것에 비교하는 것으로도 충분하다. 이것은 두 개의 리듬과도 같아서 서로 매우 다르며, 또 지각 가능한 최단의 시간 간격에 몇천만의 파동, 혹은 더 일반적으로 말해서 반복되는 몇천만의 외적 사건이 포함되게끔 계산되는 것이다. 전개하는 데 몇백 세기나 걸릴 이러한 광대한 역사를 우리는 분할되지 않는 종합 속에서 파악한다. 이와 같이 지각, 사유, 언어 등 개인적 혹은 사회적인 정신활동들은 서로 공모하여, 우리로 하여금 대상들을 고찰하는 한, 불가역적이고 부동적이라고 생각될 수 있는 대상들과 직면하게 만든다. 또한 마찬가지로 우리는 나 자신까지 포함한 여러 인격체와도 직면하는데, 이들 역시 우리 눈에는 대상으로서, 따라서 불변적인 실체로서 보이게될 것이다. 이토록 깊이 뿌리박힌 성향을 어떻게 하면 근절시킬 수 있을 것인가? 인간정신으로 하여금 습관적인 작용의 방향을 역전시키고, 변화와 운동을 출발점으로 삼아 그것들을 실재 자체로 탐구하게 하며, 정지라든가 상태 같은 것들이 한갓 운동체의 스냅 사진에 불과하다는 사실을 깨닫게 하기 위해서 우리는 어떻게 해야만 하는가? 그러기 위해서 우리는 인간정신에 대하여 다음과 같은 사실을 보여주어야만 할 것이다. 즉 만일 사유의 습관적인 행진이 대화와 협동, 행위 등에 실용적이고 편의적이라면, 이 행진의 종착점은 바로 거꾸로 제기되었기 때문에 지금이나 앞으로나 언제나 해결할 수 없을 철학적 문제라는 것이다. 그 이유는 바로 우리가 그 문제들이 해결될 수 없는 것이라 생각하고 있으며, 또 그것들은 잘못 제기된 것으로는 보이지 않고, 결국 모든 인식이 상대적이며, 절대적인 것을 획득하는 일이 불가능하다는 결론에 이르기 때문이다. 내가 철학에 처음 발을 들여놓았을 때 거의 일반적으로 받아들여지던 정신 태도, 즉 실증주의와 칸트주의적 성공은 주로 위와 같은 사실에 기인하는 것이다. 이러한 굴욕적인 태도는 사람들이 그 환원될 길 없는 이율배반들의 원인을 깨닫게 됨에 따라 점차로 폐기되어야만 했다. 이러한 이율배반들은 인간이 만든 것이었다. 그것들은 사물의 심연에서 나오는 것이 아니라, 우리가 행위 속에서 물들어 있던 습관이 자동적으로 사변(思辨)으로 이동함으로써 나타난 것이었다. 지성의 수수방관 속에 일어났던 것이 지성의 노력을 통하여 원상복구될 수 있었던 것이다. 또한 이것은 바로 인간정신의 해방이었다.

한 가지 급히 덧붙일 말이 있다. 즉 사람들이 제시하는 방법은 어떤 예에 적용될 때에야 비로소 이해된다는 점이다. 우리의 경우 그러한 예는 완전히 밝혀져 있었다. 우리의 문제는 공간화된 시간 속에 우리가 병치시켜 놓은 제 상태의 근저에서 내적 생명을 재파악하는 것이었다. 어느 누구나 실험을 할 수 있었으며, 그리하여 실험을 하고자 했던 사람들은 어렵지 않게 자아의 실체성을 지속 자체로서 표현할 수 있었다. 그러나 지속은 분할될 수도 없고 분해될 수도 없는 멜로디의 연속성이며, 여기서 과거는 현재 속으로 침투하여 그것과 함께 분할되지 않은 전체를 형성하는데, 이 전체는 매 순간 첨가되는데도, 아니 더 정확히 말해서 그 첨가되는 것의 덕택으로, 언제나 분할되지 않은 채 있고, 더구나 분할될 수조차 없는 것이다. 우리는 지속에 대한 직관을 지니고 있다. 그러나 지속의 지성적 표상을 추구하는 즉시 우리는 여러 상태들을 차례차례로 늘어서게끔 한다. 이때 그 상태들은 목걸이의 구슬처럼 뚜렷이 구별되고, 이 구슬들을 꿰기 위해서 이 구슬도 저 구슬도 아닌 끈, 즉 어떤 구슬도 닮지 않은 것, 어떠한 구슬하고도 비슷하지 않은 것이 필요하듯이, 우리도 공허한 실체, 단순한 단어가 필요하게 된다. 지성은 단지 사물의 공간적 변위(變位)나 은유적 번역만을 파악하지만, 직관은 사물 자체를 우리에게 부여한다.

직접적 경험

이와 같은 사실은 우리 자신의 실체에 대해서는 명확한 것이다. 그렇다면 사물의 실체에 대해서는 무엇을 생각할 수 있을 것인가? 내가 처음 저술을 시작했을 때, 물리학은 아직도 물질의 구조에 대한 생각을 새롭게 할 결정적인 진보를 이루지 못하고 있었다. 그러나 그 당시에도 나는 부동성과 불변성이란 단지 움직이고 있고 변화하고 있는 실재에 대한 관점에 지나지 않는다고 믿고 있었다. 따라서 나는 비록 물질의 경직된 이미지가 변화의 비운동화를 통해서 획득되어 여러 질들로서 지각되어왔지만, 물질이 그와 같은 경직된 요소들로 구성되어 있다고는 믿을 수 없었다. 원자나 미립자 또는 그 어떤 것이든 간에 궁극적 요소라는 이미지화된 모든 표상을 사용하지 않았어도 필요없는 짓이었다. 왜냐하면 그럼에도 그것은 운동과 변화의 담지체 역할을 하는, 따라서 그 본질상 변화하지 않고 또한 운동하고 있지 않은 사물이기 때문이다. 얼마 지나지 않아서 나는 담지체라는 관념을 폐기해야만 한다고 생각하게 되었다. 나는 첫째 저술에서 이러한 문제에 대해 이야기한 바 있다. 그런데 당시 나는 나의 사상을 더 정확하게 표현하지 못하고 단지 '운동의 운동'이라는 결론에 이르렀을 뿐이었다.[5] 그리하여 나는 둘째 책에서 정확성에 한 걸음 더 가까이 다가가려고 했다.[6] 그리고 '변화의 지각'에 대한 두 강연에서는 조금 더 전진했다.[7] 후에 나는 "진화는 진화된 것의 단편을 가지고는 재구성될 수 없다"고 논술하게 되었는데, 이와 똑같은 이유로 해서 나는 고체(固體)는 고체와는 전혀 다른 것으로 용해되어야 한다고 생각하기에 이르렀다. 요소들이 고정되어 있다고 생각하는 우리 정신의 불가피한 성향은 다른 영역에서는 합당한 것이었다. 왜냐하면 그러한 것을 우리의 행위가 요구하기 때문이다. 그러나 바로 이러한 이유에 의해서 우리의 사색은 그러한 성향에 대적해야만 했다. 그러나 이러한 생각에 대해 나는 단지 약간의 주의를 끌 수 있었을 뿐이었다. 얼마되지 않아 물리학은 요소의

5 《의식의 직접소여(直接所與)에 대한 시론(Essai sur les données immédiates de la conscience)》(Paris, 1899), p. 156.

6 《물질과 기억(Matiere et Mémoire)》(Paris, 1986). 특히 pp. 221~228. 제4장 전체와 특히 p. 233 참조.

7 《변화의 지각(La perception du changement)》(Oxford, 1911). 이 강연록은 이 책에 재수록되었음.

고정성 속에서 운동성의 한 형태를 보게 될 것이라고 나는 생각했었다. 그때가 되면 물리학은 분명히 이미지화된 표상을 추구하지 않게 되고, 운동의 이미지란 곧 움직이는 한 점(즉 언제나 미세한 고체)의 이미지가 될 것이다. 실제로 근래의 위대한 이론적 발견을 통해서 물리학자들은 파동(波動)과 입자(粒子) —— 나의 표현을 빌리자면, 운동과 실체 —— 사이에 일종의 융합을 가정하기에 이르렀다.[8] 수학에서 철학으로 옮겨온 한 심오한 사상가는 한 조각의 쇠를 '선율적인 연속체'로 생각했다.[9]

나의 기본적인 '역설'에 어느 정도 연관된 '역설들'을 열거하자면 그 목록은 참으로 길 것이다. 그런데 이 '역설들'은 전혀 가망없던 상태에서 점차로 가망성의 상태로 옮겨와, 이제는 어쩌면 평범한 상태에 도달할지도 모른다. 다시 말하건대, 비록 내가 직접적인 경험에서 출발은 했지만, 그 경험의 결과가 채택될 수 있었던 것은 오직 외적(外的) 경험과 이에 관련된 모든 추리과정의 진보가 그것을 채택하게끔 강요했기 때문이었다. 이것이 바로 내가 서 있던 위치였다. 이러한 나의 초기 성찰의 결론은 내가 전혀 다른 길을 따라 나아가 똑같은 결과에 이르렀을 때 비로소 명확하게 지각되고 확실하게 인정되었다.

---

8 이 논점에 대해서는 바슐라르(Bacelard)의 〈실체와 미시(微視) 물리학(Neumene et microphysique)〉, 논문집 《철학 연구(Recherches Philosophiques)》(Paris, 1931~32), pp. 55~65를 볼 것.

9 화이트헤드(Whitehead)의 이러한 사상 및 이와 유사한 나의 생각에 대해서는 왕(J. Wahl)의 〈화이트헤드의 사변철학(La Philosophie spéculative de Whitehead)〉,《구체적인 것을 향하여(Vers le concret)》(Paris, 1932), pp. 145~145를 볼 것.

문제의 축소

한 예로 정신생리학적 관계에 대한 나의 생각을 인용해보자. 내가 육체와 정신의 상호작용에 대한 문제를 내 자신에게 제기했을 때, 그것은 단지 '의식의 직접소여(直接所與)'에 대하여 연구할 당시 그 문제에 봉착했기 때문이었다. 그 당시 내게 있어서 자유는 하나의 사실로 생각되었다. 그런데 다른 한편에서 학자들은 방법 규칙으로서 보편적 결정론을 수립하였고, 이 이론의 주장은 과학적 교리로서 철학자들에 의해 일반적으로 인정되고 있었다. 인간적 자유가 자연의 결정론과 양립할 수 있단 말인가? 자유가 내게 있어서는 의심할 나위 없는 사실로 여겨졌기 때문에, 나는 나의 첫째 저서에서 다른 것은 거의 모두 제쳐놓고 자유를 다루었다. 결정론은 최선의 경우 자유와 화해할 수 있을 것이다. 다른 이론들이 모두 오랫동안 사실에 거역할 수 없는 반면, 결정론은 분명히 그렇게 할 수 있을 것이다. 그러나 내가 첫째 저서에서 폐기했던 문제가 이제 내 앞에 피할 길 없게끔 나타났다. 나는 나의 방법을 고수하여 그 문제를 덜 일반적인 용어로 표현하려 했다. 더욱이 가능하다면 나는 그 문제를 더 구체적으로 형성하려고 노력했으며, 아울러 그것을 직접 관찰될 수 있는 사실들의 윤곽에 꼭 들어맞게 하려고 했다. 여기서 어떻게 하여 내 앞에서 '정신과 육체의 관계'라는 전통적인 문제가 축소되어 단지 뇌 속에서의 기억의 정위(定位)라는 문제로 이르렀는가, 또 그 자체 너무도 방대한 이 마지막 문제가 어떻게 하여 단지 단어의 기억에만, 특히 이 특정한 기억에 대한 질병인 실어증(失語症)에만 점차로 관련맺게 되었는가를 되풀이한다면 그것은 소용없는 짓이다. 여러 가지 형태의 실어증을, 순수한 상태의 사실들을 얻겠다는 일념만으로 추구하여 연구한 결과, 의식과 유기체 사이에는 어떠한 추리도 선험적으로 구축할 수 없는 관계가 있다는 것이 밝혀졌다. 그것은 바로 심신병행설(心身竝行說)도 아니며 부수현상설(附隨現象說)도 아니고, 이것들과 유사한 어떤 것도 아닌 대응이었다. 두뇌가 하는 일은 매 순간 여러 기억들 중에서, 시작된 행위를 조명해줄 수 있는 기억들을 선택하고 그 나머지는 배제시켜버리는 일이다. 그때 부단히 변화는 하지만 언제나 준비된 상태에 있는 원동기적(原動機的)인 틀 속에 삽입될 수 있는 기억들은 무의식 안에 머물러 있게 된다. 따라서 육체가 하는 일은 정신의 삶을 행위 속에서 재생산하고, 마치 교향악단의 지휘자가 악보에 대해 하듯이 원동기의 연동장치를 강조하는 것이다. 두뇌의 기능은 사유하는 것이 아니라 사유로 하여금 꿈속에서 사라지지 않게 해주는 일이다. 두뇌란 생활에 대한 관심의 기관(器官)인 것이다. 이와 같은 것이 내가 이르게 된 결론인데, 이러한 결론에 이르기 위해서 나는 정상적인 사실들과 병리학적인 사실들을 상세하게 연구했고, 더 일반적으로 말해서, 외적인 관찰을 행했었다. 그러나 그때서야 비로소 나는 다음과 같은 사실을 알게 되었다. 즉 순수 상태(純粹狀態)에 있는 내적 경험에 있어서, 지속(持續)한다는 것과, 따라서 분해될 수 없는 과거를 부단히 현재 속으로 연장시킨다는 것을 그 본질로 갖는 '실체'를 우리에게 부여하고 있다는 사실을 알았더라면, 나는 기억이 어디에 보존되는가를 추구하지 않아도 되었을 것이고, 추구해서도 안되었다는 점이다. 예를 들어 우리가 한 단어를 말할 때 완전히 인정하고 있듯이, 내적 경험은 그 자체로 보존된다. 그 단어를 말하기 위해서 우리는 그 단어의 전반부를 기억해야 하는 한편, 후반부는 분절해서 발음한다. 그러나 그 전반부가 뇌 속에 있는 것이든 다른 곳에 있는 것이든 아무튼 어떤 서랍 속에 직접 보관되어, 잠시 후에 의식이 그

곳에 찾아가리라고 생각하는 사람은 아무도 없다. 그러나 이러한 일이 그 전반부에 대해 사실이라면, 그 다음에 따라오는 단어에 대해서도 마찬가지일 것인데, 후자의 단어는 음성과 의미에 관련되는 한, 앞 단어의 필수불가결한 부분인 것이다. 문장의 처음부터도 마찬가지일 것이며, 그에 따라오는 다음 문장에 대해서도, 따라서 아주 오랫동안, 원하기만 한다면 무한히 오랫동안 우리가 할 수 있을 전체의 담화에 대해서도 마찬가지일 것이다. 그렇다면 우리가 최초로 의식에 눈뜨기 시작한 이후의 우리의 삶 전체는 이 무한히 연장된 담화와 비슷한 것이 된다. 그 지속은 순수지속(純粹持續)인 한, 실체적이고 분할될 수 없는 것이다. 따라서 엄격히 말해서 나는 수년간의 탐구기간을 절약할 수도 있었다. 그러나 나의 지성이 다른 사람의 지성과 다른 것이 아니었기 때문에, 내적 생명에 몰두해 있었을 때 지속에 대한 나의 직관에서 나온 확신의 강도는 더는 강렬해지지 않았다. 특히 나의 첫째 책에서 내가 내적 생명에 대하여 주목했던 바를 가지고는, 후에 내가 이르게 되었던 것처럼 그렇게 심오하게 여러 가지의 지성의 기능에까지 —— 즉 기억, 관념의 연상, 추상, 일반화, 해석, 관심 등의 기능에까지 —— 나아갈 수 없었을 것이다. 한편으로는 정신생리학을 통해서, 다른 한편으로는 정신병리학을 통해서 나의 의식은 어떤 한 문제에 시선을 돌리게 되었는데, 만일 그것들이 아니었더라면 나는 그 문제에 대한 연구를 게을리 했을 것이지만, 실제로 나는 연구를 통해 그 문제를 다른 방식으로 제기하기에 이르렀다. 이렇게 해서 획득한 성과가 정신생리학과 정신병리학 자체에 영향끼친 바 없지 않았다. 후자의 학문에 대해서만 이야기해볼 때 내가 말하게 될 것은 심리적인 긴장과 생명에 대한 관심, 그리고 '정신분열증'과 연관된 모든 것이 여기서 점차로 중

요해지고 있다는 것이다. 더구나 과거의 총체적 보존이라는 나의 생각
에 대해서도 프로이트의 제자들에 의해 행해진 방대한 실험의 집적(集
積) 속에서 그 경험적인 검증을 점차로 발견하게 되었다.

주체와 객체의 새로운 경계 설정

단지 두 가지 서로 다른 고찰에 비해, 세 가지의 서로 다른 고찰에
있어서 그 수렴점에 위치한 여러 견해들을 인정하는 데에는 시간이 더
오래 걸린다. 후자의 견해들이 바로 형이상학적인 것들이다. 그것들은
정신에 의한 물질의 파악에 관계하는 것으로서, 주체와 객체, 정신과
물질 사이의 구분선을 옮겨놓음으로써, 실재론과 관념론 사이의 해묵
은 논쟁에 종식을 고해야만 했다. 다시 한번 말하지만, 여기서 문제는
다른 방식으로 제시될 때 스스로 해결된다. 심리학적 분석만을 행했을
때 밝혀진 사실은 기억에 있어서 계기적(繼起的)인 의식단계가 있다는
것이다. 우선 제일 밑에는 '꿈의 단계'가 있는데, 이것은 모든 단계 중
에서 가장 넓으며, 이 위에서는 마치 피라미드의 기초 위에서처럼 사
람의 과거가 펼쳐진다. 점점 위로 올라갈수록 피라미드의 꼭대기에 비
유될 수 있을 한 점에 이르게 되는데, 여기에서 기억은 현실적인 것과
그것을 연장시키는 초기 행위를 지각하는 일에 지나지 않는다. 그렇다
면 유기체는 주위의 물체를 모두 이렇게 지각하는가? 일반적으로 사
람들은 그렇다고 믿고 있다. 주위에 있는 물체들의 행위는 감각기관의
중개를 통해서 뇌에 작용하며, 뇌 속에서는 비연장적(非延長的)인 감
각과 지각이 제공된다. 이 지각들은 의식에 의해 외부로 투사되어, 요
컨대 외적 대상들을 포함한다고 생각된다.

그러나 심리학의 자료와 생리학의 자료를 비교해보았을 때, 나는

이와는 전혀 다른 것을 발견했다. 여러 감각들의 편심적 투사라는 가설은 겉에서 살펴보았을 때 거짓인 것처럼 보였고, 깊이 들어가 살펴볼수록 점차 알 수 없는 것처럼 생각되었다. 그러나 심리학과 철학이 취했던 방향과, 또 문제들을 어떤 용어로 제시하기 위해서 어떤 방식으로 실재를 재단할 때 빠지게 된 불가피한 환상을 고려해볼 때, 그 가설은 충분히 자연스러운 것으로 생각되었다. 우리는 뇌에서 외부세계의 축소물, 즉 축소된 표상을 상상할 수밖에 없으며, 그 외부세계는 뇌에서 의식으로 옮겨가기 위해서 점점 더 축소되고 심지어는 비연장적이 된다고 말해졌다. 다음에 의식은 '형상(形相)'과 같은 공간을 제공받아서 비연장(非延長)을 연장(延長)으로 복구하고, 재구성을 통하여 외부세계를 다시 발견한다고 했다. 이러한 모든 이론들은 그 이론을 탄생시켰던 환상과 함께 내동댕이쳐졌다. 우리는 우리 자신 안에서 대상을 지각하지 않는다. 우리는 그 대상들 안에서 대상을 지각하는 것이다. 우리의 지각이 '순수한' 것이 되려면 적어도 그 대상 안에서 지각하여야 한다. 이것이 나의 결론이었다. 결국 나는 상식적인 생각에 되돌아온 것에 불과했던 것이다. "자기의 눈앞에 있고 자기가 보고 만지는 대상이 오직 자기의 정신 안에서만 존재하고 또 오직 자기의 정신에 대해서만 존재한다고 —— 버클리가 원했듯이, 더 일반적으로 우리의 정신에 대해서만 존재한다고 하는 말을 들으면, 철학적 사변(思辨)에 낯선 일반 사람들은 매우 놀랄 것이다…… 그런데 다른 한편으로, 우리는 대상이 그 대상에 대해 지각되는 바와는 전혀 다르다고 말함으로써 상대자들을 마찬가지로 놀라게 할 것이다…… 따라서 상식적으로 생각할 때, 대상은 그 자체로 존재하며, 다른 한편으로 그것은 본질상 우리가 지각하는 바와 같은 그림인 것이다."[10] 상식의 관점에 있는 학설이 어떻게 낯설게 보인단 말인가? 근대과학의 발전을 추적해보고, 갓 태어난 과학의 열정과 같은 열기 속에서 어떻게 근대과학이 처음부터 관념론으로 향해 갔는가를 알게 될 때, 우리는 그것을 쉽사리 이해할 수 있다. 실재론과 똑같은 용어를 사용하면서 관념론에 반대하도록 형성되었던 것이다. 이렇게 해서 실재론은 철학자들에게 어떤 정신의 습관을 만들어 놓았다. 이 습관 덕택에 '객관적인 것'과 '주관적인 것'은 이 두 용어 사이에 설정된 관계라든가 우리가 관계하고 있는 학파와는 상관없이 모든 사람들에 의해서 거의 동일하게 구분되었다. 이러한 습관들을 떨쳐버리는 데는 큰 어려움이 따랐다. 나는 상식의 관점과 매우 닮은 관점으로 되돌아가기 위해서는 거의 고통스럽다시피한 노력을 언제나 새로이 시작해야 한다는 것을 깨닫게 되었다. 《물질과 기억(Matiere et mémoire)》의 제1장에서 나는 '이미지'에 대한 여러 성찰의 결과를 제시했었는데, 철학적 사변의 어떤 습관을 지닌 사람들은 모두 그 습관을 근거로 해서 이것이 모호하다고 판정을 내렸었다. 그 모호성이 지금 사라져버렸는지에 대해서는 아는 바 없다. 한 가지 확실한 사실은 근래에, 특히 외국에서 나타난 인식론들은 칸트주의자와 반 칸트주의자들이 문제를 제시하는 데 사용하기로 동의한 용어들을 옆으로 제쳐놓고 있는 듯하다는 것이다. 이제 철학자들은 직접소여(直接所與)에 되돌아가고 있거나, 그곳을 향해 몸을 돌리고 있는 것이다.

---

10 《물질과 기억》 제7판, 서문, p. ii.

철학과 일상 대화

지금까지는 과학에 대해서, 또 과학에 대항하기 위해 내가 감수해야 했던 여러 힐책에 대해서 이야기했다. 지성의 경우에는 그것을 위해서 그렇게까지 격론을 벌일 필요가 조금도 없었다. 만일 지성이 참으로 지성이었고, 따라서 모든 것을 이해하는 것이었다면, 지성은 내가 단지 그것이 잘되기만을 원했다는 사실을 이해하고 또 그렇게 말했을 것이다. 실제로 나의 공격에 대해 사람들이 방어했던 것은 무엇보다도 부정(不定)들로 구성되어 있는 무미건조한 이성론(理性論)이었다. 그런데 나는 그것의 부정적인 부분을 단지 어떤 해결안들을 제시해줌으로써 제거해버렸던 것이다. 다음으로 사람들이 방어했던 것은 어쩌면 주로 언어주의였을 텐데, 이것은 아직도 인식의 상당한 부분을 부패시키고 있는바, 나는 그것을 확고하게 멀리 내팽개치려고 했던 것이다.

실제로 지성이란 무엇인가? 그것은 바로 인간적 사유방식이다. 꿀벌에 본능이 주어졌듯이 지성도 우리에게 주어져 우리의 행위를 인도한다. 자연은 우리로 하여금 물질을 지배하고 이용하도록 운명지워 놓았다. 이런 이유로 지성은 오직 공간에서만 편안한 마음으로 전개되며, 오직 비유기체 안에서만 안락을 느낀다. 원래 지성은 제작으로 향해 있으며, 지성은 역학적 기술의 전주곡 역할을 하는 행위를 통해서, 또 과학을 표방하는 언어를 통해서 자기 모습을 드러낸다 —— 그 나머지의 원초적인 정신성은 모두 신념과 전통이다. 따라서 지성의 정상적인 발전은 과학과 기술성의 방향으로 실현된다. 아직 미숙한 단계에 있는 기능공은 아직도 부정확한 단계에 있는 수학을 야기시키고, 이 수학은 과학적이 되어 주위에 다른 과학들을 불러일으키게 될 때, 역학적 기술을 막연하게 완성시킨다. 이렇게 해서 과학과 기술은 그들이 각각 사유하고 조작(操作)하는 물질과 우리를 친숙하게 해준다. 이러한 점에서 지성은 결국 원칙적으로 절대적인 것과 접촉하게 될 것이다. 이때 지성은 완전히 지성 자신이 된다. 지성은 단지 물질에 대한 예감에 지나지 않으므로 처음에는 모호하지만, 물질을 더욱 정확하게 알게 되는 만큼 더욱 형태가 뚜렷해진다. 그러나 정확하든 모호하든 간에 지성은 정신이 물질에 쏟는 관심이다. 따라서 정신이 자기 자신을 향해 몸을 돌렸을 때, 어떻게 정신이 아직도 지성일 수 있단 말인가? 우리는 사물에 대하여 원하는 어떠한 명칭도 부여할 수 있으므로, 다시 한번 말하지만, 나는 정신을 통한 정신의 인식을 원하기만 한다면 지성이라 부르는 데 아무런 지장을 느끼지 않는다. 그러나 이때 지성은 두 가지의 기능을 가지며, 이들은 서로 역(逆)이 된다는 것을 분명히 할 필요가 있다. 왜냐하면, 정신은 정신 자신을 사유할 때 반드시 물질과의 접촉에서 빠져들었던 습관들의 비탈길을 거슬러 올라가야 하기 때문이다. 우리는 이러한 습관들을 일반적으로 지적 경향성(傾向性)이라 부른다. 그렇다면 보통 지성이라 불리는 것과는 분명히 다른 또 하나의 기능에 대해서 다른 명칭을 부여해주는 것이 더 낫지 않을까? 나는 그러한 기능을 직관이라 부른다. 직관이란 정신이 자기 자신에 대해 쏟는, 그것도 대상인 물질에 집중하면서 쏟는 관심을 가리킨다. 이러한 보완적인 관심은 조직적으로 계발되고 육성될 수 있다. 그렇게 될 때 정신의 과학 —— 우리가 물질에 대해 아는 모든 것을 부정하지 않고 정신을 긍정적으로 정의하는 참된 형이상학 —— 이 구축될 것이다. 형이상학을 이렇게 이해하고 정신의 인식을 직관에 맡긴다고 해서, 지성에서 무엇이 제기되는 것은 아니다. 왜냐하면 순수 지성에 의해 만들어진 형이상학은 시간을 제거하고 따라서 정신을 거부하거나 그것을 부정을 통해서 정의하기 때문이다. 지성이 이렇게 순전히 부정적인 정신의 인식을 고수하겠다고 주장한다면, 우리는 기꺼이 그 것을 지성에 남겨줄 것이다. 나는 단지 다른 또 하나의 기능이 있다는 것을 주장할 뿐이다. 따라서 우리는 어떠한 점에서도 지성을 축소하지 않는다. 우리는 지성을 그것이 지금껏 차지해온 영역에서 추방하지 않 는다. 우리는 지성이 완전하게 마음의 평온을 누리는 곳에서 근대 철 학이 일반적으로 논의해온 능력을 지성에 부여한다. 우리는 오직 지성 이외에 다른 종류의 지식을 획득할 수 있는 또 다른 기능이 있다는 데 에 주목할 뿐이다. 따라서 한편에는 과학과 역학적 기술이, 다른 한편 에는 형이상학이 있게 된다. 전자는 순수 지성과 관계하는 것이며, 후 자는 직관에 호소하는 것이다. 이 양 극단 사이에 도덕적 삶에 대한 과 학과 사회적 삶의 과학, 그리고 심지어는 유기적 생명의 과학마저 위 치하게 된다. 앞의 것일수록 더 직관적이며 뒤의 것일수록 더 지성적 이다. 그러나 직관적이든 지성적이든 인식은 정확성이라는 인장으로 봉인된다.

반면에, 비판의 일상적 원천인 대화에 있어서 정확한 것은 하나도 없다. 여기서 서로 교환되는 관념들은 어디서 유래하는 것인가? 단어 들은 어떠한 중요성을 지니는가? 사회생활을 획득하고 전달하는 습 관이라고 생각해서는 안된다. 개미가 개미탑을 위해 조직을 형성하듯 이 인간은 도시생활을 위해 조직을 형성한다. 그러나 개미에게는 목표 를 달성할 방법이 이미 만들어져 있는 데 반하여, 인간은 그 방법을 발 명하여 그 형태를 바꾸기 위해 필요한 것을 만들어 낸다. 비록 우리의 언어행위에 있어서 각 단어가 관습적이긴 하지만 그렇다고 해서 언어 가 관습인 것은 아니다. 인간에 있어서 이야기한다는 것은 걷는 것만

큰이나 자연스러운 것이다. 그렇다면 언어의 원초적인 기능은 무엇인가? 그것은 협동을 목적으로 의사교환을 성립시키는 일이다. 언어는 명령이나 통지를 전달한다. 언어는 규정하거나 기술한다. 첫째 경우에 있어서 언어는 직접적 행위에 대한 호소이며, 둘째 경우에 있어서 언어는 미래의 행위를 목적으로 사물이나 그것의 제 속성 중 하나에 대한 기록이다. 그러나 어느 경우에나 그 기능은 산업적-상업적-군사적인바 언제나 사회적이다. 언어가 기술하는 사물들은 인간의 업무를 위해서 인간의 지각이 실재적인 것에서 절단해낸 것들이며, 언어가 지시하는 속성들은 인간의 행위에 대한 사물의 호소들이다. 따라서 앞에서도 말한 바와 같이, 제시된 방식이 동일할 때 단어도 동일하게 된다. 그리하여 우리의 정신은 여러 사물에 동일한 속성을 부여하고, 그것들을 동일한 방식으로 표현할 것이다. 요컨대 정신은 동일한 방침을 취한다거나 동일한 행위를 취하라는 제시로 인하여 동일한 단어가 야기되는 곳에는 언제 어디서나 사물들을 동일한 관념 하에 군집(群集)시키는 것이다. 바로 여기에서 단어와 관념들이 유래한다. 물론 둘 다 진화해 왔으므로 이제 그것들은 공공연하게 공리적이지는 않다. 그렇지만 그것들은 아직도 여전히 공리적이다. 사회적 사유가 그 원래의 구조를 보존할 수 없는 것이 아니다. 그렇다면 그것은 지성인가 아니면 직관인가? 나로서는 직관이 지성 속에 자신의 빛을 스며들게 했다는 것을 인정한다. 정교한 정신 없이는 사유(思惟)도 없는데, 정교한 정신은 곧 지성 안에 비친 직관의 그림자이기 때문이다. 또한 나는 직관의 이러한 하찮는 부분이 점차 확대되어 시(詩)를 낳고 산문을 낳았으며, 처음에는 기호에 불과했던 단어들을 예술의 도구로 만들었다는 사실을 인정한다. 이러한 기적은 특히 그리스인들에 의해 이루어졌다. 사유와 언어는 원래 공간 속에 인간생활을 계획하도록 운명지워 있으므로 본질상 지성적이라는 것도 그에 못지않은 사실이다. 그러나 사회는 필연적으로 모호한 지적 능력 —— 물질에 대한 정신의 극히 일반적인 적용 —— 을 사용할 수밖에 없다. 철학이 처음에는 그 지적 능력에 만족해서 그 출발점을 순수변증법(純粹辨證法)에서 시작한 것처럼 자연스러운 일은 없다. 플라톤이나 아리스토텔레스 유의 철학자들은 언어 속에 이미 만들어져 있던 실재의 단편을 이용했다 —— '변증법'은 dialegein 및 dialegesthai에 관련된 것으로서 '대화'와 '분배'를 동시에 뜻하고 있는 것이다. 즉 플라톤 유의 변증법은 사람들이 단어의 의미에 합의하려고 시도하는 대화인 동시에, 언어의 지시에 따른 사물들의 분배이기도 했다. 그러나 얼마되지 않아서 단어에 기초한 이러한 관념체계는 더 정확한 부호에 의해 표시된 엄밀한 인식에 자리를 내주어야만 했다. 그때 과학은 그 대상으로서 물질을, 그 방법으로서 실험을, 그 이상으로서 수학을 공공연하게 취함으로써 진정 과학으로 성립했다. 그리하여 지성은 물질성을 완전히 탐구하기에 이르렀고, 따라서 자기 자신도 완전히 탐구하게 되었다. 때가 되면 단어에서 해방될 철학이 조만간 퍼져나가게 될 것이며, 이번에는 수학과는 반대의 방향으로 진행하여 원초적이고 사회적인 인식에 있어서 지성적인 것 대신 직관적인 것을 강조하게 될 것이다. 그러나 그렇게 해서 집약된 직관과 지성 사이에 언어는 여전히 머물러 있어야만 했다. 실제로 언어는 지금도 이전과 변함이 없다. 언어에 아무리 과학과 철학이라는 짐을 지워도 언어는 여전히 자기의 기능을 수행하고 있다. 처음에는 언어와 동일시되었고 언어처럼 부정확성을 지녔던 지성은 과학에서 더 정확하게 되었다 —— 지성은 물질을 독점하고 있었다. 직관은 언어에 영향을 끼치면서 철학에까지 확대되어 정신과 같은 연장(延長)을 지니고자 했다. 한편, 지성과 직관이라는 두 가지 형태의 고립된 사유 사이에는 공통의 사유가 존속하고 있는데, 바로 이것이 처음에는 인간의 사유 전체였다. 또한 이 사유야말로 바로 언어가 계속해서 표현하고 있는 것이다. 언어가 과학을 통해서 안정되어왔다는 것은 인정한다. 그러나 과학적 정신은 개개의 모든 것이 매 순간 의문시되어야 한다고 요구하고 있는 반면, 언어는 안정성을 필요로 한다. 또한 언어는 철학에도 문호를 개방하고 있다. 그러나 철학적 정신이 사물의 근처에 있는 부단한 혁신 및 발명과 공감하는 반면, 단어는 확정된 의미를 지니고 관습적 가치는 상대적으로 고정되어 있다 —— 단어는 새로운 것을 단지 낡은 것의 재배열로 표현한다. 우리는 일상적으로 공통적인 사유를 지배하는 이러한 보수적 논리를 '이성(理性)'이라 부르는데, 이것은 어쩌면 경솔한 짓인지도 모른다 —— 어쨌든 대화는 보수(保守)를 너무도 많이 닮았다. 이성이 평온함을 느끼는 곳은 바로 여기다. 여기서 이성은 합법적인 권위를 행사하는 것이다. 이론상 실제로 대화는 단지 사회생활에서의 사물만을 다룰 수밖에 없으며, 사회의 기본 목적은 보편적인 운동성에 어떤 고정성을 삽입하고자 하는 것이다. 사회란 생성(生成)의 바다 여기저기에 응어리져 있는 수많은 섬들이다. 이러한 응결은 사회적 행위가 지성적이 될수록 이에 비례하여 더 완전해진다. 따라서 개념들을 '이성적으로' 정리하고 단어를 적절히 구사하는 기능인 일반적 지성은 사회생활에 도움이 되어야만 한다. 이것은 정신의 수학적 기능인 협의의 지성이 물질에 대한 인식을 주재하는 것과 같다. 어떤 사람이 지성적이라고 말할 때 우리가 염두에 두고 있는 것은 첫 번째의 지성이다. 그가 지성적이라는 것은 그가 일상적인 개념들을 결합하고, 거기서 개연적 결론들을 이끌어내는 능력과 재주를 지녔다는 것을 뜻한다. 개념들은 일상생활을 위해 만들어지는 것으로서, 그 사람이 일상생활에서의 사물들에만 자신을 국한시키고 있는 한, 우리가 그 때문에 그 사람과 대립하는 일은 거의 있을 수 없다. 그러나 우리는 지성이 과학에서 정확한 것이 되어 이제 수학적 정신이나 물리학적 정신 혹은 생물학적인 정신이 되고, 단어 대신 더 합당한 부호들을 대치시킨다는 사실을 알고 있다면, 단지 지성적일 뿐인 사람이 과학적 문제에 대해 권위를 갖고 말하려 하는 것을 허용하지 않을 것이다. 더구나 제기된 문제가 더는 지성만의 영역이 아닐 때, 우리는 그가 철학에 간섭하는 것을 금지할 것이다. 그러나 지적인 사람이 이 점에 있어서도 유능하다고 일반적으로 생각되고 있는데, 바로 이것이 내가 우선적으로 대항하고 있는 점이다. 나는 지성을 극히 높게 평가한다. 그렇지만 '지성인'은 모든 것을 그럴 듯하게 이야기하는 데 뛰어난 재주를 지닌 사람으로서, 나는 그가 평범한 사람일 것이라고 생각한다.

말하는 데 재주가 있으면 경솔히 비판하려 든다. 그러나 자신을 단어에서 해방시켜 사물들의 자연적인 연관관계를 발견하고 실험을 통하여 문제에 깊숙이 파고들려는 사람이면 누구나, 그때 정신이 계속 경이와 맞부딪힐 것이라는 사실을 잘 알고 있다. 순전히 인간적인, 다시 말해서 사회적인 영역을 떠나서는, 그럴 듯했던 것도 결코 참된 것이 아닌 경우가 대부분이다. 자연은 우리의 대화를 조장하는 데는 별로 관심이 없다. 구체적 실재와 우리가 선험적(先驗的)으로 재구성한 실재, 이 두 실재 사이의 간격은 얼마나 커다란가! 단지 비판적이기만 한 정신은 이와 같은 재구성에 그친다. 왜냐하면 그 정신의 역할은 사물에 작용하는 것이 아니라 누군가가 그 사물에 대해 이야기한 것을 평가하는 일이기 때문이다. 그런데 사물에서 축출되어 그 정신에 주어진 해결안과 일상적 관념들로 즉 사회적 사유의 저장소인 단어들로 구성되었을지도 모를 해결안을 비교해보지도 않고 어떻게 그것을 평가한단 말인가? 또 그 정신의 판단이 의미하는 바가, 우리는 더는 탐구할 필요가 없으며, 만일 그렇게 한다면 사회가 교란될 것이고 따라서 우리는 언어 속에 산적해 있는 모호한 지식들을 골라내어 합하는 데 그쳐야만 한다는 것 이외에 또 무엇이 있단 말인가? "우리는 모든 것을 안다" —— 이것이 바로 위와 같은 방법의 가정이다. 이러한 가정을 물리학 이론이나 천문학 이론에 감히 적용하려고 하는 사람은 없을 것이다. 그러나 철학에서는 그와 같은 일이 일상적으로 행해지고 있다. 기존 관념을 제거해버리고 사물과 접촉하기 위해서 일하고 투쟁하고 노력해온 사람에 대하여, 사람들은 그들이 '이성적'이라고 주장하는 해결안을 내세운다. 참된 탐구자라면 이에 소리높여 대항해야 한다. 그는 위와 같이 이해된 비판의 기능이 단지 수수방관만을 일삼는 것이며, 사물에 대하여 더 깊숙이 들어가면서도 직접적으로 탐구하는 새로운 연구만이 인정될 수 있는 유일한 비판이라는 것을 밝혀주어야만 한다. 그러나 불행하게도, 그는 실제로는 한두 문제밖에 다룰 수 없을지라도 언제나 모든 경우에 비판하려는 경향이 너무 강하다. 그는 자기의 행위에 대한 평가 능력을 순수한 지성에 부여하기를 거부함으로써, 자신이 철학자도 과학자도 아니라 단지 '지성적'일 뿐인 경우에는 자기 자신도 판단 권리를 포기해야만 할 것이다. 따라서 그는 일상적인 환상을 더 즐겨 채용하며, 한편 환상 쪽에서는 모든 것이 그의 힘을 북돋아준다. 일상생활에 있어 우리는 어떤 난점(難點)이 있을 때 별

능력이 없는 사람에게 찾아가 상의하는 일이 있는데, 그것은 그가 전혀 다른 분야에서의 능력을 통해서 평판을 얻었기 때문이다. 이렇게 해서 우리는 그의 자존심을 만족시켜주고, 특히나 대중의 마음속에 다음과 같은 생각을 심어준다. 즉 사물들을 연구하지 않고도 그것들을 인식하는 일반적인 기능이 있는데, 이것이 바로 '지성'이며, 지성은 단순히 사회생활에 유용한 여러 개념들을 대화에 있어서 조작하는 습관도 아니고 정신의 수학적 기능도 아니며, 오히려 사회적 제 개념을 어느 정도 능숙하게 결합시켜서 거기에서 실재적인 것에 대한 인식을 획득하는 어떤 능력이라는 생각이다. 이러한 탁월한 솜씨가 바로 정신의 우월성을 보장해주는 것이라고 한다. 그러나 참된 우월성은 더 커다란 관심 능력인 것이다! 또한 그 관심은 필연적으로 특정화된다! 다시 말해서 자연이나 습관에 의해 다른 어떤 것도 아닌 특정 대상으로 지향되는 것이다! 아울러 그 관심은 바로 직접 투시, 즉 단어의 장막을 꿰뚫는 투시인 것이다! 요컨대 사물에 대한 무지가 바로 그 사물에 대해 말할 때 그렇게도 편의를 제공해준다!

내 생각에 의하면 과학적 인식과 기술적 능력은 직관적 투시만큼이나 가치를 지니고 있다. 인간의 본질은 바로 물질적·도덕적으로 무엇인가를 창조해내는 것, 또 사물을 공작(工作)하고 자기 자신마저 제작(製作)해내는 것이라고 나는 믿는다. **공작인**(工作人 : Homo faber) ── 이것이 바로 내가 제시하는 인간의 정의이다. 지성인(Homo sapiens)은 공작인이 자기의 공작 과정에 대해 반성함으로써 태어나며, 오직 순수지성에만 의존하는 문제들을 그 순수지성을 통하여 해결하는 한에 있어서 **공작인**과 같은 평가를 받는다. 그 문제들을 선택하는 데 있어서 잘못 선택하는 철학자가 있는가 하면 그를 바로잡아 줄 철학자도 있다. 양자 모두 자신의 능력을 최대로 발휘하여 일할 것이며, 양자 모두 우리의 감사와 찬탄을 받을 수 있다. 공작인과 지성인 —— 이 두 사람에게 나는 경의를 표하는바, 이들은 어떤 면에서 하나로 융합되는 방향으로 나아가고 있다. 내가 반감을 갖고 있는 유일한 사람은 언어인 (Homo loquax)이다 —— 그가 사유할 때 그의 사유는 자신의 언사에 대한 반성에 지나지 않는다.

지금까지의 교육 방법은 바로 그러한 언어인을 형성하고 완성하는 데로 흘러왔다. 아직도 우리의 교육 방법은 똑같은 방향으로 가고 있는 것이 아닐까? 다른 나라에서보다 프랑스에서 그 폐단이 덜 나타나고 있다는 것은 확실하다. 교사가 고학년은 물론 저학년까지도 학생들의 창의성을 촉발하는 일이 프랑스보다 더 잘되어 있는 곳은 없다. 그럼에도 우리에게는 많은 할 일이 남아 있다. 여기서 공작(工作) 및 그것이 학교에서 수행할 수 있는 역할에 대하여 이야기할 필요는 없다. 우리는 너무도 쉽사리 공작을 오락으로 생각한다. 우리는 지성이 본질적으로 물질을 조작하는 기능이며, 적어도 지성이 그렇게 해서 시작되었다는 것, 또 이것이 바로 자연이 의도한 바라는 사실을 간과하고 있다. 진정 그러할진대 어떻게 해서 지성이 공작교육을 이용하지 않는단 말인가? 조금만 더 살펴보자. 아이의 손은 자연적으로 무엇인가를 만들려고 한다. 그때 그를 도와주거나 적어도 그럴 기회를 마련해줌으로써 우리는 후에 그가 성장했을 때 그로부터 커다란 수확을 얻을 것이다. 또한 우리는 그렇게 해서 세계에 발명 가능성을 크게 증가시켜놓을 것이다. 처음부터 교과서에 의존하는 학습은 오직 저 높이 비상(飛翔)해야만 하는 행위들을 억누르고 제거한다. 그러므로 아이에게 공작연습을 시키되 이런 교육을 막일꾼에게 맡기지 말자. 오히려 참된 명인(名人)에게 사숙(私淑)하도록 하자. 그는 묘한 솜씨의 단계에 이를 때까지 촉감을 완성시킬 것이다. 지성은 손에서 머리로 거슬러 올라갈 것이다. 그러나 나는 이 점을 강조하고 있는 것은 아니다. 문학에서든 과학에서든 모든 분야에 있어서 우리의 교육은 너무나 자의적(恣意的)이다. 그렇지만 세계 속의 한 사람이 되어 여러 문제에 대해 대화하는 법을 아는 것으로 충분했던 시기는 지나갔다. 과학의 경우는 어떠한가? 여기에서의 교육은 무엇보다도 결과에 대한 설명에 주력한다. 그 것보다는 여러 방법들을 깨우치게 해주는 것이 더 낫지 않을까? 학생들을 곧바로 실습에 들어가게 하자. 그리하여 그들로 하여금 스스로 관찰하고 실험하며 발명하게 해주자. 그때 그들이 우리말에 얼마나 귀 기울이는가를 보라! 우리의 말을 그들은 얼마나 잘 이해하는가! 왜냐하면 아이들은 탐구자요 발명가로서, 언제나 새로움을 추구하면서 규칙에서 뛰쳐나가기 때문이다. 요컨대 아이들은 어른들보다 자연에 더 가까이 있다. 그런데 어른들은 본질적으로 사교적인 존재이며, 교육의 담당자가 바로 이들이다. 필연적으로 그들은 사회적 세습물을 구성하고 있고 따라서 당연히 그들이 자랑거리로 삼는 이미 획득되어 있는 결과들의 총체에 가장 커다란 중요성을 부여한다. 그러나 이러한 계획이 비록 백과사전적이긴 하지만 학생들이 기존 과학에서 흡수할 수 있는 양은 극히 적으며, 때로는 흥미도 느끼지 못한 채 공부하기 때문에 언제나 쉽사리 잊혀버린다. 물론 인류가 획득해온 이 결과들 각각은 값진 것들이다. 그러나 그것은 어른들의 지식이며, 그들은 이 지식을 어디에서 찾을 수 있는가만 알고 있으면 필요할 때 언제든지 그것을 찾아낸다. 그보다는 아이의 가슴속에 아이의 지식을 가꾸자. 그리고 오직 성장할 필요가 있는 이 새싹들을 이전의 경작(耕作)으로 수확해

110

놓은 마른 잎과 가지더미 속에서 질식시키지 않도록 조심하자.

우리의 문학교육도(비록 다른 나라의 문학교육보다는 더 훌륭하지만) 이와 같은 폐단을 지니고 있지 않을까? 한 문호의 작품에 대해 강의하는 것이 유용할 수도 있다. 그렇게 해서 그 작품을 더 잘 이해시키고 더 잘 감상시킬 것이다. 그런 때라도 학생들이 그 작품을 애호하게 되고 그 결과로서 그것을 이해해야만 한다. 이 말은 곧 아이가 먼저 그 작품을 재창작해야 한다는 것, 환언컨대 어느 정도 작가의 영감을 감상해야 한다는 말이다. 그렇게 하기 위해서는 작가와 보조를 맞춰야 한다. 다시 말해서 작품을 거기에 합당한 억양과 음성으로 크게 읽는 법을 배워야 하는 것이다. 여기에 잠시 후면 지성이 뉘앙스를 부여해 줄 것이지만 뉘앙스와 색조는 언제나 미리 형성된 구조를 지니고 있다. 정확히 말해서 지성 이전에 먼저 구조 및 운동에 대한 지각이 존재한다. 바꾸어 말하면, 우리가 읽고 있는 지면에는 구두점과 리듬이 있다.[11] 바로 구조와 리듬을 지시해주는 것, 또한 구절의 여러 문장들간에 있는 박자관계와 각 문장의 여러 단어들 간에 있는 박자관계를 고려하며, 사유(思惟)와 정감(情感)의 상승(上乘)을 끊임없이 따라가서

---

11 리듬이 실제로 쓰여진 글귀들의 의미를 대체적으로 그려내며, 우리가 단어들을 살펴서 거기에 색조와 뉘앙스를 부여하기 이전에, 벌써 작가의 사유와 직접적으로 교류할 수 있게끔 해준다는 사실에 대하여, 필자는 다른 방식으로, 특히 '영혼과 육체' (필자의 논문집《정신적 에너지(L' energie Spirituelle)》, p. 32)에 대해 1912년에 행한 강연에서 설명한바 있다. 이 책에서는 이전에 콜레주 드 프랑스에서 행한 한 강의를 요약하는 데 그치겠다. 그 강의에서 필자는《방법서설》의 한두 페이지를 예로 들면서, 데카르트의 정신에서 시작하여 구두점이 시사하는 바와 같은 리듬의 노력, 특히 소리높여 하기에 알맞은 강의가 지시하는 바와 같은 리듬의 효과를 통해, 사유가 각기 정해진 방향으로 오고 감으로써 나의 정신에 어떻게 이르렀는가를 보여주려고 했다.

그 절정에 있는 음악적인 음표에 이르는 것 —— 바로 여기에 화법(話法)의 본질이 있다.

화법을 단지 재예(才藝)로 다루는 것은 잘못된 일이다. 그것은 공부의 끝에 하나의 장식물로서 생기는 것이 아니라 애초부터 내내 담지자로서 함께 해야만 한다. 우리가 아직도 중요한 것은 사물에 대해 이야기하는 것이며 그렇게 하는 법을 알 때 비로소 사물들을 충분히 인식한다는 환상에 사로잡혀 있지만 않다면, 우리는 화법에 모든 것을 의지할 것이다. 실제로 우리는 우리가 어느 정도 재창조한 것만을 알고 이해한다. 비록 지나가는 말이긴 하지만 내가 방금 기술한 교수 방법과 내가 철학자에게 추천한 직관 사이에는 어떤 유사점이 있다. 세계의 명작에서 골라낸 한 책장에서 직관은 구성의 운동과 리듬을 재발견하기를 원하며, 그 안에 공감을 통하여 침투함으로써 창조적 진화에 새로운 활기를 불어넣으려 한다. 우리는 너무나도 오랫동안 이러한 방향과는 다르게 걸어왔다. 이제는 그것을 끝내야 할 때이다. 교육계획을 짜는 것은 내가 할 일이 아니다. 나는 단지 어떤 정신의 습관에 대하여 주의를 환기시켜보고자 했던 것이다. 이 습관은 내가 생각하기에는 유감스러운 것이지만 학교에서 그것은 원칙적으로 거부되면서도 실제로는 너무도 자주 장려되고 있다. 특히 내가 다시 한번 대항하고자 했던 것은 사물을 개념으로 대치하는 일과 내가 진리의 사회화라 불렀던 것이다. 이런 일은 원시사회에서는 필수 불가결적이다. 다시 말해서 이런 일은 인간 정신에 자연스러운 것인데, 그 이유는 인간 정신이 순수과학을 위한 것도 아니며 더구나 철학을 위해 바쳐질 것도 아니기 때문이다. 그러나 사회화라는 것은 실용적 차원의 진리를 위해 만들어지는 것이므로 그것은 실용적 차원의 진리를 위해서만 남겨두어야 한다. 사회화가 순수인식, 즉 과학이나 철학의 영역에서 할 일은 없다.

따라서 나는 편의를 거부한다. 내가 추천하는 것은 어려움을 자초하는 사유의 태도이다. 내가 의도하는 바를 그 어느 누가 잘못 이해할 수 있단 말인가? 나의 '직관'이 본능이라거나 감정이라고 주장하는 사람들은 논외의 사람들이다. 내가 쓴 글 가운데 어느 한 행도 그렇게 해석될 수는 없다. 오히려 나는 언제나 그와 반대의 것에 대한 나의 확신을 보여왔다. 나의 직관은 내성(內省)인 것이다. 그런데 내가 사물의 근거에 있는 운동성에 주의를 환기시켰다고 해서, 사람들은 내가 정신의 이완을 조장했다고 주장해왔다. 또 나의 시각에서는 실체의 영속성이 곧 변화의 연속성이라고 해서, 사람들은 나의 학설이 불안정성을 정당화한다고 말해왔다. 그러느니 오히려 미생물학자는 모든 곳에 병원균이 있음을 보여줄 때 바로 우리에게 세균병을 권장하고 있는 것이라고 말하라. 아니면 물리학자는 자연의 제 현상을 파동으로 환원시킬 때 그네타기를 명령하고 있는 것이라고 말하는 편이 더 나을지도 모른다. 설명 원리와 행위의 격률(格率)은 전혀 별개의 것이다. 모든 곳에서 운동성을 발견하는 철학자는 바로 그 운동성을 추천할 수 없는 유일한 사람인바, 그 이유가 그는 운동성을 불가피하다고 보고 일반사람들이 부동성이라 부르기로 합의한 것에서 운동성을 발견하기 때문이라고 말할 수 있을지도 모른다. 그러나 실제로는 고정성을 변화의 복합이나 특성 측면으로 보고 어찌하든 간에 고정성을 변화에 용해시키기는 하지만, 그 철학자는 다른 사람들과 마찬가지로 고정성과 변화를 구별한다. 따라서 그에게 있어서는 다른 사람들과 마찬가지로, 인간사회에 한편으로 고정성이라 불리는 특별한 외형은 어느 정도까지 추천해주어야 하고 다른 한편으로 순수하고 단순한 변화는 어느 정도까지 추천해주어야 할 것인가를 알아야만 하는 문제가 놓여 있다. 그의 변화에 대한 분석은 이 문제를 손대지 않는다. 만일 조금이라도 양식(良識)을 지녔다면 그는 다른 사람과 마찬가지로 존재에 대한 어떤 영속성을 필연적으로 생각할 것이다. 그는 여러 사회제도는 개개인이 지닌 구도의 다양성과 운동성에 대하여 상대적으로 불변적인 틀을 제공해야 한다고 말할 것이다. 아울러 그는 이 사회제도의 역할을 어느 다른 사람들보다도 더 잘 이해하고 있는지도 모른다. 이 사회제도들은 명령을 제정하면서 행위의 영역에서 고정화의 작업을 계속하고 있지 않은가? 이때 이 고정화의 작업은 감관과 오성이 물질의 파동을 지각으로, 사물의 끊임없는 흐름을 개념으로 응축시킬 때 인식의 영역에서 이루어지는 것이다. 물론 사회는 사회제도라는 경직되어 있고 또 바로 그 경직성을 통해서 유지되는 틀 속에서 진화한다. 정치가의 의무는 아직 시간이 있을 때 바로 이러한 변동을 좇아가서 사회제도를 수정하는 것이다. 정치적 과오의 열이면 아홉은 단지 이제 더는 참이 아닌 것을 아직도 참이라고 믿는 데 있다. 그러나 그 마지막 하나의 과오는 어쩌면 가장 심각한 것일지도 모른다 —— 그것은 아직도 참인 것을 더는 참이 아니라고 믿는 데 있다. 일반적으로 행위는 견고한 기반을 요구하며 생물체는 본질적으로 효율적 행위로 지향된다. 이것이 바로 내가 의식의 원초적 기능이 사물의 고정화라고 생각한 이유이다. 보편적인 운동성 속에 위치해 있는 의식은 준(準) 순간적인 투시를 통하여 그 밖에서 전개되는 기나긴 역사를 농축시킨다. 의식이 높으면 높을수록 사물의 지속과 자기 자신의 지속 사이의 관계에 있어서 이 긴장은 더욱 강렬해진다.

114

모든 새로운 문제에 대한 새로운 요구

긴장, 집중 —— 이 단어들은 정신으로 하여금 새로운 문제 각각에 대해 완전히 새로운 노력을 기울일 것을 요구하는 한 방법의 특징을 나타내기 위해 사용된 단어들이다. 어쩌면 나는 '창조적 진화'에 앞서 출판된 《물질과 기억》에서 참된 진화설을 전개할 수 없었을지도 모른다(어쩌면 외양만 진화설이 되었을지도 모른다). 또 나는 《물질과 기억》에서 제시된 것과 같은 육체와 정신 사이의 관계에 대한 이론을 《의식의 직접 소여에 관한 시론》에서 이끌어내지 못했을지도 모른다. 동시에 나는 '직접소여' 이전에 내가 몰두했던 사이비 철학 —— 즉 언어에 산적해 있는 일반 관념들에서 내가 나의 첫 책에서 제시했던 지속과 내적 생명에 대한 결론을 이끌어내지 못했을 수도 있다. 나는 내적 생명에서 중요한 실험 영역을 발견하고서 자의적인 답안을 폐기해버린 순간 참된 철학적 방법에 진입하게 되었다. 그후의 모든 과정은 이 영역을 확장시키는 것이었다. 어떤 결론을 논리적으로 확장하여 실제로는 그 탐구 범위는 확장하지 않고 그 결론을 다른 대상에 적용하는 일은 인간 정신이 지니는 자연스러운 성향이다. 그러나 그것은 우리가 결코 빠져들어서는 안될 성향이다. 그런데도 철학은 순수 변증법으로서, 즉 언어에 산적해 있음이 발견된 초보적 지식을 이용하여 형이상학을 구축하려고 시도함으로써 이러한 일을 순진하게 행하고 있다. 또한 철학은 어떤 사실들을 그 사실들 밖에 있는 모든 사물들에 적용 가능한 '일반 원리'로 내세움으로써 그 일을 계속하고 있다. 나의 철학 활동은 모두 이러한 철학 방식에 대한 대항이었다. 그리하여 나는 중요한 몇몇 문제를 유보시켜야만 했는데 사실 나는 앞서 발행된 나의 저서들의 결과를 그 문제들에 확장시켜 해답을 쉽사리 보여줄 수도 있었다. 나는 이 문제들 가운데 몇몇에 대해서는 그것 자체에서, 또 그것 자체를 위해서 해결할 수 있는 시간과 능력을 가질 때에만 그에 답할 것이다. 만일 그런 시간과 능력이 주어지지 않는다면, 나는 그 외의 몇몇 문제에 정확하다고 생각되는 해답을 나의 방법이 보여주었음에 감사히 여기면서 그 방법에서는 그 이상의 것을 이끌어낼 수 없다는 것을 깨달아 현재의 나에 만족할 것이다. 이 세상에 책쓰기를 강요받는 사람은 결코 없다.[12]

1922년 1월

---

[12] 이 논문은 1922년에 마무리되었다. 여기에 필자는 단지 현재의 물리학 이론과 관련된 몇 페이지를 첨부했다. 당시에 필자는 필자의 최근 저서인 《도덕과 종교의 두 원천》에서 전개했던 결과를 아직 완전히 지니고 있지 못했다. 후자의 책은 이 논문의 후반부를 설명해줄 것이다.

3

가능적인 것과 실재적인 것

스웨덴 학술지 〈Nordisk Tidskrift〉, 1930년 11월호에 발표된 논문[1]

창조와 새로움

나는 이미 언급했던 주제, 예측 불가능한 새로운 창조가 우주 내에
서 면면히 계속되고 있는 듯하다는 주제로 다시 한번 돌아가려 한다.
나로서는 언제나 이 창조를 경험하고 있다고 믿는다. 그러나 내게 일
어나는 일을 아무리 상세히 설명하려 해도 소용없다. 발생하는 결과와
비교해볼 때, 나의 표현은 얼마나 빈약하고 추상적이며 도식적인가!
그것을 실현시켰을 때 이와 함께 예측할 수 없는 무(rien)가 나타나서
모든 것을 변화시킨다. 예를 들어 내가 한 모임에 참석하고 있다 하자.
그리고 그곳에서 어떠한 사람들을 만날 것이며, 어느 테이블에 앉아서
어떠한 진행 순서로, 어떠한 주제를 토론할 것인가를 안다고 하자. 그

---

1   이 논문은 1920년 9월 20일 옥스퍼드대학의 '철학 모임'의 개막에 즈음하여 발표된
    몇몇 견해를 발전시킨 것이다. 스웨덴 학술지 〈Nordisk Tidskrift〉에 이 논문을 기고
    하는 기회를 얻어, 필자는 노벨상 수상을 기념하여 관례대로 스톡홀름대학에 강연하
    러 가지 못했음에 유감을 표하고자 한다. 이 논문은 지금까지 스웨덴어 이외로는 출
    간되지 않았다.

런 후 그들이 참석하여 내가 기대했던 대로 자리에 앉아 담화하고, 또 내가 그들이 말하리라 확신했던 것을 그대로 말하게끔 하라. 그러나 그때 그 모두가 내게 독특하고 새로운 인상을 줄 것이다. 내가 염두에 두고 있던 상(像)은 사라지고 마치 방금 미술가의 손이 순식간에 그려 놓은 것같이. 그것은 이미 알려져 있던 사물들의 형체를 미리 만들 수 있는 병치(juxtaposition)에 불과했다! 그 그림이 렘브란트나 벨라스케 즈의 작품과 같은 예술적 가치를 지니지 못했음은 인정한다. 그러나 그 그림은 그 작품들과 똑같이 기대 밖의 것이며, 그런 의미에서 독창 적인 것이다.

이에 대해서 내가 그 상황을 자세히 알지 못했으며, 문제의 인물들 의 행동, 태도 등을 제대로 조정하지 못했고, 또 만일 그것이 전체적으 로 새로움을 느끼게 했다면 그것은 다른 요소들이 첨가되었기 때문이 라고 주장할 수도 있다. 그러나 새로움(nouveauté)에 대한 그와 똑같은 인상을 나는 나의 내적 삶이 전개되기 전에 이미 지니고 있다. 나는 내 가 의도했었고 오직 나만이 조절할 수 있었던 행위에 앞서, 이러한 인 상을 어느 때보다도 더 생생하게 느낀다. 만일 행위하기에 앞서 깊이 생각한다면 그러한 숙고의 순간은 마치 화가가 그림을 그릴 때 하나하 나 독특하게 연속적으로 그려보는 스케치처럼 나의 의식에 나타난다. 행위가 실행될 때 그 행위 자체가 어떤 의도적인 것, 따라서 예측된 것 을 실현하느냐는 문제가 되지 않는다. 그것은 독창적인 자기 자신의 형체를 지니기 때문이다. 이에 대해 혹자는 다음과 같이 말할 것이다. 영혼의 상태에 독창적이고 유일한 그 무엇이 있을 수 있다는 것은 인 정한다. 그러나 물질이란 반복(répétition)이며, 외적 세계는 수학적 법 칙을 따르므로, 주어진 한 순간에 있어 물질적 우주 내의 모든 원자와 전자의 위치, 방향, 속도를 알고 있는 초인적 지성은 이 우주의 어떠한 미래 상태라도 계산할 수 있다. 마치 우리가 일식이나 월식을 계측할 수 있듯이 ── 만일 문제되는 것이 불활성적인 세계뿐이며, 또 현재 논란의 대상이 되고 있는 기본 현상에 관한 것이라면, 나는 부득이 이러한 생각에 찬동한다. 그러나 이러한 세계란 추상물에 지나지 않는다. 구체적인 실재는 살아 있고 의식적인 존재들을 포함하고 있는데, 이들은 비유기적인 물질 내에 삽입되어 있다. 내가 말하고 있는 것은 살아 있으며 동시에 의식적인 존재이다. 왜냐하면 살아 있는 것은 당연히 의식적이기 때문이다. 의식이 잠들어 있는 곳에서 사실 살아 있는 것은 무의식적이 된다. 그러나 예를 들어 식물에서와 같이 의식이 반수면 상태에 있는 영역에서조차 규제된 진화와 확정적인 진행 그리고 노쇠현상 등 요컨대 의식을 특정지우는 지속의 외적인 표현이 모두 나타난다. 그러면 왜 생명과 의식이 마치 틀 속에 들어가듯이 삽입되어 들어가는 그 물질에 대해 말해야 한단 말인가? 무슨 권리로 우리는 불활성을 우선으로 놓는가? 옛날 사람들은 세계 정신(une Ame du Monde)이 물질적 우주의 존재가 연속적임을 보장해준다고 생각했다. 이 개념에서 신화적 요소를 제거해보면, 비유기적 세계란 가시적이고 예측가능한 변화로 총괄되는 무한히 빠른 반복, 더 정확히 말해서 유사 반복(quasi-répétitions)의 계기다. 나는 그 반복을 시계추의 진동에 비유한다. 후자는 상호 연결되어 있는 태엽이 연속적으로 풀리는 것과 관련이 있는데, 그 왕복운동은 태엽이 풀리는 과정을 표현하고 있다. 전자는 의식적 존재의 삶에 리듬을 부여하며 그 존재의 지속을 측정한다. 따라서 살아 있는 존재는 본질적으로 지속한다. 그것은 끊임없이 새로운 것을 공들여 제작하기 때문에, 아울러 탐구 없는 제작

(élaboration), 모색 없는 제작이란 있을 수 없기 때문에 지속한다. 시간이란 바로 망설임 자체이며, 그렇지 않다면 그것은 아무것도 아니다. 의식적인 것과 살아 있는 것을 사상(捨象)해보라(이러한 일은 반드시 추상이라는 인위적 노력을 통해서 이루어지는데, 다시 말해서 물질적 세계란 의식과 생명의 필연적인 현존을 함축하고 있을 수 있기 때문이다). 그때 실제로 획득되는 우주는 마치 영사기 필름에 병치되어 있는, 전개되기 이전의 화면들처럼 그 계기적인 상태가 이론적으로 미리 계산될 수 있는 우주이다. 그런데 왜 하필이면 전개(déroulement)인가? 무슨 이유로 실재는 스스로 자신을 펼치는가? 왜 실재는 펼쳐지지 않는단 말인가? 시간은 무엇에 필요한가? (내가 말하는 시간은 실제적이고 구체적인 시간이지, 4차원의 공간에 지나지 않는 추상적 시간이 아니다.)[2] 이것이 지난날 나의 성찰이 시작한 출발점이었다. 50여 년 전 나는 스펜서의 철학에 심취했었다. 어느 날 나는 여기서의 시간이 아무런 기여도 하지 않으며 아무 일도 하지 않는다는 것을 깨달았다. 아무 일도 하지 않는 것은 아무것도 아니다. 그럼에도 내 생각으로는 시간이란 그 무엇이었다. 따라서 시간은 작용한다. 시간은 무슨 일을 할 수 있는가? 단순히 상식적으로 답한다면, 시간이란 모든 것이 한꺼번에 주어지는 것을 방해하는 것이다. 시간은 지연한다. 더 정확히 말하면 시간이란 지연(retardement)이다. 따라서 시간은 제작이어야 한다. 그렇다면 시간은 창조와 선택의 수송체가 아닐까? 시간이 존재한다는 것은 곧 사물에 비결정적인 것이 있음을 증명하는 것이 아닐

---

2   필자는 실제로 《의식의 직접소여(直接所與)에 관한 시론》 p. 82에서, 측정 가능한 시간이 4차원 공간으로 생각될 수 있음을 보였다. 물론 이때의 공간은 순수한 공간이지 상대성 이론에서의 혼합적인 시공(時空)이 아니다. 후자는 전자와 전혀 다른 것이다.

까? 시간이란 비결정성(非結晶性) 그 자체가 아닐까?

이러한 것이 대부분의 철학자들의 견해가 아니라면, 그 이유는 인간의 지성은 다른 목적을 위해서 사물을 취하도록 정확히 만들어졌기 때문이다. 내가 말하고 있는 것은 지성이지, 사유 또는 정신이 아니다. 지성과 더불어 실제로 우리 각자는 자신의 행위 및 그 행위가 실행되는 조건을 직접 지각한다. 부르고 싶은 아무 명칭으로 그 지각을 부르도록 하라. 이것이 바로 우리 자신이 우리의 의도와 우리의 결정(決定)과 우리의 행위, 그리고 그로 말미암아 우리의 습관과 우리의 성격과 우리 자신을 창조했다고 느끼는 감정이다. 자신의 삶의 도공(陶工), 심지어 원한다면 예술가이기도 한 우리는 과거와 현재를 통해서, 그리고 전승(傳承)과 상황을 통해서 주어진 재료를 가지고 끊임없이 유일하고, 새롭고, 독창적인, 마치 조각가가 진흙덩어리에 부여한 형상과 같이 예측 불가능한 형체를 반죽해내고 있다. 틀림없이 우리는 이 일이 진행되는 동안 그 작업과 유일함을 지닌 것에 주의를 쏟고 있다. 그러나 정작 본질적인 것은 우리가 그 일을 한다는 사실이다. 그것을 깊이 파고들어가지 않아도 된다. 우리는 그것을 충분히 의식하고 있을 필요조차 없다. 예술가는 자신의 창조 능력을 분석할 필요가 없다. 예술가는 그러한 걱정을 철학자에게 맡기고 단지 창조하는 데 만족한다. 반면 조각가는 자기 예술의 기법을 터득하고, 또 그럼에 있어 습득될 수 있는 것은 모두 알아야 한다. 이 기법은 특히 그의 작품이 다른 작품과 공동으로 지니고 있는 것과 관련이 있다. 이 기법은 그가 작업하고 있고, 또 다른 예술가에게처럼 역시 그에게도 부여된 그 물질의 요구에 따라 지배된다. 예술에 있어서 기법이 관심을 갖는 것은 반복 혹은 제작(fabrication)이지, 창조 그 자체가 아니다. 그 기법 위에 내가 지적 능력이라 부르는 예술가의 관심이 집중된다. 이와 똑같이 성격의 창조에 있어서 우리는 창조적 능력에 대해 아는 바가 별로 없다. 그것을 알기 위해서 우리는 자신으로 되돌아가 철학하며, 자연의 경사를 거슬러 올라가야 한다. 왜냐하면 자연은 행위를 원했고 사색에 대해 거의 사유할 수 없었기 때문이다. 단순히 자신 내의 약동(élan)을 감각하며 자신이 행위할 수 있음을 확신하는 것이 더는 문제시되지 않고, 이제 그 능력을 인식하고 그 약동을 파악하기 위해서 사유를 그 자신에게 향하게 하는 것이 문제시된다면, 마치 의식의 정상적인 방향을 역전해야 하듯이 매우 곤란해진다. 이와는 반대로, 우리는 행위의 기법에 친숙해지는 데 우선적인 관심을 두고 있다. 다시 말하자면, 행위가 실행되고 있는 조건 속에서 우리의 행동이 기초해야 할 일반적인 처방법이나 규칙을 제공해줄 수 있는 것을 추출해내는 데 관심이 있다. 우리가 사물에서 발견한 반복 덕택으로 우리 행위에는 새로움이 있게 된다. 따라서 우리의 정상적인 인식 기능이란 본질적으로 실재의 흐름 속에 있는 안정적이고 규칙적인 것을 추출해내는 능력이다. 그것은 지각의 문제인가? 지각은, 예를 들어 빛이나 열과 같은, 무한히 반복되는 충격을 포착해서 그것을 상대적으로 불변적인 감각으로 축소한다. 수많은 외적 진동이 우리의 눈에 색상을 절반으로 축소시켜준다. 그러면 그것은 개념 작용의 문제인가? 일반 관념을 형성하는 일은 여러 가지 변화하는 사물에서 변화하지 않거나 적어도 우리의 행위에 불변적인 지주(支柱)를 제공해주는 공통적인 측면을 추상해내는 일이다. 우리 태도의 불변성, 즉 주어진 대상의 다양성 및 가변성에 대한 우리의 궁극적인 혹은 잠재적인 반응의 동일성, 바로 여기에 우선적으로 관념의 일반성을 표시하고 기술하는 것이 있다. 마지막으로, 그것은 오성의 문제인가? 오

122

성이란 단순히 일시적인 사실 사이에 잠정적인 관계를 수립하고 연결
시켜서 법칙을 이끌어내는 것이다. 그것은 관계가 정확할수록, 그리고
법칙이 수학적일수록 더욱 완전해지는 작용이다. 이 모든 기능들이 지
성을 구성하고 있다. 지성은 규칙성과 안정성을 선호하므로, 실재적인
것 안에서 안정적이고 규칙적인 것, 다시 말해서 물질성(la matérialité)
에 집착한다. 이렇게 함으로써 지성은 절대(l'absolu)의 한 측면을 촉각
한다. 마치 우리의 의식이 우리 자신 내에서 새로움이 영구적으로 피
어나고 있음을 파악하고, 자신을 확대하여 자연의 무한히 새로워지는
노력을 공감할 때, 절대의 다른 한 측면을 촉각하듯 말이다. 지성이 이
측면들 중 하나를 마치 다른 측면을 사유하듯이 사유한다고 자처하면
서 의도되지 않았던 용도로 사용될 때, 오류가 발생하기 시작한다.

형이상학적 불안의 기원

내 생각으로는 커다란 형이상학적 문제들이 일반적으로 잘못 제기
되어 있다. 이 문제들은 올바르게 진술되기만 하면 종종 스스로 해결
되는 것들이다. 그렇지 않으면 환상적인 용어로 공식화된 문제들로서
공식의 용어들을 더 자세히 살펴보는 즉시 사라져버린다. 이 문제들은
실제로 우리가 습관적으로 창조를 제작으로 전치(轉置)하는 데서 발생
한다. 실재는 전체적이어서 불가분적인 성장이며, 점진적인 발명, 요
컨대 지속이다. 실재는 매 순간 기대되지 않던 형태를 띠면서 점차로
부풀어 오르는 고무풍선과도 같다. 그러나 우리 지성은 실재의 기원
및 진화를, 마치 단지 여기에서 저기로 위치만을 옮긴다고 가정되는
부분들의 배열 및 재배열로 생각한다. 따라서 이론상 지성은 전체의
어떤 상태라도 예측할 수 있다. 확정적인 개수의 안정적 요소들을 위

치시킴에 있어, 우리는 이미 가능한 모든 조합을 암암리에 지니고 있다. 이것이 모두는 아니다. 우리가 직접 지각하는 것의 실재란 끊임없이 팽창하는 충만적인 것으로서 진공을 모르는 것이다. 실재는 지속을 지닌 것과 똑같이 연장(l' extension)을 지니고 있다. 그러나 이 구체적인 외연(外延)은 지성이 그 수립의 토대로 생각하는 무한하고 또 무한히 분할될 수 있는 공간이 아니다. 구체적 공간은 사물들에서 추출된다. 사물들이 공간 안에 있는 것이 아니다. 공간이 사물들 안에 있다. 오직 우리의 사유가 실재에 대해 추리할 때에만 사유는 공간을 수용체(受容體)로 만든다. 사유란 습관적으로 부분들을 상대적 진공 속에 수집해놓으므로, 사유는 실재가 어떤 절대적 진공(眞空)을 채우고 있다고 생각한다. 이제 혁신적인 새로움을 인지하지 못함이 잘못 제기된 형이상학적 문제들의 원초적 원인이라면, 진공에서 충만으로 진행해가는 습관은 존재하지 않는 문제들의 원천이다. 더욱이 후자의 오류가 이미 전자의 오류에 함축되어 있음을 쉽게 알 수 있다. 그러나 나는 그 오류를 더 정확하게 한계짓고자 한다.

내 생각으로는 사이비 문제들이 존재하며, 그 문제들이 바로 형이상학을 불안하게 하는 것들이다. 그 문제들을 두 가지로 축약해보면, 하나의 문제는 존재론을 발생시키며, 다른 한 문제는 인식론을 발생시킨다. 첫째의 사이비 문제는 왜 존재가 있으며, 왜 어떤 사물이나 어떤 사람이 존재하는가라고 자문하는 데 있다. 존재하는 것의 본질은 그리 중요하지 않다. 존재하는 것이 물질이라 말해보라. 아니면 그것이 정신 또는 양자 모두라고 말해보라. 그렇지 않으면 물질과 정신이 자신들만으로는 충분하지 않으므로 어떤 초월적인 원인을 드러내고 있다고 말해보라. 어떤 경우이든, 존재와 원인 그리고 원인의 원인을 생각할 때, 우리는 무한히 연속되는 경주에 참가하고 있다는 느낌을 갖는다. 만일 중도에서 멈춘다면, 그것은 현기증을 피하기 위함이다. 언제나 우리는 난관이 존속하고 있으며, 문제가 여전히 거기에 있고 결코 해결되지 않으리라고 확신한다. 더 정확히 말해서 확신한다고 믿는다. 실제로 그 문제는 해결되지 않을 것이다. 그러나 그 문제는 결코 제기조차 되지 않아야 한다. 존재에 앞선다고 가정되는 무(unnéant)를 상정할 때 비로소 그 문제는 나타난다. 사람들은 "무(無)란 있을 수 없다"고 말하지만, 그때 그는 무엇인가에 혹은 어떤 일자(一者)가 있어야 함에 놀라움을 금치 못한다. 그러나 "무란 있을 수 없다"라는 문장을 분석해 보라. 그러면 우리는 결코 우리가 다루고 있는 것이 관념이 아니라 단어라는 사실과 여기에서의 '무'가 아무런 의미도 없다는 사실을 알게 될 것이다. '무'란 인간에게 특징적인 행위 및 제작의 영역에서나 의미를 지닐 수 있는 일상적인 용어이다. '무'는 우리가 찾고 있는 것, 우리가 원하는 것, 우리가 기대하는 것이 없음을 가리키고 있다. 실제로 우리의 경험이 우리에게 절대적 진공을 보여준다고 가정해보자. 그러면 그 진공은 한정되고, 윤곽을 지니게 되고, 따라서 어떤 것이 된다. 그러나 실재에 있어 진공은 없다. 우리는 오직 충만된 것만을 지각하고 또 개념화까지 한다. 한 사물이 사라지는 것은 다른 사물이 그것을 대체하기 때문이다. 따라서 사상(捨象 : suppression)은 대치(substitution)를 뜻한다. 그러나 우리가 '사상'을 말할 때란 대치함에 있어서 그 두 개의 절반 중 하나를, 더 정확히 말한다면 우리의 관심을 끄는 두 측면 중의 하나를 고려할 때이다. 이렇게 함으로써 우리는 이미 지나간 대상(對象)으로 우리의 관심을 돌리고 그 대상을 대체한 다른 대상에서 멀리 떨어져 돌아가고자 하는 바람을 보이는 것이다. 그때 우리는 무(無)란 더는 존재하지 않는다고 말한다. 이 말은 존재하는 것은 우리의 흥미 밖에 있으며, 우리는 더는 그곳에 없는 것, 혹은 그곳에 있었을지도 모를 것에 흥미를 지니고 있다는 것을 의미하고 있다. 따라서 부재(absence)나 무(néant) 혹은 아무것도 아닌 것(rien) 같은 관념은 실재적이거나 우연적인 사상의 관념과 불가분적으로 연결되어 있으며, 사상(捨象)의 관념은 그 자체로 대치(代置)의 관념이 지니는 한 측면에 불과하다. 이러한 것이 실제적 삶에 있어서 우리가 사용하는 사유방식들이다. 사유가 실재 뒤에 처져서, 현재 존재하는 것에 몰입하지는 않고, 필요할 때 과거에 존재하던 것 또는 존재할지도 모를 것에 밀착할 수 있어야 한다는 것은 우리의 산업에 특히 중요하다. 그러나 제작(製作)의 영역에서 창조의 영역으로 옮겨갈 때, 그리고 왜 존재가 있는가, 즉 어떤 것 혹은 어떤 사람이, 또 세계 또는 신(神)이 왜 존재하는가, 그리고 왜 무(無)는 존재하지 않는가라고 자문해볼 때, 요컨대 형이상학적 제 문제의 불안에 직면할 때, 우리는 잠재적으로 어떤 불합리성을 인정하고 있다. 왜냐하면 만일 모든 사상이 대치이며, 사상의 관념이 절단되어버린 대치의 개념에 불과하다면 모든 것의 사상을 말한다는 것은 곧 대치 아닌 대치를 상정하는 것이다. 환언하건대 이것은 자기모순이다. 모든 것의 사상이라는 관념은 둥근 사각형의 관념과 마찬가지의 존재 —— 소리, 즉 헛소리의 존재 —— 를 지니고 있거나, 아니면 만일 그 관념이 무엇인가를 표상하고 있다면, 그것은 한 대상에서 다른 대상에 옮겨가는 지성의 운동을 의미하고 있는 것이다. 이 운동에서 지성은 자신이 방금 떠나온 것을 지금 자신 앞에 있는 것보다 더 좋아하며 '앞의 것의 부재(不在)'를 통하여 뒤의 것의 현존(現存)을 지시한다. 사람들은 전체를 상정해놓고 그 부분들을 하

126

나하나 사라지게 만들면서 그 부분들을 대체하는 것은 보려 하지 않는다. 따라서 존재하지 않는 것들을 총괄하려고 할 때 염두에 두고 있는 것은 단순히 새로운 질서 속에 배열된 현존하는 것들의 총체이다. 바꾸어 말하면, 이른바 이 절대적 진공의 표상이란 실제로는 사물의 충만성을 차치해놓고, 오직 자신의 불만족의 진공만을 고려하고자 하는 확고한 결심을 한 채, 무한히 부분에서 부분으로 뛰어넘는 정신이 지니고 있는 보편적 충만성의 관념이다. 이 말은 곧 무(無)의 관념이 단순히 한 단어의 관념이 아닐 때는 전체의 관념과 마찬가지의 물질을 함축한다는 것, 또 이에 덧붙여 사유의 작용을 동반한다는 것과 같다.

이제 무질서의 관념에 대해 말해보자. 왜 우주는 질서 정연한가? 어떻게 하여 규칙을 지니지 않는 것에 규칙이 부과되며, 질료(質料)에 형상(形相)이 부여되는가? 우리의 사유는 어떻게 사물 안에서 자신을 인지하는가? 이 문제는 고대인들에게는 존재의 문제였다가 근대인들 간에는 인식의 문제가 되었지만, 유사한 종류의 환상에서 발생한 것이다. 무질서의 관념이 명확한 의미를 지니는 곳은 인간적 산업, 즉 우리의 표현을 빌려, 제작의 영역에서이지 창조의 영역이 아니라는 것을 고려해보기만 하면, 이 문제는 사라져버린다. 무질서란 단지 우리가 추구하지 않는 질서에 불과하다. 사유에 의해서라도 한 질서를 사상(捨象)함에 있어 다른 질서를 발하지 않게 할 수는 없다. 만일 궁극성 혹은 의지가 없다면 그 이유는 메커니즘이 있기 때문이며, 만일 메커니즘이 뒷걸음쳐 사라지면 의지, 자의(恣意), 궁극성이 득세한다. 그러나 우리는 이 두 질서 중 하나를 기대하다가 다른 질서를 발견하게 되면 무질서가 있다고 말하면서, 존재할지도 모를 또는 존재해야 하는 것을 통해서 지금 존재하는 것을 공식화하며, 이렇게 하여 우리의 후회를 객관화하는 것이다. 따라서 모든 무질서에는 두 개의 질서가 포함되어 있다. 즉 우리 밖에 한 질서가 있고, 우리 안에는 바로 우리의 관심을 끄는 또다른 질서의 표상이 있다. 그러므로 사상(捨象)이란 다시 말해 대치를 뜻한다. 그리고 모든 질서의 사상이라는 관념, 말하자면 절대적 무질서의 관념에는 전적인 모순이 있다. 왜냐하면 그 모순은 가설상 두 측면을 포착하는 작용에 오직 한 측면만을 남겨놓는 데 있기 때문이다. 절대적 무질서의 관념은 단지 소리들, 헛소리들의 조합을 나타내든지, 아니면 만일 무엇인가와 대응한다면, 그 관념은 정신의 한 운동을 나타내는 것으로서, 이때 정신은 메커니즘에서 궁극성으로 궁극성에서 메커니즘으로 넘나들며, 자신이 있는 지점을 표시하기 위해서 그때마다 자신이 있지 않는 지점을 지시하기를 좋아한다. 그러므로 질서를 사상(捨象)시키길 원할 때, 우리는 둘 혹은 그 이상의 '여러 질서'를 갖게 된다. 이 말은 곧 '질서의 부재(不在)'에 첨가된 질서의 개념에는 불리합성이 내재해 있으며, 따라서 문제는 사라져버린다는 말과 같다.

소(少)로 착각된 다(多)

전술한 바와 같은 두 환상은 실제로는 하나이다. 공허한 것의 관념에는 충만한 것의 관념에서보다 더 적게 있으며, 무질서의 개념에는 질서의 개념에서보다 더 적게 있다고 믿는 데에 이러한 환상의 원인이 있다. 실제로는 무질서의 관념 및 무(無)의 관념에는 그것들이 무엇인가를 나타내고 있을 때, 질서의 관념 및 존재의 관념에서보다 지적 내용이 더 많다. 왜냐하면 그 관념들은 다수의 질서, 다수의 존재, 그리고 이에 덧붙여 그것들을 무의식적으로 다루고 있는 정신의 묘기가 있

128

기 때문이다. 그런데 나는 우리가 다루고 있는 경우에서도 이와 동일한 환상(幻像)을 발견한다. 진화의 각 순간에 있어서 근본적인 새로움을 알지 못하는 제 학설의 근저에는 수많은 오해와 오류가 있다. 그런데 특히 가능한 것은 실재적(實在的)인 것보다 더 적으며, 이런 이유 때문에 사물의 가능성이 사물의 존재에 선행한다는 사상(思想)이 있다. 따라서 사물들은 미리 표상될 수 있으며, 실현되기 전에 사유될 수 있다. 그러나 실제로는 이와 반대이다. 만일 순수히 수학적인 제 법칙에 종속되고, 또 지속이 작용하지 않으므로 분리 가능한 여러 폐쇄계를 옆으로 치워놓고, 구체적 실재의 총체 또는 단순히 말해서 삶의 세계, 더 나아가 의식의 세계를 염두에 둔다면, 우리는 계기하는 제 상태 각각의 가능성에는 그 실제에서보다 더 많은 것이 있으며, 결코 더 적지 않다는 것을 알게 될 것이다. 왜냐하면 가능적인 것이란 그 상(像)이 만들어지기만 하면 곧 과거로 되던져버리는 정신의 행위를 덧붙여 동반하는 실재적인 것이기 때문이다.

세계대전 중에 몇몇 신문과 잡지들은 당시의 끔찍한 불안을 외면하고 후에 평화가 복구되었을 때 일어날 일들을 생각하였다. 그것들이 특히 관심을 가졌던 것은 문학의 장래였다. 어느 날 이 문제에 대해 나의 의견을 물으러 온 사람이 있었다. 약간 당황하면서 나는 아무런 의견도 지니지 않음을 천명했다. 그러자 그는 물었다. "선생은 적어도 어떤 가능한 방향들을 느끼지는 않는가요? 우리가 사물들을 상세히 예견할 수 없다는 것은 인정합시다. 그러나 철학자로서 선생은 적어도 전체의 관념은 지니고 있습니다. 한 예로, 앞으로의 극적인 명저를 어떻게 염두에 두고 있는지요?" 나는 다음과 같은 나의 대답을 듣고 그 상대자가 놀랐다는 것을 앞으로도 언제나 기억할 것이다. "만일에 앞으로의 그 극적인 명저가 무엇이 될 것인가를 내가 안다면, 아마 나는 그것을 지금 쓰고 있을 것입니다." 나는 그가 미래의 저술이 마치 가능한 것들을 넣어두는, 말하자면 옷장 속에 틀이 잡혀 있는 것으로 생각하고 있으며, 내가 이미 옛것이 되어버린 철학과의 관계를 고려하면서 그곳에서 옷장의 열쇠를 찾아내야 할 것이라고 생각하고 있음을 분명히 알아차렸다. "그러나 선생이 말하는 그 책은 아직 가능하지 않습니다"라고 나는 말했다 ── "그렇지만 그것이 실현되기 위해서는 우선 가능해야 하지 않은가요?" ── "그렇지 않습니다. 아무리 해도 선생에게 동의할 수 있는 것은 그것이 가능하게 될 것이라는 것뿐입니다." ── "그 말은 무엇을 의미하는지요?" ── "아주 단순합니다. 재능 있는 사람이나 천재들을 앞으로 나오게 해서 작품을 창조하게 해 보십시오. 그때 그 작품은 실재적이 될 것이며, 오직 바로 그 사실 때문에 회고를 통해 또는 소급을 통해 가능하게 됩니다. 만일 그 사람이 나타나지 않았더라면, 그 작품은 가능하지도 않을 것이며 또한 가능하지도 않았을 것입니다. 이것이 바로 이 작품이 오늘 가능하게 될지도 모르지만, 아직 그렇지는 않다고 말하는 이유입니다." ── "진지하지 못하군요! 선생은 미래는 현재에 영향을 끼치지 않고, 현재는 과거에 무엇인가를 도입하지 않으며, 행위는 시간의 진행을 거슬러 올라가 뒤늦게 그 표식을 남기지는 않는다고 주장하려고 하십니까?" ── "그것은 형편 나름입니다. 우리가 실재를 과거 속으로 집어 넣어서 시간에 뒤늦게 작업할 수 있다고 하는 것을 나는 전혀 주장한 바 없습니다. 그러나 우리가 가능적인 것을 과거에 위치시킬 수 있다는 것, 더 정확히 말해서 가능적인 것이 어느 순간이든 과거 속에서 스스로 위치를 잡을지도 모른다는 것은 의심의 여지가 없습니다. 실재가 예측 불가능하다고 새로운 것으로 창조됨에 따라서 그 상(像)은 실재의 뒤로 치달아 무한한 과거 속으로 반영됩니다. 그리하여 실재는 자신이 예부터 줄곧 가능적이었다는 것을 알게 됩니다. 그러나 바로 이 순간 실재는 예부터 언제나 가능적이었음을 시작하는 것입니다. 이것이 바로 실재의 가능성은 실제로는 그 실재성에 선행하지 않지만, 실재가 한번 나타나기만 하면 그 실재성에 선행할 것이라고 말하는 까닭입니다. 따라서 가능적인 것이란 과거 속에 자리하는 현재의 신기루이지요. 그리고 우리는 미래가 궁극적으로 현재가 될 것이며, 신기루 효과가 끊임없이 일어날 것임을 알고 있으므로, 미래의 과거가 될 우리의 현실적인 현재 속에 미래의 상(像)은, 비록 우리가 그것을 파악하지는 못하더라도, 이미 포함되어 있음을 확신합니다. 바로 여기에 환상(幻像)이 있는 것입니다. 이것은 마치 한 사람이 자기 앞의 거울에 비친 자기 상(像)을 보면서, 만일 자기가 거울 뒤에 있다면 그 상을 만져볼 수 있으리라는 공상에 잠기는 것과 같아요. 따라서 가능적인 것은 실재적인 것을 전제하지 않는다고 판단할 때, 우리는 실재화에 의해서 단순한 가능성 위에 무엇인가가 첨가된다는 것을 인정하고 있습니다. 가능적인 것은 예전부터 줄곧 그곳에 있어왔으며, 마치 자기 시간을 기다리고 있는 유령 같습니다. 따라서 그것은 어떤 것의 첨가에 의해서 피〔血〕, 즉 생명의 주입을 통해서 실재가 될 것입니다. 사람들은 실제 경우가 이와 반대라는 것을 모르고 있습니다. 가능적인 것은 무엇인가가 덧붙여 첨가된, 대응되는 실재를 함축하고 있는 것입니다. 왜냐하면 가능적인 것이란 일단 나타난 실재와 그 실재를 시간을 거슬러서 투사시키는 조건이 결합하여 나타내는 효과이기 때문이지요. 따라서 존재를 획득함으로써 실재화된다고 하는 가능적인 것의 관념은 대부분의 철학에 내재해 있으며, 인간 정신에 자연스러운 것이긴 하지만 순수한 환상에 불과합니다. 그러느니 오히려 살과 피를 지닌 인간이 거울에 비친 상(像)을 물질화시킴으로써 나타난다고 말하는 편이 더 나을 것입니다. 이 실재적인 인간에는 그 잠재적인 상(像)에서 볼 수 있는 모든 것에 덧붙여 우리가 그 인간을 감촉할 수 있게 하는 고체성(固體性)이 있다는 구실로 말입니다. 그러나 사실은 여기서 실재적인 것을 획득할 때보다는 잠재적인 것을 획득할 때, 즉 인간 자체보다는 인간의 상(像)을 획득할 때 더 많은 것이 필요합니다. 왜냐하면 처음에 인간이 주어지지 않는다면 인간의 상은 그릴 수 없을 것이며, 더욱이 이때 거울이 반드시 필요하기 때문입니다."

실재적인 것을 통한 가능적인 것의 창조

이것이 나의 상대자가 미래의 전망에 대해 물을 때 잊고 있었던 것이다. 그도 역시 '가능적'이란 단어의 의미를 무의식적으로 왜곡했던 것이다. '햄릿'은, 작품이 실현되는 데 뛰어넘을 수 없는 장애가 없었다는 의미에서라면, 그 실현에 앞서 가능했을 것이다. 이 특별한 의미에서의 가능적인 것이란 불가능하지 않은 것이다. 한 사물의 비불가능성(非不可能性)이 그 실현의 조건이라는 것은 당연하다. 그러나 이렇게 이해되는 가능적인 것은 조금도 잠재적으로, 즉 관념상으로 선재하는 것이 아니다. 대문을 닫아놓아보자. 우리는 어느 누구도 길을 건너가지 않으리라는 것을 안다. 그러나 문을 열어놓았을 때 누가 길을 건너갈 것인가를 예견할 수는 없다.

그럼에도 우리는 '가능적'이라는 용어의 참으로 부정적 의미에서 비밀스럽게 무의식적으로 그 긍정적인 의미로 옮겨간다. 가능성은 방금 전만 해도 '장애의 부재(不在)'를 뜻했다. 이제는 가능성이 '관념 형태 하의 선재(先在)'가 되는데, 이것은 전혀 다른 것이다. 전자의 단어 의미에서 한 사물의 가능성이 그 실재를 선행한다고 함은 너무도 당연한 말이다. 이 말이 의미하는 바는 단순히 장애물이 극복되었으므로 극복될 수 있다는 것을 뜻할 뿐이다. 그러나 후자의 의미에서 그 말은 터무니없는 말이 된다. 왜냐하면 셰익스피어의 정신 안에서 '햄릿'이 가능적인 것의 형태로 나타났다면, 그 정신은 바로 그 사실에 의해 작품의 실재를 창조해냈을 것이며, 원래 그것은 셰익스피어 자신이 될 것이기 때문이다.[3]

처음에 이 정신이 셰익스피어 이전에 나타날 수 있었을 것이라고 상상하는 것은 부질없는 것이다. 그것은 그때 우리가 연극의 세부 사항을 모두 사유하지 않기 때문이다. 그것을 모두 완성시킬 때 셰익스피어의 선행자는 셰익스피어가 생각할 것을 모두 생각하고, 그가 느낄 것을 모두 느끼며, 그가 알 것을 모두 알고, 따라서 그가 지각할 것을 모두 지각하며, 결과적으로 시간과 공간 내에 동일한 위치를 점유하고 동일한 육체와 동일한 영혼을 갖게 된다. 그것은 셰익스피어 자신이다.

그러나 나는 자명한 것을 너무 강조하고 있다. 이러한 생각은 예술 작품의 경우에 중요하다. 나의 소신에 의하면, 예술가가 자기 작품을 만들 때 실재적인 것과 동시에 가능적인 것도 창조해낸다는 사실은 결국에 확실하게 밝혀질 것이다. 그렇다면 왜 사람들은 자연에 대해서는

---

3 장애물들이 그것들을 회복하는 창조적 행위 덕택으로 회복 가능하게 되지 않는가 하는 것은 어떤 경우에는 아직도 문제시되어야 한다. 그리하여 그 자체 예측 불가능한 행위는 '극복 가능성'을 창조해낸 것이다. 장애는 이런 행위 이전에는 극복될 수 없으며, 이런 행위가 없다면 영원히 극복될 수 없을 것이다.

이와 같은 말을 하기를 주저하는 듯이 보이는가? 이 세계는 아무리 위대한 예술가의 작품이라도 비교될 수 없을 정도로 풍요한 예술작품이 아닌가? 그리고 여기서 미래가 미리 그려지고 가능성이 실재에 선재한다고 가정하는 것은 똑같이 터무니없는 짓이 아닌가? 다시 한번 말하지만 나는 제 질점(質點)의 폐쇄계(閉鎖系)에서는 미래 상태가 계산 가능하고, 따라서 현재 상태 속에서 그것을 볼 수 있다는 점은 기꺼이 인정한다. 그러나 반복하지만 이 계(系)는 불활성적이고 비유기적인 물질 이외에 유기체를 포함하고 있는 전체에서 추출된 또는 추상된 것이다. 구체적이고 완전한 세계를, 그 세계를 포함하고 있는 생명과 의식과 아울러 살펴라. 자연을 전체성에서, 그리고 예술가의 구도와 같이 새롭고 독창적인 형태의 신종(新種)을 발생시키는 것으로서 생각하라. 이 종(種)들 가운데서 식물이든 동물이든 개체에 주의를 집중하라. 그 개체들은 각각 자신의 특징을 지니고 있다 —— 나는 그 개성을 말하고 있는 것이다(왜냐하면, 라파엘로의 작품이 렘브란트의 작품과 닮지 않았듯이, 하나의 어린 풀은 다른 어린 풀들과 닮지 않았기 때문이다). 개체적 인간을 뛰어넘어 연극의 행위 및 상황과 비교될 만한 그런 행위 및 상황을 펼쳐놓은 사회로 주의를 고양시켜보자. 어떻게 그때까지도 그 실재에 앞서는 가능적인 것에 대해 이야기할 수 있을 것인가?

만일 한 사건이 선행 사건들을 임의로 선택함으로써 사후적으로 언제나 설명될 수 있다면, 전혀 다른 사건도 다른 선행 사건들을 선택하여 동일한 상황 속에서 똑같이 설명될 수 있으리라는 것을 어떻게 모를 리가 있을까? 아니 오히려 동일한 선행 사건들을 다른 방식으로 절단해내고 다르게 분배하고 다르게 파악함으로써, 요컨대 회고적(回顧

的)인 관심에 의해서 똑같이 설명될 수 있으리란 것을 왜 모른단 말인가? 시간의 진행을 거슬러 올라가면서 끊임없이 과거가 현재에 비추어져, 원인이 결과에 비추어져 재주조되고 있다.

우리는 이러한 사실을 알지 못하는바 언제나 똑같은 이유 때문이다. 언제나 똑같은 환상의 제물이 되어서 언제나 더 적은 것을 더 많은 것으로, 더 많은 것을 더 적은 것으로 다루기 때문이다. 만일 가능적인 것을 그 합당한 위치로 되돌려보낼 때, 진화는 계획의 실현과는 전혀 다른 것이 된다.

미래의 대문은 활짝 열려 있다. 자유는 무한한 영역을 제공받는다. 비결정성(非結晶性)과 자유에 성공적으로 좌석을 제공해준 학설들 —— 철학사(哲學史)에 있어 극히 드물지만 —— 이 지닌 결점이란 자신의 주장이 함축하고 있던 바를 알지 못했다는 것이다. 그들이 비결정성과 자유를 말할 때, 비결정성이란 가능적인 것들 간의 경쟁을, 자유란 가능적인 것들에서의 선택을 말하였다 —— 마치 가능성이 자유 그 자체에 의해서는 창조되지 않기나 하는 듯이! 마치 가능적인 것이 실재적인 것에 관념적으로 선재한다고 주장하는 다른 가설들이 새로운 것을 단지 이전 요소들의 재배열로 환원시키지는 않는 듯이! 그리하여 마치 그 가설들이 조만간 그 재배열을 계산 가능하고 예측 가능하다고 생각하게 되지는 않을 것이라는 듯이! 반대되는 이론의 전제를 인정함으로써 우리는 적(敵)을 집에 모셔두었던 것이다. 불가피한 것은 체념해야만 한다. 바로 실재적인 것 자체가 자신을 가능적으로 만드는 것이지, 가능적인 것이 실재적이 되지는 않는 것이다.

그러나 실제로 철학은 예측 불가능한 새로움이 이렇듯 연속적으로 창조된다는 사실을 솔직히 인정한 적이 없었다. 고대인들은 이미 이 사실을 거부했다. 왜냐하면 어느 정도 플라톤주의자들이었던 그들은 존재가 불변하는 이데아의 체계 속에 단 한 번에 하나도 빠짐없이 완전히 주어졌다고 상상했기 때문이다. 따라서 우리 눈앞에 전개되는 세계는 그 외에 아무것도 더해주지 못한다. 이와는 반대로 오직 축소 또는 퇴화가 있을 뿐이다. 그 계기적(繼起的)인 상태는 존재하는 것, 즉 시간 위에 투영된 그림자와 존재해야만 되는 것, 즉 영혼 속에 자리 잡은 이데아 사이의 멀어지거나 가까워지는 거리를 나타낼 뿐이다. 그들은 오차의 여러 형태, 즉 진공의 변화하는 형태를 그리려고 하였다. 그들에 의하면 시간은 모든 것을 타락시킨다. 그러나 사실 근대인들은 이와 전혀 다른 견해를 지녔다. 이제 그들은 더는 시간을 영원성의 침입자나 교란자로 다루지 않았다. 그러나 그들은 시간을 단순한 현상으로 환원하기를 무척이나 좋아했다. 따라서 시간적인 것은 이성적(理性的)인 것의 혼돈된 상태에 지나지 않는다. 상태의 계기(繼起)로서 지각되는 것은 지성에 의해서 안개가 드리워지면 관계의 체계로 간주되었다. 실재적인 것은 다시 한번 영원한 것이 되었다. 단지 한 가지 다른 점이 있다면, 이데아가 제 현상의 모형의 구실을 하지 않고, 이제는 제 현상이 법칙의 영원성으로 용해되어 들어간다는 것이다. 그러나 각 경우에 있어서 우리는 이론들을 다루고 있는 것이다. 사실(事實)에 밀착해보라. 시간은 직접적으로 주어진다. 그것으로 충분하다. 그리고 그것의 비존재(非存在), 즉 그 타락이 증명될 때까지 우리는 단순히 예측 불가능한 새로움이 실제로 용출하고 있다는 것을 인정할 뿐이다.

이제 철학은 움직이는 현상계(現象界)에서 어떤 절대적인 것을 찾아내는 편이 유리할 것이다. 그러나 우리는 또한 더 큰 기쁨과 힘을 느끼게 될 것이다. 더 큰 기쁨을 누릴 것인바, 우리의 눈앞에서 발명된 실재는 예술이 이따금 특권층에나 제공하는 어떤 만족감을 우리 각자에게 끊임없이 부여해줄 것이기 때문이다. 그 실재는 우리의 감각이 끊임없이 필요성의 최면에 걸린 상태로 처음에 지각했던, 그 고정성(固定性)과 단일성(單一性)을 뛰어넘어, 사물의 끊임없이 반복하여 나타나는 새로움과 그 움직이는 독창성을 우리에게 보여줄 것이다. 그런데 특히 우리는 더 강력한 힘을 지니게 될 것인바, 모든 사물의 기원이면서 목하 진행중인 그 위대한 창조의 작업에 우리가 참여하고 있다는 것, 우리 자신의 창조자가 바로 우리라는 것을 느낄 것이기 때문이다. 우리의 행위기능은 자신을 회복하여 심화될 것이다. 말하자면 어떤 자연적 필연성의 노예로서 복종하는 태도로 지금까지 모욕받아온 우리는 이제 더 위대한 거장(巨匠)과 관련된 명인(名人)들로서 재기할 것이다. 이것이 바로 우리 연구의 결론이다. 가능적인 것과 실재적(實在的)인 것의 관계를 사색하는 데 있어서 단순한 유희를 보지 않도록 하라. 그럼으로써 훌륭한 삶에 대한 준비를 할 수 있는 것이다.

4

철학적 직관

1911년 4월 10일 볼로뉴 철학회에서 행한 강연

직관의 단순성

철학적 정신에 대해 몇 가지 생각한 바를 개진해보려 한다. 본 학회에서 발표된 두세 편의 논문이 보여주듯이 형이상학은 오늘날 점차로 단순화되어 생명에 더욱 접근해가고 있는 듯하다.

이것은 당연한 일이며 우리도 이러한 방향으로 노력해야 할 것이라고 믿는다. 그러나 이런 일로 혁신적인 것이 만들어지지는 않을 것이다. 우리는 단지 모든 철학 —— 말하자면 자신의 기능과 목적을 충분히 의식하고 있는 철학 —— 의 기초에 가장 합당한 형태를 부여하게될 것이다. 왜냐하면 문자의 복잡성으로 말미암아 정신의 단순성(單純性)이 앞을 보지 못하게 되어서는 안되기 때문이다. 만일 이미 형성되어 있는 학설들, 그리하여 이전 철학의 제 결론과 이미 획득된 모든 형태의 지식들을 포함하는 듯 보이는 그 학설들의 종합적인 면에 제한한다면, 우리는 본질적으로 자연발생적인 철학적 사유의 측면을 과소평가할 위험에 빠지게 된다.

우리 가운데 철학사(哲學史)를 교수하며 동일한 학설에 되돌아가서 그것들을 더 깊게 고찰할 기회를 빈번히 갖는 사람이라면 누구라도 언급할 말이 있다. 즉 철학체계란 처음 볼 때는 조예깊은 건축술로 이루어진 완전한 구조로 보인다. 여기에서는 모든 문제가 편의적으로 연결되게끔 배열되어 있다. 이러한 모습으로 철학체계를 바라볼 때, 우리는 직업적인 만족감으로 강렬해진 심미적 기쁨을 경험한다. 실제로 우리는 철학체계에서 복잡성 가운데 질서(이것을 기술할 때 우리는 우리의 그 빈약한 단어를 이 질서에 즐거이 첨가할 때가 더러 있다)를 발견할 뿐만 아니라, 그 재료가 어디서 구해졌으며 어떻게 건축이 이루어졌는가를 안다고 함으로써 만족감을 느끼는 것이다. 철학자가 말한 문제들 속에는 어떠한 문제들이 그의 주위에서 논의되고 있었던가를 알 수 있다. 또 철학자가 그 문제에 내린 해답 속에서는 그 이전의 혹은 당대의 여러 철학들의 제 요소가 정렬되어 있기도 하고 혼돈되어 있기도 하지만 단지 약간 수정되어 있을 뿐이라는 사실이 드러나는 듯하다. 어떤 견해는 틀림없이 이러이러한 것에 의해 그에게 주어졌으며 또 어떤 견해는 저러저러한 요소에 의해 제시되었다. 우리는 그가 읽고 듣고 배웠던 것에서 그가 행했던 대부분을 틀림없이 재구성할 수 있을 것이다. 따라서 우리는 이러한 일에 착수하여 근원으로 거슬러 올라가서 영향의 정도를 측정하고 유사점을 끄집어내며, 드디어 그 학설에서 우리가 찾고자 하는 것을 보게 된다. 그것은 곧 그 철학자 자신이 살던 시대의 여러 사실들을 어느 정도 독창적으로 결합시켜놓은 것이다.

그러나 거장(巨匠)의 사유와 끊임없이 새롭게 접촉한다면, 우리는 어떤 점차적인 수태(受胎) 작용을 통해서 전혀 다른 느낌을 갖게 될 것이다. 그렇다고 해서 우리가 애초에 취했던 비교 작업이 손실이 있다

는 뜻은 아니다. 철학 아닌 것으로 철학을 재구성하여 그 주위에 있는
것과 관련시키려는 기본적인 노력이 없다면, 우리는 실제의 철학을 획
득할 수 없을지도 모른다. 왜냐하면 인간정신의 구조는 새것을 낡은
것에 관련시키기 위해 모든 것을 취하기 이전에는, 그 새로운 것을 전
혀 이해조차 하지 못하게끔 되어 있기 때문이다. 그러나 철학자의 사
유의 밖에서 빙빙 돌지 않고 그 사유 안에 자리 잡으려고 노력할 때,
그의 학설은 다른 모습을 가진다. 우선 그 복잡성이 축소된다. 그리고
여러 부분들이 서로 섞인다. 그리하여 결국 전체가 어떤 한 점에 모이
게 된다. 우리가 느끼고 있는 바와 같이 이 점에 완전히 도달하리라는
희망은 없지만 더욱 가까이 접근해 갈 수는 있다.

　여기에는 단순하고도 지극히 단순하여 이제까지 철학자가 말할 수
없었던 것이 있다. 바로 이 때문에 철학자는 자기의 온 생애 동안 이야
기를 계속하였다. 그는 뇌리에 있는 것을 공식화할 때는 언제나 자신
의 것을 수정해야 하며 또 수정한 것을 다시 수정해야 한다고 느낀다.
그리하여 이론(理論)에 이론을 거듭하여 자신이 그 이론을 완전하게
만든다고 생각하면서 이론을 수정한다. 이렇게 하여 더 큰 복잡성을
유발하는 복잡성을 통해서, 그리고 설명 위에 설명을 쌓아가면서 그가
이룩한 것은 그의 본래의 직관이 지닌 단순성에서 점차로 멀어져만 가
는 것이다. 따라서 무한히 계속될 그 학설의 복잡성은 모두가 그의 단
순한 직관과 그 직관을 표현할 때 사용된 방법 사이에 공통적인 것이
없다는 것이다.

매개적 상(像)

　그러면 그 직관(直觀)이란 무엇인가? 당사자인 철학자가 공식을 제

140

공하지 못했다면 우리도 또한 성공할 수는 없다. 그러나 우리가 파악하고 확보할 수 있는 것이 있다. 그것은 구체적인 직관의 단순성과 직관을 표현하는 추상개념(抽象概念)의 복잡성 사이에 개재하는 어떤 상(像)이다. 그것은 움츠러들어 사라져버리는 상이지만 알지 못하게 철학자의 정신 속에서 아마도 떠나지 않고 있으며, 그의 사유의 안팎을 통해서 그림자처럼 뒤따라 다닌다. 그리고 그것은 직관 자체는 아니지만 직관을 설명하기 위해 반드시 의존해야 하는 필연적으로 부호적(符號的)인 개념적 표현보다 훨씬 더 직관에 가까운 것이다. 이 그림자를 잘 보도록 하라. 그러면 우리는 이 그림자의 본래 물체의 자태를 예견하게 될 것이다. 이 자태를 모방하려 할 때, 아니 여기에 주입되려고 노력할 때 우리는 철학자가 무엇을 보았는가를 가능한 한 알게 될 것이다.

이 상(像)의 우선적인 특징은 이 상이 지니고 있는 부정의 힘이다. 소크라테스의 신(다이몬)이 어떻게 활동하는가를 기억해보자. 그는 소크라테스의 의지를 일순간에 저지시켜서 해야 할 일을 행하지 않게 하고 그 대신 그 일을 지시하게끔 한다. 직관은 실제 생활에서 소크라테스의 신(神)이 하는 일을 사색적인 면에서 행하는 적이 가끔 있는 것 같다. 적어도 직관은 그러한 형태로 시작하며, 그러한 형태로 가장 명확하게 나타나기를 계속한다. 즉 직관은 제지한다. 널리 인정되어온 관념들, 명백하다고 생각되어온 명제들, 이때까지 과학적이라고 지나쳐온 주장들에 직면해서 직관은 철학자의 귀에 불가능이라는 단어를 속삭인다.

비록 여러 사실들과 여러 추론들이 그것이 가능하고 실재적이며 확실하다고 믿게끔 유혹해도 역시 불가능하다. 혼돈되어 있을지도 모르나 결정적인 어떠한 경험이 나의 목소리를 통해서 당신에게 말하기를, 경험은 내세워진 사실 및 주어진 추론과는 양립하지 않으므로 틀림없이 사실들이 잘못 관찰되었으며, 추론에 오류가 있다고 하기 때문에 불가능하다. 직관의 부정적 힘은 얼마나 독특한 힘인가! 어떻게 그것이 철학사가의 관심을 일층 더 깨우쳐주지 않겠는가? 철학자의 사유가 아직 확고하지 않고 그 학설에 확정적인 것이 없을 때에도 그가 첫째로 행해야 할 것은 어떤 것을 분명히 거부하는 것이라는 사실은 분명하지 않은가? 후에 무엇을 긍정해야 하는가에 대해서는 달라질 수있지만 무엇을 부정해야 하는가에 대해서는 거의 변동이 없다. 그리고 긍정하는 대상을 바꾸는 경우에도 그것은 아직도 직관이나 직관의 상(像)에 내재해 있는 부정의 힘에 의거하고 있다. 그는 지금까지 직선적 논리규칙(論理規則)에 의한 결론을 게으름을 부리며 연역해왔다. 그런데 이제 갑자기 자신의 주장을 앞에 놓고서, 그는 다른 사람의 주장을 살펴볼 때 처음 느꼈던 것과 똑같은 불가능의 감정을 느끼게 된다. 실제로 자기 사유의 원(圓)을 떠나서 직선적으로 접선(接線)을 따라감으로써 그는 자신의 외부에 있게 되었다. 직관으로 몸을 돌렸을 때 자기 자신에게로 되돌아가게 된다. 이렇게 떠나가버렸다가 다시 되돌아오는 일이야말로 '발전하는' 학설, 즉 자신을 잃어버렸다가 되찾는, 무한히 자신을 수행해 나가는 학설의 지그재그 운동을 구성하는 것이다.

'영향'의 의미

이런 복잡성을 제거하고 단순한 직관으로, 아니면 적어도 그 직관을 표현하는 상(像)으로 되돌아가보자. 그렇게 함으로써 학설은 자신이 근거하고 있는 듯한 시간과 장소의 조건에서 자유로워진다.

분명히 철학자가 다루는 문제는 당대에 나타난 문제들이며, 그가 이용하고 비판하는 과학은 당대의 과학이다. 그가 전개한 이론에서 우리는 그것들을 살펴봄으로써 그의 당대나 선시대의 사상들을 발견할 수 있다. 어떻게 그렇지 않을 수 있단 말인가? 새로운 것이 이해되기 위해서는 반드시 이전 것을 통해서 표현되어야 한다. 이미 진술된 문제들, 제공되어 있는 해결안들, 자신이 살던 시대의 철학과 과학, 이 모든 것들이 위대한 사상가 각자에 있어 자신의 사유를 구체적으로 형태지우기 위해서 반드시 사용될 재료들이었다. 예부터 전통적으로, 모든 철학이 우리가 아는 모든 것을 포함한 하나의 완전한 체계라고 생각되어왔음은 말할 나위도 없다. 그러나 학설을 표현하는 수단에 불과한 것을 그 학설의 구성 요소로 생각하는 것은 이상한 착오인 것 같다. 이러한 것은 이미 이야기한 바와 같이 체계의 연구에 임해서 빠지기 쉬운 첫 번째의 착오이다. 수많은 부분적인 유사점이 눈에 띄고 수많은 대응점들이 지시되고 있는 듯이 보이며 모든 방면에서 우리의 수완이나 박식의 발휘를 종용하는 부름이 무수히 발견된다. 이리하여 우리는 철학자의 사상을 이곳저곳에서 취한 단편들로 재구성하려는 유혹에 빠지게 되며, 그런 다음에는 그 철학자가 훌륭한 모자이크 작업을 할 수 있었다고 —— 이 작업을 우리도 할 수 있음을 방금 보인 바와 같이 —— 칭찬해준다. 그러나 이런 환상은 오래 지속되지는 못한다. 왜냐하면 철학자는 이미 언급한 것을 반복하는 듯하면서도 자신의 독자적인 방법으로 사유하고 있다는 사실이 곧 밝혀지기 때문이다. 이리하여 우리는 재구성 작업을 포기하게 된다.

그러나 대부분의 경우 우리는 새로운 환상에 빠지게 된다. 이 환상은 먼젓번 것보다는 중대하지 않을지 모르지만 보다 끈질긴 환상이다. 우리는 학설이 —— 그것이 거장의 학설일지라도 —— 마치 선행하는 철학에서 생겨나며, 또 '진화의 한순간'을 나타내고 있다고 상상하는 경향이 있는 것이다. 확실히 이번에는 완전히 오류를 범하지는 않았다. 왜냐하면 철학이란 조립 작업보다는 유기체를 닮았으며, 따라서 구성이라기보다는 진화라고 말하는 편이 더 적절하기 때문이다. 그러나 이 새로운 비교는 사상사(思想史)에서 실제 발견할 수 있는 것 이상의 연속성을 부여해줄 뿐만 아니라, 철학 체계의 외적인 복잡성과 그 외적 형태에 있는 예측 가능한 것에 관심을 집중시키는 불편함을 지닌다. 그것은 새로움과 내적 내용의 단순성에 우리를 접촉시켜주지 않는 것이다.

철학자라 불릴 수 있는 사람들은 결코 어느 하나의 것 외에는 말하지 않았다. 그런 때에도 그것은 그가 실제로 말한 것이라기보다는 말하려고 노력했던 것이었다. 그가 오직 하나만을 이야기했던 것은 오직 하나의 점(點)만을 보아왔기 때문이다. 그것도 상(像)이라기보다는 접촉을 말이다. 이 접촉은 충격을 낳고, 이 충격은 운동을 낳는다. 그리고 이 운동은 어떤 특정 형태의 회오리 바람과도 같은 것으로서, 자신이 돌아가면서 감아올린 것을 통해서만 우리의 눈에 보인다. 다른 먼지들이 따라 올라갈 수도 있지만 그래도 그것이 동일한 회오리 바람이라는 것은 조금도 사실에 어긋나지 않는다. 따라서 세계에 새로운 것을 가져다 주는 사유는 당연히 자신이 지나쳐 오면서 자신의 운동 속으로 끌어들였던 기존의 관념들을 통해 자신을 나타내야만 한다. 그러므로 그것은 철학자가 살던 시기에 상대적인 듯하다.

그러나 그것이 단지 외양적인 것에 불과한 경우가 종종 있다. 가령 그 철학자가 수세기 전에 태어났다고 하자. 그는 다른 철학, 다른 과학을 다루어야만 했을 것이다. 그가 제기하는 문제도 다른 문제일 것이며, 자신의 표현도 다른 공식으로 했을 것이다. 그가 쓴 책의, 어쩌면 어느 한 장(章)도 현재의 것과는 다르게 되었을지도 모른다. 그렇지만 그가 한 말은 지금과 똑같은 것이었을 것이다.

일례를 들어보자. 앞에서는 여러분들의 직업적인 기억에 호소했었다. 이번에는 허락만 된다면, 나 자신이 지닌 몇몇 기억을 생각해내보고자 한다. 콜레주 드 프랑스의 교수로 있으면서 나는 매년 내가 담당한 두 강의 중 하나를 철학사(哲學史)로 충당하고 있다. 이리하여 나는 몇 년을 연속하여 버클리와 스피노자에 대해 앞서 말한 바와 같은 경험을 소상하게 겪을 수 있었다. 스피노자에 대한 얘기는 뒤로 미루겠다. 그는 우리를 너무도 먼 광야로 이끌기 때문이다. 그렇지만 나로서는 《윤리학》 같은 저서의 형식과 내용 사이에 그토록 시사적(示唆的)인 대조가 있음을 어디서도 알지 못한다. 한편으로는 실체, 속성, 양태라 불리는 어마어마한 것들과 아울러, 밀접하게 짜여 있는 정의(定義), 계(系), 주(註) 들을 수반하는 정리(定理)들이 무수히 널려 있다. 그 기계와도 같은 복잡성과 파괴력은 《윤리학》을 처음 읽는 사람에게 드레드노트급 전함 앞에 있을 때처럼 외경과 공포에 휩싸인 놀라움을 가져다준다. 다른 한편으로는 무엇인가 미묘하고 극히 가벼워서 거의 공기와 같은 것이 있다. 그것은 우리가 다가가면 도망쳐버리지만, 우리가 아무리 멀리에서라도 그것을 보기만 하면, 우리는 나머지 것들 —— 심지어는 실체와 속성의 구별이라든가 사유와 연장(延長)의 이원성 같은 본질적이라고 생각되는 것들 —— 에 밀착할 수 없게 된다. 데카르트 철학 및 아리스토텔레스 철학과 같은 장중한 형체 뒤에 있는 것이 바로 스피노자의 직관이다. 아무리 단순한 공식일지라도 이 직관을 표현하는 데 충분할 만큼 단순하지는 못하다. 비교적 근사한 표현으로 만족한다면, 그것은 우리 정신이 진리를 완전히 인식하는 행위와 신(神)이 진리를 발생케 하는 작용 사이의 합치감정(合致感情)이다. 그것은 곧 알렉산드리아 학파의 '회귀(回歸)'가 완전한 것이 되어 '발생(發生)'과 구별될 수 없게 된다는 것이며, 또 인간이 신성(神性)에서 태어나 신성으로 성공리에 되돌아갈 때, 처음에는 상반되는 오고 감이라는 두 운동이 실제로는 단일한 운동임을 자각하게 된다는 것이다. 여기에서는 도덕적 경험이 논리적 모순을 해결하고 시간을 일시에 제거시킴으로써 옴[來]이라는 운동을 감[往]이라는 운동과 혼화시킨다. 이러한 독창적 직관에 가깝게 갈수록 우리는, 만일 스피노자가 데카르트보다 먼저 살았다면 틀림없이 그가 쓴 것과는 다른 책을 저술하였을 것이지만, 스피노자가 살아서 쓰고 있는 한 어떤 경우에라도 틀림없이 스피노자 철학이 나타날 것이라는 사실을 더욱 잘 이해하게 된다.

버클리의 예

이제 버클리에 관한 이야기를 해보자. 예로 든 사람이 버클리이기 때문에 그를 자세히 분석하는 것이 잘못된 일이라고 생각지 않기 바란다. 지금 같은 경우 간략히 말하려면 그 대가로 주제에 대한 엄밀한 고찰이 희생된다. 버클리의 저서를 대략 보더라도 그것이 본질상 다음과 같은 네 가지 근본 주제로 요약됨을 알 수 있다. 첫째는 일종의 관념론(觀念論)을 정의하는 것으로서 신시각론(新視覺論)과 연관되어 있는 것이다(그러나 당사자는 그의 이론을 독립적으로 생각하는 것이 현명하다고 생각했다). 말하자면, 첫째 주장은 '물질은 관념의 총체(總

體)'라고 공식화될 수 있다. 둘째는 추상적이고 일반적인 관념이란 단지 단어에 불과하다는 주장으로서 이것은 유명론(唯名論)이다. 셋째의 주장은 정신의 실재성(實在性)을 긍정하고 정신을 의지에 의해 특징지우는 것으로서 유심론(唯心論) 혹은 주의주의(主意主義)라 부르기로 하자. 마지막 것은 유신론(有神論)이라 부를 수 있는데, 원리적으로 물질의 고찰에 기초하면서 신(神)의 존재를 상정한다. 그런데 이 네 가지 주장이 버클리와 동시대인, 또는 그 전시대(前時代) 사람들에 의해 실제로 동일한 용어로 공식화되었다는 것은 아주 쉽게 알 수 있다. 넷째 주장은 신학자들에게 발견된다. 셋째의 것은 둔스 스코투스에게 있고, 데카르트도 어느 정도 같은 말을 했다. 둘째의 것은 중세(中世)의 논쟁의 소재가 되고 그후 홉스 철학의 주요 부분이 되었다. 첫째의 경우, 이 주장은 말브랑슈의 '기회인론(機會因論 : occasionalisme)'과 극히 유사한 것으로서 그 사상 내용과 공식마저도 이미 데카르트의 저술들에서 발견할 수 있다. 이 점에 있어서 데카르트는 꿈이 실재의 모든 현상을 지니고 있으며, 개별적으로 취해진 어떤 지각에도 우리 밖에 있는 사물의 존재를 보장해주는 것은 없다고 지적한 최초의 사람은 아니다. 따라서 이미 오래된 시대의 철학자들, 또는 너무 멀리 거슬러 올라가고 싶지 않다면 데카르트와 홉스, 그리고 이에 덧붙여 로크를 염두에 두었을 때, 우리는 버클리 철학의 외형(外形)을 재구성하는 데 필요한 요소들을 갖게 된다. 기껏해봤자 그에게 남겨지는 것은 그의 시각론(視覺論)이다. 이 시각론이 그의 개성적인 작품을 구성하는 것이며, 그 독창성은 나머지에 반영되어 전체 학설에 독창적인 측면을 제공해주고 있다. 따라서 고대 철학 및 근대 철학의 조각들을 모아서 같은 그릇에 넣고, 초나 기름 대신에 수학적 독단론에 대한 공격적인 조바심과 철학자 사제(司祭)에 있어 자연적인 욕구인 이성(理性)과 신앙을 조화하려는 욕구를 가미한 다음, 잘 섞고 정성들여 몇 번이고 반죽해서 마치 조미료를 뿌리듯이 신(新) 플라톤주의에서 끄집어낸 몇몇 경구를 전체에다 뿌려보자. 그때 —— 이런 표현이 허락된다면 —— 버클리가 이룩해놓은 것과 멀리서 볼 때 어떤 유사점을 지닌 샐러드가 만들어지는 것이다.

그러나 이렇게 해서는 버클리의 철학을 꿰뚫어볼 수 없다. 그렇다 해서 세부적으로 설명함에 있어 그가 당면했을 다음의 여러 난점들이나 불가능한 점에 대해 이야기하는 것은 아니다. 즉 그 독특한 '유명론'은 결국에는 여러 일반 관념들을 신적(神的) 지성에 내재해 있는 영원한 본질로 상승시키고 있으며, 또 그는 괴이하게도 물체의 실재성을 부인하면서도 그 이론을 물질의 본성에 대한 실증적 이론으로서 나타내고 있다. 그런 실증적 이론은 비옥한 이론으로서 꿈과 지각을 동일시하는 불모의 관념론과는 천양지차가 있는 것이다. 내가 말하고 싶은 것은, 버클리의 철학을 주의깊게 검토해보면, 우리가 앞에서 구별해본 네 가지 주장이 우선 서로 접근한 다음에 서로 상호 교차하여 서로를 꿰뚫고 지나간다는 것이다. 이렇게 하여 각 주장은 다른 세 주장을 포괄해서 그 범위와 깊이를 획득하고 있다. 사람들이 생각하는 바와 같은 고대의 이론이나 당대의 이론과의 일치는 표면적인 것이며, 실은 근본적으로 그것과 구분되고 있다. 이 둘째 견지에서 보면, 그 학설은 조립작업이라기보다는 하나의 유기체(有機體)로 보인다. 분명히 이러한 견지는 결정적인 것이라고 할 수는 없지만 적어도 진리에 더욱 가까이 있는 것이다. 모든 것을 상세히 살펴볼 수는 없지만, 네 가지 주장 가운데 적어도 한두 개를 취해서 그것들에서 나머지 각 주장이 어떻게 추출될 수 있는가를 보여주어야만 한다.

한 가지 주장에 불과한 네 주장

관념론을 예로 들자. 관념론은 단지 물체가 관념이라고 말하는 것이 아니다. 만일 그렇다면 무슨 쓸모가 있겠는가? 우리는 경험에 의하여 물체에 대해 긍정하게끔 된 것을 모두 관념에 대해서도 긍정해야만 할 것이며, 또한 단순히 한 단어를 다른 단어로 대치시켜야만 할 것이다. 왜냐하면 버클리 자신이 죽었을 때 물질이 더는 존재하지 않으리라고는 생각되지 않기 때문이다. 버클리의 관념론이 의미하는 바는, 물질은 그에 대한 우리의 표상(表象)과 공통의 외연(外延)을 지니며, 또 물질에는 내적인 것이나 배후적인 것이 없다는 것, 물질은 아무것도 감추지 않고 아무것도 포함하지 않으며 어떤 종류의 힘이나 잠재성도 지니지 않는다는 것, 그리고 물질은 단순히 표면으로 뻗어나가면서, 그것이 어떤 한 순간에 우리에게 보여주는 이상의 것이 결코 아니라는 것이다. '관념(觀念)'이라는 단어가 보통 지시하고 있는 것은 바로 이와 같은 존재이다. 다시 말하자면, 완전히 실현된 존재로서 현상(現象)과 구별될 수 없는 그런 존재이다. 이에 반해서 '물(物)'이라는 단어에 접하면 우리는 가능성의 저장소이기도 한 실재(實在)를 생각하게 된다. 바로 이 이유 때문에 버클리는 물체를 사물이라기보다는 관념이라 부르기를 더 좋아했다. 그런데 그의 '관념론'을 이와 같은 조명 하에서 본다면 그것은 곧 그의 '유명론(唯名論)'과 일치함을 알 수 있다. 왜냐하면, 이 둘째 주장이 이 철학자의 마음속에 모습을 더 확실히 갖춰감에 따라, 그것은 일반적 추상 관념 —— 물질에서 추상(抽象)된, 즉 추출(抽出)된 관념 —— 을 부정하는 데 점점 더 한정되기 때문이다. 아무것도 포함하지 않은 것에서 무엇인가를 추출해낼 수 없으며 따라서 지각으로 하여금 그 지각 자체 이외의 것을 만들어내도록 할 수 없다는 것은 실제로 분명한 사실이다. 색(色)은 색 이외에 아무것도 아니며, 저항은 저항 이외에 아무것도 아니다. 저항과 색(色) 사이에서 어떤 공통적인 것을 찾아낼 수는 결코 없다. 시각 자료에서 촉각 자료와의 공통적인 요소를 찾아낼 수는 없는 것이다. 만일 두 자료에서 모두에 공통적인 것을 추출했다고 주장하면, 그것을 살펴보았을 때 단지 단어만을 다루고 있음을 알게 될 것이다. 여기에 버클리의 유명론(唯名論)이 있고, 동시에 신시각론(新視覺論)도 있다. 시각적이기도 하고 동시에 촉각적이기도 한 연장(延長)이 단지 단어에 불과하다면, 모든 감각을 동시에 포함하는 연장은 더욱 그러할 것이다. 여기에서도 유명론이 엿보이며, 그것은 동시에 데카르트의 물질론(物質論)을 반박하는 것이기도 하다. 이제 더는 연장(延長)에 대해서는 이야기하지 않도록 하자. 단지 다음에 주목하는 데 그치자. 즉 언어의 구조라는 면에서 보아 "나는 이 지각을 갖는다"와 "이 지각이 존재한다"라는 두 표현은 같은 뜻이지만, 후자의 표현을 전혀 다른 지각들을 기술하는 데 있어 '존재'라는 동일한 단어를 도입함으로써 우리로 하여금 그 지각들이 어떤 공통점을 지니고 있다고 믿게끔 함과 아울러, 그 다양성 속에는 한 기본적인 단일성이 있다고 상상하게끔 만든다. 다시 말해서 그 단일성이란 실제로 존재라는 단어가 기체화(基體化 : hypostasié)한 것에 불과한 '실체(實體)'의 단일성을 말한다. 이것이 바로 버클리의 관념 전부인 것이다. 또한 이 관념론은 이미 말한 바와 같이 그의 유명론과 동일한 것이다. 허락만 된다면 신과 정신의 이론으로 옮겨가보자. 만일 물체가 '제관념(諸觀念)'으로 만들어져 있다면, 즉 물체가 아무런 힘이나 잠재성을 지니지 못한 채 순전히 수동적이고 피결정적이라면, 그 물체는 다른 물체에 작용할 수 없다. 따라서 물체의 운동이란 어떤 능동적인 힘의 결과임에 틀림없다. 이 능동적인 힘은 물체를 산출해내고, 우주가 나타나는 질서로 보아 지적(知的)인 원인일 수밖에 없다.

명사(名辭)란, 어느 정도 차이는 있지만, 우리가 물질면에 인위적으로 구성해놓은 일군(一群)의 대상들이나 지각들에 부여한 것으로서, 이 명사들을 일반 관념이라는 이름 하에 실재(實在)로서 자리 잡아놓는 일은 잘못된 것이다. 그렇지만 이 물질면 뒤에서 신적(神的)인 의도를 발견할 수 있다고 생각하는 것은 잘못된 일이 아니다. 오직 표면에만 존재하면서 물체와 물체를 연결하는 일반 관념은 분명히 단어에 불과하지만, 저 깊은 곳에 존재하면서 물체들을 신(神)에게 관계시키는, 더 정확히 말해서 신(神)에게서 물체에 강림하는 일반 관념은 실재이다. 이렇듯이 버클리의 유명론(唯名論)은 아주 자연스럽게《시리스 (Siris)》에서 발견되는 것과 같은, 학설의 발견을 요구하고 있다. 그런데 이 학설은 지금까지 신(新)플라톤주의적인 환상으로 잘못 생각되어왔다. 환언하자면, 버클리의 관념론은 모든 물질이 나타나는 배후에 신(神)을 위치시키는 그 이론의 한 측면에 불과하다. 끝으로 만일 신 (神)이 우리 각자의 지각들을, 버클리가 말한 대로 '관념들'을 새겨놓았다면, 이 지각들을 끌어모으는 존재, 더 정확히 말해서 이 지각들을 마중하러 나가는 존재는 바로 관념이 역전한 것이다. 그것은 비록 신의 의지에 의해 끊임없이 제한받고 있지만 역시 하나의 의지이다.

이 두 의지가 만나는 장소가 바로 물질이라 불리는 곳이다. 피지각 (被知覺; percipi)이 수동성이라면 지각(percipere)은 순수한 능동성이다. 따라서 인간 정신, 물질 및 신의 정신이란 우리가 각자를 통해서 표현할 수 있는 용어가 된다. 그리고 버클리의 유심론(唯心論)도 그 자체는 다른 세 주장 중의 한 주장이 지니는 한 측면에 불과함이 밝혀진다.

이리하여 그 체계의 여러 부분들이 마치 살아 있는 존재처럼 서로를 꿰뚫고 있다. 그러나 처음에도 말한 바와 같이 이 상호적인 교합 장면은 우리에게 학설이 지닌 외형의 보다 정확한 관념을 보여주고는 있지만 그 영혼에까지는 도달시켜주지 못하고 있다.

학설의 정신

만일 앞에서 말한 바 있는 매개적(媒介的) 상(像)에 도달할 수 있다면, 그 영혼에 더욱 가까이 갈 수 있을 것이다. 이 상(像)은 아직도 스스로 보일 수 있다는 점에서는 거의 물질에 가깝지만, 더는 감촉이 허용되지 않는다는 데서 정신에 가깝다. 말하자면, 그것은 우리가 학설의 주위를 배회할 때 우리를 홀리는 환영(幻影)이며, 또 결정적인 표식, 즉 취해야 할 태도 및 바라보는 관점의 지시를 얻기 위해서는 반드시 다가가야 할 환영인 것이다. 이 매개적 상은 작품 연구가 진행됨에 따라 해석자의 마음속에 점점 형태를 잡아가지만, 철학자 본인의 사유 속에서도 본래 동일한 형태로 존재하고 있었을까? 만일 그 상(像)이 그러한 특정상(特定像)이 아니라면, 그것은 다른 매개적 상으로서 지각의 다른 질서에 속할 수 있으며, 그 특정상과는 아무런 실질적 유사점을 지니지 않을 수 있지만, 그럼에도 그 가치는 동등한 것이며 마치 동일한 작품을 서로 다르긴 해도 상호 동등한 언어로 해석한 것과 같다. 이 두 상(像)은 역시 다른 등가(等價)의 상들과 함께 철학자의 사유의 발전을 한 발 한 발 일관해서 쫓아가면서 동시에 존재했을지 모른다. 아니 어쩌면 철학자는 더욱더 미묘한 것, 즉 직관 자체에 그때마다 직접 접촉하는 데만 만족하고, 그 상(像)들의 어떤 것도 지각하지 못했을지 모른다. 그러나 그때 '본래의 직관'이 마치 막연한 사유인 것처럼, 또 '학설의 정신'이 마치 어떤 추상적인 것처럼 말하게 되지 않으려면 해석자로서 우리는 매개적 상을 재수립해야 한다. 실제로 이 정신은 체계에 있어서 다른 것들처럼 구체적이며, 또한 이 직관도 마찬가지로 정확한 것이다.

버클리의 경우에도 두 개의 서로 다른 상(像)이 있는 듯이 생각되며, 나를 가장 놀라게 한 상은 버클리 자신이 완전하게 지시한 것은 아니다. 내 생각으로는, 버클리는 물질을 마치 인간과 신(神) 사이에 가로놓인 얇고 투명한 막으로 생각한다. 그 막은 철학자가 그대로 놓아두는 한 계속 투명하여, 그럴 때 신은 그 막을 통해서 자신을 나타낸다. 그러나 형이상학자나 형이상학에서 활동하는 한에서의 상식이 그 막(幕)을 건드리기만 하면, 그 즉시로 막은 거칠어지고 두꺼워지며 불투명하게 되어 차폐막을 형성하게 된다. 왜냐하면 실체라든가 힘, 추상적 연장 등의 단어들이 그 막의 뒤에 마치 먼지처럼 층층이 쌓여서는 신을 투명하게 볼 수 없도록 하기 때문이다. 이 상(像)을 버클리 자신은 거의 지적하지 않고 있지만, 여러 번 그는 "우리는 먼저 먼지를 일으켜놓고서 보이지 않는다고 투덜댄다"고 말했다. 그런데 이 철학자가 이따금 끄집어내는 또 다른 비교가 있는데, 이것은 방금 말한 시각적 상(像)을 청각적 상으로 바꿔놓은 것에 불과하다. 이에 따르면 물질이란 신이 우리에게 이야기하는 언어라는 것이다. 그렇게 되면 물질의 형이상학은 그 언어의 음절 각각을 두텁게 만들어 떼어내서는 그 각각을 마치 독립적인 실체인 양 내세워, 우리의 관심을 의미에서 멀리 떠나 소리로 향하게 하며 신의 말을 따라가지 못하게 방해한다. 그러나 이 두 상(像) 가운데 어느 상에 밀착하든 우리가 다루고 있는 것은, 반드시 염두에 두어야 할 하나의 단순한 상이다. 왜냐하면 그 상은 학설을 발생시킨 직관은 아니더라도 직관에서 직접적으로 유도되며, 앞에 네 가지 주장 개개의 어느 것보다도, 심지어는 그것들 모두를 합한 것보다도, 더 직관에 가깝기 때문이다.

그렇다면 이 직관 자체를 재파악하는 것이 가능할까? 우리에게는 두 가지 표현 방법이 있는데, 그것은 개념과 상(像)이다. 개념 속에서는 학설이 발전한다. 그러나 학설은 자기 발생의 원천인 직관으로 되돌아갈 때 어떤 상 속으로 집약된다. 따라서 이 상 위로 넘어가려고 하면 필연적으로 개념들 위에 떨어져 뒹굴게 된다. 더구나 이 개념들은 처음 상과 직관을 찾기 위해 출발했던 최초의 개념들보다도 더 모호하고 일반적이기 마련이다. 이런 형태로 환원된다면, 그것은 마치 샘물이 샘에서 솟아나자마자 병 속에 담겨지는 것과 같아서, 본래의 직관은 이 세상에서 가장 맥빠지고 재미없는 것이 될 것이다. 말하자면 그것은 극도로 진부한 것이 될 것이다. 가령 버클리의 생각에 따라 인간의 영혼은 부분적으로는 신과 합일되어 있고 부분적으로는 독립되어 있었다고 말해보자. 또 인간의 영혼은 언제나 자기 자신을 불완전한 행위로, 다시 말해서 어떤 절대적으로 수동적인 것이 사이에 끼여 있지만 않다면 더 고차의 능동성과 결합할 그런 행위로 인식한다고 말해보자. 이때 우리는 개념으로 직접 번역될 수 있는 버클리의 본래적인 직관에 대해 모든 것을 이야기하는 것이 된다. 그러나 이때 우리에게 주어지는 것은 너무도 추상적이어서 거의 공허하다시피한 것이다. 하

154

지만 이러한 공식보다 더 훌륭한 것은 찾아낼 수 없으므로, 이 공식에 밀착해서 그 안에 약간의 생명을 불어넣어보자. 이 철학자가 저술한 것을 모두 모아보자. 그리고 흩어져 있는 이 관념들을 그것들이 유래한 상으로 되돌려 보내보자. 다음에 이 상 안에 갇혀 있는 그 관념들을 상승시켜서, 그 상과 관념들을 흡수함으로써 확대된 추상적 공식에 이르도록 하고, 이제 이 공식에 밀착해서 본래 단순한 이 공식이 더욱더 단순해지는 모습을 보도록 하자. 이 공식은 우리가 그 안에 더 많은 수의 사물들을 집어넣을수록 더욱 단순해진다. 끝으로 이 공식과 함께 비상(飛翔)하여 학설 속에 전개된 이미 주어진 것 모두가 긴장 속에 집약된 정점에 이르게 하자. 이때 우리는 보통은 접근하기 불가능한 이 힘의 중심에서 활력을 던져주는 충동, 다시 말해서 직관 자체가 어떻게 샘솟아 나올 수 있는가를 알게 된다. 바로 이것에서 버클리의 네 가지 주장이 유래된 것이다. 왜냐하면 이러한 운동은 중도에서 버클리의 당대인들이 제기한 제 관념 및 여러 문제들과 맞부딪히기 때문이다. 만일 다른 시대였다면, 버클리는 분명히 다른 주장을 하였을 것이다. 그러나 운동이 동일한 운동이기 때문에 이 주장들도 상호관계 하에 동일한 방식으로 자리 잡았을 것이다. 다시 말하자면, 새로운 단어로 꾸며진 새로운 문장 속에 그 이전의 의미가 그대로 흐르고 있듯이 이 주장들도 서로 동일한 관계를 지녔을 것이다. 따라서 거기에는 동일한 철학이 자리 잡고 있었을 것이다. 그렇다면 한 철학이 그 이전이나 당대의 철학들에 대해 지니는 관계는 체계사(體系史)의 어떤 관점으로 인해 우리가 가정하게 될 그런 것은 아니다. 철학자는 기존의 사상들을 모아서는 그것을 재주조하여 더 고차의 종합으로 만들거나 그것들을 하나의 새로운 사상과 종합시키지 않는다. 만일 그렇다고 생각한다면, 오히려 이야기하기 위해서 먼저 단어들을 골라내서 그것들을 사유라는 실로 꿰는 편이 나을 것이다. 실제로는 단어 위에, 문장의 위에는, 문장보다 심지어 단어보다도 훨씬 더 단순한 그 무엇이 있게 된다. 그것이 바로 의미이다. 그것은 사유된 것이라기보다는 사유의 운동이며, 운동이라기보다는 방향이다. 태내(胎內)의 생명에 충격을 가하면 모세포의 분열이 결정되며, 분열된 세포는 계속 분열되어 결국에는 완전한 유기체가 형성된다. 이와 마찬가지로, 사유 행위마다의 특징적인 운동은 이러한 생각에 이르는데, 그것은 자신을 자꾸 분할하여, 정신이라는 연속적인 평면 위에서 점점 더 자신을 펼쳐나가 드디어 언어의 평면에 이르게 되는 것이다. 여기까지 오게 되면 사유는 하나의 문장, 다시 말해서 기존 요소들의 모임에 의해 표현된다. 그러나 이 모임에서 첫째 요소들을 선택할 때, 나머지 요소들이 그것들에 보충적이기만 한다면 그 선택은 거의 임의적으로 이루어질 수 있다. 동일한 사유는 전혀 다른 단어들로 구성된 여러 문장으로 번역될 수 있으므로, 그 단어들이 상호 동일한 연관성을 지니기만 하면 된다. 이것이 바로 말함의 과정이다. 또한 이것은 철학이 구성되는 작용이기도 하다. 철학자는 기존의 관념에서 시작하지는 않는다. 겨우 말할 수 있는 것은 그 기존의 관념들에 도달했다는 것뿐이다. 철학자가 여기에 도달했을 때, 그의 정신의 운동 속에서 파악된 관념은 마치 단어가 문장 속에서 의미를 부여하듯이 새로운 생명의 활력을 받았으므로, 이제는 회오리 바람의 밖에 있었던 때와는 다른 것이 된다.

철학은 종합인가

이와 똑같은 관계가 철학 체계와 철학자가 살던 시대의 과학적 지

156

식의 총체 사이에도 성립됨을 알 수 있을 것이다. 철학의 관점 중에는 철학자가 혼신의 노력을 기울여 개별과학(個別科學)의 제 결과를 하나의 방대한 종합 속에 포함시켜야 한다는 관점이 있다. 확실히 철학자는 오랫동안 보편지식(普遍知識)을 지녀왔다. 오늘날 개별과학은 다양해졌으며 그 방법도 세분화되어 복잡해졌고 수집된 사실들도 막대한 양이 되어, 이제는 모든 인간의 지식을 한 사람의 정신 속에 쌓아놓는 일이 불가능해졌다. 그럼에도 철학자는 여전히 보편지식을 지닌 사람으로 남아 있다. 그것은 설령 모든 것을 다 알 수는 없어도 철학자가 배우려고 뛰어들어서 안될 것은 없다는 의미에서 그렇다. 그렇다고 해서 필연적으로 철학자의 임무가 기존의 과학을 자기 것으로 만들어서 그것을 점차 일반화하고 거듭 압축을 시켜 지식의 종합이라 불려온 것으로 나아가는 것일까? 실례가 될지 모르겠지만 이러한 철학개념이 과학이라는 이름 아래 과학에 대한 존경에서 제안되었다는 사실이 내게는 매우 이상하게 생각된다. 이보다 더 과학에 실례를 범하고, 이보다 더 과학에 해를 끼치는 개념을 나는 알지 못한다. 원한다면, 여기에 오랫동안 과학적 방법을 따라 힘든 작업을 거쳐 결과를 획득한 사람이 "경험은 추리(推理)의 도움을 얻어 이 점에까지 이르렀다. 과학적 지식은 여기서 시작하여 거기서 끝난다. 이것이 나의 결론이다"라고 말했다 하자. 그때 철학자는 다음과 같이 답할 권리가 있다. "좋다. 그것을 내게 넘겨라. 그러면 그것으로 내가 무엇을 할 수 있는지 보여주겠다. 당신이 내게 넘겨준 지식은 미완성이지만 내가 그것을 완성하겠다. 당신이 내 앞에 조각조각 펼쳐놓은 것을 하나로 통합하겠다. 이해하고 있듯이 나는 당신이 관찰한 사실만을 다룰 것이므로 동일한 재료를 가진 것이 되며, 또 당신과 마찬가지로 귀납과 연역에 한정되어 있으므로 동일한 종류의 작업을 하게 될 것이다." 이야말로 참으로 이상한 억측이 아닐 수 없다. 어떻게 철학이라는 작업이 철학을 행하는 사람에게 과학과 동일한 방향으로 나아갈 능력을 부여해 줄 수 있단 말인가? 과학자들 중에는 앞으로 나아가서 자신의 결과를 일반화하는데 다른 과학자보다 더 관심을 지니고 있고, 또한 뒤로 물러서서는 자신의 방법을 비판하는 경향이 더 짙은 사람이 있다는 사실, 그리고 이러한 특별한 의미에 있어 그 과학자는 철학자라 불리워도 좋다는 것, 더욱 이 개별과학은 이렇게 이해되는 자기 자신의 철학을 가질 수 있으며 또 가져야 한다는 것, 이런 것들을 나는 누구보다 더 찬성한다. 그러나 특별한 철학이 역시 과학이며 철학을 행하는 사람이 역시 과학자라는 것에는 찬성하지 않는다. 앞서 말한 바와 같이, 철학을 여러 실증과학의 종합의 자리에 앉히는 일이나 철학자 정신만으로 과학을 넘어서 과학이 다루는 동일한 사실들을 일반화하는 일 따위는 이제 더는 문제되지 않는다.

이러한 철학자의 역할에 대한 생각은 과학에 대해 부당하다. 그러나 철학에 대해서는 얼마나 더 부당한가!

과학자가 일반화(一般化)와 종합(綜合)의 길을 따라 가다가 중도에서 멈추었다 하자. 그러면 바로 거기에서 객관적 경험과 확실한 추리로 인하여 우리가 나아갈 수 있는 것도 정지된다는 사실이 확실하지 않단 말인가? 따라서 동일한 방향으로 더 나아간다고 주장하면서 우리는 임의적인 것, 혹은 적어도 가설적인 것 속에 체계적으로 들어앉아 있는 것이 아닐까? 철학을 과학적 일반화를 넘어서는 일반화의 총체로 만들어보라. 그것은 곧 철학자는 그럴 듯한 것에 만족하여 그에게는 가능성만으로도 충분하다고 주장하는 것과 같다. 우리의 토론을 멀리 떨어져 따라오는 사람들 대부분에게는, 우리의 영역이 실제로 단순히 가능적인 것의 영역, 기껏해봤자 개연적(蓋然的)인 것의 영역에 지나지 않는다는 것을 매우 잘 알고 있다. 그들은 철학은 확실성이 떠나버린 곳에서 시작한다고 곧잘 말한다. 그러나 철학을 그런 상황에 놓기를 좋아할 사람이 있을까? 분명히 철학이 우리에게 부여하는 것 모두가 동등하게 검증되거나 검증될 수 있는 것은 아니며, 철학적 방법의 본질은 수많은 순간, 수많은 곳에서 정신의 모험을 감수해야 한다는 것이다. 그러나 철학자가 이러한 모험을 무릅쓰는 이유는 오직 그가 자신을 확신하고 있으며, 자신이 확고부동하게 확실하다고 느끼는 것이 있기 때문이다. 철학자가 자신의 힘을 이끌어낸 원천인 직관을 우리에게 전달해줄 수 있는 정도에 비례하여, 그는 우리를 확신하게 해줄 것이다.

실제로 철학은 개별 과학의 종합이 아니다. 때때로 철학이 과학의 영토에 들어가 과학의 대상을 더 단순한 시각 속에서 포착하는 경우가 있다. 그러나 그것은 과학을 강화하거나 과학의 성과를 더 높은 차원의 일반성으로 이전시킴으로써 이루어지지 않는다. 만일 경험이 우리에게 두 가지 다른 양상으로 나타나지 않는다면, 철학과 과학이라는 두 가지 인식 방법을 위한 여지는 없었을 것이다. 즉 한편으로 경험은 다른 사실들과 나란히 있는 사실의 형태로 나타난다. 사실들은 어느 정도 자신을 반복하며, 어느 정도까지는 측정될 수 있고, 실제로 명확한 다양성과 공간성의 방향에 노출되어 있다. 다른 한편으로, 경험은 상호침투(une pénétration réciproque)의 형태로 나타난다. 이것이 곧 순수지속(pure durée)으로서 법칙이나 측정에 종속되지 않는다. 어느 경우에도 경험이 의미하는 바는 의식이다. 그러나 전자의 경우에 의식은 밖으로 뻗어나가면, 사물들을 상호외적(相互外的)인 것으로 지각하는 정도 그대로 자신과의 관련 속에 자신을 외화(外化)시킨다. 후자의 경우에 의식은 자신 내부로 되돌아온다. 의식은 자신을 소유하여 안으로 깊숙히 파고든다. 이렇게 의식이 자신의 깊이를 파고들 때 의식은 물질이나 생명, 말하자면 실재 일반의 내부에 더 깊이 침투하는 것이 아닐까? 만일 의식이 우연적인 것으로 물질 위에 첨가되었다면, 이 점에는 논란의 여지가 있을 것이다. 그러나 일반적으로 받아들여지고 있는 방식대로의 이러한 가설은 터무니없는 오류이며, 자기모순적인, 즉 사실에 모순되는 것임을 나는 이미 보여주었다고 생각한다. 또한 만일 인간의 의식이 비록 보다 높고 넓은 의식과 연관되었더라도 마치 인간이 자연의 한 구석에 벌 받는 아이처럼 서 있기나 하듯이 그 의식의 옆으로 치워졌다면, 역시 이 점에는 논의의 여지가 있다. 그러나 그렇지 않다. 세계를 충만케 하는 물질과 생명은 동등하게 우리 내부에도 있다. 모든 사물 속에서 작용하는 힘들을 우리는 우리 내부에서 느끼고 있다. 존재하고 있는 것과 이미 행해진 것의 내적 본질이 무엇이든간에, 우리도 또한 그러한 본질을 지닌다. 그렇다면 아래로 내려가 우리 자신의 내적 자아에 가보도록 하자. 우리가 닿는 점이 깊을수록 우리를 표면으로 되돌려보내려고 내미는 힘은 더욱 강해질 것이다. 철학적 직관이란 바로 이러한 접촉이며, 철학이란 이러한 약동인 것이다. 저 깊숙한 곳에서 충격에 의해 표면으로 되돌려 보내지면, 우리는 사유(思惟)가 밖으로 뻗어나가 분산됨에 따라 과학과 재접촉하게 될 것이다. 그때 철학은 과학을 기반으로 하여 모습을 갖출 수 있어야 한다. 예전에 이른바 철학적 직관은 자신을 분할하고 또다시 분할된 것을 분할시켜 나감으로써, 외부적으로 관찰된 사실이나 과학이 사실들을 상호 결속하는 법칙들을 포괄할 수 없었으며, 어떤 일반화들을 정정하거나 어떤 관찰들을 수정할 수조차 없었다. 이러한 철학적 직관의 관념은 순수한 환상이다. 그것은 직관과 아무런 공통점도 지니지 않는다. 그러나 한편 이러한 자신의 분산을 사실 및 법칙에 완전히 합치하는 데 성공하는 관념은 외적 경험을 단일화함으로써 획득되어지지 않는다. 왜냐하면 철학자는 단일성에 도달하는 것이 아니라 단일성에서 출발하기 때문이다. 물론 내가 말하는 단일성은 생명체를 우주의 나머지에서 분리해놓는 단일성과 같이 제한되어 있는 동시에 상대적인 그런 것이다. 철학이 겉보기에 그 이전 철학들의 단편을 자신 내에 재수집해놓는 작용처럼, 철학이 겉보기에 실증과학의 제 성과를 흡수하는 과정은 종합이 아니라 분석이다.

과학은 행위의 보조 수단이다. 그리고 행위의 목표는 결과다. 따라서 과학적 지식이 자문하는 것은 원하는 결과를 얻으려면 무엇을 행해야만 하는가, 또는 더 일반적으로 말해서 어떤 현상이 일어나기 위해서는 어떤 조건이 되어야만 하는가이다. 과학적 지성은 사물의 어떤 배열에서 시작하여 그것의 재배열로 나아간다. 다시 말해서 이에 발생하는 것을 무시한다. 만일 그런 것에 관여한다면 그것은 그러한 것에 있는 다른 배열, 곧 동시성을 고려하기 위함이다. 이미 만들어져 있는 것을 파악하기 위한 방법으로는 일반적으로 현재 행해지고 있는 것으로 들어갈 수 없으며, 움직이는 실재를 따라갈 수도 없고, 사물의 생명인 생성을 채용할 수도 없다. 이 마지막 임무가 철학에 속하는 것이다. 과학자는 운동의 움직이지 않는 상(像)만을 보며, 아무것도 반복되지 않는 길을 따라가면서 반복되는 것을 보아야만 한다. 아울러 그는 실재가 전개되고 있는 연속적인 평면 위에서 인간의 행위에 종속되도록 실재를 편의적으로 분리하는 데 전념해야만 한다. 따라서 과학자는 자연을 속이고, 자연을 대상으로 조심스럽게 적대적 태도를 취해야만 한다. 반면에 철학자는 자연을 벗으로 대우한다. 과학의 규칙은 베이컨이 주장한 것처럼, 지배하기 위해 복종한다는 것이다. 철학자는 복종하지도 지배하지도 않는다. 그는 자연과 일치하려고 한다. 더구나 이러한 관점에서 철학의 본질은 단순성의 정신이다. 철학적 정신을 그 자체에서 보거나 아니면 그 저서에서 보거나 간에, 또 철학을 과학에 비교하든 아니면 또다른 철학에 비교하든 간에 언제나 어떠한 복잡성일지라도 그것은 표면적인 것이며, 체계라는 것은 장식품에 지나지 않고 또 종합이란 곧 외양(外樣)이라는 사실이 밝혀진다. 철학하는 행위는 단순한 행위이다.

철학에 의한 활기

이러한 진리를 마음에 새기면 새길수록, 우리는 철학을 학파에서 독립시켜 생명에 더 가까이 접근시키게 된다. 감각, 지성 및 언어의 구조에서 결과된 일반적인 사유의 태도는 철학적 태도라기보다는 과학적 태도에 더 가깝다. 그렇다고 해서 이 말이 곧, 우리 사상의 일반적 범주들이 과학의 범주 자체라든가, 실재적인 것의 연속성을 가로질러 달려가는 우리 감각의 고속도로가, 곧 과학이 여행하는 고속도로라는 것만을 뜻하지 않는다. 또한 지각이란 태어나는 과정 가운데 있는 과학이며, 과학은 성숙된 지각이라는 것, 그리고 보통의 지식과 과학적 지식은 둘 다 이미 우리의 행위를 사물에 대해 예비하도록 되어 있는 것으로서, 비록 그 정확도와 범위는 다르지만 필연적으로 동일한 종류의 다른 두 모습이라는 것만을 의미하지는 않는다. 내가 특별히 말하고자 하는 바는 다음과 같다. 즉 보통의 지식은 과학적 지식과 마찬가지의 이유로 무한한 입자들로 분해된 시간 속에서 사물들을 취해야만 한다. 말하자면, 시간은 가루로 분쇄되어 여기서는 지속(持續)하지 않는 순간(瞬間)이 역시 지속하지 않는 다른 순간을 뒤따르고 있다.

이러한 지식에 있어서 운동이란 위치의 연속이며, 변화란 질(質)의 연속이고, 생성이란 상태의 연속이다. 이러한 지식의 출발점은 부동성(浮動性)이다(마치 부동성이 외양 이외의 다른 것이 될 수나 있는 듯이, 또 두 개의 움직이는 물체가 동일한 비율로 동일한 방향을 따라 움직일 때 그 중 한 물체가 다른 물체에 대해 끼치는 특수효과에 부동성이 비유될 수 있기나 한 듯이). 그리고 부동성들을 수완좋게 배열함으로써 이 지식은 운동 자체를 대신하여 운동의 모사체(模寫體)를 재구성한다. 이러한 것은 실용적인 견지에서는 편리한 작용이지만 이론상으로 불합리한 것이며, 그 안에 형이상학과 비판이 자신 앞에서 발견하는 모든 모순들과 모든 사이비 문제들을 포함하고 있다.

그러나 바로 여기에서 상식이 철학에 등을 돌리게 된다. 이런 이유 때문에 바로 이 점에서 우리가 해야 할 일이란 상식의 방향을 다시금 철학적 사유의 방향으로 되돌리는 일이다. 분명 직관에는 그 강도(强度)가 여럿 있으며 철학에도 그 심도(深度)가 여럿 있다. 그러나 실재적 지속으로 되돌려진 정신은 이미 직관적 생명으로 활력에 가득 차 있으며, 사물에 대한 그것의 인식은 이미 철학이다. 무한히 분할된 시간 속에서 상호 교체하는 순간들의 불연속성 대신에, 이 철학은 불가분적으로 서로를 따라 흐르는 실재적 시간의 연속적 유동성(fluidité)을 지각한다. 또 어떤 관계없는 것을 차례로 뒤덮어 가면서 그것을 가지고 실체에 대한 현상의 신비적인 관계를 지속하는 대신에, 이 철학은 하나의 동일적인 변화를 파악한다. 이 변화는 마치 모든 것이 생성되고 있지만 그 생성 자체가 실체적이기 때문에 담지체(擔持體)를 필요로 하지 않는 멜로디에서처럼 계속 증가해간다. 거기에는 이미 불활성적(不活性的)인 상태라든가 죽은 사물은 없다. 있는 것이란 오직 생명의 안정성을 구성하고 있는 운동성뿐이다. 이렇게 실재가 연속적이며 불가분적으로 보이는 시각은 철학적 직관에 이르는 길 위에 위치한다.

왜냐하면 직관에 이르기 위해서는 우리 자신을 감관과 의식의 영역 밖으로 옮길 필요가 없기 때문이다. 바로 그럴 이유가 있다고 믿는 데에 칸트의 오류가 있다. 그는 어떠한 변증법적 노력도 우리를 현상 너머의 세계로 인도하지 않으며, 효과적인 형이상학이라면 필연적으로 직관적 형이상학일 것이라는 것을 결정적인 논의를 통해 증명했으면서도, 여기에 덧붙여, 우리는 이러한 직관을 결하고 있으며, 따라서 이러한 형이상학은 불가능하다고 했다. 만일 칸트가 지각한 시간이나 변화, 더욱이 우리도 또한 관계하고 있는 시간이나 변화 이외에 어떤 시간이나 변화도 없다면 그 말은 사실일 것이다. 왜냐하면 우리의 보통 지각은 시간을 벗어나지 못할뿐더러 변화 이외에는 어떤 것도 파악하지 못하기 때문이다. 그러나 우리가 자연적으로 처하는 시간이나 우리가 습관적으로 우리 앞에 지니고 있는 변화는, 우리의 감관(感官)과 의식(意識)이 먼지로 환원시켜, 우리의 행위가 사물에 행하기 쉽게끔 해놓은 시간과 변화이다. 감관과 의식이 해놓은 일을 본래대로 해놓고, 우리의 지각을 그 근원으로 되돌려 보내자. 그러면 우리는 새로운 능력에 의존할 필요없이 새로운 종류의 지식을 얻게 될 것이다.

만일 이러한 지식이 일반화된다면, 이것에 의해 이득을 얻는 것은 비단 사색뿐만이 아닐 것이다. 일상생활도 또한 이것에 의해 영향을

164

받고 조명을 받게 되는 것이다. 왜냐하면 우리의 감관과 의식이 습관적으로 우리를 인도해가는 세계는 세계 자체의 그림자에 지나지 않으며 그것은 죽음처럼 차가운 세계이기 때문이다. 그 안에 있는 모든 것은 최대의 편의를 위해 배열된다. 그러나 그 안에서 모든 것은 끊임없이 새롭게 시작하는 듯이 보이는 현재 속에 있는 것이다. 그에 못지않게 우리 자신은 인위적인 우주의 상(像) 속에서 인위적으로 치장되어 자신을 순간적인 것으로 보며, 과거가 마치 폐기된 것처럼 말하고, 또 괴상하고 어떤 경우에도 우리와는 낯선 사실로, 즉 물질이 정신에 던져줄 도움으로밖에 기억을 보지 않는다. 이와 반대로, 우리를 있는 그대로 새롭게, 두텁고 더욱이 탄력적이기까지한 현재 속에서 파악하도록 하자. 이 현재의 우리 자신을 가리고 있는 말을 저 멀리 밀어버림으로써 무한히 되돌려 뻗힐 수 있는 현재이다. 외적 세계를 실제 있는 그대로 새롭게 파악하자. 표면적으로 파악할 것이 아니라 현재로 몰려들어 현재의 그 약동을 새겨놓는 직접적 과거를 함께 지닌 현재 속에서, 깊숙이 파악하도록 하자. 요컨대 모든 사물을 지속(持續)의 상하(上下)로 보는 데 익숙해지도록 하자. 그 즉시 우리의 지각은 전기오르듯 활기를 띠며, 이 지각 속에서는 정돈되어 있던 것이 이완되고, 졸고 있던 것이 잠을 깨며, 죽어 있던 것이 생명을 찾게 된다. 만일 이렇게 이해된다면 철학은, 예술이 천성(天性)과 행운을 타고난 사람에게만 그것도 아주 드물게 부여하는 만족감을 우리 모두에게 부여해줄 것이다. 그것은 우리를 둘러싸고 있는 환영(幻影)에 다시 생명을 불어넣어주고, 우리에게 활기를 띠게 해줌으로써 이루어진다. 그렇게 할 때 철학은 실제적인 면에서나 사변적인 면에서나 과학을 보충하게 될 것이다. 과학의 응용은 단지 존재의 편의만을 목표로 삼으므로, 이런 과학이 우리에게 약속해주는 것은 복지 또는 기껏해야 쾌락이다. 그러나 철학은 이미 우리에게 기쁨을 줄 수 있었다.

5

변화의 지각

1911년 5월 26~27일 옥스퍼드대학에서 행한 강연

첫 번째 강연

우선, 이렇게 초청 강연이라는 큰 영광을 안겨 준 옥스퍼드대학에 감사를 표한다. 나는 항상 옥스퍼드대학을 몇몇 안 되는 성역 중의 하나라고 생각해왔다. 여기서는 고대사유(古代思惟)의 온기와 광채가 존경 속에서 받들어지면서 여러 세대를 거쳐 보존되어 있다. 그러나 또한 이렇게 고풍에 밀착되어 있다고 해서 귀 대학이 현대적이지 못하거나 활력이 없는 것이 아니라는 사실을 나는 알고 있다. 특히 철학과 관련해서 내게 놀라운 것이 있다. 즉 여기에서 그토록 심도 깊고 독창적으로 고대 철학자들이 연구되고 있다는 것이다(귀 대학의 가장 뛰어난 교수들 중 한 명이 아주 근래에 플라톤의 이데아를 그 정곡을 찔러 해석하지 않았던가?) 다른 한편으로 또한 놀라운 것은 전체적 합리주의와 프래그머티즘이라는, 진리의 본질에 대한 두 가지 극단적인 관점 속에서 옥스퍼드대학이 철학적 운동의 선봉 역할을 하고 있다는 사실이다. 이러한 과거와 현재의 연합은 모든 분야에서 결실을 이루고 있

으며, 특히 철학에 있어서는 여기만큼 풍성한 성과를 보는 곳은 없다. 분명히 우리에게는 새로이 할 일이 있으며, 그것이 충분히 이해될 순간이 도래할 것이다. 그렇지만 새롭다는 사실이 변혁적이 되어야 한다는 것은 아니다. 오히려 고대인을 연구할 때 그들의 정신에 몰입하고, 가능한 한 그들이 우리 가운데 살았더라면 행했을 것을 우리가 그대로 행하려고 노력해보자. 우리가 현재 지닌 지식(수학이나 물리학을 이야기하는 것이 아니다. 왜냐하면 이것들은 고대인들의 사고방식을 근본적으로 바꾸어놓지 않을지도 모르기 때문이다. 내가 말하는 것은 생물학과 심리학이다)을 고대인이 부여받았다면, 그들은 실제로 획득한 것과는 전혀 다른 결과에 이르렀을 것이다. 이것이 바로 내가 여기서 다루고자 하는 문제, 즉 변화(變化)의 문제에서 가장 놀라운 것이다.

　내가 이 문제를 선택한 이유를 말하자면, 내게 이 문제는 근본적인 것으로 생각되었고, 만일 사람들이 변화의 실재성을 확신하고서 그것을 파악하려고 노력한다면 모든 것이 단순화되어, 극복할 수 없으리라 생각했던 철학적 난점들마저 사라져버릴 것이라고 믿기 때문이다. 그때 이득을 보는 것은 철학만이 아니다. 우리의 일상생활 —— 내가 의미하는 바는 사물들이 우리에게 남기는 인상과 사물들에 대한 우리의 지성, 감성 및 의지의 반응이다 —— 도 어쩌면 변형되고(transformées) 어떻게 보면 변모될(transfigurées)지도 모른다. 요컨대 보통 우리는 변화에 시선이 가는 것이지 변화를 발견하지는 않는다. 우리는 변화를 말하지만 변화에 대해 사유하지 않는다. 우리는 말하기를, 변화가 존재하며 모든 것이 변화하고 변화가 바로 사물의 법칙이라고 한다. 그렇다. 우리는 변화를 말하고 또 반복한다. 그러나 그것들은 단지 단어에 지나지 않는다. 우리는 마치 변화가 존재하지 않는 듯이 추리하고 철학한다. 변화를 사유하고 변화를 보기 위해서는 편견의 장막이 모두 걷혀야 한다. 그 장막 중 어떤 것은 인위적으로 철학적 사변에 의해 만들어진 것이고 다른 것들은 자연스레 상식적인 것이다. 내가 믿는 바로는, 우리는 이 점에 대해 결국에 가서는 공통의 의견을 갖게 될 것이며, 따라서 모두가 협동하고 모두가 동의할 수 있는 철학을 형성하게 될 것이다. 이렇기 때문에 나는 이미 동의가 이루어진 듯이 보이는 두세 가지 논점에 집중한 뒤에 점차로 나머지로 확장해갈 것이다. 따라서 첫 번째 강연은 변화 자체보다 변화의 직관에 밀착되어 있는 철학의 일반적 특징들을 다루고자 한다.

지각과 개념 작용

우선 여기에 모두가 동의할 점이 하나 있다. 즉 만일 감각과 의식의 범위가 한정되어 있지 않고 지각 기능이 물질과 정신이라는 두 방향으로 무한히 나아갈 수 있다면, 우리는 추리할 필요도 개념화할 필요도 없다는 것이다. 개념 작용이란 지각이 허용되지 않는 최악의 경우에나 쓰이는 임시적인 것이며, 추리는 지각의 틈새를 메우거나 지각의 범위를 넓히기 위해 주어지는 것이다. 나는 추상적이고 일반적인 관념의 효용성을 부인하지 않는다. 은행권의 가치에 의심을 품지 않듯이 말이다. 그러나 지폐가 단지 금(金)에 대한 약속어음이듯이, 개념 작용은 그것이 표현하는 궁극적인 지각을 통해서만 가치를 지닐 수 있다. 물론 단순히 사물이나 성질 혹은 상태(狀態)의 지각(知覺)이 문제되는 것이 아니다. 우리가 개념화할 수 있는 것으로는 질서도 있고 조화도 있으며, 더욱이 일반적으로 진리도 있는 것이다. 이렇게 되면 이 진리는 실재가 되어버린다. 내가 말하고자 하는 것은 바로 이 점에 우리가 동의하고 있다는 것이다. 실제로 누구나 스스로 알 수 있는 바와 같이, 매우 정교하게 모아놓은 개념들과 매우 박식하게 구축된 추리물(推理物)들은 마치 카드로 만든 집과 같아서, 사실 —— 실제로 보여진 단일한 사실 —— 이 이 개념들이나 추리물들과 상충되는 순간 무너져버리고 만다. 추리라든가 추상, 일반화 등을 거칠 필요없이 모든 사물을 직관적으로 인식하는 존재가 바로 완전한 존재라는 것을 기꺼이 긍정하지 않는 형이상학자는 한 명도 없을 것이다. 더구나 신학자는 말할 것도 없다. 따라서 첫 번째 논점에 대해서는 어려움이 없다.

이제 우리가 보게 될 두 번째 논점에 대해서도 아무런 어려움이 없을 것이다. 지각 기능의 불충분성 —— 이 불충분성은 개념 작용과 추리 기능에 의해 검증되었다 —— 이 바로 철학을 탄생시킨 것이다. 철학사(哲學史)가 그것을 증언해준다. 초기의 그리스 사상가들의 개념들은 분명히 지각에 가까웠다. 왜냐하면 그들은 물이나 공기 혹은 불과 같은 감각 가능한 요소의 변형을 통하여 직접 감각을 완결시켰기 때문이다. 그러나 엘레아 학파(l'ecole d' Élée)의 철학자들은 변형이라는 착상을 비판하면서 감각소여(感覺所與)에 그렇게까지 근접할 수는 없음을 보여주었거나 그렇게 하려고 했던 것 같다. 그후 철학은 줄곧 자신이 걸어온 길, 즉 '초감각적' 세계로 향한 길을 따랐다. 따라서 사물들은 순수한 '이데아'로 설명될 수 있었다. 고대 철학자에게 있어서 지성적 세계는 우리의 감각과 의식이 지각하는 세계의 밖에, 또한 그 위에 위치하고 있었음이 사실이다. 우리의 지각 기능이 보여주는 것은, 불변하고 영원한 이데아에 의해 시간과 공간 속에 비친 그림자에 불과했다. 이와는 반대로, 근대인에게 이러한 본질들은 감각적 사물 자체를 구성하는 것이다. 그것들은 틀림없는 실체로서, 현상(現象)이란 이것들의 표면을 덮은 보자기에 지나지 않는다. 그러나 고대인이든 근대인이든 모두 동의하는 것이 있는데, 철학이 지각대상(知覺對象)을 개념으로 대치한다는 것이다. 그들은 모두 우리의 감각과 의식이 불충분하다는 이유로 이제 더는 지각적이지 않은 정신의 여러 기능, 말하자면 추상과 일반화 및 추리의 기능에 호소하고 있다.

따라서 두 번째 논점에 대해 우리는 동의할 수 있다. 이제 세 번째 논점에 이르렀는데 이것 또한 논란의 여지가 없을 것이라고 생각된다.

만일 위와 같은 것이 참으로 철학적 방법이라면, 하나의 과학이 있다는 것과 동일한 의미로서 하나의 철학은 있지 않으며 또 있을 수도 없다. 그와는 반대로, 독창적인 사상가의 수효만큼 서로 다른 철학들이 있게 될 것이다. 어찌 그렇지 않을 수 있는가? 개념 작용이 아무리 추상적이라 하더라도 언제나 그 출발점은 지각이다. 지성(知性)은 결합하고 또 분리시킨다. 지성은 정렬시켰다가 다시 해산시키고 또 다시 통합시킨다. 지성은 창조하지 않는다. 지성에게는 반드시 물질이 있어야 하며, 물질은 감각이나 의식을 통해 겨우 지성에 이를 뿐이다. 따라서 순수한 관념으로 실재를 구성 혹은 완성시키는 철학은 단지 우리의 구체적인 지각 전체를 그 지각 중 특정한 하나로 대치하거나, 지각 전체에 그 특정 지각을 첨가시키고 있을 뿐이다. 그 특정한 지각이란 이 철학이 공들여 얇게 만들어서 세련되게 한 다음 추상적이고 일반적인 관념으로 전환시킨 것이다. 그러나 언제나 그 특권적인 지각을 선택하는 데에는 임의적인 것이 있다. 왜냐하면 실증과학은 서로 다른 사물들 간에 틀림없이 공통적인 것, 다시 말해서 양(量)을 취하는 반면, 결과적으로 철학에 남는 것은 질(質)의 영역뿐이기 때문이다. 여기서 모든 것은 다른 모든 것에 이질적이며, 부분은 전체를 표현할 때 임의적이 아닐지라도 논의의 여지가 다분한 법령의 형태로 표현한다. 우리는 이 법령에 다른 법령들을 언제나 대립시킬 수 있다. 그리하여 여러 가지 서로 다른 철학이 서로 다른 개념으로 무장한 채 발생한다. 이 철학들은 서로 끝없이 싸울 것이다.

지각의 확장

따라서 바로 여기에 문제가 발생하며, 이 문제는 내 생각으로는 본질적인 것이다. 순수히 개념적인 철학을 하려는 시도는 모두 상반적인 노력을 불러일으킨다는 이유로, 또 순수한 변증법의 영역에서는 서로 대립시킬 수 없는 체계가 없다는 이유로 우리는 이 영역에 머물러 있어야만 하는가? 아니면(물론 끊임없이 우리의 개념 형성 능력과 추리 능력을 활용하여), 오히려 그 영역을 팽창시키고 확대시킴으로써 지각에는 되돌아가지 말아야 하는가? 이미 말한 바와 같이 개념 작용을 통해서 철학자를 완전한 지각으로 나아가게끔 하는 것은 자연적 지각이 불충분하기 때문이다. 개념 작용은 그 기능상 감각이나 의식의 자료들 사이의 간격을 메우고 그렇게 하여 사물에 대한 우리의 지식을 통합하고 체계화해야 한다. 그러나 여러 학설들을 고찰해볼 때, 개념 형성의 기능은 통합이라는 작업을 진행해 가면서 어쩔 수 없이 실재적인 것에서 수많은 질적(質的)인 차이점들을 사상(捨象)해버리고, 우리의 지각을 부분적으로 소멸시켜버리며, 아울러 우주에 대한 우리의 구체적인 시력을 약화시킨다. 개개의 철학은 싫든 좋든 이러한 방식으로 진행하게 되어 있기 때문에, 이 철학에 대립하는 여러 철학들이 생겨나게 된다. 이들 철학은 다른 철학이 떨어뜨리고 간 것 중 어떤 것을 줍는 것이다. 따라서 방법은 목적과는 정반대가 되어버린다. 이론상

172

방법은 지각을 확장하고 완성해야 한다. 그러나 실제에 있어 방법은 어쩔 수 없이 수많은 지각들을 나란히 세워놓고 그 중 어떤 하나가 다른 것들의 대표가 되게 해야만 한다. 그러나 사물에 대한 우리의 지각을 뛰어넘으려 하는 대신, 지각에 뛰어들어 그것을 파헤치고 넓혀본다고 가정해보자. 우리가 의지를 지각에 삽입하고, 이 의지는 자신을 팽창시키면서 사물에 대한 우리의 시각을 넓혀준다고 가정해보자. 이때 우리는 감각이나 의식의 자료 중 어느 것도 희생되지 않는 철학을 획득하게 될 것이다. 여기서는 실재적인 것의 질(質)이나 측면은 어느 것도 실재를 명시적으로 설명한다는 구실 아래 그 나머지로 대치되지 않는다. 그러나 특히 이때 우리가 갖게 될 철학은 다른 철학을 이에 대립시킬 수 없는 철학이다. 왜냐하면 이 철학은 자신의 밖에 아무것도 남겨놓지 않아 다른 학설들이 주울 수 있는 것은 없기 때문이다. 그것은 모든 것을 휩쓸어 가버린다. 그것은 주어진 것을 모두, 심지어는 주어진 것 이상으로 가져가버린다. 왜냐하면 감각의 의식은 이 철학에 의해 예외적인 노력을 하게 되어 자연적으로 제공해주는 것 이상을 이 철학에 주기 때문이다. 서로 다른 개념들로 무장하고 서로 마찰하는 체계의 다양성에 뒤이어 모든 사상가를 동일한 지각 속에서 화합시킬 수 있는 학설의 단일체가 나타난다. 더구나 이 지각은 여러 철학자들이 공동의 방향 속에서 결합하여 노력함에 힘입어 자꾸만 크게 자라날 것이다.

이러한 확장이 불가능하다는 말도 있음직하다. 어떻게 육체의 눈, 혹은 정신의 눈에 대하여 그들이 볼 수 있는 것 이상을 보도록 청탁할 수 있단 말인가? 우리의 관심으로 인해 정확성과 명확성과 강도가 증가할 수는 있다. 그러나 그렇다고 해서 지각의 영역에 처음부터 없었던 것을 거기에 발생시킬 수는 없다. 이것이 반대의 주장이다. 그러나 이 반대는 경험에 의해 논박된다는 것이 나의 의견이다. 실제로 몇백 년간을 통해, 정확히 보는 것과 아울러 우리로 하여금 우리가 자연적으로 지각할 수 없는 것을 보게끔 만들어주는 기능을 가졌던 사람들이 있었다. 그들은 예술가들이다.

예술의 목적이 우리의 감각과 의식에 명시적으로 와닿지 않는 것들을 자연 속에서 또 정신 속에서, 즉 우리의 외부에서 또 내부에서 보여주는 것이 아니라면 도대체 무엇이 예술의 목적이란 말인가? 정신의 상태를 표현하는 시인이나 소설가는 분명히 무(無)에서 그것을 창조하지 않는다. 만일 그들이 타인에 대해 이야기한 것을 어느 점까지 우리가 내부에서 관찰하지 못한다면, 그들을 우리는 이해하지 못할 것이다. 그들이 말함에 따라서 우리에게는 이후에도 오랫동안 가슴속엔 나타날 것이지만 여전히 보이지 않을 감정과 사유의 뉘앙스가 나타날 것이다. 마치 현상액(現像液) 속에 들어가기만 하면 나타나겠지만 아직 그 용기 속에 들어가지 않은 사진의 영상처럼 말이다. 시인이 바로 이러한 현상액이다. 그러나 예술가의 역할이 다른 어느 예술보다도 확실히 나타나는 곳이 있다. 이 예술은 모방(l' imitation)에 있어서 가장 중요한 자리를 차지하는 예술, 즉 회화(繪畵)다. 위대한 화가란 그가 소유한 어떤 사물에 대한 시각이 모든 이의 시각이 되었거나 그렇게 될 사람이다. 코로(Corot)의 작품이나 터너(Turner)의 작품은 —— 다른 작품들은 말할 것도 없이 —— 자연 속에서 우리가 주의하지 못한 수많은 측면을 보여준다. 그들은 본 게 아니라 창조해낸 것이며 그들이 우리에게 준 것은 그들 사상의 산물이고, 우리가 그들의 발명품을 수용하는 이유는 우리가 그것을 좋아하기 때문이며 우리는 위대한 화가들이 우리를 위해 그려준 상(像)을 통해서 자연을 바라봄으로써 기쁨을 얻는다고 말할 수 있을까? 이 말은 어느 정도 진실이다. 그러나 만일 오직 그렇기만 하다면, 왜 우리는 어떤 작품들 —— 거장(巨匠)의 작품들 —— 에 대해 그것이 진실되다고 말하는가? 위대한 예술과 순수한 환상(fantasie)과의 차이는 어디에 있는가? 우리가 뒤르네의 작품이나 코로의 작품을 볼 때 느끼는 것을 깊이 살펴보면 다음과 같은 사실을 알게 될 것이다. 즉 우리가 그 작품을 인정하고 그 작품을 경원한다면 그 이유는 우리가 이미 그 작품이 우리에게 보여준 것 중 어느 것을 지각했기 때문이다. 그러나 우리는 보지 않은 채 지각했다. 그것은 휘황찬란하면서 점점 사라지는 상(像)이다. 그것은 똑같이 휘황찬란하고 똑같이 사라져가는 수많은 상 속에 파묻혀 있다. 그런데 이 수많은 상들은 우리의 일상적 경험 안에서는 마치 '용암화면(溶暗畵面)'처럼 서로 겹쳐서, 이러한 상호 교섭을 통하여 습관적으로 우리가 갖게 되는 창백하고 색깔없는 사물의 상을 구성한다. 화가는 이 상을 분리시켜낸다. 그는 그것을 화폭 위에 잘 고정시켜놓기 때문에 우리는 그 자신이 보았던 것을 실제로 보지 않을 수 없는 것이다.

그렇다면 예술은 지각 기능의 확장이 가능함을 보여주기에 충분한 것이다. 그러나 이러한 확장은 어떻게 작용하는가? 예술가가 언제나 '관념론자'로 여겨져왔음에 주의하자. 이 말로써 우리가 의미하는 바는, 그가 우리들보다는 실제적이고 실질적인 삶의 측면에 보다 덜 관심을 갖는다는 것이다. 이 단어의 실제 의미에 있어서 그는 '정신나간 (distrait)' 사람이다. 그렇다면 실재에서 우리보다 더 멀리 떨어져 있으면서 그는 왜 그 실재에서 우리보다 더 많은 것을 보게 되는가? 만일 외적 대상과 우리 자신에 대해 우리가 보통 지니는 상(像)이 우리의 실재에 대한 밀착이나 생활 및 행위에 대한 필요성 때문에 어쩔 수 없이 좁혀지고 알맹이가 빠진 그러한 상이 아니라면, 우리는 그 이유를 이해할 수 없을 것이다. 실제로 살아 있는 것에 더 관심을 가질수록 정시(正視)할 마음이 없어지며 또 행위의 필요성이 시각의 영역을 제한하는 경향이 있음을 보이기는 쉬운 일이다. 지금 이것을 증명할 수는 없다. 그러나 내 생각으로는, 뚜렷한 지각이 단지 실제적인 생활에 필요하기 때문에 보다 넓은 전체에서 떼어낸 조각에 지나지 않는다는 사실을 깨닫게 되면, 수많은 심리학적 문제와 정신생리학적 문제에 새로운 조명이 비춰질 것이다. 심리학 같은 데서는 부분에서 전체로 나아가기를 좋아한다. 그리고 우리의 습관적인 설명 체계는 정신적 삶을 단순한 요소들로 재구성해서 이러한 요소들 간의 구성이 실제로 정신적 삶을 산출해낸다고 가정하는 데 있다. 만일 사물들이 이런 방식으로 진행된다면 우리의 지각은 실제로 확장될 수 없다. 그 지각은 정해진 양(量)으로 어떤 특정한 물질들을 모아놓은 것이며, 여기에서 우리는 처음에 여기 있었던 것 이상을 찾아내지 못할 것이다.

그러나 정신을 역학적으로 설명할 저의를 갖지 않고 사실을 사실 그대로 취할 때, 그 사실들은 전혀 다른 해석을 제시해준다. 사실들이 우리에게 보여주는 것은, 정상적인 내적 삶에 있어서 정신은 자신의 시야를 제한하고, 시야 밖의 물질적인 이익에는 단념하려는 노력을 부단히 기울인다는 것이다. 우리는 철학하기 전에 우선 삶을 살아야 한다. 삶이 요구하는바, 우리는 눈가리개를 하고서 좌우 어느 한 쪽도 보지 않고 또한 뒤돌아보지도 않으면서 오직 가야 할 방향으로 앞을 직시해야 한다. 우리의 지식은 단순한 요소들이 점차적으로 회합해서 이루어진 것이 아니다. 그것은 갑작스런 분열로 나타난 결과이다. 광활한 잠재적 지식의 초원에서 우리는 그 지식을 실제적인 지식으로 만들기 위해 사물에 대한 행위에 관련된 것은 모두 끄집어낸다. 그리고 나머지는 무시된다. 두뇌는 이러한 선택 작업을 위해서 만들어진 듯싶다. 이것은 기억이 작용하는 방식에 따라 쉽게 보여질 수 있다. 다음 강연에서 알게 되겠지만 우리의 과거가 자동적으로 보존된다는 것은 필연적이다. 그것은 완전히 살아남는다. 그러나 우리의 실제적 관심이 그것을 옆으로 치워놓는다. 그렇지 않으면 적어도 현재의 생활을 어느 정도 유용하게 조명해주고 완성시키는 부분만을 인정한다. 이러한 선택을 유발하는 데 한몫을 하는 것이 두뇌다. 두뇌는 유용한 기억을 현실화하고 쓸모없는 기억들은 의식의 더 낮은 층 속에 간직한다. 지각에 대해서도 같은 말을 할 수 있다. 행위의 보조수단으로서 지각은 실재 전체에서 우리의 관심을 끄는 부분을 분리시켜낸다. 지각이 우리에게 보여주는 것은 사물 자체가 아니라 우리가 이익을 얻을 수 있는 부분이다. 지각은 미리 분류하고 미리 명칭을 붙인다. 우리는 거의 대상을 보지 않는다. 단지 그 대상이 어느 범주에 속하는가를 알면 족하다. 그러나 때때로 다행스럽게도 그 감각과 의식이 생활과 보다 덜 밀착해 있는 사람들이 나타난다. 자연은 그들의 지각 기능을 그들의 행위 기능에 덧붙이는 것을 잊어버렸다. 그들은 사물을 볼 때, 그 사물 자체로 보며 자신들을 통해서 보지 않는다. 그들은 단지 행위를 목적으로 지각하지 않는다. 그들은 지각하기 위해 지각한다. 다른 목적은 없다. 오직 즐거움을 위해서다. 그들 자신의 어떤 측면을 통해서, 즉 의식을 통해서든 아니면 감각을 통해서든 그들은 초연히 태어난다. 그 초탈(超脫)이 어떤 감각의 초탈인가 아니면 의식의 초탈인가에 따라, 그들은 각각 화가가 되고 조각가가 되며, 음악가가 되고 시인이 된다. 따라서 우리가 여러 예술에서 보는 것은 더 직접적인 실재의 상(像)이다. 그리고 예술가가 더 많은 수의 사물을 보는 이유도 그가 자기의 지각을 이용하는 데 관심을 보다 덜 갖기 때문이다.

관심의 전향

이렇듯 자연은 특권적인 개인을 위해 실수로 이따금 무엇인가를 해준다. 그러면 철학은 이와 똑같은 것을 다른 의미로, 또 다른 방식으로 세계를 위해 시도할 수 없을 것인가? 여기서 철학의 역할이란 우리의 관심을 다른 데로 옮겨줌으로써 실재에 대한 더 완전한 지각으로 우리를 이끌어주는 것이 아닐까? 문제는 실용적인 흥미의 대상이 우주의 측면에서 우리의 관심을 멀리하고 실용적인 면에는 조금도 기여하지 못하는 것으로 되돌아가는 것이다. 이러한 관심의 전향이 바로 철학 자체인 것이다.

언뜻 보면 이런 일이 오래전부터 행해져온 것처럼 보인다. 사실 철학하기 위해서는 우선 초탈해야 하며, 사색이란 행위의 반대라고 말한 철학자는 한둘이 아니었다. 방금 전에 우리는 그리스의 철학자들에 대해 이야기한 바 있다. 그들 중 플로티누스(Plotinus)만큼 강력하게 이런 생각을 말한 사람은 없다. "모든 행위는 사색이 약화된 것"이라고 그는 말했다(덧붙여 그는 '모든 제작 행위'도 마찬가지라 했다). 또한 그는 플라톤의 정신에 충실하여 진리의 발견에는 정신의 전향($\epsilon\pi\iota\sigma\tau\rho o\varphi\eta$)이 요구되는바 이때 정신은 이 아래에 있는 현상계에서 떨쳐나와 저 위에 있는 실재의 세계로 밀착된다. "우리의 사랑하는 고향으로 도망가자!" 그러나 문제는 '도망가는 것(fuir)'이다. 더 정확히 말해서, 플라톤을 위시하여 형이상학을 이런 식으로 이해하는 사람들 모두에 있어서는 삶에 초연해지고 관심을 전향시키는 것은 곧 우리가 거주하는 세계와는 다른 세계로 즉시 이주하는 것이며, 감각이나 의식보다는 지각 기능을 전개하는 것이었다. 그들은 이러한 관심의 교육이 대부분의 경우 그 눈가리개를 제거하는 데 있으며, 또한 생활의 요구에 따라 몸에 익숙한 그 위축의 습관을 떨쳐버리는 데 있다고는 믿지 않았다. 그들은 형이상학자는 반드시 그의 사색 중 적어도 절반은 모든 사람이 바라보는 것을 끊임없이 바라보는 데 두어야 한다고 생각지 않았다. 그렇기는커녕 형이상학자는 언제나 다른 것으로 향해야만 했다. 그렇기 때문에 그들은 하나같이 모두, 우리가 외적(外的) 세계와 자신을 인식할 때 끊임없이 사용하는 것과는 다른 투시(vision) 기능에 호소하고 있었던 것이다.

형이상학의 가능성

칸트는 바로 이러한 선천적(transcendant) 기능이 존재한다는 데에 이의를 제기했기 때문에 형이상학이 불가능하다고 믿었던 것이다. 《순수이성비판》에 나타난 가장 심오하고 중요한 사상은 다음과 같다. 만일 형이상학이 가능하다면, 그것은 투시에 의해서이지 변증법에 의해서가 아니다. 오직 우월한 직관(이것을 칸트는 '지적(知的)' 직관이라 불렀다)만이, 즉 형이상학적 실재의 지각만이 형이상학을 구축할 수 있다. 따라서 칸트의 '비판'이 가져온 결과 중 가장 명백한 것은 오직 투시를 통해서만 피안의 세계에 침투할 수 있으며, 이 영역 내에서 학설은 그것이 지각을 포함하는 정도에 따라 가치를 지닌다는 점을 보여준 것이다. 이 지각을 집어서 그것을 분석하고, 재구성하고, 모든 방향으로 두루 향하게 한 다음 최고의 지성적 화학의 가장 정교한 작용을 받도록 하라. 그러면 당신이 도가니 속에서 끄집어낼 수 있는 것이란 당신이 그곳에 집어넣었던 것 이외에는 없다. 그 도가니 속에 집어넣은 투시의 양만큼을 당신은 발견한 것이다. 추리도 당신이 최초에 지각했던 것을 넘어서 당신을 한 발자국도 나가게 할 수 없다. 이것이 칸트가 그토록 명확하게 밝혀놓은 것이며, 내 생각 같아서는 이것이 바로 그가 사변철학에 기여한 가장 큰 공로인 것이다. 그는 명백히, 만일 형이상학이 가능하다면 오직 직관의 노력을 통해서만 가능하다고 단언했다 —— 오직 직관을 통해서뿐이었다. 그러나 그는 직관만이 우리에게 형이상학을 줄 능력이 있음을 증명한 후에, 덧붙여서 이러한 직관은 불가능하다고 말했다.

왜 그는 직관이 불가능하다고 판단했는가? 그 정확한 이유는 그가 염두에 두었던 투시가 플로티누스가 표현했던, 일반적으로 말해서 형이상학적 직관에 호소하던 사람들이 표현했던 종류의 투시였기 때문이다. 말하자면 실재 '자체'의 투시였기 때문이다. 이것을 가지고 그들은 모두 감각은 물론 의식과도 근본적으로 다른 인식 기능을 이해하려 했던 것이며, 이것은 정반대의 방향을 향하는 것이었다. 그들은 모두 실제적 생활에서 초탈한다는 것이 그것에 등을 돌리는 것이라고 믿었던 것이다.

도대체 왜 그들은 그렇게 믿었는가? 그들의 반대자였던 칸트는 왜 그들과 같은 오류를 저질렀던 것일까? 왜 이들은 그렇게 판단했으면서도 서로 대립되는 결론을 이끌어냈던 것일까? 전자는 즉시 형이상학을 구축하였고 후자는 형이상학이 불가능하다고 천명하지 않았던가?

그들이 그렇게 믿었던 이유는, 그들의 생각으로는 우리의 감각과 의식의 일상생활에서 기능할 때 우리로 하여금 운동을 직접적으로 파악하게 해주기 때문이었다. 감각과 의식이 보통 작용하듯이 그대로 작용할 때, 우리는 사물과 자신 속에서 일어나고 있는 변화를 실제로 지각한다고 그들은 믿고 있었다. 그렇다면 우리의 감각과 의식의 습관적 소여에 따라가면 결국 사변의 질서 속에서 풀 길 없는 모순에 봉착하게 되기 때문에, 모순은 변화 자체에 본래부터 있는 것이며 이러한 모순을 피하기 위해서는 변화의 영역을 벗어나 시간 너머로 올라가야만 한다고 그들은 결론지었다. 이와 같은 것이 칸트를 위시하여 형이상학의 가능성을 부인한 사람들 및 형이상학자들이 취한 입장이다.

실제로 형이상학은 엘레아의 제논(Zenon)이 변화 및 운동이라는 주제에 대해 논의했을 때 태어났다. 제논은 그가 운동과 변화라 부른 것의 불합리성에 관심을 집중하면서, 여러 철학자들 —— 우선적으로 플라톤 —— 로 하여금 참되고 일관적인 실재를 변화하지 않는 것에서 찾도록 이끌었다. 또한 바로 이 이유 때문에 칸트는 우리의 감각과 의식이 진정한 시간 속에서, 즉 지속 안에서 연속적으로 변화하는 시간 속에서 작용한다고 믿었다. 한편으로 이것은 칸트가 감각과 의식의 일상적 소여(所與)가 상대적임을 이해한 이유이기도 하며 (더구나 이 상대성을 그는 그의 노력이 가장 뛰어났던 시기 이전에 확고히 해놓았다), 형이상학은 감각과 의식의 투시와는 전혀 다른 투시 —— 더욱이 그로서는 인간에게서 그 발자취를 찾아볼 수 없었던 투시 —— 가 없이는 불가능하다고 생각한 까닭이다.

그러나 처음에 제논이 생각했고 그후에 일반적으로 형이상학자가 생각했던 운동과 변화는 실은, 변화도 운동도 아니다. 그들은 변화 가운데서 변화하지 않는 것을, 운동 가운데서 운동하지 않는 것을 붙들고 있었다. 그들은 이렇게 지각이 결정화(結晶化)된 것, 즉 실용적인 목적으로 고체화(固體化)된 것을 운동 및 변화의 직접적이고 완전한 지각으로 오인하고 있었다. 한편 칸트가 시간 자체라고 생각했던 것은 흐르지도, 변화하지도, 지속하지도 않는 시간이었다. 이러한 점을 증명할 수 있을 때, 우리는 제논이 지적한 바 있는 그런 모순을 피하고 일상적인 지식을 칸트가 이에 부여했던 상대성(相對性)에서 분리시킬 목적으로 시간에서 벗어날 필요도 없으며(우리는 이미 시간에서 벗어나 있다!), 변화에서 해방될 필요도 없다(우리는 이미 해방되어 있지 않은가!) 이와는 반대로, 우리가 해야 할 일은 변화와 지속을 그 본래적 운동성(mobilité originelle) 속에서 파악하는 것이다. 그때 우리는 수많은 난점들이 하나하나 저 멀리 떨어져 나가고 수많은 문제들이 사라져버림을 보게 될 것이다. 그뿐만 아니라, 우리의 지각 기능을 확장하고 활기를 띠게 함으로써, 또 어쩌면(당장은 그러한 높이까지 올리는 것은 문제가 아니지만) 특권적인 영혼이 직관에 부여할 연장(延長)을 통해서도 우리는 우리 의식 전체에 연속성을 재수립하게 될 것이다. 이 연속성은 이제 더는 가설적이 아니며 구성된 것도 아니다. 그것은 우리가 경험하고 살아가는 연속성이다. 이러한 유의 작업이 가능할 것인가? 이것이 적어도 우리 주위에 대한 인식에 관한 한, 두 번째 강연에서 고찰하고자 하는 것이다.

두 번째 강연

변화와 운동의 불가분성

어제 여러분은 아주 변함없는 주의를 내게 보내주었기 때문에, 오늘 내가 그것을 좀 이용할 마음이 있다고 해서 놀라지는 않을 것 같다. 여러분에게 부탁하는 바는, 우리가 무의식중에 실재와 우리 자신 사이에 개재시켜놓은 인위적인 도식 중 어떤 것을 옆으로 치워놓도록 적극적으로 노력해달라는 것이다. 우리에게 자연스럽게 되어버린 사유 습관과 지각 습관을 떨쳐버릴 필요가 있다. 변화와 운동의 직접적인 지각으로 되돌아가야만 한다. 이러한 노력의 즉각적인 결과가 여기에 있다. 즉 우리는 모든 변화, 모든 운동을 절대적으로 불가분적이라고 생각하게 될 것이다.

먼저 운동에서부터 시작하자.

점 A에 손을 대었다고 하자. 그리고는 점 B로 손을 옮긴다. 이때 구간 AB를 통과한다.

나는 이러한 A에서 B로의 운동이 본질적으로 단순하다고 말하고 싶다.

그런데 우리들 각자는 이것에 대하여 직접적인 감각을 지니고 있다. 분명히 우리는 손을 A에서 B로 움직여갈 때 중도의 어느 한 점에서 멈출 수 있다고 생각한다. 그러나 이럴 경우에 우리는 동일한 운동을 하고 있지 않다. A에서 B로의 단순한 운동은 이제 없다. 가설에 의해 이제는 간격을 지닌 두 개의 운동이 있게 된다. 내부에서도, 즉 근육 감각을 통해서도, 그리고 외부에서도, 즉 시각에서도 우리는 동일한 지각을 갖지 않는다. A에서 B로의 운동 그 자체를 시작할 때, 나는 그것이 분할되지 않았다고 느끼며 그것은 불가분적이라고 천명해야 한다.

실제로 나의 손이 A에서 B로 움직여 가면서 구간 AB를 그려내는 것을 볼 때, 나는 다음과 같이 말한다. 즉 "구간 AB는 내가 원하는 대로 수없이 부분들로 분할될 수 있다. 따라서 A에서 B로의 운동은 원하는 대로 부분들로 수없는 분할될 수 있다. 왜냐하면 이 운동은 정확히 이 구간 위에 덧붙여지기 때문이다." 다시 말해서 "움직이는 것은 그 경로의 각 순간마다 어떤 점을 지나간다. 따라서 우리는 운동에 있어서 원하는 만큼의 수많은 단계를 구별할 수 있다. 그러므로 운동은 무한히 분할될 수 있다." 그러나 잠시 생각해보자. 어떻게 운동은 그것이 지나가는 공간 위에 덧붙여질(s'appliquer sur) 수 있는가? 어떻게 움직이는 것이 움직이지 않는 것과 일치할 수 있단 말인가? 어떻게 움직이는 대상이 그 지나가는 경로의 어느 한 점에 있단(serai) 말인가. 그것은 통과한다(passe). 바꾸어 말하면, 그것은 거기에 있을 수 있다 (pourrai y être). 대상이 멈춘다면 그것은 거기에 있게 될 것이다. 그러나 거기에 멈춘다면 그것은 우리가 다루고 있는 것과 동일한 운동이 아니다. 통과하는 도중에 끊임이 없을 때, 그 통과는 단 한번의 도약으로 완결된다. 그 비약은 수초간 지속할 수도 있고, 몇 날, 몇 개월, 몇 년 동안 지속할 수도 있다. 그것은 문제가 되지 않는다. 그것이 단일한 하나의 도약일 때 바로 그것은 분해될 수 없는 것이다. 이러한 통과가 실현되기만 하면, 단지 그 경로가 공간이고 공간은 무한히 분할될 수 있다는 이유로 우리는 운동 자체도 무한히 분할될 수 있다고 상상한다. 우리는 그렇게 상상하기를 좋아한다. 그 이유는 운동 속에서 우리의 관심을 끄는 것은 위치의 변화가 아니라 위치 자체이기 때문이다. 그것은 운동이 떨어뜨리고 간 위치, 운동이 줍게 될 위치, 만일 운동이 중도에서 정지된다면 취하게 될 그런 위치이다. 우리에게는 부동성(浮動性)이 필요하다. 그리고 운동을 운동이 통과해 가는 공간의 점들이 지닌 부동성과 일치한다고 상상하게 될수록 우리는 운동을 더 잘 이해한다고 생각한다. 실제로 만일 부동성이 운동의 부재를 뜻한다면, 실재하는 부동성이란 결코 있을 수 없다. 운동은 실재 자체이며, 우리가 부동성이라 부르는 것은 두 대의 기차가 똑같은 속도로 똑같은 방향을 향해서 평행한 철로 위를 달려갈 때 나타나는 상태와 유사한 사물의 상태다. 각각의 두 기차는 서로 다른 기차에 앉아 있는 여행자에게는 움직일 수 없는 것이다. 그러나 결국 이러한 예외적인 상황이 우리에게는 규칙적이고 정상적인 상황처럼 보인다. 왜냐하면 그에 의해서 우리는 사물에 행위를 끼칠 수 있고, 또한 사물도 우리에게 행위를 끼칠 수 있기 때문이다. 두 기차에 타고 있는 여행자가 창문을 통해서 서로 손을 맞잡고 이야기할 수 있으려면 두 기차는 반드시 '움직이지 않아야' 한다. 다시 말해서 두 기차는 똑같은 방향을 향해서 똑같은 속도로 달려가야만 하는 것이다. '부동성'이란 행위의 전제 조건이기 때문에, 우리는 그것을 실재(實在)인 양 내세우고 그것을 절대적인 것으로 만들며 운동을 어떤 덧붙여진 것으로 생각한다. 실제적인 면에서 이보다 더 합법적인 것은 없다. 그러나 우리가 이러한 정신의 습관을 사색의 영역으로 옮겨갈 때, 우리는 참된 실재를 인지하지 못한다. 우리는 풀 길 없는 문제들을 꿍꿍대며 창조해낸다. 우리는 실재적인 것에서 가장 활기차게 살아 있는 것에 눈감고 있다. 엘레아의 제논이 행한 논의를 다시 끄집어낼 필요는 없다. 그 논의에서는 운동을 그 운동이 지나는 공간과 혼동하고 있고, 적어도 공간을 다루는 방식으로 시간을 다룰 수 있으며 시간을 그 연관관계를 고려치 않은 채 분할할 수 있다는 확신으로 가득차 있다. 그들의 말에 의하면, 아킬레스는 자기가 쫓아가고 있는 거북이를 결코 앞지를 수 없다. 왜냐하면 그가 이전에 거북이가 있었던 지점에 이르면 이미 거북이는 앞으로 더 나아갈 시간을 갖고 있으며, 이런 상황이 무한히 계속되기 때문이라 한다. 철학자들은 이 논의를 여러 가지 방법으로 논박해왔다. 그런데 이 방법들은 너무도 다양하여 어떤 논박들도 다른 논박들에서 그들이 명확하다고 생각될 권리를 박탈하고 만다. 그래도 이 난점을 간단히 해치워버릴 간단한 방법이 있었을 것이다. 그것은 아킬레스에게 직접 물어보는 것이었다. 왜냐하면 아킬레스는 결국에 가서는 거북이를 뒤쫓아 가서 그것을 앞설 것이기 때문이다. 운동의 가능성을 걸어봄으로써 증명한 고대의 철학자들은 옳았다. 그가 저지른 유일한 실수는 주석을 덧붙임 없이 행위를 취한 것이다. 그렇다면 아킬레스에게 자신의 경우에 대해 주석을 덧붙여달라고 부탁한다고 가정해보자. 그의 답은 분명히 다음과 같은 것이다. "제논의 주장에 따르면 나는 내가 있는 지점에서 거북이가 떠나버린 지점으로 가고, 그 점에서 거북이가 떠나버린 다음 점으로 가고, 또다시 다음 점으로 계속 간다고 한다. 이것이 그가 나를 가게끔 하는 과정이다. 그러나 나는 거북이를 다른 방법으로 따라간다. 우선 첫 번째 걸음을 떼고 다음에 두 번째 걸음을 떼고 이렇게 계속한다. 결국에 어떤 수만큼의 걸음을 뗀 후에 나는 거북이를 앞지를 마지막 걸음을 떼게 된다. 이렇게 해서 나는 분할할 수 없는 연속된 행위를 완수한다. 나의 과정은 이러한 행위의 연속이다. 사람들은 이 과정의 부분을 이 과정에 포함된 걸음의 수에 따라 분리하거나 다른 방식으로 연결되어 있다고 가정할 권리를 가지고 있지 않다. 제논이 한 방식대로 진행해간다면, 그것은 경주가 마치 걸음이 지나쳐간 공간처럼 임의적으로 분해될 수 있다고 인정하는 것이다. 그것은 곧 통과가 그 경로에 실제로 덧붙여진다고 믿는 것이다. 그것은 운동과 부동성을 일치토록 만들어 그 결과 서로를 혼동하고 있는 것이다."

186

그런데 이것이 바로 우리의 일상적인 방법이다. 우리는 운동이 마치 움직이지 않는 것들로 이루어져 있는 듯이 이야기하며, 운동을 볼 때, 부동적인 것을 이용해서 그 운동을 재구성한다. 우리에게 있어 운동이란 위치(位置)다. 그러면 다른 새로운 점이 잇따르고 이렇게 무한히 다른 점이 잇따른다. 사실 우리는 다른 무엇인가가 있음에 틀림없다고 말한다. 아울러 한 위치에서 다른 위치로 가는 데에는 그 구간을 지나는 통과(passage)가 있다고도 말한다. 그러나 이 통과에 주의를 집중하는 즉시 우리는 그것을 연속된 위치로 바꿔버린다. 그러면서도 아직 두 계기(繼起)하는 위치 사이에 정말로 하나의 통과를 가정해야만 한다는 것을 인정하고 있는 것이다. 우리는 이 통과를 생각하는 순간 이 통과에서 무한히 멀어져 간다. 우리는 그것이 존재함을 인정하고 그것에 명칭을 부여한다. 우리에게는 그것으로 족하다. 일단 이렇게 되면 우리는 위치들에 관심을 갖고 오직 그것에만 전념한다. 우리는 운동하는 것 안에서 운동을 투시할 때 사유 안에 나타나는 난관에 대해 본능적으로 두려움을 가지고 있다. 따라서 운동을 부동적인 것으로 격하하는 것도 무리는 아니다. 만일 운동이 모든 것이 아니라면, 그것은 아무것도 아니다. 그리고 만일 처음부터 부동성이 실재일 수 있다고 가정한다면, 운동은 우리가 잡았다고 생각하는 순간 손가락 사이로 빠져나간다.

지금까지 운동에 대해서 이야기했다. 그러나 어떤 변화에 대해서도 이와 똑같은 말을 할 수 있다. 모든 실재적인 변화는 불가분적인 변화다. 우리는 변화를 뚜렷한 상태들의 연속으로 다루길 좋아한다. 이 상태들은 말하자면 시간 속에서 일렬로 늘어서는 것이다. 다시 말하지만 이것은 자연스런 일이다. 반면에 변화가 우리 자신 내에서도 사물에서도 연속적일 때, 우리 각자가 '나(moi)'라고 부르는 부단한 변화는 '사물'이라 불리는 부단한 변화에 작용할 수 있다. 이런 경우에 이 두 변화는 서로의 관계상, 위에서 언급한 바 있는 두 기차와 같은 상황에 있어야 한다. 예를 들어 우리는 대상의 빛깔이 변화될 때, 여기서 변화란 곧 색조의 연속으로서 이 색조가 바로 변화를 구성하는 요소이며 그 자체는 변화하지 않는다고 말한다. 그러나 우선, 만일 각 색조가 객관적인 존재를 지닌다면, 그것은 무한히 빠른 진동(振動)으로서 곧 변화다. 또 한편 그것에 대한 우리의 지각은 그 주관적인 정도에 따라, 우리 개성의 일반적인 상태의 고립되고 추상적인 측면에 불과하다. 그러나 이 상태들의 전체는 끊임없이 변화하고 있고 이른바 변화하지 않는다는 지각으로 하여금 그 변화에 참여토록 만들고 있다. 사실 끊임없이 수정되고 있지 않는 지각은 없다. 따라서 우리의 외부에 있는 빛깔은 운동성 자체이며, 우리의 개성도 또한 운동성이다. 그러나 사물에 대한 지각의 전체 메커니즘은 사물에 대한 행위의 메커니즘과 마찬가지로, 앞서 말한 두 기차의 경우에 비교될 만한 상황을 외적 운동성과 내적 운동성 사이에 야기시키게끔 규제되어 있다. 어쩌면 더 복잡한 상황일지 모르지만, 종류는 같은 것이다. 대상의 변화와 주체의 변화라는 두 변화가 어떤 특정 조건 하에서 발생할 때, 이 변화로 인해 '상태'라 불리는 특정한 현상이 나타난다. '상태들'을 소유하기만 하면 우리의 정신은 이것을 이용하여 변화를 재구성한다. 거듭 말하지만 이보다 더 자연스런 일은 없다. 변화를 여러 상태로 분해함으로써 우리는 사물에 행위할 수 있으며, 변화 자체보다는 상태에 관심을 두는 것이 실제적인 면에서 더 유리하다. 그러나 이 경우에 행위에 대해 우호적인 것은 사변(思辨)에 대해서는 치명적이다. 변화가 실제로 상태들로 구성되어 있다고 생각하는 즉시 풀 길 없는 형이상학적 문제들이 발생한다. 이 문제들이 다루는 것은 오직 현상뿐이다. 참된 실재에는 눈감고 있는 것이다.

이 이상으로 주장하지는 않겠다. 우리 각자가 실험을 통해서 변화 및 운동에 대한 직접 투시를 갖도록 하자. 그때 우리는 절대적 불가분성의 느낌을 갖게 될 것이다. 이제 첫 번째 논점과 밀접히 관련되어 있는 두 번째 논점을 다룰 때가 왔다. 즉 변화는 존재한다. 그러나 변화 밑에 변화하는 사물이 있지는 않다. 변화란 담지체(擔持體)를 필요로 하지 않는다. 운동도 존재한다. 그러나 불활성적이고 불변적이면서 운동하는 대상이 있지는 않다. 운동은 움직이는 것을 함축하지 않는다.[1]

실체적인 변화와 운동

사물을 이런 방식으로 표현하기는 어렵다. 왜냐하면 가장 탁월한 감각은 시각이며, 눈은 습관적으로 시각 영역 전체에서 상대적으로 불변하는 형체들을 분리시켜내기 때문이다. 이 형체들은 그때 위치는 변하지만 형태는 변화하지 않는다고 가정된다. 운동은 움직이는 것에 마

---

1 필자는 이러한 견해를 강연에서 했던 형태 그대로 재수록한다. 이러한 견해가 필자의 이후 저작에서 나타난 적용과 설명에도 불구하고, 당시와 똑같은 오해를 야기시킬지도 모른다는 것은 숨기지 않겠다. 유(有)가 곧 행위라는 것─그 존재가 사라지고 있다는 결론이 나올 수 있는가? '기체(基體 : substrátum)'는 결정된 것을 지니지 않는바 그 이유는 가설상 그 결정, 따라서 그 본질은 그 행위 자체이기 때문이다. 그런데 유(有)를 '기체' 안에 자리 잡게 한다고 해서 필자가 말하는 것 이외에 무엇을 더 이야기하고 있단 말인가? 실재적 지속이 현재 안에서의 과거의 존속과 전개의 불가분적인 연속성을 함축하고 있는데, 위와 같이 이해된 존재가 끊임없이 자기자신에 임한단 말인가? 이러한 모든 오해는 실재적 지속이라는 나의 관점을 공간화된 시간에 대한 관념을 갖고서 적용시켰다는 사실에서 연유한다.

치 우연적인 것으로 첨가되고 있다. 일상생활에 있어서는 안정적인 대상, 말하자면 책임 있는 대상을 다루는 것이 실제로 편리하다. 이 대상에 대해서 우리는 마치 사람에 호소하듯 한다. 시각은 사물을 이런 방식으로 파악하려 한다. 촉각의 척후병으로서 시각은 외적 세계에 대한 우리의 행위를 준비한다. 그러나 청각에 호소할 때, 우리는 이미 운동과 변화를 독립적인 실재로서 지각하는 데 어려움을 덜 겪게 된다. 음악의 멜로디를 들으면서 마음을 가라앉혀보자. 이때 우리는 움직이는 것에 부착되지 않은 운동, 그리고 변화하는 것을 지니지 않은 변화를 명확히 지각하지 않는가? 이 변화는 그 자체로 충분하다. 그것은 사물 자체이다. 설령 그것이 시간을 요하더라도 여전히 분할될 수는 없다. 만일 멜로디가 끊긴다면, 그 즉시 그것은 동일한 음향이 아니다. 그것은 다른 멜로디로서 이것 역시 분할될 수 없는 것이다. 분명히 우리에게는 멜로디를 분할해서는, 단절되지 않은 멜로디의 연속성 대신 뚜렷이 구별되는 음표의 병치(並置)를 보여주려는 경향이 있다. 그렇지만 그 이유는 무엇인가? 그것은 자신이 노래 부를 때 듣는 소리를 근사적으로나마 재구성하기 위해서 해야 할 불연속적인 노력의 나열을 생각하고 있기 때문이다. 또한 우리의 청각 지각이 시각적 이미지에 흡입되는 습관에 물들어 있기 때문이기도 하다. 따라서 우리는 관현악 지휘자가 악보를 볼 때 갖는 시각을 통해서 멜로디를 듣는다. 우리는 서로 옆에 위치한 음표들을 상상 속의 종잇조각에 그리는 것이다. 우리는 연주자가 연주하는 피아노를 생각하고 있고, 왔다 갔다 하는 활을 생각하고 있으며 각자가 다른 연주자를 따라 연주하는 음악가들을 생각하고 있다. 이러한 공간적 이미지에 머무르지 않을 때 순수한 변화가 남게 된다. 이 변화는 그 자체로 충분하며 어떻게 해서도 분할되지 않고 결코 변화하는 '사물(事物)'에 부착되어 있지 않다.

그러면 다시 시각으로 되돌아가보자. 여기서 주의를 더욱 집중해보면 우리는 여기서도 운동은 그 수송체를 필요로 하지 않으며 변화도 일상적 의미에서의 실체를 필요로 하지 않음을 알게 된다. 물질적 사물에 대한 이러한 투시는 이미 물리학에서 제시되어 있다. 이 투시는 진행해갈수록 공간 속에서 움직이는 행위 속으로, 또 끊임없는 진동 속에서 앞뒤로 왔다 갔다 하는 운동 속으로 물질을 용해시켜 버린다. 따라서 운동성은 실재 자체가 된다. 분명히 과학은 이 운동성에 담지체(擔持體)를 부여함으로써 시작한다. 그러나 과학이 앞으로 나아감에 따라 이 담지체는 뒤로 물러선다. 덩어리들이 분자(分子)로 분해되고, 분자는 원자(原子)로, 원자는 다시 전자(電子)나 미립자(微粒子)로 분열된다. 결국 운동에 부여된 담지체는 단지 편의적인 도식에 불과했음이 밝혀진다. 과학자 측에서 단순히 우리의 시각적 상상의 습관에 양보한 결과다. 그러나 그렇게까지 멀리 갈 필요도 없다. 우리의 눈이 운동에 그 수송체로 부착해놓은 '움직이는' 것은 무엇인가? 단순히 하나의 얼룩점이 본질상 지극히 빠른 진동의 연속으로 환원된다는 것을 우리는 잘 알고 있다. 이 부당하게 주장되는 사물의 운동은 실제로는 여러 운동 중 한 운동에 지나지 않는다.

그러나 내적 삶의 영역에서만큼 이렇게 변화의 실체성을 잘 볼 수 있고 만져볼 수 있는 곳은 없다. 개성에 대한 이론이 귀착하게 되는 모든 종류의 난점들과 모순들의 원인은, 우리가 한편으로는 뚜렷이 구별되는 심리적 상태들을 상상하면서 이 상태들 각각은 불변적이지만 그 계기(繼起)에 의하여 자아의 변화를 산출해낸다고 생각하고, 다른 한편으로는 이에 못지않게 불변적인 자아가 있어 그 상태들의 담지체 역할을 한다고 생각해온 데 있다. 어떻게 이 단일성과 다양성이 회합할 수 있단 말인가? 둘 다 지속을 지니지 않았는데 —— 왜냐하면 우선 변화란 첨가된 것이기 때문에, 또 변화는 변화하지 않는 요소들로 구성되어 있기 때문에 —— 도대체 어떻게 이것들이 지속하는 자아를 구성할 수 있단 말인가? 실제로는 경직되어 움직일 수 없는 기체(基體 : substratum)도 없고, 마치 무대 위 배우처럼 그 기체 위를 지나쳐가는 뚜렷이 구별되는 상태들도 없다. 단지 내적 삶의 연속적인 멜로디가 있을 뿐이다. 이 멜로디는 지금도 울리고 있고 앞으로도 계속 울릴 것이다. 이 멜로디는 우리의 의식적 존재의 처음부터 끝까지 분할됨이 없다. 바로 이것이 우리의 개성(個性)이다.

이렇게 불가분적인 변화의 연속성이 바로 참된 지속을 구성하는 것이다. 여기서는 내가 이미 다른 곳에서 다루었던 문제에 상세히 들어갈 수는 없다. 따라서 이 '실재적' 지속이 표현될 수 없고 신비적으로 느껴지는 사람들에 대한 답변으로서, 이 지속이야말로 세상에서 가장 명확한 것이라고 말하는 데 그치겠다. 실재적 지속은 우리가 언제나 시간이라 부르던 것이다. 그러나 이 시간은 분할될 수 없는 것으로서 지각되는 시간이다. 시간이 계기(繼起)를 함축함을 나는 부인하지 않는다. 그러나 계기가 나란히 놓인 '전(前)'과 '후(後)'의 구별처럼 우리의 의식에 주어진다는 것은 인정할 수 없다. 흘러나오는 멜로디를 들을 때, 우리는 가질 수 있는 것 중 가장 순수한 계기(繼起)의 인상을 갖게 된다. 이 인상은 가능한 한 동시성의 인상에서 멀리 떨어져 있다. 더구나 그러한 인상을 우리에게 남겨주는 것이 바로 멜로디의 연속성과 분해 불가능성이다. 멜로디를 절단해서 식별되는 음표로 만들 때, 즉 원하는 대로의 '전'과 '후'로 만들 때, 우리는 멜로디 속에 공간적 이미지를 집어넣고 있으며, 또 동시성을 지닌 계기(繼起)를 수태(受胎)하고 있다. 공간에는, 또 오직 공간에서만, 서로 외적인 부분들의 명확한 구분이 있다. 더욱이 내가 아는 바로는, 우리는 보통 공간화된 시간 속에 우리 자신을 위치시키고 있다. 우리는 생활의 심연에서 울려 나오는 단절되지 않은 울림에 귀를 기울일 관심이 없다. 그러나 그곳이 바로 실재적인 지속이 있는 곳이다. 그 덕분에 우리가 우리 내부에서, 또 외부 세계에서 목격하는 어느 정도 긴 변화가 단일하고 동일한 시간 속에 나타난다.

그리하여 내부적인 것이 문제든 아니면 외부적인 것이 문제든, 다시 말해서 우리 자신이나 사물 중 어느 것이 문제 되든 실재는 운동성 자체다. 바로 이것이, 변화는 있지만 변화하는 사물은 없다고 내가 말했을 때 뜻하던 것이다.

이러한 우주적인 운동성의 장관 앞에 서 있는 사람 중에는 현기증이 나는 사람도 있을 것이다. 그들은 단단한 육지에 습관이 들어 있는 사람이다. 이들은 배의 옆질(roulis)이나 키질(tangage)에는 적응할 수 없다. 그들에게는 사유와 존재를 부착할 '고정된' 점이 있어야 한다. 그들의 생각으로는, 만일 모든 것이 통과한다면 존재하는 것은 없다. 만일 실재가 운동성이라면, 그것은 우리가 그것을 생각하는 순간 이미 존재하기를 정지했을 것이라고 한다. 실재는 사유의 손아귀에서 벗어난다. 그들의 말에 의하면, 물질적 세계는 곧 해체될 것이며 정신은 사물의 급류 속에 휘말려 들어갈 것이라 한다 —— 그들을 안심시키도록 하자. 만일 그들이 사이에 드리워진 장막 없이 변화를 바라보는 데 동의하게 되면 그 즉시로 변화는 그들에게 가장 실체적(實體的)이고 지속적(持續的)인 것으로 보일 것이다. 변화의 견고성은 단지 운동성들을 일시적으로 배열시킨 것에 불과한 고정체의 견고성보다 훨씬 더 우월하다. 이제 실제로 세 번째의 논점에 이르렀다. 여기에 주의를 집중시켜주길 바란다.

그것은 다음과 같다. 만일 변화가 실재적이고 게다가 실재까지 구성한다면, 우리는 과거를 다룸에 있어서 이전에 철학이나 언어를 통해서 익숙해 있던 방식과는 다른 방식을 취해야 한다. 우리는 보통 과거가 존재하지 않는다고 생각하는 경향이 있으며, 철학자들은 이 자연적인 경향을 부추기고 있다. 이들 철학자나 우리에게는 현재만이 존재한다. 설사 과거 가운데 어떤 것이 잔존하더라도 그것은 현재의 도움에 의한 것이며, 현재가 베푸는 자비심의 행위에 의한 것이다. 요컨대 은유법을 쓰지 않고 말하면 기억(記憶)이라 불리는 특정한 기능의 간섭에 의해서 과거는 잔존한다는 것이다. 기억의 역할은 과거 중의 어떤 예외적인 부분들을 일종의 상자 속에 쌓아놓아 보존하는 것으로 추정되고 있다. 얼마나 커다란 오류인가! 이것이 행위하는 데 필요하고 유용한 것임을 인정은 하지만, 이것은 사변(思辨)에 대해서는 치명적인 것이다. 여기에는, 즉 '껍질 속에는' 철학적 사유를 오염시킬 수 있는 환상들의 대부분이 자리 잡고 있음을 보게 될 것이다.

유일하게 존재한다고 생각되는 이 '현재'에 대해 잠시 살펴보도록 하자. 정확히 말해서 현재란 무엇인가? 만일 문제가 현재의 순간 —— 다시 말해서 직선에 대한 수학적 점(點)과 같은 시간에 대한 수학적 순간 —— 이라면, 그러한 순간이 순수한 추상으로서 정신의 한 측면에 지나지 않는다는 것은 분명하다. 그것은 실재적인 존재를 지닐 수 없다. 수학적인 점에서 직선을 만들어내지 못하듯이, 그러한 순간에서는 시간을 만들어낼 수 없다. 설사 그러한 순간이 존재한다고 해도 어떻게 그에 선행하는 다른 순간이 존재할 수 있단 말인가? 두 순간은 가설상 시간이 순간들의 병치(竝置)로 환원된다는 이유로, 어떤 가격의 시간에 의해 분리될 수는 없다.

따라서 그 순간들은 어느 것에 의해서도 분리되지 않으며 그 결과 그것들은 오직 하나의 순간이다. 서로 접했을 때 일치하는 두 개의 수학적 점과 같다. 그러나 이러한 교묘함은 저멀리 내버리자. 우리의 의식이 말해주는 바에 따르면, 현재에 대해 이야기할 때 우리는 어떤 간격의 지속을 사유(思惟)하고 있다. 그러면 지속이란 무엇인가? 지속(持續)을 정확하게 고정시켜놓기란 불가능하다. 그것은 오히려 허공에 떠돌아다니는 것이다. 이 순간에 나의 현재는 내가 말하고 있는 문장이다. 그러나 그 이유는 내가 관심의 영역을 내 문장에 한정시키고자 하기 때문이다. 이 관심은 컴퍼스의 두 점 사이의 간격처럼 넓혀질 수도 좁혀질 수도 있는 것이다. 지금 당장에 보면 두 점은 나의 문장의 처음부터 끝까지 이를 수 있을 정도로 충분히 떨어져 있다. 그러나 환상 속에서 그것들을 더 뻗어나가면 나의 현재는 그 마지막 문장 이외에도 그 문장에 선행했던 문장까지 포함하게 된다. 내가 해야만 할 일은 단지 다른 구두점을 사용하는 것뿐이다. 더 뻗어보자. 관심은 무한히 확장될 수 있으므로, 앞의 문장들을 따라서 이 강연의 이전 문장들 모두와 본 강연보다 앞서 일어났던 모든 사건들을 포함할 것이며, 그리하여 과거라 불리는 것을 원하는 부분만큼 포함하게 될 것이다. 따라서 우리의 현재와 과거를 분리하는 것이 임의적이지는 않더라도, 적어도 생활에 대한 우리의 관심이 포착할 수 있는 영역의 정도에 상대적이다. '현재'는 정확히 이 노력만큼의 양에 해당하는 공간을 점유한다. 이 특정한 관심이 자신이 지닌 것의 어떤 부분을 그 시야에서 놓치면, 즉시 그가 놓쳐버린 현재의 부분은 **실제로** 과거의 부분이 된다. 요컨대 우리의 현재가 과거로 떨어지는 때는 우리가 그것에 직접적인 관심을 보이지 않게 될 때다. 개인의 현재에 타당한 것은 국가의 현재에 대해서도 타당하다. 한 사건은 당대의 정치에 직접 관심을 끌지 않고 따라서 업무에 지장 없이 무시될 수 있을 때, 과거에 속하게 되어 역사 속에 흡입된다. 사건의 행위가 느껴지는 한, 그 사건은 국가의 생활에 밀착해서 그것에 현재적으로 계속 존재한다.

그러므로 우리의 현재와 과거 사이의 구분선을 가능한 한 뒤로 옮기는 데 방해되는 것은 아무것도 없다. 살림살이가 부유해지고 현실적 이득에 별로 신경쓰지 않는 삶에 대한 관심도 역시 분할되지 않는 현재 속에 살아 있는 개인의 과거 전체를 포함하고 있다. 순간성이나 일군(一群)의 동시적 부분들로가 아니라 연속적으로 현존하는 동시에 연속적으로 움직이고 있는 그 무엇으로 포함한다. 거듭 말하지만, 이것이 바로 분할될 수 없는 것으로 지각되는 멜로디, 또는 단어의 뜻을 확장해서 영속적인 현재를 처음부터 끝까지 구성하고 있는 멜로디다. 이 영속성(perpétuité)은 부동성과 아무런 공통점도 없으며, 또한 이 불가분성도 순간성과는 일말의 공통점도 없다. 중요한 것은 바로 지속하는 현재다.

이것은 가설이 아니다. 예외적인 경우엔 삶에 기울이던 관심이 그 이해관계에서 초탈하게 되며, 그 즉시 마술처럼 과거는 다시 한번 현재가 되기도 한다. 예기치 않게 목전에서 갑작스런 죽음의 위협을 보는 사람, 낭떠러지로 떨어지고 있는 등산가, 물에 빠져 허우적거리는 사람, 교수형을 당하는 사람, 이런 사람들에게는 관심의 날카로운 전향이 일어난다고 생각된다. 의식의 방향에 변화가 일어 그때까지는 미

196

래에 향해 있었고 행위의 필요성에 빠져 있었지만, 갑자기 그것들에 관한 모든 이해관계에서 벗어난다. 이것만으로도 충분히 정신 속에는 수많은 '망각된' 자잘한 것들이 나타나고, 그 사람의 전역사(全歷史)가 마치 주마등처럼 펼쳐진다.

과거의 존속

따라서 기억은 설명을 필요로 하지 않는다. 아니 오히려 과거를 보존해서 현재 안으로 쏟아붓는 역할을 하는 특별한 기능이란 존재하지 않는다. 과거는 자신을 자동적으로 보존한다. 물론 변화가 불가분적이라는 사실이나 우리의 가장 먼 과거라도 우리의 현재에 밀착해서 단일하고 동일한, 단절되지 않는 변화를 구성한다는 사실에 우리가 눈감아 버린다면, 과거란 폐기된 것이라는 말이 정상적이 될 것이고, 과거의 보존에는 어떤 부수적인 것이 있는 것처럼 보인다. 우리는 한 기구를 마법으로 만들어내서 우리의 의식에 다시 나타날 수 있을 과거의 부분들을 기록해야 한다고 생각하고 있다. 그러나 내적 삶의 연속성과, 따라서 그 불가분성을 고려해보자. 그러면 우리는 이제 과거의 보존을 설명할 필요는 없다. 오히려 과거의 외양적인 폐기를 설명해야 한다. 이제 더는 기억 작용에 대해 설명할 필요는 없다. 그 대신 망각에 대해 설명해야 한다. 더구나 설명은 두뇌 구조에서 나타난다. 자연은 메커니즘을 발명해내서는 우리의 관심을 미래의 방향으로 이끌어, 과거 —— 내가 의미하는 바는 우리의 현재 행위와 관련이 없는 역사의 일부분 —— 에서 멀리 떨어지게 된다. 기껏해야 순간의 경험을 완성하기 위해 선행하는 경험을 단순화시킨 것을 이것저것 관심에 보내줄 뿐이다. 이것이 바로 두뇌의 기능이다. 두뇌는 과거의 보존에 유용하다는 이론이 있다. 이에 따르면 두뇌는 기억을 쌓아놓는데, 이 기억들은 후에 인화할 수 있는 수많은 사진 원판이나, 재생될 수 있는 수많은 녹음된 음(音)과도 같다는 것이다. 여기서 이 이론에 대해 논의할 수는 없다. 이러한 주장을 우리는 이미 다른 곳에서 살펴보았다. 이 학설은 현대의 심리학과 정신생리학에 물들어 있고, 또 사람들이 자연스레 인정하고 있는 어떤 형이상학에 의해 크게 고무되었다. 이러한 사실이 그 외양적인 명확성을 설명해준다. 그러나 더 자세히 살펴보면 그 안에 어떤 난점들과 불가능성들이 산적해 있는가를 알 수 있다. 이 주장에 가장 알맞은 경우를 생각해보자. 즉 눈에 인상을 남기고 정신에 시각적 기억을 남겨놓은 물질적 대상의 경우를 생각해보자. 만일 이 기억이 참으로 눈이 받아들인 인상을 두뇌 속에 고정시킨 결과라면, 이 기억은 과연 무엇이 될 수 있는가? 대상이 조금만 움직여도, 아니면 눈이 조금만 움직여도 이제는 하나의 이미지가 아니라 영화 필름 위에는 몇백 몇천 개의 이미지가 있게 된다. 대상이 어떤 순간에 조금이라도 고려되기만 하면, 혹은 여러 순간에 보여지기만 하면, 수없이 그 대상의 다른 이미지들이 나타난다. 이것이 가장 단순한 예다. 그 이미지 모두가 산적해 있다고 가정해보자. 그것들은 어디에 소용이 있을까? 그 중에서 어느 것을 사용할 것인가? 그것들 가운데 하나를 선택할 충분한 근거가 있다고 가정해보자. 그러면 왜, 그리고 어떻게, 우리는 그것을 지각하는 순간 그것을 과거 속으로 되던져버리는가? 이러한 난점들을 회피하기 위해서, 우리는 기억의 질병을 어떻게 설명할 것인가? 이러한 질병들은 두뇌에 국부적인 병해를 입혀 여러 형태의 실어증(失語症)으로 나타난다. 여기서 심리적인 병해는 기억을 상실하는 것이 아니라 기억을 살려낼 수 있게 되는 것이다. 노력에 의해서, 감정에 의해서, 우리가 분명히 잊어버렸다고 믿던 단어들이 갑자기 의식에 나타난다. 이러한 사실을 위시하여 기타 다른 사실들은 종합해볼 때, 그러한 경우에 있어 두뇌의 기능은 과거를 보존하는 것이 아니라 과거 중에서 선택하는 일, 과거를 축소하는 일, 과거를 단순화하는 일임이 증명된다. 과거가 폐기된다고 믿는 습관에 물들지만 않았다면, 우리는 사물을 이러한 각도에서 보는 데 아무런 어려움을 느끼지 않을 것이다. 그때 과거의 부분적인 재현으로 인하여 부차적인 사건이 효과를 나타낸다. 이 사건은 설명이 필요하다. 또한 이것이 바로, 기억 상자가 있어 과거의 단편들을 보존하고 있다고 —— 특히 두뇌는 자기 자신을 보존한다고 —— 여기저기서 혹은 두뇌 속에서 상상하는 이유인 것이다. 그것은 난점들을 회피하는 것이고 문제를 연기하는 것이다! 두뇌 물질이 시간을 통해서 보존된다거나 또는 더 일반적으로 모든 물질이 지속한다고 상정함으로써, 우리는 그 물질에 이것으로써 설명했다고 주장하는 바로 그 기억을 부여하고 있는 것이다! 설사 두뇌가 기억을 쌓아둔다고 가정하더라도, 우리는 과거가 자신을 자동적으로 보존한다는 결론을 피할 수 없다.

단일한, 따라서 불가분적인 변화이기만 하면 우리 자신의 과거뿐만 아니라 어떤 변화의 과거라도 된다. 현재 속에 과거를 보존한다는 것은 변화가 불가분적이라는 것 이외에는 아무것도 아니다. 사실 우리는 우리 외부에서 일어나는 변화에 대해서는 우리가 다루고 있는 것이 단일한 변화인지 아니면 정지(정지란 상대적인 것에 불과하다)가 삽입된 여러 운동들로 구성된 변화인지 거의 모른다. 이 점에 대해 의견을 표하기 위해서 우선 우리가 우리의 내부에 있듯이 우리는 존재와 사물의 내부에 있어야 한다. 그러나 이것이 중요한 것은 아니다. 단지 실재란 변화이며, 변화는 불가분적이고, 이 불가분적인 변화 속에서 과거는 현재와 한몸을 이룬다는 것을 한번 확신하기만 하면 된다.

이 진리를 이해하도록 하자. 그때 수많은 철학적 수수께끼가 사르르 녹아서 증발해버림을 알게 된다. 실체라든가 변화, 또는 그들의 상호관계와 같은 커다란 문제들은 이제 더는 나타나지 않는다. 이러한 점과 관련해서 제기된 모든 난점들 —— 이 난점들로 인해 실체는 점차 인식할 수 없는 것의 영역으로 후퇴했던 것이다 —— 은 우리가 변화의 불가분성에 눈감아버림으로써 발생한다. 변화란 덧없이 지나가는 것이며 한갓 서로 다른 상태를 대체하는 다수의 여러 상태들이라면, 우리는 이러한 상태들 사이의 연속성을 인위적인 끈으로 재구성해야만 한다. 그러나 그러한 움직이지 않는 부동성이라는 기체(基體)란 원래 우리가 알고 있는 속성은 하나도 지닐 수 없는 것으로서 —— 왜냐하면 모든 것은 변화이기 때문에 —— 우리가 다가가려고 할수록 뒤로 물러선다. 그것은 고정하기 위해 요청되었지만 마치 변화의 환영처럼 손에 잡히지 않는다. 이와 반대로 변화를 있는 그대로 그 자연적인 불가분성 속에서 보도록 하자. 그때 변화는 바로 사물의 실체임을 알게 될 것이다. 이제 더는 운동은 사유에서 교묘히 빠져나가게 해주는, 점차 사라져가는 형태로 나타나지 않는다. 또한 우리 경험에 접근할 수 없게 해주는 그 비운동성을 지닌 실체도 없다. 따라서 근본적인 불안정성이나 절대적인 불변성이란 실재적인 변화의 연속성 바깥에서 취한 추상적인 관점에 불과하다. 정신은 이 추상된 것을 실체화시켜 한편으로는 여러 상태들로, 다른 한편으로는 사물 혹은 실체로 만든다. 운동에 대해 고대인이 제기했던 난점, 실체에 대해 근대인이 제기했던 난점, 이것들은 이제 사라진다. 그 첫 번째 이유는 운동과 변화가 실체적이라는 것이고, 그 두 번째 이유는 실체가 곧 운동과 변화라는 것이다.

이론적인 애매성이 사라짐과 동시에, 우리는 일견하여 풀 길 없다고 생각되는 문제들에 대해 가능한 해결안을 얻게 된다. 실제로 우리가 있는 곳에서 우리 자신을 볼 때, 자유의지라는 문제에 대한 논란은 사라진다. 우리가 실제로 있는 곳은 구체적인 지속이며 여기서 필연적 결정이라는 관념은 그 의미를 온통 잃어버리게 된다. 왜냐하면 여기서 과거는 현재와 동일하게 되며 끊임없이 현재를 가지고 —— 설령 현재에 첨가된다는 사실에 의해서일지라도 —— 절대적으로 새로운 그 무엇을 창조해내기 때문이다. 또한 상태, 성질, 결국 안정성을 띠면서 우리에게 나타나는 모든 것들의 참된 본질을 염두에 둘 때, 우리는 인간이 우주에 대해 갖는 관계를 점차적으로 이해할 수 있게 된다. 이런 경우에 대상과 주체는 서로에 대해서, 우리가 처음에 이야기했던 두 기차와 같은 상황에 있다. 운동성 위에 운동성을 조정시킬 때 비운동성이 효과를 나타낸다. 이러한 생각에 침잠해보자. 사물에 대한 정적인 투시를 통해 표현되는 주체와 대상의 특정한 관계를 끊임없이 바라보도록 해보자. 그 어떤 하나에 대해서 경험이 가르쳐주는 것은 모두 다른 하나에 대해 우리가 알고 있던 바를 증가시켜주며, 후자에 비친 빛은 반사되어 전자를 밝혀줄 것이다.

그러나 처음에도 말했듯이 우주의 생성에 대한 이러한 투시의 혜택을 입는 것이 순수한 사변뿐만은 아니다. 우리는 이 투시를 일상생활 안으로 침투시킬 수 있을 것이며, 이것을 통해 예술에서 얻는 만족감을 그대로 철학에서도 획득하게 될 것이다. 그러나 이 만족감은 보다 더 빈번하고 보다 더 연속적이며 보다 더 많은 사람에게 나타날 수 있

는 것이다. 의심할 바 없이 예술을 통해서 우리는 자연적으로 지각하
는 것 이상의 성질과 그 이상의 뉘앙스를 사물 안에서 발견할 수 있다.
예술은 우리의 지각을 팽창시킨다. 그러나 깊이보다는 표면으로 팽창
시킨다. 예술은 우리의 현재를 풍성하게 해준다. 그러나 현재를 초월
하게 해주는 경우는 극히 드물다. 철학을 통해서 우리는 현재를 과거
에서 고립시키지 않는 데 익숙해질 수 있다. 이 과거는 현재가 끌어잡
아당기는 것이다. 철학 덕분에 모든 사물은 깊이를 얻게 된다. 아니 깊
이 이상의 것을 얻게 된다. 그것은 4차원과 같은 것으로서 선행하는 지
각이 현재의 지각과 연결되어 남아 있게 해주며, 바로 앞의 미래 자체
가 현재 속에 부분적으로나마 개관될 수 있게 해준다. 이때 현재는 더
는 정적인 상태로, 있음(有)의 방식으로 나타나지 않는다. 현재는 동적
(動的)으로, 또 그 경향의 연속성과 가변성 속에서 자신을 나타난다.
우리의 지각 속에서 움직이지 않고 얼어붙어 있던 것은 따뜻이 데워져
서 운동하게 된다. 모든 것이 주위에서 생기를 띠고 모든 것이 우리 안
에서 생명을 되찾는다. 커다란 약동이 존재와 사물을 휩쓸어간다. 우
리는 약동이 우리를 끌어올리고 당기며 이끌어줌을 느낀다. 우리는 더
한층 진정으로 살아간다. 또 이러한 생명의 증대를 통해서 우리는 어
두침침한 철학적 수수께끼가 풀릴 수 있으며 어쩌면 그 수수께끼들이
제기조차 될 필요가 없다고 확신하게 된다. 왜냐하면 그 수수께끼들은
실재적인 것에 대해 얼어붙은 투시에서 발생하며, 우리의 활력을 인위
적으로 약화시킨 것을 사유를 통해서 표현한 것에 지나지 않기 때문이
다. 실제로 모든 사물을 지속(持續)의 상하(相下)(sub specie durationis)에
서 사유하고 지각하는 데 익숙해질수록 우리는 실제적 지속 속으로 몰
입하게 된다. 그리고 여기에 침잠할수록 우리는 비록 선천적이기는 하

나 우리가 참여하고 있는 원리가 있는 쪽으로 향하게 된다. 이 원리의 영원성은 불변성의 영원성이 아니라, 생명의 영원성이다. 만일 그렇지 않다면, 우리는 그 생명 속에서 어떻게 살아가고 어떻게 운동할 수 있단 말인가? 우리는 그 속에서 살아가고 움직이고 존재한다.

6

형이상학 입문[1]

분석과 직관

형이상학(形而上學)에 대한 여러 정의와 절대(絶對)에 대한 여러 개념을 상호 비교해볼 때, 우리는 철학자들이 외견상으로는 차이가 있을지라도 모두 공통적으로 사물(事物)을 인식하는 데 있어서 매우 다른 두 가지 방법을 구분하고 있음을 알게 된다. 그 첫째 방법이 함축하는 바는 사물의 주위를 돈다는 것이며, 둘째 방법이 함축하는 바는 사물의 내부에 들어간다는 것이다. 첫째 방법은 우리의 관점 및 우리가 표현에 사용하는 부호(符號)에 의존한다. 둘째 방법은 어떤 관점도 취하지 않고 어떤 부호에도 기초하지 않는다. 첫째의 지식은 상대적인 것에 머무르며, 둘째의 지식은 그것이 가능한 경우에는 절대적인 것에

---

1   이 논문은 1903년의 《형이상학 및 도덕 논평(Revue de métaphysique et de morale)》에 실려 있다. 이후에 필자는 형이상학과 과학이라는 용어의 의미를 더욱 정확히 하기에 이르렀다. 단어를 주의깊게 정의한다고 자처할 때, 우리는 그 단어에 원하는 의미를 자유로이 부여한다. 오랫동안 그래왔듯이 '과학'이나 '철학'을 지식의 전체라고 부르는 데 방해되는 것은 없다. 또한 앞(p. 56)에서도 언급했듯이 모든 지식을 형이상학에 총괄할 수도 있다. 그러나 지식이 대상을 측정하려 할 때, 그것은 뚜렷이 정의된 방향에 고정되어 있다는 것, 반면에 지식이 관계와 비교라는 모든 저

도달한다고 말할 수 있다.

예를 들어 한 대상이 공간 속을 운동하고 있다고 하자. 나는 이 운동을 내가 취하는 관점에 따라, 즉 운동적(運動的)으로 보느냐 아니면 부동적(不動的)으로 보느냐에 따라 다르게 지각한다. 이 운동에 대한 표현은 내가 운동에 관계시키는 좌표계(座標系) 혹은 지표점(指標點)에 따라, 다시 말해서 내가 운동을 번역하는 부호에 따라서 다르게 나타난다. 이러한 두 가지 근거에서 나는 그 운동을 상대적이라 부른다. 어느 경우에나 나는 대상 자체의 외부에 위치한다. 반면 절대적인 운동을 말할 때 나는 운동하는 것에 어떤 내부 및 영혼의 상태를 부여하고 있으며, 또한 나는 그 상태와 공감하고 있고 나 자신을 상상의 노력에 의해 그 상태 안으로 집어넣고 있는 것이다. 따라서 대상이 움직이고 있는가 아니면 움직이지 않는가에 따라, 나는 동일한 것을 경험하지 않는다.[2] 또한 내가 경험하는 것은 내가 대상에 대해 취할 수 있는

의를 버리고 실재와 공감하려 할 때 그것은 다른 방향, 심지어는 정반대의 방향으로 나아간다는 것은 반박의 여지가 없다. 첫째 방법은 물질의 연구에 편리하며 둘째 방법은 정신의 연구에 편리함을 필자는 보여주었다. 또한 이 두 대상은 서로를 침식하고 있으므로 이 두 방법은 상호 도움을 주어야 함도 밝혔다. 첫째 경우에 관계되는 것은 공간화된 시간 및 공간이다. 둘째의 경우에 관계되는 것은 실재적 지속이다. 필자의 생각으로는 첫째 인식을 '과학적'이라 부르고 둘째 인식을 '형이상학적'이라 부르는 것이 관념의 명확성을 위해 유용한 듯이 보였다. 그리하여 필자는, 위대한 과학자의 정신에 자리 잡고 있으며 그 과학에 내재해 있고 보이지 않는 곳에서 그 과학에 빈번히 영감을 주는 '과학의 철학' 혹은 '과학의 형이상학'을 전개함에 있어, 형이상학적 입장을 취할 것이다. 그러나 이 논문에서는 아직도 과학의 입장을 취하는 것을 허용하고 있는데, 그 이유는 그것을 실제로 행하는 탐구자가 일반적으로 '형이상학자'라 불리기보다는 '과학자'라 불리고 있기 때문이다(이 책의 p. 44~p. 59 참조).

한편 이 논문의 집필 시기가, 칸트의 비판론 및 그 후계자들의 독단론이 철학적 사변(思辨)의 종점은 아니더라도 적어도 그 시발점으로서 상당히 일반적으로 인정되고 있던 시기라는 것을 잊어서는 안 될 것이다.

관점에도, 또 내가 대상을 해석해낼 수 있는 부호에도 의존하지 않을 것이다. 왜냐하면 나는 대상 자체 안에 있을 것이며, 또 원래의 것을 포착하기 위해서 모든 해석을 거부할 것이기 때문이다. 요컨대 운동은 외부에서, 말하자면 내가 있는 곳에서 파악되지 않고 그 내부에서, 그 자체로, 본연의 자태로 파악될 것이다. 나는 절대를 포착하는 것이다.

또다시 예를 들어보자. 소설 속의 주인공이 겪는 모험을 내가 듣고 있다고 하자. 작자는 원하는 대로 그 인물의 성격을 풍부하게 할 수 있고, 자기가 원하는 대로 그 주인공으로 하여금 이야기하고 행동하게 만들 수 있다. 그러나 이 모든 것은 내가 그 인물 자신과 일순간 합치할 때 경험하는 단순하고 불가분적인 감정에 비길 수는 없을 것이다. 그때 그의 행동과 몸가짐과 언어는 마치 샘물에서 솟듯이 자연스럽게 넘쳐 흐르는 것처럼 내게 보이는 것이다. 그것들은 내가 그 인물에 대해 가졌던 관념에 첨가돼 그 관념을 언제나 풍부하게는 해주지만 완성시키지는 못하는 우연적인 것이 아니다. 그 인물은 그 전체가 일거에 내게 주어지며, 이때 나타나는 무수한 사상(事象)들은 관념에 부가되어 그것을 풍부하게 하지 않는다. 그 반대로 그것들은 관념에서 떨어져 나가면서도 그 본질을 메마르게 하지도 빈한하게 하지도 않는 것처럼 보일 것이다. 그 인물에 대하여 내게 이야기되는 것은 모두 그에 대한 그만큼의 관점을 내게 제공해준다. 그러나 내게 묘사해주는 그 인물의 모든 성격은 이미 내가 알고 있는 인물이나 사물에 비교해봄으로써만 그 인물을 알게 해줄 수 있다. 그것은 어느 정도 그 인물을 부

---

2   물론 여기서 필자는 운동이 절대적인가 아닌가를 인지하는 방법을 결코 제시하지 않는다. 필자는 단지 사람들이 형이상학적 의미에 있어서의 절대적 운동을 말할 때 정신 속에 품고 있는 것을 정의할 뿐이다.

호적으로 표시하는 기호에 불과하다. 따라서 부호나 관점은 나를 그 인물 외부에 위치시킨다. 그것들이 내게 주는 것은 그 인물이 다른 인물과 공통으로 지니는 것뿐이며, 그에게 고유한 것은 아니다. 그런데 그에게 고유한 것, 그의 본질을 구성하는 것은 본래 내적인 것이므로 외부에서 지각될 수 없고, 다른 모든 것과 같은 단위로 측정되지 않으므로 부호를 통해 표현되지 않는다. 이런 경우에 기술(記述), 역사 및 분석은 나를 상대적인 것 안에 남겨 놓는다. 오직 그 인물과의 합치만이 나를 절대에 데려다준다.

바로 이러한 의미에서, 또 오직 이 의미에서만 절대(絕對)는 완전(完全)과 동의어이다. 가능한 모든 각도에서 찍은 한 마을의 사진들이 무한히 서로를 보충시켜줄 수도 있다. 그러나 그 사진들은 음양이 뚜렷한 그 견본, 즉 우리가 걸어다니고 있는 그 마을과는 전혀 동일하지 않다. 한 편의 시(詩)를 가능한 모든 언어로 번역함으로써, 뉘앙스에 뉘앙스를 더해주고 일종의 상호 가필(加筆)에 의해 서로를 수정시켜가며, 또 번역된 시에 대해 점차 더 믿을 만한 이미지를 줄 수도 있다. 그러나 그것은 원작의 내적인 의미를 보여주지 않는다. 어떤 관점에서의 재현, 어떤 부호로의 번역은 그 관점에 취해진 대상이나 그 부호들이 표현하려고 하는 대상과 비교했을 때 언제나 불완전하게 남아 있다. 그러나 절대는 그것이 완전히 본연의 것이라는 점에서 완전하다.

우리가 종종 절대를 무한(無限)과 동일시하는 것도 틀림없이 이와 똑같은 이유에서이다. 그리스어를 모르는 사람에게 호머(Homer)의 시구가 내게 남겨준 단순한 인상을 전달하고자 한다면, 나는 그 시구를 번역해서 그 번역에 주석을 달고 그 주석을 발전시켜서는 설명에 설명을 더해가면서 내가 표현코자 했던 것에 점차로 다가갈 것이다. 그러나 결코 나는 거기에 도달할 수 없다. 예를 들어 당신이 팔을 들어 올릴 때 당신은 한 운동을 완수하고 있는 것인데, 이때 당신은 그 운동의 단순한 지각을 내부적으로 지니고 있다. 그러나 외부적으로, 즉 그것을 바라보고 있는 나에게, 당신의 팔은 어느 한 점을 통과해서 또 다른 점을 통과해 가고 있다. 그리고 이 두 점 사이에는 또다시 다른 점들이 있게 되고, 내가 세기 시작하면 이 작용은 끝없이 연속될 것이다. 따라서 내부에서 볼 때 절대는 단순한 것이지만, 외부에서 고찰되었을 때, 즉 다른 사물에 상대적으로 취해졌을 때, 절대는 그것을 표현하는 부호와의 관계상 화폐로 바꾸어줄 수 없는 금조각이 되어버린다. 그래서 불가분석으로 파악되는 동시에 헤아릴 수 없을 정도로 세어지는 깃은 본래 무한한 것이다.

따라서 절대는 직관(直觀) 안에서만 주어지며, 다른 나머지는 모두 분석(分析)과 관련이 있다. 여기서 말하는 직관이란 분석을 통해서 대상의 내부로 옮겨가 그 대상 안에 있는 유일하고, 표현될 수 없는 것과 합치하는 공감(共感)이다. 이와는 반대로 분석은 대상을 기지(旣知)의 요소로, 즉 이 대상과 다른 대상에 공통적인 요소로 환원시키는 작용이다. 따라서 분석한다는 것은 사물을 그 사물이 아닌 것을 통해서 표현하는 것이다. 그러므로 일체의 분석은 번역이요 부호에 의한 전개이며, 또 연속적인 여러 관점에서 본 표상(表象)이다. 이러한 관점에서 우리는 연구되고 있는 새로운 대상과 이미 알려져 있다고 생각되는 다른 대상과의 접촉에 주목한다. 분석은, 대상의 주위를 돌면서 그 대상을 포착하려는, 영원히 이루어질 수 없는 욕망을 지니고 있다. 이런 욕망 속에서 분석은 끊임없이 관점을 증가시켜가면서 언제나 불완전한 표상을 완성하려 하고, 쉼없이 부호를 바꿔가면서 언제나 불완전한 번역을 완성하려 한다. 그리하여 분석은 무한히 계속된다. 그러나 직관은 그것이 가능한 경우에는 하나의 단순한 행위인 것이다.

이 점을 인정한다면, 실증과학이 습관적인 수단으로서 분석을 일삼고 있음을 쉽게 알 수 있을 것이다. 그러므로 실증과학은 무엇보다도 부호에 기초하여 작업하는 것이다. 자연과학 중에서도 가장 구체적인 생명과학조차도 생물과 그 생물의 기관(器官), 그리고 생물의 해부학적 요소라고 하는, 눈에 보이는 형태를 고집한다. 생물과학은 여러 형태를 서로 비교해서는 가장 복잡한 것을 더욱더 단순한 것으로 환원시킨다. 요컨대 그것은 생명의 기능을 어찌보면 그것의 시각적 부호라 할 것 안에서 연구한다. 실재를 상대적으로 인식하지 않고 절대적으로 파악하며, 실재에 대해 여러 관점을 취하는 대신 실재 안에 위치하고, 실재를 분석하는 대신 실재를 직관하는, 요컨대 부호적인 표현이나 번역 혹은 재현에 일체 관여하지 않으면서 실재를 파악하는 방법이 있다면, 형이상학이 바로 그것이다. 따라서 형이상학은 부호 없이 하기를 주장하는 과학이다.

지속과 의식

실재 중에는 우리가 그 내부에서, 즉 단순한 분석을 통해서가 아니라 직관을 통해서 파악하는 실재가 적어도 하나 있다. 그것은 시간을 통해서 흘러가고 있는 우리들 자신이며, 그것은 지속(持續)하는 우리의 자아이다. 우리는 다른 어떤 것과도 지성적으로, 더 정확히 말해서 정신적으로 공감할 수 없다. 그러나 우리 자신과는 분명히 공감한다.

나의 자아를 수동적이라 가정하고 그것을 나의 의식(意識)의 내부와 관련해서 살펴볼 때, 나는 제일 먼저 마치 표면에 고착된 껍질과 같이 물질적 세계에서 나의 자아에 도착한 지각 일체를 파악한다. 그 지각들은 명석판명하며 서로 병치되어 있거나 병치될 수 있다. 그것들은 모여서 대상(對象)이 되려고 한다. 다음에 나는 어느 정도 이 지각에 부착되어 이것들을 해석하는 역할을 하는 기억을 파악한다. 이 기억들은, 말하자면 내 자아의 심연에서 박리되어, 그것들과 유사한 지각을 통해서 표층(表層)으로 이끌어 올려진 것들이다. 절대적인 의미로 나 자신이 아니라 나의 표면에 자리 잡고 있는 것이다. 마지막으로 나는 여러 경향들이나 기계적인 습관들이 나타남을 느낀다. 요컨대 그 지각들과 기억들에 어느 정도 단단히 연결되어 있는 일군(一群)의 잠재적 행위가 나타나는 것이다. 형태가 명확한 이 요소들은 서로 뚜렷이 구분될수록 내게도 더욱 뚜렷이 구별되는 것으로 보인다. 내부에서 외부로 방향을 바꾸면 이 요소들은 한 구체(球體)의 표면을 형성하는데, 이 구체는 팽창하여 외적 세계 속으로 사라져버린다. 그러나 내가 표층에서 중심으로 내려가서는 자아의 심연에서 가장 균일적이며 가장 항상적(恒常的)인, 또 가장 지속적인 나 자신을 찾는다면, 나는 전혀 다른 것을 발견하게 된다.

그것은 명확히 분리된 결정(結晶)들과 표면적인 응결의 밑에 있는 것으로서, 내가 지금까지 경험한 것들과 비교될 수 없는 흐름의 연속이다. 그것은 상태의 연속으로서 그 상태 각각은 뒤에 따라올 상태를 천명해주고 앞선 상태를 포함하고 있다. 솔직히 말해서 그 상태들이 다수의 상태를 구성하기 위해서는 우선 내가 그 상태들을 앞지른 다음 뒤돌아 보며 그 경로를 관찰해야만 한다. 내가 그 상태들을 경험하고 있을 때, 그것들은 그렇게도 긴밀하게 유기적으로 연결되어 있고, 그렇게도 깊이 일관된 생명에 의해 생기를 얻기 때문에, 나는 그것들 각각이 어디서 끝나는지 또 어디서 다른 것이 시작하는지 결코 말할 수 없다. 실재에 있어서는 어느 상태도 시작하거나 끝나지 않는다. 그 대신 그것들은 모두 서로의 내부로 뻗어간다.

원한다면 이것이 바로 실꾸리의 풀림인 것이다. 왜냐하면 살아 있는 존재라면 어느 것이나 자기의 역할이 점차 종점에 이르고 있음을 느끼기 때문이다. 산다는 것은 늙어가는 것이다. 그러나 그것은 마치 실패에 실이 감길 때처럼 그렇게 연속적인 감김이기도 하다. 왜냐하면 우리의 과거는 우리를 뒤따라오면서 현재의 도상(道上)에서 끊임없이 끌어모으며 점차로 커져가기 때문이다. 따라서 의식(意識)이 의미하는 바는 곧 기억이다.

사실 말하자면, 그것은 감김도 풀림도 아니다. 왜냐하면 이 두 이미지는 그 부분들이 서로 동질적이고 서로 겹쳐질 수 있는 그런 직선들이나 표면들의 표상(表象)을 연상케 하기 때문이다. 그러나 의식적 존재에 있어 동일한 두 순간은 없다. 가장 단순한 느낌을 살펴보자. 그 느낌이 일정하다고 가정하고 거기에 인격성(人格性) 전체를 집어넣어보자. 이 감정에 뒤따르는 의식은 서로 연속하는 두 순간에 있어 동일하게 남아 있지 않다. 왜냐하면 뒤따르는 순간은 언제나 선행하는 순간을 넘어서 그 선행하는 순간이 남겨놓고 간 기억을 포함하기 때문이다. 동일한 두 순간을 지닌 의식이란 기억 없는 의식이다. 따라서 의식은 끊임없이 죽어가고 있고 다시 태어나고 있다. 그렇지 않다면 어떻게 무의식(無意識)이 나타날 수 있단 말인가?

그러므로 수많은 색조를 지니는 스펙트럼의 이미지를 생각해보자. 이 스펙트럼은 감지할 수 없을 정도의 변화를 통해서 한 색조에서 다른 색조로 옮겨간다. 스펙트럼을 관류하는 감정의 물줄기는 그 색조에 차례차례 염색되어가면서 점차적인 변화를 경험한다. 이 변화의 각각은 뒤따라올 것을 천명해주고 앞서 간 것을 자신 안에 총괄한다. 그러나 그렇더라도 스펙트럼의 계속되는 색조들은 언제나 서로에 대해 외적이다. 그 색조들은 병치하여 공간을 점유하고 있다. 이와 반대로, 순수 지속은 병치 및 상호 외재성(外在性), 그리고 연장(延長)이라는 관념을 배재한다.

따라서 대신 무한히 작은 탄성체(彈性體)를 상상해보자. 가능하다면 이것을 수학적 점으로 수축시켜보자. 그런 다음에 이것을 점차로 잡아 늘여서 한 점에서 언제나 확장해가는 직선을 만들어보자. 직선 자체가 아니라 그 직선을 그려가는 행위에만 집중해보자. 이때 염두에 두어야 할 사항이 있다. 즉 이 행위가 중도에 그치지 않고 완결되었다고 가정하면, 이 행위는 그 지속에도 불구하고 분할될 수 없다는 것이다. 또만일 이 행위 중간에 정지를 개재시킨다면, 우리는 하나가 아닌 두 행위를 하고 있는 것이며, 이 행위 각각도 우리가 말하고 있는 불가분적인 것이다. 분할될 수 있는 것은 운동하는 행위 그 자체가 아니라, 이 행위가 공간 가운데의 경로로서 행위 밑에 내려놓은 움직이지 않는 직선이다. 간단히 말해서, 운동의 기초를 이루는 공간을 떨쳐버리고 오직 운동 자체에서만, 즉 긴장 혹은 연장의 행위에만, 요컨대 순수한 운동성에만 주의를 집중시켜보자. 이때 지속 안에서의 우리의 전개에 보다 충실한 이미지가 나타날 것이다.

그렇지만 이 이미지도 역시 불완전하며, 더구나 비유는 모두 불충분하다. 왜냐하면 우리 지속의 전개는 한편으로는 진행해가는 운동의 단일성과 유사하기도 하고, 다른 한편으로는 펼쳐지는 제 상태의 다양성과도 유사한데, 은유(隱喩)를 사용하면 언제나 이 두 측면 중 하나는 희생시키고 다른 하나만을 표현할 수 있기 때문이다. 수많은 색조를 띤 스펙트럼을 예로 들 때, 나는 내 앞에 이미 만들어져 있는 것을 지니게 되는 반면, 지속은 연속적으로 만들어지고 있다. 또한 만일 잡아늘어지는 탄성체(彈性體) 혹은 팽창되거나 수축되고 있는 용수철을 생각한다면, 나는 내가 살아가는 지속의 특징인 그 색채의 풍부함은 잊어버리고, 의식이 그 색조를 하나하나 지나쳐 가는 단순한 운동만을 보고 있는 것이다. 내적 생명이란 이것들 모두이며, 질(質)의 다양성이면서 진행의 연속성이요, 또한 방향의 단일성이다. 그것은 이미지를 통해서 표현되지 않는다.

내적 생명은 개념에 의해, 즉 추상적 관념에 의해서는 더더욱 표현될 수 없다. 그 관념이 일반적이든 단순하든 관계없다. 어떠한 이미지도 나 자신의 흐름에 대해서 내가 갖고 있는 원래의 느낌에 훌륭히 답할 수 없음은 분명하다. 그렇다고 내가 그 느낌을 표현하려 할 필요도 없다. 자신의 존재를 구성하고 있는 지속을 스스로 직관할 수 없는 사람에게는 어느 것도 직관을 부여하지 않는다. 개념이든 이미지든 다를 바가 없다. 대부분의 사람들은 생활상 한층 유용한 정신습관을 지니고 있는데, 이 습관을 견제하는 일만이 여기서 철학자가 목표해야 할 바이다. 그런데 이미지는 적어도 우리를 구체적인 것 안에 있게 해주는 장점을 지니고 있다. 물론 어떠한 이미지도 지속의 직관을 대체할 수는 없다. 그러나 심히 다른 부류의 사물들에서 수많은 여러 이미지를 취해보면, 그 이미지들은 행위의 수렴을 통해서 파악할 어떤 직관이 있는 바로 그 지점으로 의식을 이끌어갈 수 있다. 되도록 서로 다른 이미지들을 선택함으로써, 이들 중 한 이미지가 자신이 이끌어내도록 되어 있는 직관의 자리를 빼앗지 못하게 해야 한다. 왜냐하면 그렇게 되면 그 이미지는 그 즉시로 경쟁장에 의해 축출될 것이기 때문이다. 이 이미지들은 외견상 서로 다름에도 모두 우리의 정신에 대해 동일한 종류의 관심을, 말하자면 동일한 정도의 긴장을 요구하고 있음에 주목하자. 이때 우리는 의식을 어떤 명확히 결정되어 있는 특정 기질에 점차로 익숙하게 할 것이다. 요컨대 이 기질(氣質)이란 의식이 자신 앞에 아무런 장막없이 나타나기 위해서 반드시 채용해야 할 것이다.[3] 그렇지만 그렇더라도 역시 의식은 이 노력을 인정해야만 한다. 왜냐하면 우리는 의식에 다른 아무것도 보여주지 못할 것이기 때문이다. 의식에는 어떤 요청된 노력을 통해서 스스로 직관에 이르기 위해 취해야 할 태도가 있는데, 우리는 단지 의식을 이 태도 속에 위치시킬 뿐이다. 반면에 위와 같은 경우에 있어서 너무 단순한 개념은 단점을 지니게 되는데, 그것은 개념이 실제로 부호에 지나지 않고 부호는 부호화된 대상에 대체되어 우리에게 아무런 노력도 요구하지 않는다는 것이다. 자세히 살펴보면 그 개념들 각각은 대상에서 오직 다른 대상과 공통적으로 갖는 것만을 추출해서 보존하고 있음이 밝혀진다. 개개의 개념은 한 대상과 그와 유사한 다른 대상들 사이의 비교를 표현하고 있으며, 이것은 이미지의 경우보다 더 심하다. 그런데 비교는 유사점을 보여주고 이 유사점은 대상의 속성이며, 속성이란 마치 그 속성을 지니는 대상의 일부인 것처럼 보인다. 그래서 우리는 개념들을 병치함으로써 대상 전체를 그 부분들로 재구성할 수 있으며, 거기에서 어떻게 보면 지적인 등가물(等價物)이라 할 것을 획득할 것이라고 쉽게 믿어버린다.

---

3 여기서 문제되고 있는 이미지는 철학자가 다른 사람에게 자신의 사유를 밝히고자 할 때의 정신에 나타날 수 있는 이미지이다. 철학자가 자신을 위해 필요로 할 수 있으며 때로는 표현하지 않고 남아 있는 직관에 가까운 이미지는 무시한다.

이런 식으로 우리는 단일성, 다양성, 연속성, 유한한 또는 무한한 분할 가능성 따위의 개념들을 연결시킴으로써 지속을 믿을 만하게 표상하고 있다고 생각한다.

이것은 분명히 환상(幻像)이다. 또한 이것은 위험한 짓이다. 추상적 관념은 분석에, 즉 대상을 다른 모든 대상과의 관련 하에서 살피는 과학적 연구에 이용될 수 있다. 그러나 그 이용되는 정도만큼 추상관념은 직관을 대신할 수 없다. 왜냐하면 직관은 대상을 그 대상에 본질적으로 귀속하는 것 안에서 형이상학적으로 탐구하는 행위이기 때문이다. 실제로 끝과 끝이 맞대어져 놓인 이 개념들은 결코 대상의 인위적인 재구성 이외에는 우리에게 아무것도 주지 않는다. 개념들은 이 대상의 일반적이고 어떻게 보면 비인격적인 측면만을 부호화할 수 있다. 따라서 개념들을 통해서 실재를 파악할 수 있다고 믿는 것은 부질없는 것이다. 개념들이 보여주는 것은 실재의 그림자뿐이다. 그런데 다른 한편으로 이러한 환상과 더불어 매우 커다란 위험이 도사리고 있다. 왜냐하면 개념은 추상화하는 동시에 일반화하기 때문이다. 개념은 한 특정 속성을 부호화할 때 그것을 무한히 많은 다른 대상들과 공통적인 것으로 만들어야 한다. 따라서 개념은 이 속성에 부여하는 연장을 통해서 어느 정도 이 속성을 왜곡하는 것이다. 속성을 이 속성이 귀속되는 형이상학적 대상에 되돌려 보내보자. 이때 이 속성은 대상과 일치할 것이며, 적어도 그 대상을 표본으로 할 것이고, 이와 동일한 윤곽을 띨 것이다. 이제 반대로 속성을 형이상학적 대상으로 빼내어 개념 안에 표현토록 해보자. 그때 속성은 무한히 확대되어서는 그 대상을 뛰어넘을 것이다. 왜냐하면 이때 속성은 그렇게 함으로써 다른 대상들도 함께 포함해야 하기 때문이다. 따라서 한 사물의 속성들에 대해 우리가 형성한 여러 개념들은 그 사물 주위에 그보다 훨씬 더 큰 원들을 그리고 있는 것이다. 그 원들은 어느 하나도 그 사물에 정확히 맞지 않는다. 그러나 사물 자체 내에서 속성들은 그 사물과 합치하며, 따라서 전체와도 합치한다. 따라서 우리는 이 개념들 중 하나를 취해서 이것으로 다른 것들을 재결합하려고 할 것이다. 그러나 어느 개념을 취하느냐에 따라 그 연결은 다른 방식으로 작용할 것이다. 예를 들어 단일성에서 출발하느냐 아니면 다양성에서 시작하느냐에 따라 우리는 지속의 복합적인 다양성을 서로 다르게 생각하게 될 것이다. 모든 것이 우리가 어느 개념에 더 가중치(加重値)를 두느냐 하는 데에 달려 있다. 이때 이 가중치는 언제나 임의적이다. 왜냐하면 개념이란 원래 대상에서 추출된 것이므로 무게를 지니지 못하며, 단지 그 몸체의 그림자에 불과하기 때문이다. 따라서 고찰되는 실재에 대해 얼마만큼의 외적인 관점을 취하느냐에 따라 또는 실재를 가두어놓는 보다 더 커다란 원들이 얼마만큼 있느냐에 따라 그만큼의 서로 다른 체계가 나타난다. 따라서 단순한 개념은 대상의 구체적인 단일성을 분할하여 그토록 수많은 부호적 표현으로 만드는 단점을 지닐 뿐만 아니라, 철학을 여러 학파로 분파시키게까지 한다. 이 학파들은 각각 자기 자리를 차지해서는 자기의 계산패를 골라서 다른 학파들과 결코 끝나지 않을 노름을 시작하는 것이다. 형이상학은 한갓 이러한 관념 놀음에 머물러 있든가, 아니면 정신의 진지한 작업이기 위하여 개념들을 초월해서 직관에 도달해야만 한다. 개념들이 형이상학에 필수 불가결하다는 것은 분명하다. 왜냐하면 다른 과학들이 모두 개념에 근거하여 작업하는 것은 가장 일반적인 현상이며, 형이상학은 이들 타 과학 없이 지낼 수는 없기 때문이다. 그러나 형이상학이 참으로 형이상학이려면, 그것은 개념을 떨어버려야만 한다. 또한 적어도 경직되고 이미 만들어져 있는 개념에서 자유로워져서, 우리가 습관적으로 다루고 있는 것과는 전혀 다른 개념들을 만들어내야만 한다. 내가 말하는 이 새로운 개념들이란 유연하고 움직이고 있으며 거의 유동적이다시피한, 요컨대 직관의 그 떠다니는 형태를 표본으로 삼을 준비가 언제나 되어 있는 표상이다. 이 중요한 논점에 대해서는 잠시 후에 다시 이야기하겠다. 단지 우리의 지속(持續)은 직관 속에서 직접적으로 우리에게 나타날 수 있다는 것, 또 이 지속은 이미지에 의해서 간접적으로 우리에게 시사될 수는 있지만, 그것은 —— 개념이라는 단어에 그 정확한 의미를 부여한다면 —— 개념적인 표상 안에는 가두어질 수 없다는 것을 보여준 것으로 충분하다.

잠시 동안 지속의 다양성에 대해 생각해보자. 이에 덧붙여 말해주어야 할 것이 있다. 즉 이 다양성을 구성하는 항목들은 여타 다양성의 항목처럼 뚜렷이 구별되는 것이 아니라, 서로를 짐작하고 있다는 것이다. 아울러 우리는 분명히 상상이라는 노력을 통해서 일단 흘러간 지속을 고정시켜서는, 그것을 서로 병치되어 있는 조각들로 분할하여 그 조각들을 모두 셀 수는 있다. 그러나 이 작용은 지속의 고정된 기억 위에서 완수된다. 요컨대 이 작용은 지속의 운동성이 뒤에 남겨놓은 움직이지 않는 경로 위에서 완수되는 것이며, 지속 자체 위에서 수행되는 것이 아니라는 것이다. 따라서 만일 여기에 다양성이 있다고 하면, 이 다양성은 다른 것과는 전혀 닮지 않은 것이라는 점을 인정하자. 그렇다면 우리는 지속이 단일성을 지녔다고 말할 수 있을 것인가? 분명 서로의 내부로 연장된 요소들의 연속성은 다양성뿐만 아니라 단일성의 성질도 띠고 있다. 그러나 이 단일성은 움직이고 있고 변화하고 있으며 또한 색조를 띠고 있거니와 살아 움직이는 단일성으로서, 순수

단일성의 개념이 기술하는 바와 같이 추상적이고 움직이지 않으며 공허한 단일성과는 전혀 다르다. 이런 점으로 미루어서 우리는 지속이 동시에 단일성과 다양성을 통하여 정의되어야 한다고 결론지을 수 있을 것인가? 그렇지만 이상하게도 이 두 개념을 아무리 조작(操作)해도 소용이 없다. 다시 말해서 이 개념들을 적당한 비율로 섞어 여러 가지 방법으로 결합하고 정신적 화학의 아무리 기묘한 작용을 그 위에 가하더라도, 나는 지속에 대해 내가 지니는 단순한 직관과 닮은 것을 전혀 획득하지 못한다. 그 대신 직관의 노력을 통해서 지속 안에 나 자신을 다시 위치시켜보자. 그 즉시 나는 지속이 어떻게 단일성인 동시에 다양성이며 그밖에 수많은 다른 것인가를 알게 될 것이다. 따라서 이 여러 가지 개념들은 지속에 대한 외적 관념과도 같은 것이다. 이것들은 분리되어도, 아니면 재결합되어도 우리가 지속 자체의 내부로 침투하게끔 해주지 않는다.

그러나 우리는 지속에 침투하는바, 그것은 오직 직관을 통해서만 가능하다. 이러한 의미에서 나 자신을 통한 자아의 지속에 대하여, 절대적이고 내부적인 인식이 가능하다. 여기서 형이상학은 직관을 요구하고 있으며, 또 그것을 획득할 수 있다. 그렇다면 과학에는 이에 못지않게 분석이 필요하지 않다. 분석의 역할과 직관의 역할을 혼동한 결과, 학파 간의 논쟁과 체계 간의 갈등이 생겨난 것이다.

구성적 부분과 부분적 표현

심리학은 사실 다른 과학과 마찬가지로 분석을 통해서 진행해간다. 심리학은 최초에는 단순한 직관 속에서 자아를 부여받지만, 곧 이 자아를 여러 가지의 감각과 감정, 표상 등으로 분해해서는 그것들을 개별적으로 연구한다. 따라서 심리학은 자아 대신 일련의 요소들을 대치하는데, 이 요소들이 곧 심리학적 사실들이다. 그렇지만 이 요소들이 과연 부분들인가? 모든 문제는 바로 여기에 있다. 이 문제가 회피되어 왔기 때문에 인간의 인격성에 대한 문제가 필요없는 용어로 누차 제기되곤 했던 것이다.

모든 심리 상태가 단지 한 인물에 속한다는 사실만으로도 인격성 전체를 반영하고 있음은 논의의 여지가 없다. 아무리 단순한 감정일지라도 감정은 어느 것이나 그 감정을 느끼는 존재의 과거 및 현재를 잠재적으로 포함하고 있으며, 그 존재에서 분리되어 하나의 '상태'를 형성하는 일은 오직 추상이나 분석의 노력을 통해서만 가능하다. 그러므로 이러한 추상이나 분석의 노력 없이는 심리과학의 발전도 가능하지 않다는 것 또한 그에 못지않게 논란의 여지가 없는 것이다. 그렇다면 심리학자가 하나의 심리 상태를 분리해서 그것을 어느 정도 독립적인 실체로 건립하는 작용이란 과연 어떤 것인가? 그의 첫째 작업은 우선 인물이 지닌 특별한 색감(色感), 요컨대 이미 알려진 용어나 공통적인 용어로는 표현되지 않는 색감을 무시하는 것이다. 그 다음에는 이미 그렇게 해서 단순화시킨 인물 속에서 연구의 흥미 있는 대상인 여러 측면들을 분리하려 노력한다. 예를 들어 어느 사람의 취향이 문제된다고 하자. 심리학자는 그 취향에 색감을 띠게 해 주고, 나의 취향이 당신의 취향일 수 없게 해주는 그 표현할 길 없는 뉘앙스를 옆으로 제쳐 놓는다. 다음 그는 우리의 인격성이 어떤 대상을 향하여 옮겨가는 그 운동에 주의를 집중한다. 그리하여 그는 이 태도를 분리시켜낸다. 그가 독립적인 사실로 수립시키는 것은 바로 인물의 이러한 특별한 측면, 내적 생명의 운동성에 대한 이러한 관점, 구체적인 취향에 대한 이러한 '도식(圖式)'이다. 이러한 작업은 파리에 잠시 들른 예술가가 예를 들어 노틀담 사원의 탑을 소묘할 때 하는 작업과 유사하다. 이 탑은 사원 건물과 불가분적으로 연결되어 있고, 사원 건물은 경내와 주의, 그리고 파리 시가 전체와 분리될 수 없게끔 연결되어 있다. 따라서 그는 우선 탑을 분리시켜내는 것으로 일을 시작한다. 오직 전체의 어떤 측면에만 주목할 수 있는데, 이 측면이 바로 노틀담 사원의 탑인 것이다. 그런데 탑은 실제로는 수많은 돌로 축성되어 있는데, 이 돌들의 특정한 군집이 탑에 형태를 부여하고 있다. 그러나 소묘하는 사람은 이 돌들에 관심을 갖지 않는다. 그는 오직 탑의 음영에만 주목한다. 따라서 그는 사물의 실재적이고 내적인 유기적 조직 대신에 외적이고 도식적(圖式的)으로 재구성된 것을 대치시킨다. 요컨대 그의 소묘는 대상에 대한 어느 한 관점에, 또 재현하는 양상의 선택에 대응한다. 심리학자가 인물 전체에서 심리적 상태를 추출하는 작용도 마찬가지다. 이 분리된 심리적 상태는 소묘 외에는 아무것도 아닌 것으로 인위적 재구성의 시초에 불과하다. 사람들이 특별히 관심을 쏟고 주의깊게 관찰하는 것은 바로 어떤 요소적 측면 밑에서 고찰되는 전체인 것이다. 그것은 부분이 아니라 요소이다. 그것은 분할에 의해서가 아니라 분석에 의해서 획득된다.

그런데 파리에서 그린 모든 소묘의 밑부분에 이 방문객은 분명히 '파리'라고 메모해둘 것이다. 실제로 파리를 보았기 때문에 그는 전체에 대한 원래의 직관에서 다시 내려와서는, 거기에 자기의 그림들을 세워놓고 그것들을 상호 연결시킬 것이다. 그런데 이 반대의 작용을 수행할 방법은 없다. 원하는 만큼 정확한 소묘가 수없이 많아도 또 '파리'라는 단어가 그 그림들을 밀접히 연결시킬 것을 지시한다고 해도, 파리를 실제로 보지 않았다면 지니지 못할 직관에 되돌아가서 파리의 인상을 획득할 수는 없는 것이다. 요컨대 우리가 여기서 다루고 있는 것은 전체의 부분들이 아니라 전체에서 취해진 **표지**(標識)이다. 더 놀라운 예, 즉 표지화(標識化)가 더욱 완전하게 부호적인 예를 들어 보자. 그러기 위해서는 우선 어떤 사람이 나에게 모르는 시(詩)를 구성하고 있는 글자들을 아무렇게나 섞어서 내 앞에 내놓는다고 하자. 만일 그 글자들이 그 시의 부분들이라면 나는 가능한 한 여러 가지로 그것들을 배열해서 원래의 시를 재구성하려고 시도할 수 있을 것이다. 마치 그림 맞추기를 하는 어린아이처럼 말이다. 그러나 잠시나마 나는 그 시도를 생각지 않게 되는데, 그 이유는 그 글자들이 **구성적**(構成的) 부분들이 아니라 부분적 표현들이기 때문이다. 이 둘은 전혀 다른 것들이다. 마찬가지로, 만일 시를 알고 있었다면 나는 그 글자들 각각을 원래의 자리에 갖다놓고서 그것들을 쉽사리 연속적으로 연결시킬 것이다. 그렇지만 이와 반대의 작용은 불가능한 것이다. 설령 이 반대의 작용을 하려고 마음먹고 그 글자들의 끝을 잇대어서 연결한다고 해도, 나는 우선적으로 그럴 듯한 의미를 생각해서 일을 시작한다. 따라서 나는 직관을 갖고 있는 것이다. 나는 바로 이 직관에서 내려와서 이 직관의 표현을 재구성하는 요소적인 부호로 되돌아간다. 부호적 요소들에 실행되는 작용을 통해서 사물을 재구성한다는 생각은 하나같이 모두 터무니없는 것이다. 다시 말해서 우리가 다루고 있는 것이 사물의 단편이 아니라 어떻게 보면 부호의 단편이라 할 수 있는 것이라는 사실이 알려진다면, 그러한 생각은 어느 누구의 머리에도 떠오르지 않았을 것이다.

경험론과 이성론

그러나 한 인물을 심리 상태로 재구성하려는 철학자들은 바로 이러한 터무니없는 짓을 하고 있다. 그가 단지 상태들 자체만을 취하든 아니면 그 상태들을 상호 연결시킬 끈을 덧붙이든 마찬가지다. 경험주의자 및 이성주의자는 다같이 이와 같은 환상(幻像)에 속고 있다. 양자 모두 부분적 표지를 실재적 부분으로 잘못 알고 있으며, 그렇기 때문에 분석의 관점과 직관의 관점, 따라서 과학과 형이상학을 혼동하고 있는 것이다.

경험주의자들이, 심리학적 분석은 인물 내에서 심리 상태 이외의 것을 보여주지 않는다고 말하는 것은 정당하다. 이것이 바로 기능이며, 이것이 바로 분석의 정의다. 심리학자가 행하는 유일한 작업은 인물을 분석하는 것, 다시 말해서 상태에 주목하는 것이다. 기껏해야 이 상태들에 '자아'라는 제목을 붙이고는 이 상태들이 곧 '자아의 상태'라고 말하는 것뿐이다. 마치 소묘하는 사람이 자기가 소묘한 그림 각각에 '파리'라는 단어를 써놓듯이 말이다. 심리학자가 위치해 있고 또 위치해야만 하는 영역 내에서 '자아'는 심리학에 대상을 부여해주는 원초적인 (한편으로는 매우 혼동되는) 직관을 기억하게 해 주는 표지에 지나지 않는다. 그것은 단어에 지나지 않는다. 이와 같은 영역에 머무르면서 단어 배후에서 사물을 발견할 수 있으리라 믿는 것은 커다란 오류이다. 단순히 심리학에서의 심리학자로만 머무르지 못했던 철학자들, 예를 들어 텐느(Taine)나 스튜어트 밀(Stuart Mill)도 이러한 오류를 저질렀다. 그들은 사용하는 방법으로 보면 심리학자이면서도 목표하던 대상으로 보아서는 형이상학자로 머물러 있었다. 직관을 추구하면서 그들은 이상하게도 비일관성을 보여, 직관을 그것의 부정적 분석에서 얻으려 했다. 그들은 자아를 찾으면서 드디어 그것을 심리 상태 속에서 발견했다고 주장한다. 그러나 다양한 심리 상태는 반드시 우리가 우리 자신을 자아의 밖으로 옮겨놓고 인물에 대한 일련의 크로키와 일련의 표지, 그리고 어느 정도 도식적이고 부호적인 일련의 표상들을 취함으로써만 획득된다. 또한 그들은 상태와 상태를 나란히 연결해서 그것들의 접촉을 증대시키면서 그 사이의 공간을 찾아내지만, 자아는 언제나 그들의 손을 빠져 나간다. 결국 그들은 거기에서 공허한 환영밖에 볼 수 없는 것이다. 그러느니 오히려 '일리아스(Ilias)'를 구성하고 있는 글자들 사이의 공간들에서 어떤 의미를 찾아내지 못했다는 이유로, 이 작품이 그 의미를 지니지 않았다고 주장하는 편이 더 나을 것이다. 따라서 철학적 경험론은 직관의 관점 및 분석의 관점을 혼동한 결과로 나타난 것이다. 그것은 원작 속에서 번역작을 찾고 있으나 번역작은 당연히 원작이 될 수는 없다. 따라서 경험론은 번역작 속에서 원작을 찾아낼 수 없다는 구실로 원작을 부인하는 것이다. 경험론은 필연적으로 부정으로 귀착된다. 그러나 더 자세히 관찰해보면, 이 부정이라는 것이 뜻하는 바가 단지 분석은 직관이 아니라고 하는 것임을 알게 될 것이다. 사실 이것은 자명한 일이다. 본래적이고 다른 한편으로는 모호하기도 한 직관은 우선 과학에 그 대상을 부여해 준다. 다음에 과학은 이 직관에서 분석으로 옮겨가는데, 분석은 그 대상에 대하여 관점을 무한히 증가시켜준다. 곧, 과학은 여러 관점들을 모두 한데 모아서 대상을 재구성할 수 있으리라는 확신에 찬다. 그러나 마치 벽에 비친 그림자로 무언가 딱딱한 장난감을 만들려고 하는 아이처럼, 경험론은 자기 앞에서 대상이 도망쳐가는 것을 보게 된다. 이 어찌 놀라운 일이 아닌가?

그러나 이성론(理性論) 역시 똑같은 환상에 속고 있다. 그것은 경험론이 저질러놓은 혼동에서 시작하여 인격성에 도달하기에는 너무도 무력한 채 남아 있다. 경험론과 마찬가지로 이성론은 심리 상태들을 그 수만큼의 단편들로 생각하는데, 이 단편들은 이것들을 재통합하리라 생각되는 자아에서 떼어낸 것들이다. 또한 경험론과 마찬가지로, 그것은 이 단편들을 서로 연결해서 인물의 다양성을 재구성하려고 한다. 요컨대 이성론은 경험론과 마찬가지로 인물의 단일성을 포착하기 위해 끊임없이 새로운 노력을 하지만, 마치 환영처럼 그 단일성이 자꾸만 손에서 빠져 나감을 보는 것이다. 그러나 싸움에 지친 경험론이 결국에는 오직 심리 상태의 다양성만이 있다고 천명하는 반면에, 이성론은 인물의 단일성을 계속 고집하고 있다. 사실 이성론은 심리 상태 자체의 영역에서 이러한 단일성을 추구하고 있으며, 게다가 심리 상태의 자리에서 자신이 분석을 통해서 찾아낸 모든 질(質)과 결정사항들을 갖다놓아야만 한다(왜냐하면 분석이란 애당초 언제나 상태들에 귀착하기 때문이다). 따라서 이성론은 인물의 단일성에 대해서 순수히 부정적인 것, 즉 모든 결정의 부재 이외에는 아무것도 남겨놓지 않는다. 심리 상태는 자신을 위해서 필연적으로, 물질성의 외양을 가장 적게 띠는 것만을 이러한 분석을 통해 취하고 간직한다. 따라서 '자아의 단일성'은 질료(質料) 없는 형상에 불과하다. 그것은 절대적으로 비결정적인 것, 절대적으로 공허한 것이다. 경험론자들은 분리되어 있는 심리 상태들, 즉 자아의 그림자들이 모이면 하나의 인물과 동등하게 된다고 생각했다. 그런데 이성론자들은 인격성을 재구성하기 위해서 이 심리 상태들에 더 비실재적인 것을 덧붙였다. 그것은 바로 이 그림자들이 움직이는 허공, 즉 그림자들의 장소라고 할 수 있을 그런 것이다. 실제로는 형태를 지니지 않은 이런 '형식(形式)'이 어떻게 살아가고 행위하고 있으며 구체적인 인격성의 특징을 나타낼 수 있단 말인가? 어떻게 갑과 을을 구분할 수 있단 말인가? 인격성에서 이러한 '형식'을 분석해낸 철학자들은 곧 그 형식이 하나의 인물을 결정하는 데 무력함을 발견한다. 그러고는 점차로 자신의 자아를 밑동없는 그릇으로 만들기에 이르지만, 이 그릇은 갑에도 을에도 속하지 않는 것으로 원하기만 하면 인류 전체에 대해, 아니면 신을 위해, 그렇지 않으면 존재 일반에 대해 자리를 제공해준다. 이 어찌 놀라운 일이 아닌가? 여기서 나는 경험론과 이성론 사이에 있는 유일한 차이점을 본다. 즉 경험론은 간격 사이에서, 다시 말하면 심리적 상태 속에서 자아의 단일성을 찾으면서, 이 간격을 다른 상태들로 메꾸기를 무한히 계속한다. 그리하여 자아는 자꾸만 수축되어가는 간격 속에 갇혀서, 우리가 분석을 행해감에 따라 영(零)으로 수렴해간다. 반면에 이성론은 자아를 상태들이 위치하는 장소로 생각하면서 눈앞에 공허한 공간을 대하고 있다. 우리가 이 공간을 여기에서나 저기에서나 한계를 정할 아무런 근거가 없으므로, 이 공간은 우리가 부여하려고 하는 연속되는 한계를 하나하나 뛰어넘어 계속 확장해가서 드디어 이번에는 영(零)이 아니라 무한(無限) 속으로 사라져버린다.

따라서 텐느의 것과 같은 이른바 '경험론'과 독일 범신론자(汎神論者)들의 가장 선험적인 사변(思辨) 사이의 거리는 생각했던 것보다 그리 크지 않다. 두 경우에 모두 방법은 유사하다. 즉 그들은 모두 요소들에 기초하여 번역을 추리해서는 그것이 마치 원작의 부분인 양 생각하는 것이다. 그러나 참된 경험론이라면 원초적인 것 자체를 가능한 한 꽉 쥐어잡으려고 하며, 그것의 생명에 더 깊이 파고들어가려 하고,

일종의 정신적인 청진(聽診 : auscultation spirituelle)을 통해서 그 영혼의 고동 소리를 들으려 한다. 이러한 참된 경험론이 바로 참된 형이상학이다. 이 작업은 참으로 힘든 작업이다. 왜냐하면 사유가 일상적으로 작용하기 위해 사용하는, 이미 만들어져 있는 개념은 어떤 것도 여기서는 쓸모가 없기 때문이다. 자아는 다양성이거나 아니면 단일성이라고 말하는 것, 혹은 자아는 양자의 종합이라고 말하는 것만큼 쉬운 일은 없다. 여기서 단일성과 다양성은 대상에 따라 재단할 필요가 없는 표상(表象), 이미 만들어져 있는 표상, 오직 쌓여 있는 곳에서 골라내기만 하면 되는 대상, 요컨대 갑과 을에 모두 잘 어울리는 기성복이다. 왜냐하면 그것은 어느 누구의 형태에 따라서도 도안되지 않았기 때문이다. 그러나 경험론이라는 이름을 받을 가치가 있는 경험론이라면, 오직 치수에 따라 작업하면서 자신이 연구하는 새로운 대상 각각에 대해 언제나 절대적으로 새로운 노력을 기울여야만 한다는 것을 알고 있다. 이런 경험론은 대상을 위해서 그 대상에 적합한 개념을 재단해낸다. 이 개념은 여전히 개념이라고는 거의 불릴 수 없는 것이다. 왜냐하면 그것은 오직 그 사물에만 적용되기 때문이다. 참된 경험론은 이미 쌓여 있는 관념들, 예를 들어 단일성과 다양성이라는 관념들을 조합시켜가면서 일하지 않는다. 그러나 그것이 우리로 하여금 이르게 하는 표상은 유일하고 단순한 표상이다. 이 표상이 형성되기만 하면 우리는 왜 단일성이나 다양성이라는 표상보다 훨씬 더 큰 것들의 틀 속에 표상이 위치할 수 있는가를 잘 알게 될 것이다. 요컨대 이렇게 정의되는 철학은 여러 개념들 속에서 어떤 개념들을 선택하거나 하나의 학파를 지지하지 않는다. 이 철학은 유일한 직관을 추구한다. 우리는 이 직관에서 쉽사리 여러 개념으로 되돌아가는바, 우리는 학파의 분파 위에 위치하고 있기 때문이다.

인격성이 단일성을 지닌다는 것은 확실하다. 그러나 이것을 긍정하더라도 곧 인물이라는 단일성이 지니는 특이한 본질을 알 수는 없다. 우리의 자아가 다양하다는 것을 나는 거듭 인정한다. 그러나 이 다양성은 다른 것과는 전혀 공통점이 없다는 것을 알아야만 한다. 참으로 철학에 중요한 일은 추상적인 일자(一者)나 추상적인 다자(多者)보다 더 우월한 어떤 단일성이, 어떤 다양성이, 또 어떤 실재성이 바로 인물의 다양한 단일성인가를 아는 일이다. 철학이 이것을 알려면 반드시 자아를 통한 자아의 단순한 직관을 재파악해야만 한다. 그때 정상에서 어느 비탈길을 따라 내려오느냐에 따라 철학의 도착점은 단일성일 수도, 다양성일 수도, 또는 우리가 인물의 동적 삶을 애써 정의해보려 하는 개념들 중 어느 하나일 수도 있다. 그러나 거듭 말하지만, 이 개념들을 혼합시킨다고 해서 지속하는 인물을 닮은 그 무엇을 얻을 수는 결코 없다.

내 앞에 고형(固形)의 원추(圓錐)를 제시해보라. 나는 그것이 어떻게 꼭짓점으로 갈수록 점점 좁아져서 수학적 점에 가까워지는가, 또 어떻게 밑면으로 갈수록 점점 넓어져서 무한히 증대해가는 원이 되는가를 어렵지 않게 알 수 있다. 그러나 점(點)이나 원(圓) 혹은 이 둘을 평면 위에 병치(並置)한다고 해도 나는 원추의 관념을 조금도 얻지 못할 것이다. 내면적 삶의 다양성과 단일성도 마찬가지다. 또한 경험론과 이성론이 인격성을 향해 가도록 하는 영(零)과 무한(無限)도 마찬가지다.

나중에 보게 되겠지만 이 개념들은 보통 짝지어 다니며 두 가지 상반되는 점을 표현하고 있다. 구체적 실재의 거의 대부분에 대해서 우리는 두 가지 상반되는 견해를 취할 수 있으며, 따라서 이것을 두 가지 상충하는 개념 하에 포섭시킬 수 있다. 따라서 정립(定立)과 반립(反立)이 있게 되는데, 이것을 논리적으로 화합시키려 하는 것은 부질없는 것이다. 그것은 개념이나 관점을 가지고는 사물을 만들어낼 수 없다는 단순한 이유 때문이다. 그런데 대상을 직관을 통해 파악하면, 우리는 이 대상에서 수많은 경우에 있어 어렵지 않게 두 가지 상반되는 개념에 이를 수 있다. 그리고 정립과 반정립이 실재에서 발생했다는 것을 알고 있으므로, 우리는 이 정립과 반정립이 어떻게 상반되는가, 또 그것들이 어떻게 조화될 수 있는가를 동시에 파악한다.

　이렇게 하기 위해서는 지성(知性)의 습관적인 작업을 전도시켜야 함이 분명하다. 사유한다는 것은 보통, 개념에서 사물로 나아가는 것이지, 사물에서 개념으로 나아가는 것이 아니다. 실재를 인식한다는 것은 '인식한다'란 단어의 보통 의미에 있어서, 이미 만들어져 있는 개념을 취해서 그것을 적당한 비율로 섞은 다음, 모두 결합해서는 실용적인 면에서 실재적인 것과 동치(同値)인 것을 획득하는 것이다. 그러나 지성의 정상적인 작업이 몰관심적인 작업과는 거리가 멀다는 것을 잊어서는 안될 것이다. 일반적으로 우리는 인식 자체를 위해 인식하려고 하지 않는다. 우리는 우리의 입장을 결정하기 위해, 어떤 이득을 획득하기 위해, 요컨대 어떤 이기심을 만족시키기 위해 인식하려고 한다. 우리가 추구하고 있는 것은 인식 대상이 어느 정도까지 이러한 것이며 어느 정도까지 저러한 것인가, 또 그것이 이미 알려진 어떤 종류에 속하는가, 아울러 그것이 우리에게 어떤 종류의 행위와 걸음걸이 및 몸가짐을 시사해주어야만 하는가 따위이다. 이 여러 가지의 가능한 행위 및 태도들은 모조리 일시에 결정되어버린 우리 사유의 개념적 방향만큼이나 많다. 남아 있는 길이란 그것들을 따라가는 것뿐이다. 이 것이 바로 개념을 사물에 적용하는 행위다. 한 대상에 개념을 적용하려 한다는 것은 곧 그 대상과 우리 사이에 어떤 관계가 있으며, 그 대상이 우리에게 어떻게 소용될 것인가를 물어보는 것이다. 대상에 개념을 명명(命名)한다는 것은 그 대상이 우리에게 시사해줄 그런 유의 행위 및 태도를 정확한 용어로 표시한다는 것이다. 따라서 엄격히 말하면 모든 인식은 어떤 방향으로 지향되어 있으며, 어떤 관점에서 취해진다. 우리의 이해관계가 종종 복잡성을 띤다는 것은 사실이다. 또한 바로 이러한 이유로 해서 우리는 동일한 대상에 대한 우리의 인식을 계기적(繼起的)인 여러 방향으로 향하게 하며, 그 관점도 여러 가지로 취하는 것이다. 이것이 바로 일상적인 의미에 있어서 대상에 대한 '광범하고', '포괄적'인 인식이다. 이때 이 대상은 유일한 개념으로 귀착되지 않고, 이것이 '분류(分有)한다'고 생각되는 몇 개의 개념에 귀착된다. 그러면 대상은 어떻게 한꺼번에 이 개념들을 분유하게 되는가? 이것은 실제적인 면에서는 그리 중요하지도 않고 제기되지도 않는 물음이다. 따라서 우리가 개념들을 병치하고 그것들을 적당한 비율로 섞어가면서 일상생활을 해나간다는 것은 자연스러운 것인 동시에 합법적인 것이다. 여기에서는 어떠한 철학적 난점도 발생하지 않는다. 왜냐하면 우리는 암암리에 묵계를 통해서, 철학하기를 회피하기 때문이다. 그러나 가령 이 번거로운 방식을 철학에 옮겨놓는다 하자. 또 여기서도 아직 여러 개념들에서 사물로 나아간다고 해보자. 아울러 지금 한 대상을 그 자체로 획득코자 목표한 가운데, 그 대상에 대한 몰관심적인 인식을 위해서 어떤 한 인식 방법을 이용한다고 해보자. 이 인식 방법은 특정한 관심에 의해 불러일으켜진 것으로 애당초 사물을 외적으로 보고자 하는 것이다. 그러나 이때 우리는 우리가 목표한 목적지에는 등을 돌리고 있는 것이다. 우리는 철학을 학파 간의 끝없는 마찰 속으로 밀어넣고 있으며, 대상과 방법의 한가운데에 모순을 심어 넣고 있는 것이다. 한편에서 철학은 가능하지 않으며, 사물에 대한 모든 지식은 그 사물에서 얻어낼 수 있는 이득을 지향하는 실용지(實用知)다. 다른 한편에서 철학한다는 것은, 곧 직관의 노력을 통해서 대상 자체의 내부에 들어가는 것이다.

그러나 이 직관의 본질을 이해하며, 어디에서 직관이 끝나고 어디에서 분석이 시작하는가를 정확히 결정하기 위해서는, 지속의 흐름에 대해 앞에서 이야기했던 것으로 되돌아가야 한다.

실재적 지속

분석은 개념이나 도식으로 귀착되는데, 이들은 고찰되고 있는 한 움직이지 않는 것을 그 본질적 특성으로 하고 있음에 주목해야 한다. 나는 내면적 삶 전체에서 한 심리적 요소를 분리한 바 있다. 이 요소를 나는 단순 감각이라 부른다. 그것을 살피는 동안 나는 그것이 본래 그대로 남아 있다고 가정한다. 만일 거기서 변화가 발생한다면, 거기에는 유일한 감각이 아니라 계기하는 여러 감각이 있는 것이라고 나는 말할 것이다. 그리고 이 계기하는 감각들 각각에 대하여 나는 처음에 한 감각 전체에 부여했던 불역성(不易性)을 옮겨놓을 것이다. 나는 언제나 분석을 충분히 진행해서 움직일 수 없다고 생각되는 요소에 이를 수 있을 것이다. 바로 여기에서, 또 오직 여기에서만 나는 과학 고유의 발전을 위해 필요한 여러 작용의 견고한 기초를 발견한다.

그러나 정신 상태는 그것이 아무리 단순하다 할지라도 매 순간 변화하고 있다. 왜냐하면 기억 없는 의식, 다시 말해서 경과해버린 순간의 기억을 현재의 느낌에 첨가하지 않는 상태의 연속이란 있지 않기 때문이다. 바로 이것이 지속(持續)을 구성하고 있는 것이다. 내면적 지속이란 곧 과거를 현재로 연장해주는 기억의 연속적인 삶이다. 따라서 현재는 끊임없이 커가는 과거의 이미지를 뚜렷하게 포함하고 있거나, 아니면 오히려 우리가 끌고 가는 짐이 우리가 나이를 먹어감에 따라 점점 더 무거워진다는 것을 보여주고 있다. 만일 이렇게 현재 속에 과거가 존속하지 않는다면, 지속은 존재하지 않고 오직 순간성만이 있을 것이다.

혹자는 내가 단지 분석만 함으로써 지속에서 심리 상태를 훔쳐왔다고 비난할지도 모른다. 그때 나는 나의 분석을 통해서 얻은 기본적인 심리 상태들은 각각 아직도 시간을 차지하고 있는 상태라고 말함으로써 나를 변호할 것이다. "나의 분석을 통해서 내적인 삶은 서로 동질적인 상태들로 용해될 것이다. 그러나 동질성은 몇 분 혹은 몇 초라는 한정된 시간만큼 연장되므로, 기본적인 심리 상태들은 비록 변화하지 않는다고 하더라도 결코 지속하기를 멈추지 않는다"라고 나는 말할 것이다.

나는 기본적인 심리 상태에 대하여 몇 분 혹은 몇 초라는 한정된 시간을 부여했다. 그런데 이것은 단지 동질적이라 가정된 심리 상태가 실제로는 변화하면서 지속하는 상태임을 내게 상기시켜주는 지표의 가치밖에 지니지 않는 것이다. 이러한 사실을 모를 사람이 있을까? 상태를 그 자체로 취해볼 때, 그것은 영속적인 생성이다. 이 생성에서 나는 내가 불변적이라 가정하는 어떤 평균적인 질을 추출해낸다. 그리하여 나는 안정적이고, 따라서 도식적인 상태를 구축하는 것이다. 한편

나는 거기에서 생성 일반을 추출해낸다. 이 생성 일반은 이것의 생성도 아니요 저것의 생성도 아닌 것으로서, 그 상태가 차지하고 있는 시간이라고 내가 부르는 것이다. 이것을 면밀히 고찰해보면, 나는 다음과 같은 사실들을 알게 될 것이다. 즉 추상적 시간은 그 시간 안에 위치한 상태만큼이나 부동적으로 보일 것이며, 이 시간은 오직 연속적인 질의 변화만을 통해서 흘러갈 수 있다는 것이다. 그리고 만일 질이라는 변화의 단순한 무대가 없다면, 이것은 움직이지 않는 배경이 되어버릴 것이다. 이 동질적 시간이라는 가설은 단지 여러 가지 구체적인 지속들을 비교하는 데 도움이 되도록 하기 위한 것이며, 또한 우리로 하여금 동시성을 헤아리고 지속의 어떤 흐름을 다른 흐름과의 관련 하에서 측정하게 해주는 것이기도 하다. 요컨대 나는 기본적인 심리 상태의 표상에다 몇 분 혹은 몇 초라는 한정된 시간의 지표를 연결시킴으로써, 단지 그 상태가 지속하는 자아에서 분리된 것임을 다시금 상기하는 것이다. 아울러 추상적인 도식이 되어버린 상태가 자신이 최초에 지녔던 구체적인 형태로 되돌아가기 위해서 운동의 상태에 또다시 놓여져야 할 장소를 한계 지우고 있는 것이다. 그러나 나는 분석에는 관심이 없으므로 이것을 모두 잊어버리겠다.

말하자면 분석이 움직이지 않는 것에 작용하는 반면 직관은 운동성 안에, 또는 이와 동등한 것인 지속 안에 위치해 있다. 바로 여기에 직관과 분석 사이의 구분선이 있다. 우리는 실재적인 것, 현실적인 것, 구체적인 것을 그것이 가변성(可變性) 자체임을 보고서 인지한다. 반면에 요소(要素)의 인지는 그것이 불변적임을 봄으로써 이루어진다. 요소란 본래 불변적인 것이며, 도식이자 단순화를 통해 재구성된 것이고, 때로는 부호에 지나지 않는다. 요컨대 요소란 흘러가는 실재에 대해 취해진 관점이다.

그러나 이러한 도식을 갖고서 실재적인 것을 재구성할 수 있으리라고 믿는 것은 오류다. 이 점은 누차 반복될수록 좋은 것이다. 우리는 직관에서 분석으로 옮겨갈 수는 있어도 분석에서 직관으로 옮겨갈 수는 없다.

변동성을 가지고 나는 원하는 대로 그 변동이나 질 혹은 변형을 만들 것이다. 왜냐하면 그것들은 직관에 주어진 운동성을 분석을 통해서 본 그 수만큼의 움직이지 않는 관점들이기 때문이다. 그러나 이 변형들을 이어놓는다고 해서 원래의 변동성과 유사한 것이 만들어지지는 않는다. 왜냐하면 그것들은 변동성의 부분이 아니라 그 부분과는 전혀 다른 요소들이기 때문이다.

예를 들어 동질성에 가장 가까운 변화성, 즉 공간 내에서의 운동을 생각해보기로 하자. 이 운동의 전연장(全延長)에 대하여 나는 가능적인 정지(靜止)들을 상상할 수 있다. 이 정지들을 나는 움직이는 것의 위치, 즉 움직이는 것이 통과해가는 점이라고 부른다. 그러나 위치가 무수히 많다고 할지라도 그것들을 가지고는 운동을 만들 수 없다. 그것들은 운동의 부분이 아니다. 그것들은 운동에서 취해진 그만큼의 관점이다. 그것들은 한갓 정지라고 가정된 것들이라고 할 수 있을 것이다. 움직이는 것은 결코 이 점들의 어느 것에도 위치하지 않는다. 기껏해야 우리는 그것이 그 점들을 통과해간다고 말할 수 있을 뿐이다. 그러나 이 통과는 곧 운동으로서, 정지와는 아무런 공통점도 없다. 정지란 곧 부동성이기 때문이다. 운동은 부동성 위에 자리 잡을 수 없다. 왜냐하면 그때 운동은 부동성과 합치하는데, 이것은 모순이기 때문이다. 점(點)들은 부분들처럼 운동 안에 있지 않을뿐더러, 운동하는 것의 장소처럼 운동 밑에 있지도 않다. 그것은 단순히 운동 아래에 우리가 투사(投射)시켜놓은 것이다. 마치 가설상 정지하지 않는 운동체가 만일 정지한다면 차지할 장소처럼 말이다. 따라서 그것은 정확히 말해서 위치가 아니다. 그것은 가정된 것이요, 정신의 관점 혹은 시점인 것이다. 어떻게 관점을 가지고 사물을 구성할 수 있단 말인가?

그럼에도 우리는 운동에 대해서, 또 운동이 그 표상의 역할을 하는 시간에 대해서 추리할 때, 언제나 이런 방식으로 시도한다. 우리 정신에는 깊숙이 뿌리박힌 환상이 있다. 또 우리는 언제나 분석이 직관과 동등하다고 생각하는 일을 막지 못한다. 따라서 우리는 가장 먼저 운동의 전연장(全延長)을 통해서 일정한 수만큼의 가능적인 정지들 혹은 점들을 구분하는 것이다. 싫든 좋든 우리는 이 점들을 운동의 부분으로 만들고 있다. 이 점들로 운동을 재구성할 수 없음을 알면 우리는 다른 점들을 끼어넣는다. 그러고는 운동 안에 있는 운동성에 더 가까이 다가갔다고 생각한다. 그러나 아직도 운동성이 우리를 피해가므로 다음에 우리는 정지된 유한한 개수의 점들 대신에 개수가 '무한히 증가해가는' 점들을 대치한다. 그렇게 함으로써 무한히 점에 점을 더해가는 사유의 운동을 통해서, 헛되이 운동체의 실재적이고 불가분적인 운동을 흉내내려 하는 것이다. 결국 우리는 운동은 점들로 구성되어 있지만 여기에는 그 외에 한 위치에서 그에 잇따르는 다른 위치로 가는 모호하고 신비적인 통과가 포함되어 있다고 말하기에 이른다. 그러나 모호성은 부동성이 운동성보다 더 명확하며 정지가 운동에 선행한다고 가정할 때 전적으로 나타나는 것이 아닌가! 또한 우리가 구성을 목적으로 정지에서 운동으로 나아간다고 주장은 하지만 실제로는 이러한 구성은 불가능하며, 우리가 운동에서 속도의 감소와 부동성으로 어렵지 않게 옮겨가고 있다는 사실에서 신비성이 연유하지 않는가! 우리는 시(詩)의 의미를 그 시를 구성하고 있는 글자들의 형태 속에서 찾았던 것이다! 우리는 각각의 글자에서 의미의 일부를 찾는다는 것이 전혀 소용없는 짓임을 알고서는, 궁여지책으로 자꾸 증가해가는 글자들을 살펴봄으로써, 드디어 언제나 도망가는 의미를 붙잡았고 믿었던 것이다! 우리는 한 글자와 그 다음 글자 사이에 우리가 찾고 있는 신비한 의미의 조각이 떨어져 있다고 생각했던 것이다! 그러나 거듭 말하지만 글자는 사물의 부분이 아니다. 그것은 부호의 요소들이다. 또한 거듭 말하지만 운동하는 것의 위치는 운동의 부분이 아니다. 그것은 운동의 기초라고 생각되는 공간의 점(點)들인 것이다. 이렇게 움직이지 않고, 텅 비어 있으며 구상되기는 하지만 지각되지는 않는 공간은 부호의 가치밖에 지니지 못한다. 부호들을 조작해서 어떻게 실재를 만든단 말인가?

그런데 여기서 부호는 우리 사유에 가장 고질적인 습관을 만족시키고 있다. 우리는 늘상 부동성 안에 자리 잡는다. 여기서 우리는 실용적인 면을 위한 받침점을 찾아내고, 이 부동성으로 운동성을 재구성한다고 주장한다. 그렇게 함으로써 우리가 얻는 것은 실재적인 운동의 어설픈 모방품이나 위조품에 지나지 않는다. 그러나 이 모방품은 실재적인 면에 있어서는 사물 자체의 직관보다 훨씬 더 유용하다. 우리의 정신은 자신이 가장 빈번히 사용하는 관념이 가장 명확하다고 생각하는 어쩔 수 없는 경향을 지니고 있다. 그렇기 때문에 정신에게 부동성은 운동성보다 더 명확하고, 정지는 운동에 선행하는 것처럼 보이는 것이다.

바로 여기서 고대 초기 이래로 운동의 문제가 야기해온 난점들이 발생한다. 언제나 이 난점들의 발생 원인은 우리가 공간에서 운동으로, 궤도에서 비행으로, 움직이지 않는 위치에서 운동성으로 나아간다고, 요컨대 구성을 목적으로 전자에서 후자로 옮겨간다고 주장하는 데 있다. 그러나 운동이야말로 부동성에 선행하는 것이며, 위치와 변위(變位)와의 사이에는 부분과 전체 사이의 관계가 성립하지 않는다. 그 사이의 관계는 가능한 여러 가지의 관점과 사물의 실재적인 불가분성의 관계인 것이다.

수많은 다른 문제들이 이와 똑같은 환상(幻像)에서 발생했다. 움직이지 않는 점(點)이 움직이는 것의 운동에 대해 갖는 관계는 그대로 여러 성질의 개념들이 한 대상의 질적인 변화에 대해 갖는 관계와 같다. 따라서 한 변형을 분해하여 얻어지는 여러 개념들의 실재적인 것은 불안정성(不安定性)에 대한 그만큼의 안정적인 상(像)들이다. '사유한다'는 단어의 일상적 의미에 있어서 한 사물을 사유한다는 것은 곧 그것의 운동성 위에 움직이지 않는 하나 혹은 여러 개의 관점을 취한다는 것이다. 요컨대 그것은 사물이 어디에 있는가를 때때로 자문하면서 그 사물로 무엇을 할 것인가를 알아내는 행위이다. 실재에 대한 실용적인 지식이 문제되는 한, 어떤 의미에서 이러한 진행 방식보다 더 정당한 것은 없다. 지식은 실용적인 면으로 지향되어 있는 한, 단지 사물이 우리에 대하여 취하는 주요한 가능적인 태도 및 우리가 사물에 대하여 취하는 최상의 가능적인 태도를 헤아리기만 하면 된다. 바로 이것이 이미 만들어져 있는 개념들, 즉 우리가 생성의 과정을 표시하기 위한 정거장이 갖는 보통의 역할이다. 그러나 이러한 개념들을 갖고 사물의 내면적인 본질에 침투하기를 원한다면, 그것은 실재적인 것의 운동성에다 그 운동성에 대한 움직이지 않는 관념을 얻기 위하여 마련된 방법을 적용하는 것이다. 이러한 행위가 잊어버리고 있는 것이 있는데, 만일 형이상학이 가능하다면 그 형이상학은 오직 사유의 작업에 자연적으로 나 있는 비탈길을 거슬러 올라가서 그 즉시 연구되고 있는 사물 안으로 정신의 팽창을 통하여 들어가려는 노력이라는 사실이다. 요컨대 형이상학은 제 개념에서 실재로 나아가는 노력이 아니라, 실재에서 제 개념으로 나아가는 노력이라는 것을 잊고 있는 것이다. 손을 오므려 연기를 잡으려고 하는 아이처럼, 철학자들도 자신이 포착했다고 주장한 대상이 자기에게서 도망쳐가는 것을 보게 된다. 이 어찌 놀랍지 않은가? 이리하여 학파 간에는 수많은 논쟁이 꼬리를 물고 일어나고, 각 학파는 다른 학파가 실재를 도망치게 하고 있다고 비난한다.

그러나 형이상학이 직관을 통해서 진행되어야 하며, 직관은 지속의 운동성을 그 대상으로 삼고 있고, 지속은 본질상 심리적이라고 가정해 보자. 그렇다면 이때 우리는 철학자를 오래 자기 성찰 안에 가두어두는 것이 아닐까? 철학이란 '오수(午睡)에 조는 목동, 흐르는 물을 보듯' 자신의 삶을 단순하게 응시하는 것이 되어버리지 않을까? 그렇게 말하는 것은 우리가 이 논문에서 처음부터 끊임없이 지적해온 오류로 돌아가는 것이다. 그것은 지속의 특유한 본질 및 형이상학적 직관이 갖는 본질적으로 활동적인 특성을 오인하는 것이다. 그것은 또한 우리가 이야기하고 있는 방법만이 우리로 하여금 실재론과 관념론을 모두 뛰어넘게 해준다는 사실을 모르는 행위다. 오직 이 방법만이 우리에게 상위적(上位的)인 대상과 하위적인 대상, 그러나 어떤 의미에서는 우리에 대해 내면적인 대상의 존재를 긍정할 수 있게 해준다. 또한 이 방법을 통해서만 우리는 그 대상들이 어려움 없이 공존하게끔 할 수 있으며, 분석이 중대한 제 문제에 쌓아놓은 모호성을 점차로 몰아낼 수 있다. 이 여러 가지 점에 대한 고찰은 여기서 하지 않기로 하자. 단지 우리가 논의하고 있는 직관이 단일한 행위가 아니라 무한한 일련의 행위라는 점, 더구나 이 행위들은 틀림없이 동일한 유(類)에 속하지만 그 각각의 행위는 매우 특정한 종(種)에 속한다는 점, 아울러 이 행위의 다양성이 존재의 정도에 대응한다는 점 등을 보이는 데 그치도록 하자.

지속을 분석하려고 해보자. 다시 말해서 지속을 이미 만들어져 있는 개념들로 분석하려 해보자. 이때 나는 개념 및 분석의 본질 자체에 따라, 반드시 지속일반(持續一般)에 대하여 두 가지 상반된 관점을 취해야만 한다. 다음으로 나는 이 관점들을 가지고 지속일반을 재구성한다고 주장한다. 그러나 이러한 조합을 통해서는 정도의 다양성이나 형태의 잡다성이 나타날 수 없다. 그런 것은 존재하든가 아니면 존재하지 않든가 둘 중의 하나다. 예를 들어 나는 한편으로는 계기적(繼起的)인 의식 상태의 다양성이 있으며, 다른 한편으로는 그 상태들을 연결하는 단일성이 있다고 말할 것이다. 지속은 이 단일성과 다양성의 '종합'이 될 것이다. 이것은 신비스러운 작용이다. 거듭 말하지만 우리는 이 작용에 어떻게 뉘앙스나 정도가 허용되는가를 알지 못한다. 이러한 가설 하에서는 유일한 지속, 즉 우리의 의식이 습관적으로 작용하고 있는 지속 이외에는 아무것도 존재하지 않으며, 존재할 수도 없다. 이러한 생각을 더 확고히 해보기 위해 우선 공간 내에서 수행되는 운동의 단순한 측면 하에서 지속을 취한다고 가정해보자. 다음 시간을 표상한다고 생각되는 운동을 개념으로 환원하려고 해보자. 그때 한편으로는 원하는 개수만큼 궤도의 점들이 있게 되고, 다른 한편으로는 그것들을 재결합하는 추상적인 단일성이 있게 된다. 마치 실로 진주들을 엮어

목걸이를 만드는 것과 같다. 이러한 추상적 다양성과 추상적 단일성 사이의 조합은 일단 가능하다고 상정은 되었지만 이것은 우리가 수학에서 주어진 숫자들을 더할 때와 마찬가지로 뉘앙스를 찾아볼 수 없는 특유한 것이다. 그러나 지속을 분석하려고(근본적으로 말해서, 개념들로 지속의 종합을 만들려고) 하는 대신, 우선 직관의 노력을 통해서 지속 안에 위치해보자. 우리는 뚜렷이 확정된 어떤 긴장을 느끼게 될 것인데, 이 긴장의 확정 자체는 무수히 많은 가능한 지속들 가운데에서 하나를 선택하는 것이다. 따라서 우리는 원하는 개수만큼의 지속을 지각하게 된다. 이들 각각은 개념으로 환원될 경우, 즉 상반되는 두 관점에서 외적으로 고찰될 경우, 언제나 다자(多者)와 일자(一者)의 정의할 수 없는 조합으로 돌아간다. 그러나 이것들은 모두 서로 매우 다른 것들이다.

조금 더 정확하게 이러한 생각을 나타내보자. 우선 지속을 순간들의 다수성이라고 생각해보자. 이 순간들은 단일성을 통하여 마치 실에 의해서 꿰이듯 서로 연결되어 있다. 그때 선택된 지속이 아무리 짧을지라도, 그 순간들의 개수는 무한하다. 나는 그 순간들이 내가 원하는 만큼 서로 밀접해 있다고 가정할 수 있다. 수학적 점들 사이에는 언제나 다른 수학적 점들이 있게 마련이며, 따라서 그 점들 사이에는 무수히 많은 다른 점이 있게 된다. 따라서 다수성의 측면에서 볼 때 지속은 먼지 같은 순간들 속으로 사라져버리는데, 이 순간들 각각은 지속하는 것이 아니라 순간적인 것들이다. 다른 한편으로, 순간들을 모두 연결하는 단일성을 살펴보자. 이것도 역시 지속을 지닐 수 없다. 왜냐하면 가설에 의하여 지속 안에 있는 변화하는 것과 참으로 지속하는 것이 모두 순간의 다수성에 기인하기 때문이다. 따라서 이 단일성의 본질을 깊이 탐구할수록, 그것은 마치 움직이는 것의 움직이지 않는 기체(基體)처럼, 마치 내가 일컫는바 시간의 비시간적인 어떤 본질처럼 보인다. 이것이 바로 내가 영원성이라 부르고자 하는 것이다. 그러나 이것은 죽음의 영원성이다. 왜냐하면 이것은 운동성이 결여된 운동이며, 운동의 생명을 형성하는 것이 바로 운동성이기 때문이다. 지속이라는 주제에 대해 대립하고 있는 학파들의 견해를 면밀히 살펴보면, 그 견해들의 차이란 단지 단일성과 다수성이라는 두 개념 중 어느 한쪽에 중점을 두느냐에 달려 있음을 알게 될 것이다. 어느 학파들은 다자(多者)의 관점에 집착한다. 그들은 말하자면 시간을 폭파시켜서 얻은 뚜렷한 순간들을 구체적 실재로 내세운다. 그들은 이 낱알들을 분말로 만드는 단일성이 훨씬 더 인위적이라고 생각한다. 이와 반대로 다른 학파들은 지속의 단일성을 구체적 실재로서 내세운다. 그들은 영원한 것 안에 자리 잡고 있다. 그러나 이 영원성은 공허하기 때문에 언제나 추상적이며, 가설에 따라 한 개념의 영원성은 상반되는 개념을 자기에게서 쫓아낸다. 그러므로 이 영원성이 어떻게 순간의 무한한 다수성을 자기와 함께 공존하게끔 해주는가를 우리는 알지 못한다. 첫째 가설에 따르면, 세계는 공중에 매달려 있으면서 매 순간 끝나고 다시 시작해야만 한다. 둘째 가설 하에서는 추상적 영원성의 무한이 있게 된다. 더욱이 우리는 이것이 왜 계속 자신 안에 갇혀 있지 않은가, 또 이것이 어떻게 사물들을 자신과 함께 공존하게끔 해주는가를 알지 못한다. 그러나 어느 경우든, 또 우리가 두 형이상학 중 어느 쪽으로 향하든, 시간은 심리학적인 관점에서 보면 정도도 뉘앙스도 지니지 않는 두 추상의 혼합으로 나타난다. 어느 체계에서나 자신과 함께 모든 것을 나르는 유일한 지속만이 있을 뿐이다. 다시 말하면, 바닥도 없고 둑도 없는 강이 정의할 수 없는 방향으로 특정함 힘도 없이 흘러가고 있는 것이다. 설령 그렇더라도 그것은 강이며, 설령 그렇더라도 그 강은 흘러간다. 그것은 오직 실재가 두 학설에서 그 논리의 태만을 이용하여 이러한 제물을 얻어냈기 때문이다. 그 학설들은 제정신으로 돌아오자마자 이 흐름을 얼려서 고체(固體)의 거대한 폭포로 만들거나, 아니면 무수히 많은 침상결정(針狀結晶)으로 만든다. 그러나 이것은 모두 관점의 부동성이라는 성질을 필연적으로 띠는 사물(事物)이다.

만일 직관의 노력을 통하여 지속의 구체적 흐름 안에 그대로 자리 잡는다면 모든 것이 달라진다. 분명히 지속을 다수적이며 다양하다고 상정할 아무런 논리적 근거가 없다. 엄밀히 말하면, 예를 들어 이 세상에 주황색 이외에는 어떤 빛깔도 없을 수 있듯이, 우리의 지속 이외에는 어떤 지속도 존재하지 않을 수 있다. 그러나 빛깔의 근저에 있는 의식은 주황색을 외적으로 지각하지 않고 그것과 내적으로 공감한다. 그것은 자신이 빨강색과 노랑색의 중간에 자리 잡고 있음을 느끼며, 심지어는 노랑색 밑에, 빨강색에서 노랑색까지의 연속성이 자연스레 뻗어가는 스펙트럼을 가질 수도 있다. 이와 똑같이 우리 지속의 직관은 순수한 분석이 행하는 것처럼 우리를 공중에 매달아놓지 않는다. 그것은 우리를 지속의 연속성과 전적으로 접촉케 해주며, 우리는 이 연속성을 아래로 아니면 위로 따라가야만 한다. 어느 경우에나 우리는 점점 더 강도 높은 노력을 통하여 무한히 자신을 확장시킬 수 있다. 어느 경우에나 우리는 우리 자신을 초월하는 것이다. 아래로 향하는 경우, 우리는 점점 더 분산되는 지속으로 나아간다. 이 지속의 맥동(脈動)은 우리의 맥동보다 빨라서 우리의 단순 감각을 분할하여 질을 양으로 희석시킨다. 그 극한에는 순수히 동질적인 것, 즉 우리가 물질성을 정의하는 순수한 반복이 있다. 위로 향하는 경우, 우리는 점점 더 긴장되고 좁혀지며 강도가 깊어지는 지속으로 나아간다. 이 극한에는 영원성이 자리하고 있다. 그것은 죽음의 영원성, 개념적인 영원성이 아니다. 그 것은 생명의 영원성이다. 그것은 살아 있음에 아직도 움직이고 있는 영원성이다. 여기서 우리의 지속은 빛에 둘러싸인 진동(振動)처럼 우리에게 다시 나타난다. 물질성이 지속의 분산이듯이, 영속성은 전체 지속의 응결이다. 이 두 극단적인 극한 사이를 직관이 움직이고 있으며, 이 운동이 바로 형이상학이다.

실재와 운동성

여기서는 운동의 여러 단계를 하나하나 살펴보는 것이 문제가 될 수 없다. 그러나 이미 방법에 대한 일반적인 견해를 제시했고, 또 그것을 최초로 적용해보았기 때문에, 이제 이 방법이 근거하는 제 원리를 가능한 한 정확한 용어로 표현하는 것도 소용없는 일은 아닐 것이다. 다음에 말할 명제들 중 대부분이 이 논문에서 최초로 설명된다. 나로서는 다른 문제들을 논박할 때 이 명제들을 더욱 완전히 설명하고자 한다.

1) 외적(外的)이면서도 우리 정신에 직접 주어진 실재가 있다. 이 점에 있어서 상식이 철학의 관념론 및 실재론에 반대되는 것은 정당하다.

2) 이 실재는 운동성이다.[4]

이미 만들어져 있는 사물이 아닌, 오직 만들어지고 있는 사물만이

---

4 다시 한번 말하지만 그렇다고 해서 필자가 실체(實體)를 회피하는 것은 결코 아니다. 그와는 반대로, 필자는 여러 존재의 존속을 긍정한다. 또한 필자는 쉽사리 그 표상을 믿는다. 어떻게 이 학설을 헤라클레이토스의 학설과 비교할 수 있는가?

존재한다. 항상 같은 것으로 머무르는 상태가 아닌, 오직 변화하는 상태만이 존재한다. 휴지(休止)란 결코 외양 이상의 것이 아니며, 오히려 상대적이다. 우리 자신에 대하여 그 연속적 흐름 속에서 갖는 의식은 우리를 한 실재의 내부로 인도하며, 우리는 이를 표본으로 하여 다른 실재들을 상상해야 한다. 따라서 발생하고 있는 상태의 방향 변화를 경향(傾向)이라 부른다면, 모든 실재는 경향이다.

3) 견고한 받침점을 구하는 우리의 정신은 일상생활에 있어서의 그 주요 기능으로서, 상태 및 사물을 상상해야만 한다. 때때로 우리의 정신은 실재적인 것의 불가분적인 운동성에 대하여 준(準) 순간적인 관점을 취한다. 그렇게 해서 정신은 감각 및 관념을 획득한다. 이런 방식으로 정신은 연속에 대하여 불연속을, 운동성에 대하여 안정성을, 변화하고 있는 경향에 대하여 변화 및 경향의 어느 한 방향을 나타내는 고정점(固定點)을 대치시킨다. 이 대치라는 것은 상식에 대하여, 언어에 대하여, 실제적인 생활에 대하여, 또 심지어는 우리가 앞으로 그 한계를 명확히 할 것이지만, 실증과학에 대해서도 필수적인 것이다. 우리의 지성은 그 자연적인 성향을 따라 한편으로는 응고된 지각을 통해, 다른 한편으로는 안정된 개념을 통해 진행해간다. 지성은 움직이지 않는 곳에서 출발하여, 운동을 부동성의 개념으로밖에 생각하지도 또 그렇게 표현하지도 않는다. 지성은 이미 만들어져 있는 개념 안에 자리하며, 그것이 마치 그물인 양 그 안에서, 경과하는 실재의 그 무엇을 건져내려 한다. 그것은 분명 실재적인 것의 내적-형이상학적 인식을 획득하기 위한 것이 아니다. 그것은 단지 실재적인 것을 이용하기 위한 것이다. 각 개념은 (한편으로 각각의 감각도) 우리가 실재에 대해 아는 실리적 질문이며, 이 질문에 대해 실재는 적당히 긍정하거나 부정해버린다.

그러나 그럼으로써 지성은 실재적인 것에서 그 본질을 도망치게 해준다.

4) 형이상학에 내재한 여러 난점, 형이상학이 야기시킨 이율배반, 형이상학이 빠져들어간 모습, 대립되는 학파들의 분파, 그리고 체계 간의 타협될 길 없는 대립 —— 이것들의 주원인은 우리가 실용적 효용을 얻기 위해 일상적으로 사용되는 과정을 실재적인 것에 대한 몰관심적인 인식에 적용한다는 사실에 있다. 움직이는 것 안에 다시 자리 잡고 그것과 함께 움직이지 않는 위치를 가로지르기는커녕 오히려 움직이지 않는 것에 자리 잡고 경과해가는 운동을 살펴보는 데에서 이러한 것들이 발생한다. 또한 이것들은 움직이지 않음을 그 기능으로 하는 지각소여(知覺所與)나 개념과 더불어, 경향이며 따라서 운동성인 실재를 재구성하려는 데에서 발생하는 것이다. 정지점으로는 아무리 그것이 많다 해도, 운동성을 만들 수 없다. 반면에 우선 운동성을 지니고 있으면 사유를 통해서 거기에서 원하는 대로 정지점들을 이끌어낼 수 있다. 바꾸어 말하면, 우리는 고정 개념들을 움직이는 실재에서 사유를 통해 추출할 수 있으나, 그 개념들의 고정성으로는 실재적인 것의 운동성을 어떻게 해서도 재구성할 수 없음을 알게 된다. 그럼에도 체계의 건립자인 독단론은 언제나 이러한 재구성을 시도하고 있다.

이른바 의식의 상대성이라는 것

5) 그러나 독단론은 실패하고야 만다. 회의론자와 관념론자, 그리고 비판론자의 학설이 지적했던 것은 바로 이 무능력 이외의 아무것도 아니다. 요컨대 이 학설들은 모두 우리 정신이 절대를 파악할 수 있다는 데에 반대했다. 그러나 살아 있는 실재를 경직된 기성 개념을 가지

고 재구성할 수 없다고 해서, 이외의 다른 방법으로도 실재를 파악할 수 없다는 결론은 나오지 않는다. 따라서 우리 의식의 상대성에 대한 증명들은 원초적인 악(惡)에 물들어 있다. 그것들은 그들이 논박하는 독단론과 마찬가지로, 모든 지식은 필연적으로 확정된 윤곽을 지닌 개념에서 출발하여, 그것으로 흐르는 실재를 파악해야 한다고 가정하고 있는 것이다.

6) 그러나 실제로 우리의 정신은 그 반대의 행진을 따라갈 수 있다. 정신은 움직이는 실재 안에 자리하여 끊임없이 변화하는 방향을 따라 결국 실재를 직관적으로 파악할 수 있는 것이다. 그러기 위해서 정신은 비상한 노력을 통하여 자신이 습관적으로 사유하던 작용의 의미를 역전시켜, 자신의 범주들을 끊임없이 뒤집어야만, 아니 오히려 다시 만들어야만 한다. 그렇게 하여 정신은 유동적인 개념에 이르게 된다. 이 개념은 실재의 모든 굴곡을 따라가면서 사물의 내적 생명의 운동 자체를 획득할 수 있다. 오직 이렇게 함으로써만 철학은 점진적이 되고, 학파 간에 비등했던 논란에서 벗어나며, 문제들을 자연스럽게 해결할 수 있게 된다. 왜냐하면 이때 철학은 그 문제들을 제기하기 위해 선택했던 용어들을 떨쳐버리기 때문이다. 철학한다는 것은 사유 작용의 습관적 방향을 역전시킨다는 것이다.

7) 이러한 역전이 방법론적으로 실행된 적은 전혀 없다. 그러나 인간의 사유에 대해 깊이 고찰해보면, 이러한 역전의 덕택으로 제 과학에서 극히 위대한 업적들이 이루어졌으며, 또한 형이상학에 생존 가능성이 있게 되었음을 알게 된다. 정신이 사용하는 방법 중 가장 강력한 탐구 방법인 무한소(無限素) 분석도 바로 이러한 역전에서 태어났다.[5]

---

5 특히 유율(流率)에 대한 뉴턴의 고찰에서.

근대수학이란 바로 이미 만들어진 것을 만들어지고 있는 것으로 대치하려는 노력이다. 그렇게 함으로써 그것은 크기의 발생을 추적하고, 운동을 그 외부 혹은 나타난 결과에서 파악하지 않고, 그 내부에서, 그 변화하는 경향 속에서 파악하려 했다. 요컨대 근대 수학은 사물 윤곽의 동적인 연속성을 획득하려는 노력이다. 사실 수학이란 크기의 과학이므로 윤곽을 다룸에 그친다. 또한 수학은 오직 부호의 발명을 통해서만 그 놀라운 응용에 이를 수 있으며, 설령 발명의 근원에 우리가 방금 말한 직관이 자리 잡고 있다 하더라도, 그 응용에 참가하는 것은 오직 부호뿐이다. 그러나 형이상학은 응용을 목표하지 않으므로 직관을 부호로 전도시키지 않을 수 있으며, 또 대체로 그렇게 하지도 말아야 한다. 실제적으로 유용한 결과에 귀착할 의무가 없으므로 형이상학은 자기의 탐구 영역을 무한히 확장시켜갈 것이다. 과학에 비하여 그 효용성과 엄밀성에서 뒤지는 것을 형이상학은 시야와 범위에서 만회한다. 수학이 크기의 과학에 불과하고 수학적 과정이 오직 양적인 것에만 적용된다면, 그 양이란 언제나 발생하고 있는 상태가 지닌 질이라는 점을 잊어서는 안 될 것이다. 즉 양이란 질의 극한의 경우라고 말할 수 있으리라. 따라서 자연스럽게 형이상학은 수학을 발생시킨 관념을 자기 것으로 해서, 모든 질로 뻗어 나가려고, 다시 말해서 실재 일반으로 확장해 나가려고 한다. 그렇게 하면서도 그것은 결코 근대 철학의 망상인 보편 수학으로 나아가지 아니한다. 이와는 반대로, 길을 걸어갈수록 형이상학은 점점 더 부호로는 번역할 수 없게 되는 대상들을 만나게 된다. 그러나 적어도 형이상학의 작용은 실재적인 것의 연속성 및 운동성과 접함으로써 시작되며, 이때의 접촉이야말로 참으로 굉장한 효용성을 지니고 있다. 형이상학은 거울에 비친 자기 모습을 보게 된다. 이 거울은 분명히 축소는 되었지만 매우 빛나는 영상을 그에게 보여준다. 형이상학은 수학적 진행이 무엇을 구체적 실재에서 빌려왔는가를 극히 명확하게 알게 되고, 그리하여 수학적 진행 방향이 아닌 구체적 실재의 방향으로 계속 나아간다. 공식이 지니는 너무 겸손한 것과 너무 야심적인 것을 동시에 미리 완화시켜놓은 다음, 다음과 같이 말해보자. 형이상학이 목표하는 바의 하나는 질적인 미분법(微分法) 및 적분법(積分法)을 행하는 것이다.

8) 그러나 이 목표를 눈앞에서 사라지게 하고, 과학이 사용하는 방법의 기원에 관해서 과학 자체를 속일 수 있었다. 왜냐하면 일단 획득된 직관은 반드시 우리의 사유 습관에 순응하는 표현양식 및 적용양식을 찾아내야만 하기 때문이다. 이 양식은 뚜렷이 윤곽잡힌 개념 안에서 우리가 그토록 필요로 하는 견고한 받침점을 제공해주는 것이다. 엄밀성, 정확성, 또 일반적인 방법을 특수한 경우로 무한히 확장하는 행위 등으로 불리는 것은 바로 이 점을 조건으로 하고 있다. 이러한 확장 및 논리적 완성 작업이 수세기에 걸쳐 존속할 수 있는 반면, 방법을 발생시키는 행위는 일순간밖에 지속하지 않는다. 바로 이런 이유 때문에 우리는 그렇게도 자주 과학의 논리적 도구를 그 과학 자체로 오인하고,[6] 직관에서 다른 모든 것이 발생할 수 있음을 잊고 있는 것이다.[7]

이러한 직관의 망각에 기인하여 철학자들, 심지어는 과학자들까지도 과학적 지식의 '상대성'에 대해 이야기해왔다. 기존의 개념을 통한 부호적 인식은 고정된 것에서 움직이는 것으로 나아가는바 상대적이다. 그러나 움직이는 것 안에 자리 잡고 사물의 생명 자체를 자기 것으로 하는 직관적 인식은 그렇지 않다. 이 직관은 절대를 획득한다.

따라서 과학과 형이상학은 직관 안에서 결합된다. 참으로 직관적인 철학은 형이상학과 과학 간에 그토록 열망되었던 통일을 실현해준다. 그것은 실증과학 —— 요컨대 점진적이며 무한히 완성되어질 수 있다고 말할 수 있는 —— 안에 형이상학을 건립하는 동시에, 실증과학으로 하여금 정확히 말해서 자신의 참된 시야를 의식하고 그것이 그들이 가정하는 것보다 훨씬 더 우수함을 알게 해준다. 직관적 철학은 형이상학에 더 많은 과학을, 과학 안에 더 많은 형이상학을 불어넣는다. 그 결과 그것은 여러 실증과학이 그 역사의 도상에서 때때로 획득해온, 더구나 오직 천재를 통해서만 획득해 온 여러 직관 사이에 연속성을 재수립할 것이다.

9) 사물을 근본에서 인식하는 데 서로 다른 두 가지 방법은 없으며 제 과학은 형이상학에 뿌리박고 있다는 것. 이것은 일반적으로 고대 철학자들이 생각했던 것이다. 여기에 그들의 오류가 있는 것은 아니다. 그들의 오류는, 변화된 것은 오로지 불변성을 표현하고 발전시킬

---

6 이 논점 및 이 논문에서 추적해본 다른 문제에 대해서는 《형이상학 및 도덕 논평》에 수록된 르 로와(Le Roy), 왱상(Wincent), 빌보와(Vilbois)의 훌륭한 논문을 볼 것.

7 이 책의 두 번째 논문(p. 35 이하)의 처음에 설명했듯이, 필자는 '직관'이란 용어 사용을 오랫동안 망설였다. 그리고 이 용어를 사용하기로 결정했을 때 필자는 이 단어를 통해서 사유의 형이상학적 기능을 계획했다. 이 기능은 기본적으로 정신을 통한 정신의 내적 인식이며, 부차적으로는 정신을 통한 물질 내의 본질적인 것의 인식이다. 반면에 지성은 틀림없이 무엇보다도 물질을 조작하고 그 결과 그것을 인식하기 위한 것이지만 물질의 심층에 닿을 특별한 운명을 지니지 못했다. 이 논문(1902년 집필)에서, 특히 다음의 페이지들에서 직관이라는 단어에 필자가 부여한 의미는 바로 이러한 것이다. 그후에 필자는 정확성을 더욱 고려하여, 지성과 직관, 또 과학과 형이상학을 더 뚜렷하게 구분하기에 이르렀다(이 책 pp. 35~68 및 pp. 156~166를 참조). 그러나 일반적으로 말해서 용어를 그 특정 경우마다 새로이 정의할 때, 또는 문맥에서 그 용어의 의미를 충분히 알 수 있을 때조차 용어법의 변화는 큰 불편함을 주지 않는다.

수밖에 없다는, 인간 정신에 있어 극히 자연스러운 믿음에 사로잡힌 데 있다. 그 결과 행위는 약화된 사색이며, 지속은 움직이지 않는 영원성의 기만적이자 동적(動的)인 상(像)이고, 영혼은 이데아의 타락이라는 생각이 나타났다. 플라톤에서 시작하여 플로티누스에서 막을 내린 철학은 모두 다음과 같이 표현되는 원리를 발전시킨 것이다. "변하지 않는 것에는 움직이는 것에서보다 더 많은 것이 있으며, 우리는 안정적인 것에서 단순한 감소를 통하여 불안정적인 것으로 나아간다." 그러나 실제로는 이와 정반대이다.

근대과학의 기원은 운동성을 독립적인 실재로 수립한 데 있다. 갈릴레오가 사면(斜面) 위에 공을 굴리면서, 위에서 아래까지의 운동을 그 자체로 연구하기로 굳게 마음먹었을 때 근대과학은 시작되었다. 그는 위와 아래라는 개념 안에서 원리를 추구하지 않았다. 이 개념들은 아리스토텔레스가 그것을 가지고서 운동성을 충분히 설명할 수 있다고 믿은 두 가지의 부동성이었던 것이다. 이는 과학의 역사에 있어 따로 떨어져 있는 사실이 아니다. 판단하건대 여러 위대한 발견들, 적어도 실증과학을 변모시켰거나 실증과학에서 새로운 것을 창조해냈던 발견들은 순수 지속 안에서 주어진 측심추(惻心錐)들이 있다. 이 추가 깊이 들어갈수록 이 추에 와닿는 실재는 더욱 생명으로 가득 차 있다.

그러나 바다의 심연에 내려진 추가 건져내는 유동(流動)의 덩어리는 태양 아래서 곧 습기를 잃어버려, 딱딱하고 불연속적인 모래알이 되어버린다. 지속의 직관 또한 오성(悟性)의 빛이 비춰지면 그 즉시 고정되어 있고 뚜렷이 구별되며 움직이지 않는 개념으로 수축되어 버린다. 사물의 살아 있는 운동성 속에 오성은 실재적이거나 잠재적인 정거장을 표시해놓고, 출발하는 것과 도착하는 것에 주목한다. 이와 같은 것은 자연적으로 행해지는 인간의 사유에 중요한 것이다. 그러나 철학은 인간적 제약을 초월하기 위한 노력이 되어야 한다.

학자들은 직관의 통로에 개념들로 표시를 해놓고, 이 개념들에 시선을 집중하기를 가장 원했다. 부호의 상태가 되어버린 이 찌꺼기들을 고찰해가면서 그들은 모든 학문에 부호적 특징을 부여했다.[8] 그리고 학문의 부호적 특징을 믿게 됨에 따라 그것을 점점 더 실현시키고 강조했다. 오래지 않아 실증과학 안에서 그들은 자연적인 것과 인위적인 것, 직관에 직접 주어진 것과 직관의 주위에서 오성(悟性)이 추구하는 분석의 방대한 작업을 구별하지 않게 되었다. 이리하여 우리 인식 전체의 상대성을 주장하는 학설에 길이 마련되었던 것이다.

형이상학과 근대과학

그러나 형이상학도 똑같이 여기에서 활동했었다. 형이상학임과 동시에 과학의 개혁자이기도 했던 근대과학의 거장들이 어찌하여 실재적인 것의 움직이는 연속성을 느끼지 못했겠는가? 우리가 구체적 지속이라 부르는 것 안에 어찌하여 그들이 몸담지 못했겠는가? 그들은 그들이 믿었던 것 이상으로, 더욱이 그들이 언급했던 것 훨씬 이상으

---

8 바로 앞의 주(p. 248)에서 밝힌 바를 보완하기 위해서 말하는 것인데, 필자는 이 부분을 쓴 시기 이후에 '과학'이라는 단어의 의미를 제한하고, 특히 순수지성을 통한 불활성(不活性) 물질의 인식을 과학적이라 부르기에 이르렀다. 그렇다고 해서 생명 및 정신의 인식이 심할 정도로 ── 이 인식이 불활성 물질의 인식과 똑같은 탐구 방법에 호소하는 정도에 따라 ── 과학적이라고 말하지 못할 이유가 없다. 반대로 불활성 물질의 인식은 그것이 그 역사의 어느 결정적 순간에 순수지속의 직관을 이용하는 정도에 따라 철학적이라 불릴 수 있다. 이 논문의 서두에 있는 주(p. 204)도 똑같이 참조할 것.

로 그 일을 완수했다. 여러 체계가 그 주위에 조직되어 있는 직관들을 연속적인 끈으로 연결하려고 해보자. 그때 수렴하거나 발산하는 다른 여러 직선의 옆에, 사유 및 감정이 뚜렷이 확정된 한 방향이 나타난다. 이 잠재적인 사유란 과연 무엇인가? 이 감정은 어떻게 표현되는가? 다시 한번 플라톤주의자들의 용어를 빌려오자. 그런데 그 용어들에서 그들의 심리학적 의미를 제거하여, 이데아는 일종의 용이한 가지성의 보장(assurance de facile intelligibilité), 영혼은 일종의 생명의 불안(inquiétude de vie)이라고 부르도록 하자. 그러면 우리는 눈에 보이지 않는 한 조류가 근대 철학자로 하여금 영혼을 이데아의 위로 올려놓게 했다고 말할 수 있다. 이렇게 하여 근대 철학은 근대과학보다도 훨씬 더, 심지어는 근대과학보다 훨씬, 고대 사유와는 반대 방향으로 행진해가는 경향을 지녔던 것이다.

그러나 근대과학과 마찬가지로 근대 철학은 심오한 생명의 둘레에 기호라는 현란한 직물을 펼쳐놓은 채, 만일 과학이 그 분석적인 전개에 있어 부호를 필요로 한다면 형이상학의 주된 존재 이유는 그 부호들과의 결렬이라는 사실을 때때로 잊고 있었다. 여기서도 여전히 오성(悟性)은 고정화와 분할 및 재구성이라는 자기의 작업을 수행하였다. 실제로는 여기서의 오성의 작업 수행은 어느 정도 다른 형태 하에서 이루어졌다. 이 점을 나는 다른 곳에서 전개할 예정이므로 여기서 역설은 피하기로 하자. 단지 오성은 그 역할이 안정적인 요소 위에 작용하는 것인데, 그 안정성을 관계 안에서 아니면 사물 안에서 찾아낼 수 있다고 말하는 데 그치자. 관계의 개념 위에서 작용할 때 오성의 귀착점은 과학적 부호주의(符號主義)이다. 사물의 개념 위에서 작용할 때, 오성의 귀착점은 형이상학적 부호주의다. 그러나 어느 경우에나 배열이 오성에서 나타난다. 오성은 곧잘 자신이 독립적이라고 생각하여, 자신이 실재의 심오한 직관에 빚지고 있는 바를 기꺼이 인정하지 않는다. 오히려 지성은 자기 작업의 전 과정을 통해 유일하게 나타나는 것, 즉 부호의 인위적 배열에 몸을 맡기고 있다. 결과적으로 일단 형이상학자 및 과학자가 말한 바를 글자 그대로에 주목하고, 또한 그들이 행한 바를 실질적인 면에서 주의해보면, 우리는 다음과 같이 말할 수 있을 것이다. 즉 형이상학자들은 실재 밑에 깊은 굴을 파놓았고 과학자들은 실재 위에 멋진 다리를 설치했지만, 흘러가는 사물의 운동은 이 두 예술작품을 어느 하나 건드리지 않고 지나쳐간다고 말이다.

칸트의 비판이 갖는 주요한 기교의 하나는 형이상학자와 과학자의 말을 그대로 받아들여서 형이상학과 과학을 부호주의의 극도의 한계까지 밀고 가는 것이었다. 이 한계는 그것들이 갈 수 있는 최대의 것이었으며, 더구나 그것들은 오성이 그 위험 가득한 독립성을 요구하자마자 자기들 스스로 이 한계에 이르렀던 것이다. 일단 '지적 직관'에 대한 과학과 형이상학의 계루관계를 잘못 이해한 칸트에 있어, 우리의 과학이 온통 상대적이며, 우리의 형이상학이 온통 인위적임을 보여주는 일은 어렵지 않았다. 칸트는 과학의 경우에서나 형이상학의 경우에서나 오성의 독립성을 격화(激化)시켰으며, 형이상학과 과학에서 이것들에 내적인 무게를 부여해준 '지적 직관'을 제거했다. 따라서 과학은 관계를 다루면서 형상(形相)의 표피만을, 형이상학은 사물을 다루면서 질료의 표피만을 그에게 보여주었다. 그렇다면 그에게 과학이 보여준 것은 단지 그림틀에 끼워진 그림틀에 불과하며, 형이상학이 보여준 것은 단지 환영(幻影)을 뒤따르는 환영에 불과하다는 사실이 과연 놀라울 것인가?

칸트가 우리의 과학과 형이상학에 가한 타격은 너무도 컸기 때문에, 그것들은 아직도 그 충격에서 벗어나지 못하고 있다. 우리의 정신은 체념에 잠겨 과학이란 심히 상대적인 인식이며, 형이상학이란 공허한 사변(思辨)이라고 기꺼이 생각한다. 오늘날까지도 칸트의 비판은 일체의 형이상학과 일체의 과학에 적용되는 듯이 보인다. 그러나 실제로 칸트의 비판론이 적용되는 곳은 특히 고대 철학, 그리고 근대인들이 가장 빈번하게 자신들의 사유에 빌어다 쓴 여전히 고대적인 형태이다. 이미 만들어져 있는 유일한 사물의 체계를 제공한다고 자처하는 형이상학, 그리고 제 관계의 유일한 체계에 불과한 과학, 요컨대 플라톤의 이데아론이 지니는, 다시 말하면 그리스의 신전이 지니는 건축적 단순성을 띠고서 나타나는 과학 및 형이상학, 칸트의 비판은 바로 이것들에 타당한 것이다. 형이상학이 우리가 이전부터 소유해오던 개념들로 구성되었음을 자처한다고 해보자. 형이상학이 우리가 건축용 자재로서 사용해 온 기존 관념들로 구성되어 있다고 해보자. 요컨대 형이상학이란 우리 정신의 부단한 확장 이외의 것, 언제나 새로워져 우리의 현실적 관념을 뛰어넘고 어쩌면 우리의 단순한 논리까지도 초월하려는 노력 이외의 것이라고 해보자. 그때 형이상학은 일말의 여지도 없이 순수오성의 모든 산물처럼 인위적이 될 것이다. 또한 과학이란 분석 또는 개념적 표상의 전체적 작업이며, 경험은 반드시 '명석한 관념'을 검증하는 데만 소용되어야 한다고 해보자. 과학이 각 실재의 고유한 운동 안에서 삽입되기는 하지만 언제나 서로 꼭 끼워지지는 않는 다양하고 다수적인 직관에서 출발하지 않고, 단지 하나의 거대한 수학임을 표방한다고 해보자. 다시 말해서 미리 준비된 그물 속에 실재적인 것 전체를 가두어두는 유일한 관계 체계임을 자처한다고 해보자.

그때 과학은 인간의 오성에 순수하게 상대적인 인식이 될 것이다.《순수이성비판》을 면밀히 읽어보라. 칸트에 있어서는 이런 유의 보편 수학이 과학이며, 거의 수정되지 않은 플라톤주의가 형이상학임을 알게 될 것이다. 참으로 말할진대 보편 수학의 꿈은 그 자체 플라톤주의의 유물에 불과하다. 보편 수학, 이것은 이데아가 사물이 아닌 관계 혹은 법칙이라고 가정할 때 이데아의 세계로 되는 것이다. 칸트는 몇몇 근대 철학자의 이런 꿈을 실재라고 오인하였다.[9]

더구나 그는 일체의 과학적 지식이란 보편 수학에서 떨어져 나온 단편, 아니 오히려 보편 수학의 대치석(待齒石)에 불과하다고 믿었다. 따라서 비판의 주요 작업은 이러한 수학의 기초를 세우는 일, 다시 말해서 끊이지 않는 수학이 지성과 대상을 서로 연결하기 위해서, 지성은 무엇이어야 하며 대상은 무엇이어야 하는가를 결정하는 일이다. 또한 만일 가능한 경험 일체가 이렇게 해서 경직되고 이미 구축되어 있는 우리 오성(悟性)의 틀 안에 틀림없이 들어간다면, 그것은 예정조화(豫定調和)를 상정하지 않는 한 우리의 오성 자체가 자연을 구성하며, 마치 거울에서처럼 그 자연 안에서 자신을 발견한다는 것이다. 바로 여기에 과학의 가능성과 형이상학의 불가능성이 있는 것이다. 왜냐하면 과학은 그 효과성을 자신의 상대성에 의거하며, 형이상학은 과학이 관계에 대해 진지하게 추구하던 개념적 배열 작업을 사물의 환영 위에 풍자적으로 흉내내는 일 외에는 하지 않기 때문이다. 요컨대《순수이성비판》전체는 결국, 만일 이데아가 사물이라면 플라톤주의는 불법적이지

9　이 논점에 대해서는, 분트(Wundt)의《철학 연구(Philosophische Studien)》(제9권 1984) 안에 수록된 라둘레스쿠-모르투(Radulescu-Mortu)의〈칸트의 자연인과율 이론의 발전(Zur Entwicklung von Kant's Theorie der Naturcausalität)〉을 참조할 것.

만 만일 이데아가 관계라면 합법적이 된다는 것, 또 이미 만들어져 있는 이데아는 일단 이렇게 해서 천상에서 지상으로 내려오면 플라톤이 바라던 사유와 자연의 공통 기반이 된다는 것을 확립해주기에 이른다. 그러나 《순수이성비판》은 또한 우리의 사유는 플라톤적 사유 이외의 것을 하지 못한다는 요청에 근거하고 있다. 플라톤적 사유란 말하자면 모든 가능한 경험을 기존의 주형(鑄型) 속에 부어넣는 것이다.

여기에 모든 문제가 자리 잡고 있다. 만일 과학적 인식이 참으로 칸트가 바라던 바 그대로라면, 아리스토텔레스가 믿었던 것같이 자연 속에 미리 형성되어 있고 심지어는 미리 공식화까지 되어 있는 단순한 과학이 있게 된다. 사물에 내재한 이러한 논리에 따르면, 위대한 발견들은 단지 미리 그어져 있는 직선을 한 점 한 점 비추어줄 뿐이다. 마치 축제날 밤에 이미 기념비의 윤곽에 따라 일렬로 장치된 가스등을 차례차례 켜 나가듯이 말이다. 또 만일 형이상학적 인식이 참으로 칸트가 바라던 바 그대로라면, 그것은 모든 커다란 문제보다 앞서서 정신의 상대적인 두 태도의 동등한 가능성으로 환원되고 말 것이다. 그것은 태곳적부터 잠재적으로 형성되어 있던 두 해결 안에서 임의적이고 언제나 표면적으로 선택된 것으로 나타난다. 그것은 이율배반에 죽어간다. 그러나 실제로 근대과학은 이런 일직선적인 단순성을 보여주지 않으며 근대의 형이상학도 이렇게 화합될 수 없는 대립을 보여주지 않는다.

근대과학은 단일하지도 단순하지도 않다. 나도 기꺼이 인정하는 바와 같이, 근대과학은 결국 명석하다는 것이 밝혀지는 관념들에 기초하고 있다. 그러나 이 관념들은 그것이 심오한 경우에는 사용하는 용도에 따라 점차적으로 명료해진다. 따라서 그것들이 지니는 밝기의 대부분은 그것들이 귀착하는 사실들 및 적용에 반사되어 다시 그것들에 돌아오는 빛에 의존하고 있다. 그러므로 개념의 명료성이란 개념을 유리하게 조작할 수 있다는 일단 획득된 보장 이외의 아무것도 아니다. 처음에는 그 관념들 중 적지 않은 관념들이 모호하게 보이고, 이미 과학에서 인정되고 있는 관념들과 조화되기 어려운 듯이 보여, 불합리에 가까운 듯이 생각되리라는 것은 틀림없다. 말하자면 과학은 서로 정밀하게 맞아들어가도록 미리 짜여진 개념들을 규칙적으로 맞추어가는 것이 아니다. 심오하고 다산적(多産的)인 관념이란 필연적으로 동일한 한 점에 수렴하지는 않는 실재의 흐름들과 만나는 접촉점들이다. 실제로 관념들이 언제나 자리 잡고 있는 개념들은, 상호 마찰에 의해 자신들의 능각(稜角)을 둥글게 하면서 그럭저럭 맞아들어가게끔 배열된다.

다른 한편, 근대의 형이상학은 화해될 길 없는 대립에 이를 정도로 그렇게 과격한 해결안들로 이루어져 있지 않다. 만일 이율배반의 정립과 반정립을 동일장소와 동일시각에 인정할 어떤 방법도 없다면, 틀림없이 그랬을 것이다. 그러나 철학한다는 것은 직관의 노력을 통해 구체적 실재의 내부에 자리 잡는 것인데, 비판은 이 실재에 대하여 그 외부에서 정립과 반정립이라는 두 가지 상반되는 관점을 취했던 것이다. 회색을 본 경험이 없으면 나는 흰색과 흑색이 어떻게 혼합되는가를 상상할 수 없겠지만, 일단 회색을 보고 난 후면 회색을 흰색의 관점과 흑색의 관점에서 어떻게 고찰할 수 있는가를 어렵지 않게 이해할 것이다. 직관의 기초를 지닌 학설은 정확히 그것이 직관적인 정도에 따라 칸트의 비판을 모면한다. 형이상학이란 정립(定立)에 응결되어 죽어버린 것이 아니라 철학자(哲學者)의 내부에 살아 있는 것이라고 가정하면, 위의 학설들이 바로 형이상학 전체이다. 학파 간의 이러한 상이점,

다시 말해서 요컨대 어떤 대사상가들 주위에 형성된 제자들의 모임 사이에서 볼 수 있는 상이점은 분명히 현저하다. 그러나 그 대사상가 자신들 간에도 그 상이점은 뚜렷한가? 여기에는 무언가가 체계의 다양성을 지배하고 있다. 거듭 말하지만, 그것은 비록 깊이는 다를지라도 동일한 해연(海淵)에 내려진 측심추(測深錐)가 각각의 경우에 서로 매우 다른 물질들을 해면 위로 끌어올리는 때와 같은 단순하고 명확한 그 무엇이다. 제자들이 늘상 작업하는 곳은 바로 이 끌어올려진 물질들이다. 바로 여기에 분석의 역할이 있다. 또한 대사상가라 할지라도 자기가 끌어올린 것을 추상적 관념으로 발전시키고 형성하고 번역해 내는 한, 어찌보면 이미 자신에 대한 제자라 할 수 있다. 그러나 분석을 운동 안에 자리 잡게 하고 자신은 분석 뒤로 숨어버리는 단순한 행위는 분석 기능과는 전혀 다른 기능에서 발산된다. 그것은 애당초부터 바로 직관이다.

결론을 말하도록 하자. 이 기능에는 하등 신비스러운 것이 없다. 문학상의 작품 구성에 성공해본 사람이라면 다음 사실을 잘 알고 있다. 즉 주제를 오랫동안 연구한 후 모든 재료를 수집하고 모든 주석을 취했어도, 그 구성 자체의 작업에 착수하기 위해서는 아직도 무엇인가가 더 필요하다는 것이다. 그것은 일시에 주제의 핵심에 자리 잡으려는 노력, 그리하여 그런 다음에는 스스로 도달하기만 하면 되는 충동을 가능한 한 깊숙이 추구하려는, 때때로 어렵기조차 한 노력이다. 일단 이 충동을 받아들이게 되면 그의 정신은 자신이 수집했던 정보들이나 그밖의 세목(細目)을 재발견하게 되는 궤도에 오르게 된다. 이 충동은 스스로 전개하며, 열거하게 되면 한없이 늘어설 용어들을 통하여 스스로를 분석한다. 나아가면 나아갈수록 이 용어들은 더 많이 발견된다.

어느 누구도 모든 것을 말할 수 없게 된다. 더욱이 그 충동이 뒤에 있음을 느끼고 그것을 잡기 위해 갑자기 몸을 돌리면, 그 충동은 형태를 감추고 만다. 왜냐하면 그것은 사물이 아니라 운동에의 격려이며, 그것은 무한히 확장될 수는 있지만 단순성 그 자체에 머무르기 때문이다. 형이상학적 직관이란 이런 종류의 것인듯 생각된다. 이 경우에 문학적 구성의 각주 및 자료와 짝을 이루는 것은 실증과학에 의해서 특히 정신에 대한 정신의 반성에 의해서 수집된 관찰 및 경험의 총체다. 왜냐하면 우선 실재의 표면적인 표현과 오랫동안 우호관계를 이루어 실재의 신뢰를 얻어두지 않았다면, 실재에서 직관을 획득할 수 없기 때문이다. 직관이란 말하자면 실재의 더욱 내부적인 것과의 공감인 것이다. 또한 문제는 단순히 현저한 사실들을 동화하는 것이 아니다. 거대한 양의 사실을 집적하고 용해하여, 그 결과 관찰자들이 자신도 모르게 관찰의 기반에 올려놓았을지도 모를, 미리 구상되고 미리 성숙해버린 관념들을 서로를 통해서 중화시켜야만 한다. 오직 이렇게 해서만 알려진 사실들이 지니는 물질성이 그대로 나타난다. 대단히 많은 심리학적 분석들을 재결합하고 대조해보지 않은 사람에게는, 우리가 예로든 단순하고 특전받은 경우에조차도, 또 자아와 자아의 접촉에 대해서조차도 뚜렷한 직관의 명확한 노력이 불가능하다. 근대 철학의 거장들은 당대 과학의 모든 자료들을 흡수한 사람들이었다. 지난 반세기부터 형이상학이 부분적으로 쇠퇴한 것은 다름이 아니라, 이미 너무나도 분화되어버린 과학과 접촉하는 데 있어 오늘날의 철학자들이 대단한 어려움을 겪고 있기 때문이다. 그러나 형이상학적 직관은 물질적 인식을 통해서 획득될 수는 있으나, 그런 인식의 총괄 혹은 종합과는 전혀 다르다. 원동기의 충동이 운동체를 통해 그려지는 궤도와 판연히 구별되듯이, 태엽의 긴장이 시계추 안의 가시적(可視的)인 운동과 판연히 구별되듯이, 형이상학적 직관은 그런 종합과는 판연히 구별된다. 이런 의미에서 형이상학은 경험의 일반화와는 하등의 공통점도 없지만 총괄적 경험(l'expérience intégrale)이라고 정의될 수 있으리라.

7

클로드 베르나르의 철학

1913년 12월 30일 콜레주 드 프랑스에서 행한
클로드 베르나르 탄생 100주년 기념 강연

실험

철학이 특히 클로드 베르나르(Claude Bernard)에게 빚진 것은 실험적 방법론이다. 근대과학은 언제나 실험에 근거한다. 근대과학은 역학과 천문학에서 그 첫발을 내디뎠으며, 처음에는 가장 보편적이고 가장 수학적인 것에 근접한 것만을 물질 속에서 주시하고 있었다. 그러나 그것이 오랫동안 실험을 요구했던 것은 오직 여러 계산을 위한 출발점을 얻고자 함과, 그 계산이 이루어졌을 때 그것들을 검증하고자 함이었다. 굽이굽이 실험을 따라가며 실험과 계속 접촉하는 실험과학의 등장은 14세기로 거슬러 올라간다. 마치 데카르트가 물질에 관한 추상적인 과학에 대하여 그랬듯이, 클로드 베르나르는 이러한 더 구체적인 탐구에 대하여 그 탐구 방법의 공식을 부여할 수 있었다. 이러한 의미에 있어서 《실험의학입문(Introduction à la médicine expérimentale)》이 우리에 대해 갖는 관계는, 《방법서설(Discours de la méthode)》이 17~18세기에 대하여 갖는 관계와 같다. 어느 경우에나 이들 천재는 우선 위대한 발견을 이룩함으로써 시작하고, 다음에 이 발견을 이루기 위해서는 어떻게 일에 착수해야만 하는가를 자문했다. 이것은 겉보기에는 역설적인 것 같지만 유일하게 자연스러운 진행이다. 이와는 반대의 진행 방식이 시도된 회수는 훨씬 더 많았지만 성공한 적은 결코 없었다. 자연에 대한 우리 인식의 두 가지 주된 형태를 위해서, 발명의 정신은 근대과학사에 있어서 오직 두 번, 자신에 몰입하여 자신을 분석하고 그렇게 함으로써 과학적 발견의 일반적인 조건들을 결정하려고 했다. 자연발생과 반성, 과학과 철학의 이 행복한 결합은 두 번 다 프랑스에서 일어났다.

《실험의학입문》에서 클로드 베르나르가 일관하여 주장한 사상은 실험적 탐구에 있어서 어떻게 사실과 관념이 협력하는가를 보여주는 것이었다. 어느 정도 명석하게 지각된 사실은 설명의 관념을 제시한다. 과학자는 이 관념을 실험을 통해 확증하길 요구한다. 그러나 실험이 진행되는 처음부터 끝까지 그는 사실에 근거하여 자기의 가설을 폐기하든가 변경할 마음의 자세가 되어 있어야 한다. 따라서 과학적 탐구란 정신과 자연의 대화다. 자연은 우리의 호기심을 촉발시킨다. 우리는 자연에 질문을 던진다. 자연의 대답은 대화에 있어서 예기치 않았던 전환점을 마련한다. 새로운 물음이 시작되고, 여기에 대해 자연은 새로운 관념들을 제시함으로써 응답한다. 이러한 과정은 무한히 계속된다. 클로드 베르나르가 이러한 방법을 기술할 때, 그가 그 예들을 열거할 때, 또 그가 이 방법을 적용했던 것들을 상기시킬 때, 그가 우리에게 보여주는 것은 너무도 단순하고 당연한 것이어서, 그것을 말할 필요가 없었다는 생각이 들 정도이다. 우리는 우리도 그것을 언제나 알고 있었던 것으로 믿는다. 이것은 위대한 화가가 그린 초상화가 우리로 하여금 그 모델을 알고 있었던 것 같은 착각을 일으키는 것과 똑같다.

그러나 오늘날에도 클로드 베르나르의 방법은 원래 그래야 되는 것으로서 언제나 이해되거나 실천되는 것과는 거리가 멀다. 그의 저작이 나온 지 50년이 흘렀다. 우리는 끊임없이 그것을 읽고 경탄해 마지않았다. 그러나 그것이 지닌 교훈을 이끌어낸 적이 있는가?

그의 분석이 이룩한 가장 확실한 결과 가운데 하나는 제대로 취해진 관찰과 올바로 근거한 일반화 사이에는 아무런 차이도 없다는 것을 가르쳐준 점일 것이다. 우리는 아직도 실험이 사실 그대로를 제시하게끔 되어 있다고 상상하는 경우가 많다. 지성은 이 사실들을 독점해서 가지런히 배열함으로써 점점 더 고차원적이 되는 법칙으로 상승한다. 만일 그렇다면 일반화와 관찰은 전혀 별개의 기능이 된다. 종합작업이라는 개념, 이보다 더 거짓된 것은 없으며 이보다 더 과학과 철학에 대해 위험스러운 것은 없다. 이렇게 되면 결국, 과학적 관심은 단지 재미를 위해서 사실들을 수집하는 것, 또 나태와 수동성 속에서 사실들을 기록하면서, 이것들을 지배하고 제 법칙 밑에 포섭시킬 수 있는 정신이 도래하기만을 기다리는 것이라고 믿기에 이른다. 과학적 관찰은 정확하든 모호하든 언제나 물음에 대한 답변이 아니란 말인가! 차례차례 수동적으로 기록된 관찰이란 아무렇게나 제기된 물음에 대한 조각난 답변이 아니란 말인가! 일반화 작업이란 비일관적인 탐구 과정에 적당한 의미를 사후적으로 찾아내는 일이란 말인가! 그러나 실제로 이 탐구 과정은 그 즉시 의미를 지녀야 하며, 만일 그렇지 않으면 의미를 결코 지닐 수 없게 된다. 그 의미는 우리가 사실에 더욱 깊이 들어감에 따라서 변화할 수는 있다. 그러나 탐구 과정은 우선적으로 의미를 지녀야 한다. 일반화란 이미 수립되고 기록된 사실들을 어떤 응집 작업을 위해 사용하는 것이 아니다. 종합은 전혀 다른 것이다. 그것은 특수한 조작이라기보다는 어떤 사고능력이다. 그것은 유의미하다고 예측되고, 무한히 많은 사실들을 설명해줄 어떤 한 사실의 내부를 꿰뚫어볼 수 있는 능력이다. 요컨대 종합의 정신이란 더 높은 능력으로 이끌어진 분석의 정신이다.

과학적 탐구작업에 대한 이러한 관점은 이상하게도 장인과 도제 사이의 거리를 좁혀놓는다. 이제 더는 탐구자의 두 가지 범주 —— 틀에 박힌 작업자의 범주와 발명을 임무로 하는 사람들의 범주 —— 는 구분되지 않는다. 발명은 어디에나 있어야 한다. 아무리 저차원적인 사실 탐구에 있어서도, 아무리 단순한 실험에 있어서도 발명은 있어야 한다. 개인적인 노력, 더구나 독창적인 노력이 없는 곳에서 과학은 시작조차 할 수 없다. 이것이 클로드 베르나르의 저술에 나타난 위대한 교훈이다.

철학자의 눈에는 이 격언이 아직 다른 것을 포함하고 있음이 보인다. 그것은 진리에 대한 어떤 관점, 따라서 어떤 철학이다.

생명현상

사람들이 클로드 베르나르의 저작에서 발견했다고 믿는 생명의 형이상학은 어쩌면 그의 사상과는 전혀 동떨어진 것일지도 모른다. 그의 철학에 대해 말할 때 내가 언급하고 있는 것은 이런 생명의 형이상학이 아니다. 실제로 여기에 대해서 수많은 논의가 있었다. 한편으로는 '생명 원리(principe vital)'의 가설을 비판하는 클로드 베르나르의 한 구절을 인용하면서, 그가 생명에서 본 것은 단지 물리적-화학적 현상

의 총체라고 주장한다. 다른 한편에서는 베르나르가 말한바 생명현상
들을 주재한다는 '조직적이며 창조적인 관념'에 대해 언급하면서, 그
가 생명체와 비유기체 사이에 근본적인 구별의 선을 그어놓고 생명에
독립적인 원인을 부여했다고 주장한다. 또 다른 한편에서는 클로드 베
르나르가 위의 두 관점 사이를 오가고 있다고 한다. 아니면 전자의 관
점을 지니고 출발해서는 점차적으로 후자의 관점에 도착했다고들 말
한다. 그러나 이 거장의 작품을 주의깊게 읽어보라. 틀림없이 여기에
서는 위와 같은 긍정이나 부정 혹은 모순을 발견하지 못하리라. 클로
드 베르나르가 여러 번 '생명 원리'의 가설에 반대했다는 것은 사실이
다. 그러나 그럴 때 그는 언제나 생리학자들의 피상적인 생기론(生氣
論)을 겨냥하고 있었다. 그들은 물리적 힘에 대항하여 싸우면서 그 힘
의 작용을 제지할 수 있는 어떤 힘이 생명체 안에 존재한다고 믿는다.
이것은 동일한 원인이 동일한 조건 아래에서 동일한 생명체에 작용해
도 언제나 동일한 결과가 나오지는 않는다는 생각이 일반적이던 시기
의 일이다. 생명의 변덕스러운 성격이 반드시 고려되어야 한다고 생각
되었다. 생리학을 과학으로 정립하는 데 커다란 공헌을 했던 마겐디
(Magendie)조차도 생명현상의 비결정성(非決定性)을 믿고 있었다. 이
렇게 말하는 사람들에 의하여 클로드 베르나르는 생리학적 사실들은
물리적-화학적 사실들과 마찬가지로 엄격하고 경직된 결정론에 의해
지배된다고 대답한다. 심지어 동물의 기관에서 일어나는 작용 가운데
물리학이나 화학에 의해 영원히 설명되지 않을 작용은 하나도 없다고
한다. 생명 원리에 대해서도 마찬가지이다. 그러나 이제 조직적이며
창조적인 관념에 관하여 고려해보자. 이 관념을 문제삼고 있을 때 언
제나 클로드 베르나르는 생리학이 물리학이나 화학과는 구별되는 한

특수과학임을 인정하지 않는 사람들에게 공격을 퍼붓는다. 생리학자를 만드는 품성, 더 정확히 말해서 정신기질은 그에 의하면 화학자나 물리학자를 만드는 것과 같지 않다. 부분들을 전체로 정리하는 것은 생명현상의 특징이다. 이러한 특별한 정리감각(整理感覺) 또는 조직감각을 지니지 못한 사람은 생리학자가 아니다. 생명체에 있어서는, 마치 요소들이 군집한 질서에 대해 말해주는 '관념'이 개입해오는 듯이 일이 발생한다. 더구나 이 관념은 힘이 아니라 단지 증명 원리일 뿐이다. 만일 이 관념이 실제로 작용해서 어떤 관념이든지 물리적-화학적 힘의 활약을 저지할 수 있다면, 실험생리학은 존재하지 않을 것이다. 생리학자는 생명현상을 연구할 때 이러한 그 조직적 관념만을 고려해서는 안된다. 클로드 베르나르에 의하면 생리학자는 더 나아가 자기가 관여하는 사실들이 이미 구축되어 있는 유기체를 무대로 하여 작용하며, 이 유기체의 구축 —— 그의 표현을 빌리면 '창조' —— 은 전혀 다른 질서를 지닌 작용이라는 사실을 기억해내야 한다. 클로드 베르나르는 기관의 구축과 그 파괴 혹은 마멸, 말하자면 기관과 그 내부에서 발생하는 것을 뚜렷이 구별했다. 사람들은 이 구별을 지지함에 있어서 결국에는 베르나르가 공격했던 생기론(生氣論)을 다른 형태로 분명히 다시 수립할 것이다. 그러나 베르나르는 그렇지 않았다. 그는 생명의 본질에 대하여 언급하기를 달갑게 여기지 않았을 뿐만 아니라, 물질의 구성에 대해서도 이야기하기를 좋아하지 않았다. 그는 생명과 물질의 관계에 대한 물음을 유보해놓았던 것이다. 그는 실제로 '생명원리'의 가설을 공격하는 경우나 '직접적 관념'에 호소할 모든 경우에 실험생리학의 제 조건을 결정하는 데 전적으로 몰두하고 있었다. 그는 생명보다는 생명과학을 정의하려고 한다. 그는 생리학을 변호한다. 그것은 생리학적 사실이 너무도 미묘하여 실험에 내맡겨질 수 없다고 믿는 사람들에 대한 변호요, 또 생리학적 사실에 실험이 근접할 수 있다고는 판단하면서도 이 실험을 물리학이나 화학의 실험과 구분하려 하지 않는 사람들에 대한 변호였다. 첫째, 사람들에 대하여 그는, 생리학적 사실은 절대적 결정론에 의해 지배받으며, 따라서 생리학은 엄밀한 과학이라고 대답한다. 둘째, 사람들에게는, 생리학은 고유의 법칙들과 방법들을 가지고 있으며, 이것들은 물리학이나 화학의 법칙이나 방법과는 구별되고, 따라서 생리학은 독립된 과학이라고 대답한다.

비록 클로드 베르나르가 생명의 형이상학을 우리에게 보여주지 않았고 또 보여주고자 하지도 않았지만, 그의 저작 전체 속에는 어떤 일반 철학이 자리 잡고 있으며, 그 영향으로 말할 것 같으면 아마 어떤 특수 이론보다도 더 지속적이며 심오할 것이다.

제반 이론

사실 오랫동안 철학자들은 실재를 체계적 전체로 생각해왔다. 그것은 실제로는 관찰과 실험에 도움을 청해야 하면서도, 엄밀히 말하면 오직 추리에 의한 자료만을 가지고 사유를 통해서 재구축할 수 있는 위대한 구성물이다. 이때 자연은 인간의 논리 원칙에 따라 서로 삽입되어 있는 법칙들의 총체가 된다. 그리고 이 법칙들은 그곳에 이미 만들어져 있으며 사물에 내재해 있다. 과학적·철학적 노력이란 이 법칙들을 덮고 있는 사실들을 하나하나 긁어내버림으로써 그것들을 겉으로 나타나게 하는 것이 된다. 사막의 모래를 삽으로 가득가득 퍼내서 이집트의 건축물을 드러나게 하듯이 말이다.

클로드 베르나르의 저작 전체는 바로 이런 사실과 법칙의 개념에 대한 논박이다. 철학자들이 인간과학에 있어서 습관적이고 상징적인 것을 주장하기 이미 오래전에, 그는 인간의 논리와 자연의 논리 사이의 간격을 알아차리고 그것을 측정했던 것이다. 그에게 있어서 만일 가설 검증에 신중을 기할수록 좋다면 우리는 감히 그 가설을 발상해내려고도 하지 않을 것이다. 우리의 눈에 불합리한 것이라 해서 필연적으로 자연에 대해서도 그럴 이유는 없다. 우선 실험을 하라. 그리하여 가설이 검증되면, 이 가설은 필연적으로 우리가 사실을 통하여 그것에 친숙하게 될수록 더욱 지성적이 되고 더욱 명확해지리라. 그러나 관념은 우리가 아무리 유연하게 만들어도 사물과 똑같은 유연성은 결코 갖지 못한다는 사실을 기억하고 있어야 한다. 따라서 우리는 기꺼이 그것을 폐기하고 실험에 더 가까이 다가갈 다른 것을 택해야 한다. 클로드 베르나르는 다음과 같이 말한다. "관념이란 현상 안으로 침투하는 데 쓰이는 지성적 도구에 지나지 않는다. 면도날이 충분히 오랫동안 사용된 후 무뎌졌을 때 그것을 바꾸듯이, 관념들도 임무를 끝마치고 나면 교환되어야 한다." 덧붙여 "추리는 생리학자로 하여금 사물을 잘못 단순화하게 하는데, 이 추리에 대한 과다한 신뢰는 자연현상의 복잡성을 느끼지 못하는 데서 기인한다." 더 나아가 "과학에서 일반적인 이론을 만들 때, 우리가 확신하고 있는 것은 이 이론들이 일반적으로 모두 거짓이라는 사실뿐이다. 이 이론들은 부분적이고 임시적인 진리로서 우리가 탐구를 진행해가기 위해 딛고 올라가야 할 계단들로서 필요한 것이다." 그는 자기의 이론들에 대해 이야기할 때 이러한 논지로 다시 돌아온다. "이 계단들은 문제의 더 진행된 상태를 나타내는 다른 계단들로 대치될 것이며, 이런 작업은 계속될 것이다. 제반 이론은 과학이 그 지평선을 넓혀가면서 올라가는 연속적인 계단과 같은 것이다." 그러나 정작 가장 의미심장한 것은 그의 《실험의학입문》의 마지막 구절들 중 한 구절의 처음에 나오는 단어들이다. "인간 지식의 이 일반적이고 자유로운 행진을 가로막는 가장 커다란 장애물들 중 하나는 바로 여러 가지 지식을 각각 체계로 개별화하려는 경향이다…… 체계는 인간 정신을 노예화시키는 경향이 있다…… 여러 가지 철학적-과학적 체계의 속박을 분쇄하도록 노력해야 한다…… 철학과 과학은 체계적이어서는 안 된다."

철학은 체계적이어서는 안 된다! 이것은 클로드 베르나르가 저술하던 시기에 있어서 하나의 역설이었다. 이것은 철학의 존재를 정당화하거나 배척할 목적으로 철학적 정신을 체계의 정신과 동일하게 생각하던 시기의 역설이었다. 그러나 이것은 진리다. 구체적 실재를 굽이굽이 좇아갈 수 있는 철학이 실제로 발전하는 정도에 따라, 우리가 점점 더 스며들어가게 될 진리다. 이제 사물의 총체를 간단한 공식의 틀 속에 집어넣었다고 자처하는 학설들은 각각 선택되거나 폐기되어, 앞으로는 이 학설들의 연속체는 보이지 않게 될 것이다. 우리에게는 과학과 나란히 점차 쌓아올려지고, 또 사유하는 자라면 누구도 자기의 초석을 갖다 바칠 유일한 철학이 있게 된다. 이제 "자연은 하나다. 그리하여 우리는 이미 소유하고 있는 관념들 중에서 자연을 끼워넣을 수 있는 관념을 찾게 될 것이다"라고 말하지 않는다. 우리는 다음과 같이 말한다. "자연은 자연 그대로다. 자연의 일부를 이루는 우리의 지성은 자연의 광대함에 미치지 못하므로, 우리의 현실적 관념들이 자연을 포용하기에 충분히 큰가에 대해서는 의심의 여지가 다분하다. 그러므로 우리의 사유를 확장하도록 노력하자. 우리의 오성을 긴장시키도록 하자. 필요하다면, 우리의 기준들을 부숴버리자. 그러나 우리의 관념

268

이 확장되어 실재 위에 건조되었다고 해서 실재를 이 관념의 척도에 축소시켰다고 주장하지 말자." 이것이 우리가 말하게 될 것이요, 이것이 바로 우리가 하려고 노력하는 것이다. 그러나 우리는 출발해 걸어왔던 길을 계속 나아갈수록, 클로드 베르나르가 이 길을 여는 데 공헌했다는 사실을 언제나 기억해야만 한다. 바로 이러한 이유로 해서 우리는 그가 우리를 위하여 한 일에 대해 아무리 감사를 표해도 충분하지 않다. 또한 이것은 모든 시대를 통하여 가장 위대했던 실험가의 한 사람인 천재적 생리학자에게, 아울러 그 내부에 자리 잡고 있던 철학자의 모습 —— 아마도 현대 사상의 거장들 중의 한 사람이라 할 수 있을 철학자의 모습 —— 에, 우리가 존경을 표하는 이유이기도 한다.

윌리엄 제임스의 프래그머티즘

진리와 실재[1]

과잉 실재

윌리엄 제임스(William James)를 좇아서 어떻게 프래그머티즘을 이야기한단 말인가? 또, 아직 이야기되지 않은 것으로서 내가 이야기할 수 있는 것이 무엇이 있단 말인가? 그것도 여기 믿을 말한 번역판이 나와 있는 그 매력적이면서도 유혹적인 책에서 말이다. 만일 제임스의 사상이 해석되는 과정에서 그렇게 자주 매력을 상실당하고 변경되며 왜곡당하지만 않는다면, 나는 아무 말도 하지 않을 것이다. 그러나 독자와 저서 사이에 개재되어, 명확함 그 자체인 저서에 인위적인 모호성을 들이붓게 될 우려가 있는 수많은 관념들이 떠돌고 있음을 어찌하랴.

실재 일반에 대하여 일상적으로 갖는 관념을 수정하지 않고 시작한다면 우리는 제임스의 프래그머티즘을 잘못 이해하게 될 것이다. 우리는 '세계' 또는 '천체'에 대하여 말한다. 이 단어들은 그 어원에 의한

---

1 이 논문은 프래그머티즘에 관한 윌리엄 제임스의 저서(르 브랭(E. Le Brun) 번역, Paris, Flammarion, 1911)의 서문을 위해 집필된 것이다.

다면 단순한 것, 적어도 질서 있게 구성되어 있는 그 무엇을 지칭한다. 우리가 '우주'라고 말할 때 이 단어는 사물들의 한 가능한 통합을 생각하게 된다. 우리가 유심론자도 유물론자도 또 범신론자도 될 수 있는 것은 우리가 철학에 무관심하게 되고 상식에 만족할 수 있기 때문이다. 언제나 우리는 물질적인 것과 정신적인 것을 함께 설명할, 하나 혹은 여러 개의 단순한 원리를 심중에 품고 있다.

이것은 우리의 지성이 단순성을 사랑하기 때문이다. 지성은 노력을 감소시킨다. 지성에 대하여 자연은 우리가 가능한 한 최소한의 작업을 통해서 사유하게끔 정렬되어 있다. 따라서 지성은 무한한 일련의 대상들과 사건들을 재구성하는 데 필요한 최소한의 요소들과 원리들을 지니고 있다.

그러나 이성(理性)의 가장 큰 만족을 얻기 위하여 사물들을 관념적으로 재구성하지 않고, 그 대신 경험을 통해 우리에게 주어진 것에 순수하고 단순하게 우리 자신을 국한시킨다면, 우리의 사유와 표현의 방식은 전혀 다른 것이 될 것이다. 우리의 지성은 절약하는 습관 때문에 결과를 그 원인에 엄격히 비례한다고 생각한다. 반면에 자연은 낭비하는 버릇이 있기 때문에 원인 속에다 결과를 낳는 데 필요한 것 이상을 집어넣는다. 우리의 좌우명이 꼭 필요한 것만인 데 반하여, 자연의 좌우명은 필요한 것 이상으로인 것이다. 이것도 남아돌고 저것도 남아돌며, 모든 것이 넘쳐 흐른다. 제임스가 보는 바로는 실재는 풍요하고 과잉적이다. 이 실재와 철학자들이 구축해놓은 실재 사이에 그는 우리가 매일 영위하는 생활과 배우가 무대에서 저녁에 보여주는 생활 사이의 관계와 똑같은 관계를 세웠다고 나는 믿는다. 무대에서 각 배우들은 말해야 할 것만 말하고 해야 할 것만 한다. 배경은 선명하다. 공연은

시작이 있고 중간 과정이 있으며 끝이 있다. 그리고 모든 것은 희극이
나 비극으로 끝날 의도 아래에서 가장 경제적으로 이루어진다. 그러나
생활 속에서는 필요없는 것들이 수없이 말해지고 쓸데없는 동작들이
수없이 행해진다. 윤곽이 뚜렷한 상황은 거의 없다. 어떠한 것도 우리
가 원하는 만큼 그렇게 간단하게, 그렇게 완전하게, 그렇게 훌륭하게
발생하지 않는다. 배경은 서로 물려 겹쳐 있으며, 시작하는 것도 끝나
는 것도 없다. 전적으로 만족스러운 종결도 없으며, 절대적으로 결정
적인 동작도 없다. 우리의 폐부를 찔러 우리의 가슴속에 영원히 남을
말도 없다. 모든 결과는 약화된다. 이것이 바로 인간의 삶이다. 또한
이것이야말로 제임스의 눈에 비친 실재 일반인 것이다.

분명히 말하면, 우리의 경험은 비일관적이지 않다. 경험은 우리에
게 사물과 사실들을 보여주는 동시에, 사물 간의 관련과 사실 간의 관
계를 보여준다. 윌리엄 제임스에 의하면 이 관계는 사물이나 사실 자
체만큼이나 실재적이고 직접 관찰될 수 있다. 그러나 관계는 파동치며
사물은 유동한다. 이것은 철학자들이 잘 오려내어 정돈한 요소들로 구
축해놓은 그 무미건조한 우주와는 전혀 다른 것이다. 그들의 우주에서
각 부분은, 경험이 말해주듯이 다른 부분들과 연결되어 있을 뿐만 아
니라, 이성(理性)이 원하듯이 전체에 통합되어 있다.

윌리엄 제임스의 '다원론(多元論)'은 이것과 별로 다른 것을 뜻하지
않는다. 고대인들은 세계를 폐쇄되어 있고 정지되어 있는 유한한 것으
로 상상했다. 이것은 우리 이성의 어떤 요구에 응답하는 가설이다. 현
대인들은 오히려 무한한 것에 대해 생각한다. 이것은 우리 이성의 다
른 요구를 만족시켜주는 또 하나의 다른 가설이다. 제임스가 취한 관
점 —— 순수경험 또는 '근본적 경험론'의 관점 ——에서 볼 때, 실재

는 더는 유한하지도 무한하지도 않다. 이제 실재는 단순히 불확정적 (indéfinie)인 듯이 보인다. 실재는 흐른다. 그것이 유일한 방향으로 흐르는가 흐르지 않는가, 심지어는 그것이 언제 어디서나 동일한, 흘러가는 강인가 아닌가를 알 수는 없다.

이때 우리 이성은 만족감을 덜 느끼게 된다. 거울에서처럼 자기 자신의 상(像)을 더는 찾아볼 수 없는 세계에서 이성의 편안함은 줄어든다. 또한 인간 이성의 중요성이 감소된다는 것도 의심의 여지가 없다. 그러나 인간 자체 —— 지성은 물론 의지와 감성 등 전체적 인간 —— 의 중요성은 얼마나 높이 올라가는가!

우리의 이성(理性)이 구상하는 바와 우주는 실제로 인간의 경험을 무한히 넘어선 우주다. 이성의 특징은 경험소여(經驗所與)들을 확대하는 것, 일반화를 통해서 그것들을 확장하는 것, 요컨대 우리가 지각하는 것 이상으로 많은 사물들을 구상해내는 것이다. 이러한 우주에서 인간이 하는 일은 아주 적으며, 인간이 차지하는 공간 또한 매우 좁아 보인다. 인간이 자기 지성에 주는 것은 자기의 의지에서 빼앗은 것이다. 특히 이미 자신의 사유에 모든 것을 포착할 수 있는 능력을 부여했기 때문에, 이제 인간은 사유를 통하여 모든 것을 생각해야만 한다. 인간이 접근할 수 있는 모든 것이 순수한 관념들로 번역될 수 있다고 우선적으로 생각되는 세계에서 인간은 자기의 열망이나 욕구 혹은 열의에 대해 계몽을 부탁할 수 없다. 감성이 지성에게 빛을 줄 수는 없는 것이다. 왜냐하면 인간은 지성을 갖고 빛 자체를 만들었기 때문이다.

따라서 대부분의 철학은 사유의 측면에서 경험을 무한히 확대해가는 동시에, 감정과 의지의 측면에서는 경험을 제한한다. 제임스가 우리에게 부탁하고 있는 바는, 바로 가설적 관점에서 경험에 너무 많이 덧붙이지 말 것과, 경험을 그 안에 있는 딱딱한 요소들로 조각내지 말라는 것이다. 우리는 경험이 우리에게 주는 것만을 전적으로 확신한다. 그러나 우리는 경험을 총체적으로 받아들여야 한다. 우리의 감정은 지각과 똑같은 권리를 지니고 있으며, 따라서 '사물(事物)'과도 똑같은 권리를 지니고 있는 경험의 일부다. 전체적 인간, 이것이 윌리엄 제임스의 눈에 비친 중요한 것이다.

실제로 세계가 그 광대한 힘으로 더는 인간을 압도하지 않게 되면 그 전체적 인간의 중요성은 매우 커진다. 우리는 페히너(Fechner)의 흥미 있는 이론, 즉 지구를 신적(神的)인 영혼을 지닌 독립적 존재로 생각하는 이론에 대하여 제임스가 그의 저서[2]에서 부여한 중요성을 보고는 놀라움을 금치 못한다. 그것은 그 이론 안에서 자신의 사상을 상징화 —— 어쩌면 표현까지도 —— 할 수 있는 편리한 방법을 보았기 때문이다. 우리의 경험을 구성하는 사물 및 사실들은 우리에 대하여 인간적 세계를 구성한다.[3] 이 인간적 세계는 분명히 다른 세계들과 연결되어 있기는 하지만 그것들에서 멀리 떨어져 우리에게 아주 근접해 있으므로, 우리는 이 세계를 실생활에 있어 인간에 대해 충분하고 자신에 대해서도 충분한 세계로 생각해야 한다. 우리는 이 사물 및 사건들과 함께 일체를 이룬다. 다시 말하면, 우리는 우리가 의식하는 바 그대로의 모든 것, 우리가 경험하는 모든 것이다. 어떤 특정 순간에 영혼

---

2 《다원론적 우주(A Pluralitic Universe)》(London, 1909). 프랑스어로는 '과학 철학 문고'(Bibliotheque de philophie scientifique)의 '경험의 철학(Philosphie de l' experience)'이라는 제목으로 번역됨.
3 매우 기발하게도 앙드레 쇼뫼(Andre chaumeix)는 제임스의 인격과 소크라테스의 인격 사이에 유사성이 있음을 지적했다.(《두 세계 논평》 1910. 10. 15.) 인간으로 하여금 인간적인 것을 고려하게끔 하려는 배려는 그 자체로 소크라테스적인 것이다.

을 뒤흔들어 놓은 강력한 감정은 물리학자의 흥미를 끄는 힘만큼이나 실재적인 힘이다. 우리는 열(熱)이나 빛을 창조해내지 못하듯이 그 힘들을 만들어낼 수 없다. 제임스에 따르면, 우리는 커다란 정신적 기류가 가로지르고 있는 대기(大氣) 속에서 헤엄치고 있다. 우리들 가운데 많은 사람들이 저항한다고 해도 다른 사람들이 기꺼이 그 속에 몸을 맡겨버린다. 또한 은혜로 가득 찬 훈풍에 활짝 문을 열어놓은 영혼들이 있다. 이들은 신비적인 영혼들이다. 우리는 제임스가 어떠한 공감을 갖고 이 영혼들을 연구했는가를 알고 있다. 그의 저서《종교적 경험(Varieties of Religious Experience)》이 출간되었을 때, 많은 사람들이 거기에서 보았던 것은 종교적 감정의 매우 생생한 기술과 고도로 투시적인 분석의 나열 —— 이른바 종교적 감정의 심리학 —— 이었다. 이얼마나 작자의 사상을 잘못 해석한 것인가! 실제로는 어느 봄날 훈풍의 간지러움을 두 뺨에 느끼기 위해 몸을 내밀듯이, 또 바닷가에서 바람이 어디서 불어오는가를 알기 위해 돛단배의 오가는 모습과 펄럭이는 돛을 바라보듯이, 제임스는 신비적 영혼에 몸을 내밀어 기대였던 것이다. 종교적 열의로 가득 찬 영혼들은 참으로 저 높이 고양되고 열광한다. 어째서 이 영혼들은 우리로 하여금 그 고양시켜주고 열광케하는 힘을 과학적 실험에서처럼 생생하게 포착케 해주지 못한단 말인가? 여기에 바로 윌리엄 제임스의 '프래그머티즘'이 갖는 기원이 있으며, 또한 여기에 그 시사적인 착상이 있는 것이다. 그에게 있어 우리가 인식해야 할 가장 중요한 진리들은 사유되기 이전에 느껴지고 경험된 진리들이다.[4]

진리의 본성

이성에 대해서만큼이나 감정에 대해서도 활기를 불어넣는 진리들이 있다는 생각은 언제나 있었다. 또한 모든 시대를 통해서 이미 만들어져 있는 진리들 외에 우리가 협력해서 발생하게끔 하는, 부분적으로 우리의 의지에 달려 있는 다른 진리들도 있다는 생각이 있었다. 그러나 제임스에 와서 이런 생각은 새로운 강도와 의미를 지니게 되었음을 말하고 넘어가야 하겠다. 그의 철학에 있어서 고유한 실재의 개념에 힘입어 이러한 생각은 일반적인 진리 이론으로 꽃피우게 된다.

참된 판단이란 무엇인가? 한 단언(斷言)이 실재와 일치할 때, 우리는 그 단언이 참이라고 말한다. 그러나 이 일치는 어디에서 찾을 수 있을까? 우리는 대개 그 단언 안에서 초상화와 모델 사이의 닮은점 같은 것을 보려 한다. 참된 단언이란 실재를 모사(模寫)하는 것이 될 것이다. 그러나 자세히 살펴보자. 진리의 이러한 정의가 적용되는 경우는 극히 드물고 예외적임을 알게 될 것이다. 실재적인 것, 이것은 시간과 공간의 어느 점에서나 발생하는 결정되어 있는 사실이다. 이것은 단일한 것, 변화하는 것이다. 이와는 반대로, 우리 단언의 대부분은 일반적이며, 그 대상의 안정성을 함축하고 있다. 가능한 한 가장 경험에 가까이 있는 진리, 예를 들어 "열은 물체를 팽창시킨다"라는 진리를 살펴보자. 이것은 어떠한 것의 모사가 될 수 있을까? 어떤 의미에서는 팽

---

4 윌리엄 제임스에게 증정된 훌륭한 논문(《형이상학 및 도덕 논평》, 1910. 11)에서 에밀 부트루(Emile Boutroux)는 영어의 경험한다(to experience)라는 동사가 지닌 매우 특별한 의미를 뚜렷이 하였다. 이것은 "우리의 외부를 스쳐가는 물질을 냉정하게 확인하는 것이 아니라, 체험하는 것, 그 자체로 느끼는 것, 이러저러한 존재 양식으로 그 자체로 살아가는 것이라고 말할 수 있다……."

창의 여러 단계를 사진 찍어서 특정 순간에 있어서의 특정 물질의 팽창을 모사할 수도 있다. 심지어는 은유적으로 말해서 "이 철봉은 팽창하고 있다"는 단언이 곧 내가 그것이 팽창하는 것을 보고 있을 때 발생하고 있는 것의 모사라고 말할 수도 있다. 그러나 내가 본 특정한 물체와는 관련없이 모든 물체에 적용되는 진리란 아무것도 모사하지 않는 진리요, 아무것도 재생산하지 않는 진리다. 그럼에도 우리는 진리가 무엇인가를 모사한다고 주장하고, 철학은 모든 시대를 통해서 언제나 이 점에 대하여 만족을 주려고 해왔다. 고대 철학자에게는 시간과 공간 저너머에 영원의 시초부터 모든 가능한 진리들이 자리 잡고 있는 세계가 있었다. 인간의 단언이 참인가 거짓인가는 그것이 이 영원한 진리를 얼마나 충실하게 모사하는가에 따라 측정되었다. 근대인들은 진리를 천상에서 지상으로 끌어내렸다. 그러나 그들은 여전히 진리를 우리의 단언에 앞서 존재하는 것으로 보았다. 진리는 사물 및 사실들 속에 기거하고 있다는 것이다. 과학이 하는 일은 그것들 속에서 진리를 찾아내는 일이었다. 즉 진리를 그 은신처에서 끄집어내어 백일하에 드러내놓는 것이 과학이 할 일이었다. 그렇다면 "열은 물체를 팽창시킨다"와 같은 단언은 사실들을 지배하는 법칙으로서, 그 사실들의 저너머에 있지는 않더라도 적어도 그 가운데에 자리 잡고 있으면서 왕좌에 올랐으므로, 틀림없이 우리가 해야 할 일은 단지 그것들에서 진리를 끄집어내는 일뿐이다. 칸트의 철학 같은 것도 모든 과학적 진리가 인간의 정신에 상대적이라고 주장하면서도, 참된 단언을 인간의 경험에 앞서 주어진 것으로 생각한다. 일단 이 경험이 인간 사유 일반에 의해 조직되기만 하면, 과학의 모든 작업은 껍질 속의 땅콩과 같이 진리가 들어앉아 있는 사실들의 그 잘 찢어지지 않는 겉봉투를 찢어버리는 일이 된다.

　이러한 진리의 개념은 우리의 정신에 자연스러운 것, 또한 철학에 자연스러운 것이다. 논리적 갑옷이 뒷받침하고 있는, 완전히 정합적 (整合的)이고 체계화된 전체로서 실재를 그리는 일은 자연스러운 일이기 때문이다. 이 갑옷이 진리 자체가 된다. 과학은 이것을 재발견할 뿐이다. 그러나 순수하고 단순한 경험은 이런 유의 것을 말해주지 않는다. 제임스는 이러한 경험에 자신을 국한한다. 경험은 현상들의 흐름을 보여준다. 우리는 이 현상들 중 어느 하나에 관련된 단언을 통하여, 그 뒤에 따라오는 현상들을 조절하거나 단지 예측만 할 수 있으면 이 단언이 참이라고 말한다. "열은 물체를 팽창시킨다"와 같은 명제, 즉 어떤 물체의 팽창이라는 관점에서 제시된 명제는, 다른 물체들이 열을 받았을 때 어떻게 반응할 것인가를 예측할 수 있게 한다. 이 명제를 통해서 우리는 지나간 경험에서 새로운 경험으로 나아간다. 그것은 앞으로 일어날 것으로 인도해주는 실마리이며, 그 이상의 아무것도 아니다. 실재는 흐른다. 그것과 함께 우리도 흐른다. 우리가 참이라고 부르는 단언은 움직이는 실재를 가로질러 우리를 이끌어가면서 실재에의 파악을 제공해주고, 행동을 위한 더 훌륭한 조건 하에 우리를 모셔놓는 단언이다.

　이러한 진리의 개념과 전통적인 진리의 개념 사이에 있는 차이점은 쉽게 보여질 수 있다. 우리는 보통 이미 존재하고 있는 것과의 일치를 통해 진리를 정의한다. 그러나 윌리엄 제임스에 있어서 진리는 지금까지 있어왔던 것이다. 현재 있는 것을 모사(模寫)하지 않는다. 진리는 앞으로 있을 것을 공표해준다. 아니 앞으로 있게 될 것에 대한 우리의 행동에 지침을 마련해준다. 철학은 진리로 하여금 뒤를 돌아보게 하는 자연적인 경향을 갖고 있다. 그러나 제임스에 있어서 진리는 앞을 내다보고 있다.

더 정확하게 말해보자. 다른 학설들이 생각하는 진리란 이 진리를 최초로 표현하는 사람의 그 명확히 결정되어 있는 행위에 앞서 존재하는 그 무엇이다. 말하자면 그는 이 진리를 본 최초의 사람이었지만, 그 진리는 그를 기다리고 있었던 것이다. 마치 아메리카 대륙이 크리스토퍼 콜럼부스를 기다리고 있었듯이 무엇인가가 이 진리를 시야에서 가리고 있었다. 요컨대 보자기로 덮어놓았던 것이다. 그는 이 보자기를 벗겼을 따름이다. 그러나 윌리엄 제임스의 관점은 이와 전혀 다르다. 그는, 우리에 의해 말해지거나 생각되어지는 바와 실재가 적어도 일반적으로는 독립되어 있다는 것을 부인하지 않는다. 그러나 진리는 우리가 실재에 대해 단언하는 것에만 부여될 수 있는 것으로서, 우리의 단언에 의해 창조된다고 그는 생각했다. 우리는 기계 도구를 만들어서 자연의 힘을 이용한다. 마찬가지로 우리는 진리를 발명해내서 실재를 이용한다. 다음과 같은 공식으로 프래그머티즘적인 진리 개념의 요점을 모두 요약할 수 있으리라. 다른 학설들에 있어서 새로운 진리란 발견이지만 프래그머티즘에 있어서 새로운 진리란 발명이다.[5]

그렇다고 해서 진리가 임의적이라는 말은 아니다. 기계 발명의 가치는 오로지 그 실제적 유용성에 있다. 마찬가지로 한 단언은 그것이 참임으로 해서 사물에 대한 우리의 지배력을 증대시켜야 한다. 예를

---

5 필자로서는 제임스가 '발명'이라는 단어를 왜 사용했는가, 또 이론적 진리를 임의적 역학(任意的 力學)에 왜 명시적으로 비유했는가를 알지 못한다. 그러나 이러한 비유는 이 학설의 정신에 일치하며 프래그머티즘을 파악하는 데 도움이 될 수 있으리라 믿는다.

들어 축음기가 에디슨 이전에 존재하지 않았듯이, 그 참된 단언은 개인적 정신의 노력에 앞서 존재하지 않는다. 그것은 그 개인적 정신이 창조해낸 것이다. 축음기의 발명자가 소리 —— 이것은 실재다 —— 의 여러 속성들을 연구해야만 했다는 데는 의심의 여지가 없다. 그러나 그의 발명은 절대적으로 새로운 것으로서 그 실재 위에 덧붙여진 것이다. 그가 존재하지 않았더라면 이것은 결코 만들어지지 않았을 것이다. 따라서 진리는 지속할 수 있기 위해서는 반드시 여러 실재 안에 그 뿌리를 내리고 있어야 한다. 그러나 이 실재들은 단지 그 진리의 서식지(棲息地)에 지나지 않는다. 바람이 다른 씨앗들을 날라다주기만 하면, 마찬가지로 다른 꽃들도 필 수 있는 것이다.

프래그머티즘에 따르면, 진리는 수많은 발명가의 개인적인 공헌에 힘입어 조금씩 만들어졌다. 만일 이 발명가들이 존재하지 않고 그 대신 다른 발명가들이 있었다면, 전혀 다른 진리의 체계가 있었을 것이다. 실재는 분명히 본연의 자태 그대로 남아 있거나, 근사적이기는 하지만 동일하게 남아 있을 것이다. 그러나 실제로 우리가 걷게 되는 길은 통행의 편의에 따라 전혀 다른 것이 될 것이다. 이것은 과학적 진리에만 관계된 것은 아니다. 우리의 전 세대가 창조해놓았으며, 어쩌면 지금과는 전혀 달랐을지도 모르는 어떤 가설을 인정하지 않는다면, 우리는 하나의 문장도 만들지 못하고 한 마디 말도 입 밖에 내지 못할 것이다. "내 연필이 방금 탁자 아래로 떨어졌다"고 말할 때, 나는 한 가지 경험 사실을 밝히고 있는 것이 아니다. 왜냐하면 시각과 촉각이 내게 보여주는 것은, 단지 나의 손이 벌어졌고 그 안에 있던 것이 떨어졌다는 것뿐이기 때문이다. 높은 의자에 누워 있는 어린아이는 자신의 노리개가 떨어지는 것을 볼 때, 그것이 계속 존재한다고는 생각지 않을 것이다. 정확히 말하자면 그 어린애는 '대상', 즉 지나쳐가는 외양의 다양성과 운동성을 통해서 불변적이고 독립적으로 존재하는 그 무엇에 대하여 명확한 관념을 갖고 있지 않다. 감연히 이 불변성과 독립성을 최초로 믿기에 이른 사람이 가설을 만들었다. 지금 우리는 명사(名詞)를 사용할 때나 말을 할 때, 언제든지 바로 이 가설을 원용한다. 만일 인류가 그 진화 과정에서 다른 종류의 가설을 채택했더라면, 우리의 문법과 사유의 표현방식은 지금과는 전혀 달라졌을 것이다.

따라서 우리 정신의 구조는 상당한 부분이 우리가 만들어놓은 것, 아니면 적어도 우리들 중 몇몇 사람이 만들어놓은 작품이다. 비록 명백하게 언급되지는 않았지만, 이것이야말로 바로 프래그머티즘의 가장 중요한 주장이 아닌가 하는 생각이 든다. 이렇게 해서 프래그머티즘은 칸트주의를 계승한다. 칸트에 의하면, 진리는 인간 정신의 일반적인 구조에 달려 있다. 프래그머티즘은 이밖에, 인간 정신의 구조는 몇몇 개인적 정신의 자유로운 독창성의 산물이라는 말을 덧붙이고 있거나, 적어도 그것을 함축하고 있다.

다시 말하지만 그렇다고 해서 진리가 우리 각자의 손아귀에 있다는 것은 아니다. 만일 그렇다면 그것은 누구나가 축음기를 발명할 수 있었으리라고 믿는 것이나 다름없다. 우리가 말할 수 있는 것은, 수많은 종류의 진리 중에서 자신의 대상과 가장 가깝게 일치하는 진리는 과학적 진리도 상식의 진리도 아닐뿐더러, 더 일반적으로 말해서 지성적 차원의 진리도 아니라는 것이다. 한 진리 전체는 실재를 가로지르는 통로다. 그러나 이 통로들 중에는 만일 우리가 관심을 다른 의미에 집중했거나 다른 종류의 효용성을 얻으려 했다면, 그 방향이 전혀 달라졌을 통로들이 있다. 이와는 대조적으로 그 방향이 실재 자체에 의해 표시되는 통로, 즉 실재의 흐름에 대응한다고 말할 수 있을 통로들도 있다. 후자의 통로들도 어느 정도 우리에 의해 좌우된다는 것은 의심의 여지가 없다. 왜냐하면 그 흐름에 순행(順行)할 것인가 역행할 것인가에 대해 우리는 자유로우며, 또 그 흐름에 순행할 때라도, 그 안에 현현하는 힘에 투항하는 동시에 그 힘에 가담하면서 그 흐름을 여러 갈래로 갈라놓을 수 있기 때문이다. 그렇지만 이 흐름은 우리에 의해 창조되지 않는다. 이 흐름은 실재의 필요 불가결한 부분을 이루는 것이다. 따라서 프래그머티즘은 결국 우리가 습관적으로 여러 종류의 진리들을 위치시키는 질서를 역전시킨다. 실재 안에 가장 깊숙이 뿌리를 내리는 것은 감각 그대로를 번역하는 진리들이 아니라 감정의 진리들이다. 모든 진리가 발명된다는 데 이의가 없다면, 윌리엄 제임스의 사상을 견지하기 위해서 우리는 감정의 진리와 과학의 진리를 구별해야 한다. 그것은 범선과 증기선의 차이와 같다. 이것들은 모두 인간의 발명품이다. 그러나 전자는 인위적 방법을 매우 경미하게 사용할 뿐이다. 바람이 부는 방향에 따라가면서 자신이 사용하는 자연력을 눈으로 지각할 수 있게 한다. 반면에 후자의 경우에는 인위적인 메커니즘이 가장 커다란 부분을 차지한다. 자신이 이용하는 힘을 은폐해놓고는 우리 자신이 선택하는 방향으로 그 힘을 향하게 하는 것이다.

따라서 제임스가 내린 진리의 정의는 그의 실재의 개념과 일치하게 된다. 실재는 보통 우리의 논리가 나타내는 바와 같이 경제적이고 체계적인 우주가 아니며, 지적 능력에 의해 지지되지도 않는다. 그렇다면 지성적 진리는 우리를 실재 안으로 인도한다기보다는 그것을 이용하게 해주는 인간의 발명품이다. 또한 실재는 하나의 전체를 형성하는 것이 아니라, 다원적이고 동적인, 상호 교차하는 흐름들로 이루어져 있다. 그렇다면 이 흐름들 중의 어느 하나에 접촉함으로써 발생하는 진리 —— 이해되기에 앞서 느껴지는 진리 —— 는 단순히 사유되는 진리보다 더 잘 실재 자체를 파악하고 축적할 수 있다.

따라서 실제로 프래그머티즘의 비판자가 처음부터 표적으로 삼는 것이 바로 이 실재의 이론이다. 이 이론에 대해 반론이 제기될 수는 있다. 그러나 나 자신은 이 이론에 관계되는 한, 이것이 지닌 심오함과 독창성에 도전할 사람은 없으리라는 조건을 덧붙여야 할 것 같다. 여기에 들어 있는 진리의 개념을 면밀하게 음미해본다면, 그것이 지닌 높은 도덕적 가치를 깨닫지 않을 수 없을 것이다. 일설에 따르면 제임스의 프래그머티즘은 단지 회의론(懷疑論)의 한 형태에 지나지 않으며, 진리를 격하하여 물질적 유기성 밑에 종속시켰고, 편견 없는 과학적 탐구를 제지하고 그 사기를 꺾어놓았다고 한다. 이러한 해석은 제임스의 저작을 주의 깊게 읽어본 사람에게는 귀에 들어오지도 않을 이야기다. 또한 이러한 해석은 제임스라는 인간을 아는 즐거움을 만끽하던 사람들에게는 놀라운 것이다. 어느 누구도 제임스보다 더 열렬한 애정을 가지고 진리를 사랑하지 않았다. 어느 누구도 제임스보다 더 큰 열정을 가지고 진리를 추구하지 않았다. 그는 격렬한 불안감으로 들떠 있었다. 그는 해부학과 생리학에서 심리학으로, 심리학에서 철학으로 여러 학문을 전전하면서, 다른 것들은 아랑곳하지도 않고 자신조차 망각해가면서 큰 문제들에 잔뜩 긴장해 있었다. 그는 전 생애를 통해 관찰하고 실험하고 숙고했다. 그러고는 마치 아직도 일을 충분히 마무리짓지 못한 듯이, 마지막 잠에 들었을 때도 그는 과학의 더 큰 이득을 위해서, 또 진리의 더욱 큰 영광을 위해서, 죽어서라도 우리와 함께 계속해 나갈 특별한 실험과 초인적인 노력을 꿈꾸고 있었다.

9

라베송의 생애와 저작[1]

장 가스파르 펠릭스 라셰 라베송(*Jean Gáspard-Félix Laché Ravaisson*)
은 1813년 10월 23일 상브르-에-뫼즈 현(縣)의 행정 중심지였던 나뮈
르라는 프랑스의 한 도시에서 태어났다. 그의 부친은 시 재무관이었으
며, 프랑스 남부 출신이었다. 라베송이란 몽토방에서 멀리 떨어지지
않은 캘뤼 지역 내에 있던 소구역의 이름이다. 이 어린아이가 채 돌도
맞기 전에 1814년의 사건이 발생하자 그의 가족들은 나뮈르를 떠나야
했다. 그로부터 얼마 지나지 않아 그는 부친상을 당했다. 그의 초기 교
육은 그의 모친과 외삼촌 가스파르 테오도르 몰리앵이 맡았다. 후에
라베송은 이 외삼촌의 이름을 자기 이름에 따 붙였다. 1821년의 편지
에서 몰리앵은 자신의 어린 8세짜리 조카에 대해 다음과 같이 쓰고 있
다. "펠릭스는 완전한 수학자이자 골동품 연구가인 동시에 역사가다.
결국 모든 면에서 뛰어나다.[2] 이미 어린 시절에 나타났던 이런 지적(知
的) 재질에 이어 후일 다른 수많은 재능이 나타난다."

---

1 펠릭스 라베송-몰리앵의 생애 및 저작에 대한 이 소론은 《인문·사회 학회보고서
(Comptes rendus de l' Academie des Sciences morales et politiques)》(1904, 제1
권, p. 686)에 수록된 것이다. 이것은 라베송을 승계한 필자가 이 학회에서 발표한

그는 롤랭 중·고등학교에서 학업을 계속했다. 나로서는 그의 학업을 매학년마다 추적하고 싶었지만 학교 문서보관소에는 그 당시의 것이 보관되어 있지 않았다. 그러나 수상자 명부에 의하면 어린 라베송은 1825년 제6학급의 학생이 되어 1832년 학교를 떠날 때까지 줄곧 우수한 학생이었다고 한다. 그는 전국 고교 대항 경쟁 시험에서 여러 개의 상을 수상했으며, 특히 1832년에는 철학에서 최고상을 받기도 하였다. 라베송의 철학교수는 포레(Poret)였는데, 그는 뛰어난 스승이었으며 스코틀랜드 철학자들을 추종하여 그들의 저작들을 번역하기도 하였다. 쿠쟁(Cousin)은 그를 높이 평가하여 소르본느의 후임자로 생각했다. 라베송은 언제나 옛 은사에 밀착해 있었다. 나는 라베송이 철학 학급의 학생시절에 썼던 몇 편의 논문을 읽을 수 있었는데, 이것들은 포레 가(家)에 의해 보존되어 있었다.[3] 또 나는 1832년에 최고상을 수상한 〈철학에 있어서의 방법〉에 관한 논문을 소르본느에서 접하였

후의 일이다. 이 소론은 1932년 드비베즈(Ch. Devivaise)가 출판한 펠릭스 라베송 지음 《유언 및 단편(Testament et fragments)》의 서론으로 재편집되었다. 이 책을 출판한 논문집 출판위원회의 회원인 쟈크 슈발리에(Jaques Chevalier)는 이 소론을 다음과 같이 시작하고 있다. "저자는 우선 이 논문을 어느 정도 가필하려고 의도했었다. 후에 그는 라베송을 어느 정도 베르그송화(化)했다는 비난을 받을지도 모르지만, 이 논문을 그대로 재편집하기로 결정했다고 말한다. 그러나 베르그송은 덧붙여서 이것이 논제를 연장하고 명료화하는 유일한 방법일지도 모른다고 말한다."

2 필자는 이 사항 및 다른 여러 사항을, 1901년 6월 14일 고대 미술 및 문학 학회에 루이 레제(Louis Leger)가 발표한 매우 흥미있는 소론에서 인용한다. 필자는 라베송의 전기에 대한 여러 정보를 그의 두 아들의 친절에 힘입었다. 루이 라베송 몰리앙(Louis Ravaisson-Molien)은 마자린 문고의 사서(司書)이며, 샤를 라베송–몰리앙(Charles Ravasson-Molien)은 루브르 박물관 소속 관리인이다.

3 필자는 이러한 통보를 생애에 관한 다른 흥미 있는 몇몇 사항과 함께 포레의 어린 두 아들 및 당 대학의 뛰어난 두 교수인 앙리(Henri)와 마르셀 베르네(Marcel Bernes)에게서 받았다.

다. 이 논문은 체계적인 수업을 받은 명석하고 지적인 학생의 역작이다. 그런데 여기서 라베송 고유의 특징이나 또는 싹터 나오는 철학적 재능의 초기 징표를 찾으려 한다면 적잖이 실망을 느낄 것이다. 여기서 추측할 수 있는 것이란 단지 젊은 라베송은 학교를 떠날 때 철학에 대해 확고부동한 애착을 느끼지 못했으며, 자신의 가야 할 바를 분명히 알지 못했다는 사실이다. 그에게 방향을 제시해준 것이 바로 귀 학회였다.

아리스토텔레스의 형이상학에 대한 논문

인문·사회 학회가 1832년 10월 26일의 칙령에 의해 재건되었다. 쿠쟁의 건의에 따라 학회는 아리스토텔레스의 《형이상학》에 대한 논문 응모시험을 주최하였다. 그 공표문에 따르면 "응모자들은 이 책을 광범위하게 분석-설명하고 그 구도를 밝히라. 그 역사를 서술하고 후대의 철학체계에 끼친 영향을 밝히는 한편, 책 속에 나타나는 오류 부분과 진리 부분을 고찰, 발견하는 동시에, 어떤 사실이 오늘날에도 타당하며 금세기 철학에 유용한 것인가를 논하라." 라베송이 응모하고자 결심했던 것은 아마도 그의 옛 철학 교수의 충고에 의한 듯하다. 재건립된 학회가 주최한 응모시험 중 최초였던 이 시험에서 가장 화려한 결과가 나왔다는 것은 주지의 사실이다. 제출된 아홉 편의 논문 가운데 대부분이 상당 수준에 올라 있었으며, 그 중 세 편은 매우 높은 평가를 받았다. 이 학회는 라베송에게 상을 수여했고, 장관에게 건의하여 철학자 미셸레 드 베를랭을 위한 추가 수상 기금을 마련하도록 했다. 라베송은 그의 논문을 재구성하고 확대-심화해 드디어 경탄할 만한 저작을 완성시켰다. 《아리스토텔레스의 형이상학에 관한 시론(Essai sur la métaphysique d' Aristote)》제1권이 출판되었고 제2권은 9년이 지난 후 출판되었다. 그 외 두 권이 발표되었지만 출판되지 않았다. 그러나 우리가 현재 갖고 있는 그 저작은 아리스토텔레스의 형이상학과 그것이 그리스 철학에 끼친 영향에 대하여 완전한 설명을 하고 있다.

아리스토텔레스는 특히 체계적인 면에서 천재성을 보였으나 체계는 전혀 세우지 않았다. 그는 종합보다는 개념의 분석을 통해 사상을 전개하였다. 그의 방법은 우선 언어 속에 축재되어 있는 개념들을 취하여 그것들을 재정렬하거나 쇄신한 다음, 정의(定義)라는 울타리를 치고 그 관념들의 외연(外延)과 내포(內包)를 그 자연적인 연관관계에 따라 분리해서, 그것들을 최대로 가능한 한도까지 전개한다는 것이다. 그러나 아리스토텔레스가 이 전개를 단 한 번에 이룩한 적은 별로 없었다. 그는 갔던 길을 몇 번이고 되돌아온다. 같은 주제들을 가지고도 여러 논문을 작성하여, 똑같은 길을 재차 가면서 언제나 조금씩 전진해간다. 사유 또는 존재에 포함되어 있는 요소들은 무엇인가? 질료(質料), 형상(形相), 인과성, 시간, 장소, 운동이란 무엇인가? 이런 모든 지점 및 그 외 다른 수많은 지점에서 그는 땅을 파 내려갔다. 기사는 커다란 터널을 뚫을 때 여러 굴착점에서 동시에 시작한다. 마찬가지로 아리스토텔레스는 이 각 지점에서부터 그가 앞으로 밀고 나갈 지하 회랑을 파기 시작한다. 또한 실제로 우리의 느낌에 의하면, 여기에서는 모든 것이 꼭 들어맞도록 치수가 재어지고 계산이 이루어졌던 것이다. 그러나 이음매는 언제나 완전하게 이루어지지 않는다. 때로는 곧 연결될 듯이 보이는 두 점 사이에서, 이제 삽질을 서너 번만 더하면 된다고 자부할 때 우리의 삽은 단단한 기반암(基盤岩)에 부딪히고 만다. 라베송은 어떤 장애물에 부딪혀도 멈추지 않았다. 그의 제1권 후반부에서 그가 제시한 형이상학은 아리스토텔레스의 학설을 재구성한 것이다. 라베송은 이것을 특유의 언어를 사용하여 설명한다. 이 언어 속에서는 심상(心像)의 유동성으로 인하여 사유 본연의 모습이 적나라하게 나타나며, 추상은 생기를 띠게 되고 아리스토텔레스의 사유 속에는 살아 움직이던 때와 똑같이 생동한다. 그의 번역 가운데 몇몇 부분에 대해서 그것이 실제로 옳은가 하는 문제를 놓고 논란이 있어왔다. 그의 해석 가운데 어느 부분에 대해서도 끊임없이 의문이 제기되었다. 특히 역사가로서 한 학설의 통일을 당사자가 원했던 것보다 더 강력하게 밀고 나가는 것이 역사가들의 참된 의무인가, 또 각 부분을 그렇게 완전하게 재정비하고 톱니바퀴들을 그렇게 빈틈없이 물려놓음으로써 약간이나마 그것들을 왜곡하지나 않을까 하고 우리는 계속 질문해왔다. 그럼에도 우리의 정신이 이 통일을 요구하고 있다는 것, 또 그러한 시도는 행해져야 한다는 것, 그리고 라베송 이후로 감히 그것을 시도하려는 사람이 없었다는 것은 엄연한 사실이다.

《시론(試論)》의 제2권은 더 대담하다. 아리스토텔레스의 학설과 그리스의 사상 일반을 비교하면서, 라베송은 아리스토텔레스의 진수를 보여주려고 했다.

그에 의하면 그리스 철학은 최초로 모든 사물을 물질적 요소, 곧 물, 공기, 불 또는 어떤 무한 물질로서 설명한다. 인간 지성이 그 출발점으로 삼는 바와 같이 감각에 지배되어 그리스 철학은 감각적 직관 이외의 직관을 알지 못했으며, 사물이 갖는 여러 측면 중 물질성 이외의 측면을 알지 못했다. 다음에는 피타고라스주의자들과 플라톤주의자들이 나타났다. 그들은 물질에만 근거한 설명이 불충분함을 지적하면서, 그들의 원리로서 수(數)와 이데아를 내세웠다. 그러나 그 과정은 실재적이었다기보다는 피상적이었다. 피타고라스의 수(數), 플라톤의 이데아와 함께 있을 때, 우리는 추상 속에 들어앉아 있는 것이다. 이 요소들을 다루는 조작기술이 아무리 훌륭하다 해도 추상 속에 있다는 사실은 변함없다. 의심할 바 없이 지성은 자신이 사물들을 일반적 관념 밑에 집합시킴으로써 사물의 연구에 부여한 간단명료함에 스스로 감탄하고는, 사물들을 구성하고 있는 그 실체에까지 자신이 나아갈 수 있으리라는 공상에 빠진다. 일반성의 선상에서 더 전진할수록 지성은 실재성의 등급에서 자신이 점점 더 올라가고 있다고 느낀다. 그러나 더 높은 등급의 정신성이라고 지성이 생각한 것은 사실 자신이 숨쉬는 대기가 점차 희박화된 결과에 지나지 않는다. 한 관념은 일반적이 되면 될수록 더욱더 추상적이고 공허하게 된다는 점, 또 추상에 추상을 거듭하고 일반화에 일반화를 거듭할 때, 우리는 순수한 무(無)로 나아가고 있다는 점을 지성은 모르고 있다. 그러고 보면, 분명히 우리에게 실재의 한 측면을 보여줄 뿐만 아니라, 우리를 적어도 실재의 굳은 기반 위에 세워놓는 감각소여(感覺所與)에 매달렸던 사람도 일리는 있었던 것 같다. 그러나 아마도 다른 또 하나의 길이 열려 있는 것 같다. 이것은 육체적 눈의 투시를 정신의 투시에 의해 확장하는 것이다. 이 일은 감각적 직관의 이면(裏面)에 있는 지성적 직관을 찾는다는 핑계로 실재적이고 개별적이며 구체적인 사물들에 대한 직관의 영역을 떠나는 일 없이 이루어진다. 그렇게 한다는 것은 곧 정신적 투시의 강력한 노력에 의하여 사물의 물질적 포장을 꿰뚫어서, 이 사물의 물질성이 펼쳐 보이는, 또는 현현시키는 그러나 우리 육체적 눈에는 보이지 않는 그런 공식을 읽어낸다는 것이다. 그렇게 될 때, 무기물에서 식물, 식물에서 동물, 동물에서 인간에 이르는 존재들을 상호 연결하는 한 단일체, 즉 눈에 보이는 사유의 단일체가 점점 자기의 실체에 응집되면서 나타나게 될 것이다. 이 과정은 집중에 집중을 거듭하여 신적(神的) 사유, 다시 말해 모든 사물들을 사유 자체 속에서 사유하는 신적 사유에 이를 때 비로소 마무리된다. 이것이 바로 아리스토텔레스의 지론이다. 그는 바로 이 지적(知的) 학설의 규칙과 예를 만들었다. 그런 의미에서, 아리스토텔레스는 형이상학의 설립자, 철학 그 자체인 어떤 사고방식의 창시자다.

이 얼마나 위대하고 중요한 사상인가! 아리스토텔레스 사상에 대한 라베송의 이러한 이론 전개에 대해 역사적 관점에서 도전장을 낼 수 있음은 물론이다. 때때로 라베송은 아리스토텔레스 철학에 대단히 물들었던 알렉산드리아인들을 통해 그를 본 것 같다. 또한 그는 아리스토텔레스와 플라톤을 갈라놓는 차이점, 즉 언어적인 면을 차치하면 종종 경미하고 피상적인 차이점을 상당할 정도로, 심지어는 극한적 대립으로 전도하는 정도까지 밀고 나간 것 같다. 그러나 라베송이 이러한 점에서 철학사가들을 완전히 만족시켰다면 우리는 틀림없이 그의 학설에서 독창적이고 심오한 면을 잃어버렸으리라. 왜냐하면 그가 플라톤과 아리스토텔레스 사이에 세워놓은 대립은 곧 그가 정의적(正義的)이라고 여긴 철학적 방법과 이것의 모조품에 지나지 않는다고 여긴 철학적 방법 사이의, 그가 한평생 끊임없이 갈라놓았던 차이점이기 때문이다. 그가 아리스토텔레스주의의 근저에 깔아놓은 사상이 바로 그의 대부분 성찰에 영감을 불어넣었던 그 사상이었다. 철학자는 일반적인 것에 의해 자기의 사유를 혼란시키지 말고 개체적인 것에 사유를 집중시켜야 한다는 주장이 그의 전 저작에 흐르고 있다.

가령 무지개의 모든 빛깔, 즉 보라색과 파랑색, 녹색, 노랑색, 빨강색을 상상해보자. 나로서는 그 색들이 공통으로 무엇을 지니고 있는가를 결정하고 그 결과 그 빛깔들에 대해 철학하는 데에 두 가지 방법이 있다고 말한다고 해서, 그것이 라베송의 주된 사상에 위배된다고 생각하지 않는다. 이 두 방법 가운데 하나는 단순히 그것들을 빛깔이라고 말하는 것이다. 따라서 추상적이고 일반적인 빛깔의 개념은 여러 색조가 환원되는 바의 그 단일성이 된다. 그러나 우리가 이런 일반적인 빛깔의 관념을 얻으려면 단지 빨간 것에서는 그것을 빨갛게 만드는 것을, 파란 것에서는 그것을 파랗게 만드는 것을, 녹색인 것에서는 그것을 녹색으로 만드는 것을 제거하기만 하면 된다. 우리는 이것을 정의함에 있어서, 이것은 동시에 빨강, 파랑, 녹색을 표상하지 않는다고 말할 뿐이다. 이것은 부정으로 이루어진 긍정, 진공을 에워싸고 있는 형식이다. 추상적인 것에 머무르고 있는 철학자는 여기서 멈춘다. 그는 일반화를 증대시킴으로써 사물의 단일화로 나아갈 수 있다고 생각한다. 실제로 그는 여러 빛깔들 사이의 차이점들을 드러내보여준 그 빛을 조금씩 꺼가면서 진행한다. 그리고 그 차이점들을 한꺼번에 하나의 공통적인 모호성 속으로 혼합시킴으로써 일을 마무리짓는다. 그러나 참다운 단일화 방법은 이와 전혀 다르다. 이번에는 파랑, 보라, 녹색, 빨강의 몇천 몇만의 색조를 취해서 그것들을 볼록렌즈에 통과시켜 한 점에 모으는 것이다. 그러면 그 빛을 받는 모든 곳에는 순수한 백색광이 나타난다. 이 아래에서 백색광은 자신을 분산시켜 나온 여러 색조 속에서 지각되고 저 위에서 백색광은 분할되지 않은 단일성 속에서 수많은 복색 광선들을 포함하고 있다. 이때 하나하나 취해진 각각의 색조에서마저도 우리의 눈에 처음에는 보이지 않았던 것이 나타날 것이다. 그것은 그 색조를 포함하고 있는 백색광, 그 색조가 자기 자신의 빛깔을 이끌어내는 공통의 조명이다. 라베송에 의하면 의심의 여지없이 이것이 바로 우리가 형이상학에 요구해야 할 종류의 투시이다. 참된 철학자의 눈에서는 산만한 상태에서, 또 하나의 철학 논문 전체에서 찾을 수 있는 것보다 더 응집된 진리가 고대의 대리석 조각을 응시하는 것에서도 올 수 있다. 개체적인 존재에 그 고유의 뉘앙스를 부여하면서 그 존재를 보편적 조명에 연결하는 그런 특정 광선을 그 개체적 존재 내에서 재파악하고, 또 그 광선이 반사되어 나온 근원을 추적하는 것이 바로 형이상학의 목표이다.

그렇다면 우리가 여기서 처음 그 개략을 살펴본 철학이 어떤 방식으로, 어느 순간에, 어떤 영향 하에서 형성되었을까? 나는 이러한 점을 귀 학회가 시상(施賞)한 바 있고 또 그 원고가 소장되어 있는 귀 문서보관서의 논문 가운데서 발견하지 못하였다. 더욱이 이 원고와 실제 출판된 책자 사이에는 같은 저자가 쓴 것이라고 생각하기 어려울 정도로 그 기본 문체와 형식에 차이가 있다. 원고에서는 아리스토텔레스의 《형이상학》을 단순히 한 권 한 권 분석하고 있다. 체계의 재구성이 문제가 아니었다. 그런데 출판된 책자에서 이전의 분석은, 단지 아리스토텔레스 철학의 이제 새로 구축된 조직에 대한 기초공사의 역할을 위해 보존되었던 듯 변형되어 있다. 아리스토텔레스와 플라톤이 거의 동일한 수준에 있다. 저자는 플라톤과 아리스토텔레스에게 각자의 몫을 주어야 하며, 양자를 혼합시켜 양자를 초월하는 어떤 철학을 만들어야 한다고 생각한다. 출판 책자에서 아리스토텔레스는 플라톤에 뚜렷이 대조되어 있고, 그의 학설은 모든 철학의 골격을 이루는 근원으로서 우리에게 나타난다. 사실 원고의 형식이 올바르지만 독창적이지 못한 반면, 책자는 이미 독창적인 언어와 고도로 채색된 이미지들의 혼합,

그리고 명확한 추상들, 다시 말해서 어떻게 채색해야 하고 어떻게 조각해야 하는지를 알고 있는 철학자의 언어를 사용하고 있다. 분명히 1835년의 논문은 쿠쟁이 그의 보고서에서 보인 찬사, 그리고 학회가 그에게 수여한 상을 받을 만한 가치가 있었다. 그것이 매우 잘된 논문이라는 사실을 부인할 사람은 없을 것이다. 그러나 그것은 단지 잘된 논문일 뿐이다. 저자는 그의 논문 밖에 머물러 있었다. 그는 아리스토텔레스에 대해 연구-분석-비평하는 데 있어 그의 재치를 다하였다. 그러나 그는 아리스토텔레스에 새로운 활력을 불어넣지 못했다. 그것은 명백히 아직도 그가 충분히 심도(深度) 깊은 내적 삶을 갖지 않았기 때문이다. 1835년에 1837년, 즉 논문 작성과 그 제1권의 출간 사이의 2년 동안에 또 특히 1837년에서 1846년까지 제1권과 제2권 출판 사이의 기간에 라베송은 그의 현위치, 또 자신에게 현시된 것이 무엇인가를 의식하게 되었다.

물론 그의 잠재적 에너지의 발전과 독자성의 태동을 촉발하는 데에는 수많은 외적 영향이 있었다. 한 가지 잊어서는 안될 점은 1830년부터 1848년의 기간이 그의 심도 깊은 지적 삶의 일부였다는 것이다. 소르본느 대학은 아직도 귀조 파, 쿠쟁 파, 비유맹 파, 조프로와 생틸레르 같은 사람들의 목소리로 울리고 있었다. 그리고 퀴네와 미쉘레는 콜레주 드 프랑스에서 강의하고 있었다. 라베송이 이들 대부분과 안면이 있었고, 특히 미쉘레와는 친분이 깊었다. 라베송은 얼마 동안 그의 비서로 지냈기 때문이다. 미쉘레는 쾰르퀴세라에 보낸 비공개된 서한[4]에서 다음과 같이 말하고 있다. "제가 아는 바로는 프랑스에 비판적

---

4 루이 레제가 인용함.

정신의 소유자가 오직 네 사람밖에 없습니다(비판적 정신이라는 단어가 함축하고 있는 바를 아는 사람은 거의 없습니다). 그들은 바로 레트론느, 뷔르누프, 라베송, 그리고 당신입니다." 따라서 라베송은 고등교육이 한창 빛을 발하고 있을 즈음 유명한 거장들과 접촉했던 것이다. 한 가지 부언해야 할 점은 이 시기에 정치가, 예술가, 작가, 학자 등 민주적 경향의 사회에서, 지적(知的) 귀족층을 형성하고 있다고 할 수 있을 모든 사람들이 사실상 상당히 친밀한 관계를 유지하고 있었다는 것이다. 이 엘리트는 이런 사람들이 자주 모이는 수많은 살롱에서 이들을 만났다. 라베송은 사교를 좋아했다. 그가 아직 젊고 널리 알려져 있지 않았을 때 수많은 문이 그에게 열려져 있었는데, 그것은 전 수상 몰리앵과의 친분 덕택이었다. 그가 벨지오조소 왕자의 집을 자주 방문하였다는 것은 주지의 사실이다. 여기서 그는 미눼 티에르, 특히 알프레드 뮈세를 만났음에 틀림없다. 그는 레카미에 부인을 방문하곤 했는데, 그녀는 상당히 노령이었음에도 아직도 우아한 멋을 풍기고 있었으며, 자기 주위에 비유맹, 앙페르, 발작 라마르틴 등을 모이게 하였다. 라베송이 샤토브리앙을 알게 된 것도 레카미에 부인의 살롱에서였을 것이다. 이러한 수많은 탁월한 사람들과의 빈번한 접촉으로 그의 지성은 자극 받았음에 틀림없다.

또 한 가지 언급해야 할 것이 있다. 라베송은 뮌헨에 있는 셸링을 방문하여 수주간 독일에 있었던 적이 있었다. 라베송의 저작에는 그 문체와 아울러 사유의 방향이 이 독일 철학자의 주저에 비교될 수 있는 구절이 여럿 있다. 그렇다고 해서 셸링의 영향이 과대 평가되어서는 안된다. 아마도 그것은 영향의 문제가 아니라, 자연스런 친화와 공통적인 영감 세계의 문제, 구태여 말하자면 고원한 지평 위에서 각기

여행하고 있다가 어떤 강점에서 상봉하게 된 두 정신 간의 예정된 조화의 문제였다. 더욱이 한 사람은 프랑스어를, 다른 한 사람은 독일어를 거의 몰랐기 때문에 대화는 어려운 편이었다.

여행, 대화, 사교 교제는 라베송의 호기심을 자극했고 그의 정신을 일깨워 밖으로 표출되게 했음에 틀림없다. 그러나 그로 하여금 자신 내에 침잠하게 한 원인은 더 깊은 곳에 있다.

우선 그것은 이후에도 계속된 아리스토텔레스 철학과의 접촉이다. 학회의 상을 수상한 논문은 이미 교본에 대해 긴밀하고 통찰력 깊은 연구였음을 보여주었다. 그러나 출간본에서 우리는 교본적 지식 이상의 것을 발견한다. 학설에 대한 이해 이상의 것이다. 가슴에서의 밀착, 정신에서의 밀착, 전 영혼의 흡수와도 같은 것을 발견한다. 우수한 지성의 소유자들은 자신이 존경하는 거장의 작품에 친근하게 될수록, 그들의 능력이 더욱 확실해지는 일이 가끔 있다. 막대자석 주위에 뿌려진 쇳가루가 자력에 의해 양극으로 끌려가서는 조화 있는 곡선을 이루듯이, 영혼 속에 잠자고 있던 잠재성은 그가 사랑하는 천재의 부름에 여기저기에서 깨어나 하나의 공통된 행위를 목적으로 결합하고 협의한다. 이렇게 정신과 마음의 모든 능력을 한 곳에 집중시킴으로써 한 인격이 형성되는 것이다.

레오나르도 다 빈치의 영향

그러나 아리스토텔레스 이외에 마치 친근한 악마처럼 라베송을 평생 따라다니며 항상 그에게 자극을 준 이가 있었다.

어렸을 때부터 라베송은 예술, 특히 회화에서 재능이 엿보였다. 천부적인 예술가였던 그의 모친은 그를 예술가로 만들려고 꿈꾸고 있었던 것 같다. 그녀는 화가인 브룩, 또 그녀의 집을 자주 찾아오던 미술가 샤세리앙의 영향권 아래에 라베송을 놓아두었다. 이 두 사람은 모두 다비의 문하생이었다. 라베송은 이 거장의 목소리를 실제 듣지는 못하였으나 적어도 그 메아리만은 잡을 수 있었다. 그가 회화를 배운 것은 단지 재미를 위한 것만은 아니었다. 몇 번에 걸쳐 라베송은 라쉐라는 이름으로 살롱에 초상화를 출품하여 상당한 주의를 끌었다. 특히 그는 소묘에 뛰어났으며, 그의 스케치는 더할 나위 없는 우아함을 지니고 있었다. 앵그르는 그에게 "당신은 매력이 넘치는군요"라고 했다 한다. 그러면 정확히 언제 이탈리아 회화에 대한 그의 편애가 일어났는가? 아마도 그것은 소년기였던 것 같다. 왜냐하면 그는 이미 열 예닐곱 살부터 티치아노를 모방하기 시작했기 때문이다. 그러나 이탈리아 르네상스 미술에 대한 깊은 연구는 틀림없이 1835년에 이르는 시기에 이루어진 듯하다. 또한 바로 이 시기에 그의 눈에는 언제나 예술의 화신 자체로 보였던 한 거장의 영향이 그를 휘감았으니, 그가 바로 레오나르도 다 빈치였다.

다 빈치의 《회화론(Traité de peinture)》에는 라베송이 즐겨 인용하던 구절이 있다. 이 구절에서 저자는 생물체를 파동치는, 즉 꾸불꾸불한 선(線)으로 특징지우며, 각 존재는 자기 고유의 파동 방식을 지니는데 이 파동을 명확하게 하는 것이 예술의 목적이라고 말한다. "소묘 예술의 비결은 마치 한 중심파(中心波)가 여러 표면파(表面波) 속을 뻗어나가듯이, 각 대상의 발생축과도 같은 한 파상선이 그 대상의 전연장(全延長)을 관통해나가는 특정 방식을 그 대상에서 찾아내는 데 있다."[5] 더욱이 이 선이 그림의 가시적(可視的)인 선들 중 어느 것도 아닐 가능성도 있다. 그 선은 어느 곳에도 없으나 우리에게 전체의 열쇠는 준다. 그 선은 눈을 통해 지각되는 것이 아니라 정신에 의해 사유된다. 레오나르도 다 빈치는 말하기를 '회화란 정신적인 것'이라 했다. 덧붙여 그는 그 상(像)에 형체를 부여하는 것이 바로 정신이라 했다. 이 거장의 작품 전체는 이 말에 대한 각주로서의 역할을 충분히 다했다. 모나리자나 아니면 루크레치아 크리벨리의 초상화를 살펴보자. 그림의 가시적 선들이 캔버스 뒤에 위치한 가상적 중심으로 상승하고 있는 듯이 보이지 않는가? 그 중심에서는 우리가 불가사의한 관상술로 하나하나 영원히 읽어나갈 비밀이 그 모습을 드러내고 한마디의 말로 응결된다. 이곳이 바로 다 빈치가 있었던 곳이다. 바로 이 점에 집중된 단순한 정신적 투시의 전개 속에서 그는 자기 눈앞에 보이는 모델의 특성을 세세히 발견하고, 그리하여 자연의 발생적 노력을 나름대로 재생시켰던 것이다.

따라서 레오나르도 다 빈치에 있어서 화가의 예술은 모델의 각 특징을 세세히 취해 그것을 캔버스에 옮겨서 각 부분마다 그 물질성을 재생하는 데 있지 않다. 또한 우리가 보고 만지는 모델이 모호한 관념성에 용해해 들어가는 그런 비인격적이고 추상적인 형태를 그리는 데 있지도 않다. 진실한 예술이라면, 그 목적은 모델의 개체성을 그려내는 일이며, 그 목적을 위해 눈에 보이는 선 뒤에서 눈에 보이지 않는 운동을 찾고, 그 운동 자체를 넘어서서 더 비밀스러운 것, 즉 원초적 지향성, 인간의 근본적인 갈망, 그리고 형태와 색의 무한한 풍부성이라 할 단순한 사유를 찾아낼 것이다.

이렇듯 라베송이 해석한 아리스토텔레스의 형이상학과 레오나르도

---

5 라베송, 《교육학 시인(Dictionnaire pedagogique)》, 중 '소묘' 항.

다 빈치의 미학이 서로 유사한 데 놀라지 않을 사람이 있을까? 그는 사물 안에서 오직 그 물질적 메커니즘만을 본 물리학자들과, 또 전 실재를 일반적인 형태 속으로 흡수시켜버린 플라톤주의자들의 반대편에 아리스토텔레스를 대비시켰다. 또한 그는 아리스토텔레스를, 개별적 존재의 한가운데에서 이 존재에 생명력을 불어넣는 특징적인 사유를 정신의 직관을 통해 찾아냈던 거장의 모습으로 보여주었다. 이렇게 하여 라베송은 아리스토텔레스주의를 다 빈치가 이해하고 실천했던 그 예술, 즉 모델의 물질적 윤곽을 강조하거나 추상적 이상형을 위해 그것을 더욱 흐리게 하지 않고, 단순히 그것을 잠재적 사유와 배태적 영혼에 집중시키는 예술철학으로 만들려 했던 것이 아닐까? 라베송의 철학은 모두 다음과 같은 생각에서 분출된다. 즉 예술은 형태화된 형이상학이며, 형이상학은 예술에 대한 반성이고, 심오한 철학자와 위대한 예술가는 동일한 직관을 서로 다르게 적용시킴으로써 태어난다. 이러한 동일성이 라베송의 정신에 명확히 나타났을 때, 그는 자신을 스스로 소유하게 되었고, 자기 사유의 주인, 자기 붓의 주인이 되었다. 이 동일화는 철학과 예술에서 각각 그를 실어주던 두 개의 구별되는 물줄기가 그의 내부에서 합류되는 순간에 일어났다. 그리고 이 합류는 철학에서 가장 심오한 것을, 예술에서 가장 높은 것을 보여주었을 때 즉 그의 눈에 비친 두 천재 아리스토텔레스와 다 빈치가 하나의 공통된 삶을 상호 흡입하고 그에 의해 생명력을 지니게 된 듯 보였을 때 이루어졌다.

이즈음(1838년)에 작성된 박사학위논문에서 라베송은 이 방법을 처음으로 적용하였다. 이 논문은 '습관에 관하여'라는 수수한 제목을 갖고 있었다. 그러나 여기서 저자는 온통 자연철학을 전개해놓고 있다. 자연이란 무엇인가? 그 내부는 어떻게 나타나는가? 그것은 규칙적으로 계기(繼起)하는 원인과 결과 뒤에 무엇을 감춰두고 있는 것일까? 과연 그것은 무엇인가를 감춰두고 있는 것일까? 아니면, 요컨대 자연은 기계적으로 서로 얽혀 있는 여러 운동의 완전히 피상적인 전개로는 환원되지 않는다는 말인가? 라베송은 자신의 원리대로 이 일반적인 문제의 해답을 심히 구체적인 직관, 즉 우리가 어떤 습관을 지니게 되었을 때 우리 고유의 존재양식을 통해 갖게 되는 것에서 찾는다. 왜냐하면 기계적 습관이란 한번 물들기만 하면 하나의 메커니즘, 즉 서로를 결정하는 제 운동의 연속이 되기 때문이다. 습관이란 자연에 삽입된 우리의 일부, 자연과 일치하는 우리의 부분이다. 습관이란 자연 그 자체이다. 이제 내적 경험을 통해서 우리는 습관이란 의식에서 무의식으로, 의식에서 자동 작용으로, 지각할 수 없을 정도로 통과해 버린 행위임을 알게 된다. 그렇다면 자연은 모호한 의식과 잠자고 있는 의지(意志)와 같은 형태로 나타나야만 하는가? 이리하여 습관은 우리에게 다음과 같은 진리를 명확하게 증명해주고 있다. 즉 메커니즘은 그 자체로는 불충분하다. 다시 말해서 그것은 단지 정신적 행위의 화석화된 거주지일 뿐이라는 것이다.

라베송과 쿠쟁

이러한 사상들은 라베송이 우리에게 준 많은 다른 것들과 함께 이제 고전적이 되어버렸다. 이것들은 우리의 철학에 깊숙이 스며들어 한 세대가 온통 이에 사로잡혀 있었기 때문에, 오늘날 이 사상들의 원형을 재건하는 데 약간의 어려움이 있다. 그의 사상은 당대 사람들에게 감명을 주었다. 《아리스토텔레스 형이상학에 관한 시론(試論)》과 마찬가지로 습관에 대한 논문은 철학계에 그 반향을 점점 크게 하였다. 아직 젊었던 저자는 벌써 거장이 되어 있었다. 그는 고등교육의 교수로 임명된 것 같은데, 아마 소르본느나 콜레주 드 프랑스에서인 듯싶다. 거기서 그는 조프로와의 대리를 원했고 그렇게 될 뻔했다. 그랬을 경우에, 거기에서의 그의 생활을 모두 그려보자. 이 생활을 통해서 그때까지도 어느 정도 모호하던 그의 철학 원리들이 결정적인 점에 있어서 정확한 용어로 발전되었을 것이다. 자기의 제 학설을 말로 표현해야 하고, 또 그것들을 여러 문제에 비춰 검사하여 과학과 생명을 상정하고 있는 문제들에 적용해야 할 필요성 때문에, 라베송은 즐겨 머무르던 고지(高地)에서 가끔 내려와야 했을 것이다. 아름다운 언어로 표현된 우아한 사상에 언제나 불붙을 준비가 되어 있는 우리의 젊은 엘리트들이 그의 주위에 운집했을 것이다. 틀림없이 얼마 후에 곧 귀 학회는 그에게 문호를 개방했을 것이며, 그리하여 그 아리스토텔레스적 기원이 근대화되는 데 방해받지 않고, 예술에 대한 그 공감이 실증과학에서 분리되지 않는 하나의 학파가 성립되었을 것이다. 그러나 그의 운명은 다르게 결정되었다. 라베송은 그후 40년이 지난 후에야 인문사회학회의 회원이 되었고, 철학 교수직을 맡지 않았던 것이다.

사실 그 당시는 빅토르 쿠쟁이 왕실회의에서의 고위직에 앉아 철학교육에 확정적인 권한을 행사하고 있었던 때였다. 분명히 그는 최초로 라베송의 데뷔를 격려해준 사람이었다. 그는 습관대로 한번 흘끗 보고서도 학회에 제출된 그 논문이 지니고 있는 전망을 알아보았다. 이 젊은 철학도를 높이 평가하여 그는 라베송을 한 철학 토론에 참석하도록 했다. 그 토론은 룩셈부르크에서 오랜 산책과 더불어 시작되어 저녁무렵, 이웃에 있는 어떤 레스토랑에서 저녁식사를 하며 끝나곤 했다.

이것은 소요학파(逍遙學派)의 토론을 플라톤의 향연 속으로 연장시킨 멋있는 절충주의였다. 더욱이 외부에서 볼 때, 모든 것이 라베송과 쿠쟁을 함께 끌어당긴 듯하다. 이 두 철학자는 고대철학을 똑같이 사랑했고, 감각론을 똑같이 반대했으며, 위대한 명장들의 전통을 똑같이 존경하여 18세기의 그 전통적 철학을 다시 소생시키려고 똑같이 갈망했고, 내적 관찰을 공히 확신하였으며, 진리와 미(美), 철학과 예술 사이의 관계에 대해 동일한 일반적 견해를 가지고 있지 않았던가? 틀림없이 그렇다. 그러나 이 두 정신이 조화를 이루었던 것은 견해의 유사성 때문이 아니라 지적 기질의 어떤 친화성 때문이었다.

쿠쟁에 있어서 사유는 거의 모두 연설을 지향하고 있었고, 연설은 행동을 지향하였다. 그는 지배하고 정복하고 조직해야 했다. 그는 자기의 철학을 '아군연대기(我軍聯隊旗)'로, 철학 교수들을 '아군연대'로 즐겨 불렀다. 그는 선두에서 행군하면서, 때때로 힘차게 나팔부는 일을 잊지 않았다. 그러나 그는 허영이나 야망에 의해서가 아니라 철학에 대한 진실한 사랑에 의해 추진력을 얻었다. 그는 오직 자기 방식대로 행동적 인간으로서 철학을 사랑했다. 그는 철학이 세계를 뒤흔들 시기가 왔다고 판단했다. 그는 철학이 강력해지기를 원했다. 학교에서 어린이들을 장악하고, 성인에게 일생을 통해 방향을 제시해주며, 도덕적-사회적-정치적 곤경에 빠졌을 때 이성(理性)의 봉인(封印)이 뚜렷이 새겨진 행위 규칙을 제공해주기를 바랐다. 그가 우리 대학에 이론화된 철학을 견고하게 다져놓았을 때 그의 꿈은 실현되기 시작했다. 그는 노련한 조직가요, 재치있는 정책가인 동시에, 필적할 자 없는 연설가였으며 감동적인 교수였다. 단지 그가 완전히 철학자라 불릴 가치를 지닌다고 하기에 한 가지 미흡한 점은, 그가 때때로 자기 자신의 사유와의 대면을 견디어내지 못했다는 점이다.

라베송이 관심을 가졌던 것은 순수 관념이었다. 그의 삶은 그것을 위한 삶, 그것과의 삶, 또 그것을 침묵의 포장에 싸놓은 보이지 않는 사원(寺院)에서의 삶이었다. 이외의 것에서는 격리되어 삶의 현실에서 발을 들여놓지 않는 것으로 생각되었다. 그의 인격 전체에서 극도의 깊은 사려가 나왔고, 바로 이것이 그가 지닌 최고의 특징이었다. 절도 있는 몸가짐, 과묵함, 우아한 사상 표현, 자기 주위에 모인 사상들이 마치 커다란 소리에 날아가지나 않을까 염려하듯이 결코 과장하지 않는 부드러운 말씨, 이 모든 것 속에서 그는 자신을 널리 알리기 위해서 단지 순수한 소리를 내고 있을 때 너무 목청을 드높힐 필요가 없다고 생각한 듯하다. 라베송처럼 그렇게 남을 감화시키려 한 사람은 없었다. 라베송처럼 그렇게 타인의 권위에 대해 자연스럽고 은은하며, 그러면서도 대적할 수 없을 정도로 반기(反旗)를 든 정신도 없다. 이 정신은 자기를 포획하려는 모든 시도에서 그 비물질성을 이용해 도피해 버렸다. 그는 너무도 저항을 하지 않아서 아무도 그가 항복하는 것을 보았노라고 자랑을 할 수 없는 그런 사람이었다. 쿠쟁은 이런 일을 해보려 하다가 곧 자신이 시간과 노력을 낭비하고 있다는 사실을 깨닫게 되었다.

그리하여 이 두 사람은 한 회합에서 자신들이 양립할 수 없음을 알고는 자연스럽게 헤어졌다. 40년이 지나 노쇠하여 병고에 시달리면서 쿠쟁은 자신이 죽게 될 칸느로 떠나기 직전, 화해를 원하고 있음을 알렸다. 정거장에서 기차가 떠날 준비를 하자 그는 라베송에게 손을 내밀었다. 그들은 감정이 북받쳐오르는 몇 마디를 주고받았다. 그래도 라베송이 (굳이 표현하자면) 직업적인 철학을 시작할 때, 그를 낙담시킨 것, 그래서 그로 하여금 다른 길을 걷게끔 한 것이 바로 그에 대한 쿠쟁의 태도였음은 여전히 부인할 수 없는 사실이다.

프랑스 철학에 대한 보고서

당시 문교 장관이었던 드 살방디는 라베송과 개인적인 친분이 있었다. 그는 라베송을 그의 개인 수석 비서로 생각했다. 얼마 후, 그는 라베송에게 렌느(Rennes)의과 대학 강의를 맡겼다(이것은 단지 형식에 그치고 말았는데, 라베송이 이 제의를 수락하지 않았기 때문이다). 결국 1839년 그는 라베송에게 도서관 장학관의 새로 난 자리를 맡겼다. 그리하여 라베송은 자기의 의도와는 매우 다른 나날을 보냈다. 그는 50세 무렵 고등 교육 수석 장학관이 될 때까지 도서관 장학관으로 있었다. 여러 기회를 통해서 그는 자기의 직무에 관한 중요한 저작들을 출간했다. 1841년의 《학부 도서관에 관한 보고서》가, 1846년에는 라옹 도서관의 소장본년에는 《서부목록》이, 1862년에는 《제일제정(第一帝政)의 문서보관소 및 왕립도서관의 조직에 관한 보고서》가 출판되었다. 학구적인 조사는 언제나 라베송에게 매력을 느끼게 했으며, 한편 《아리스토텔레스의 형이상학에 관한 시론》에서 나타난 대로, 그는 고대에 대해 완벽한 지식을 가지고 있었기에 그는 자연스럽게 고대 미술학회를 선택했다. 그는 1849년 레트론느의 뒤를 이어 학회의 회원으로 선출되었다.

소장 철학자로서 지극히 짧은 시기에 두 편의 명저를 내놓고서는 그후 20년 동안 철학에 아무런 중요한 공헌도 하지 못했다는 사실을 생각할 때, 우리는 유감을 금치 못한다. 그는 스토이즘에 관한 우수한 논문을 고대 미술학회에서 1849년과 1851년에 발표하고, 1857년에 출간하였다. 이 논문은 분명히 《아리스토텔레스의 형이상학에 관한 시론》을 쓰기 위해 모아둔 자료들로 이루어져 있다. 이 기나긴 기간동안 라베송은 철학적 연구를 중단했단 말인가? 분명히 그렇지는 않지만, 그는 어떤 외적 압력이나 직업적 추구에 의해서만 저작활동을 하는 사람이었다. 그가 《시론》을 쓴 것도 학회의 경쟁시험을 위해서 쓴 것이고, '습관'에 관한 것도 박사자격시험을 위해서 쓴 것이었다. 그의 새 직업에는 그를 창조활동에 참여시킬 것은 아무것도 없었다. 그리고 업무상 그렇게 하도록 하지 않았더라면 그는 그 후의 회한으로 가득 찬 20년이 지난 후 도달하게 된 결론을 결코 형성할 수 없었을 것이다.

1867년 박람회가 열리게 되자 제정(帝政)은 19세기 프랑스의 여러 학문 및 문학, 예술의 발전에 관한 논문들을 편집하기로 결정했다. 뒤리가 당시의 문교 장관이었다. 그는 롤랭 중고등학교에서 라베송의 동료였던 관계로 라베송을 잘 알고 있었다. 이미 1863년 그는 철학 부분에 '교수자격' 시험을 재설정할 즈음, 라베송을 시험관 회의의 의장으로 내세운 바 있다. 이제 그는 누구에게 철학의 발달에 대한 논문을 써달라고 할 것인가? 당시 교수직에 있던 유명한 철학자들로서 이 명예를 받을 만한 사람이 여럿 있었을 것이다. 그런데 뒤리가 택했던 사람은 정식으로 교직에 있지 않았던 라베송이었다. 이 장관은 매우 짧았던 재직기간 동안 수많은 기발한 착상을 했지만, 이 날보다 더 훌륭했던 적은 없었다.

라베송은 그 세기의 가장 주목받을 만한 철학서를 재고(再考)하는 것으로 만족할 수도 있었을 것이다. 더욱이 그 이상의 것은 그에게 요구되지 않았던 것 같다. 그러나 그는 자신의 일을 색달리 꾸미려고 생각했다. 어떤 사상가가 주의를 받을 만한 가치가 있으며, 어떤 이들은 무시해도 좋다고 하는 세평에는 아랑곳하지 않고, 그는 그 사상가들의 글을 모조리 읽었다. 그는 진지한 반성으로 무엇을 할 수 있는가, 또 아무리 하찮은 노동자일지라도 그가 어떻게 도구의 힘만을 사용해서 가장 저질의 금속에서 금(金)의 입자를 추출해내는가를 알고 있었던 것이다. 그는 모든 글을 숙독한 후 전체를 통달하려 했다. 자신이 무엇을 원하고 있으며, 또 무엇을 하고 있는지를 언제나 완전하게 알지 못했던 사유의 주저하는 모습과 일탈된 모습을 통해서 그가 찾으려 했던 것은 무엇일까? 그것은 아마도 머나먼 미래에 위치해 있을, 우리의 철학이 향해가고 있는 바로 그곳이었다.

그는 자신의 《시론》의 주된 사상을 취사-확장하면서, 철학하는 데 있어서의 서로 다른 두 가지 방법을 구별한다. 그 하나는 분석을 통해서 진행된다. 분석에 의해 사물은 자기의 불활성적인 요소에 용해된다. 단순화를 거듭하여 분석은 가장 추상적이고 공허한 것으로 나아간다. 더구나 이 추상화 작업이 기계론자라 불릴 수 있는 물리학자에 의해 행해지느냐, 아니면 스스로 관념론자임을 자처하는 논리학자에 의해 실행되느냐는 중요하지 않다. 양자의 경우, 그 작업은 모두 유물론(唯物論)이다. 다른 한 가지 방법은 요소들뿐만이 아니라, 그것들의 순서, 상호 호응 및 공통 방향도 고려한다. 이 방법은 살아 있는 것을 죽은 것에 의해 설명하지 않는다. 어디서나 생명을 보면서, 더 고차적인 생명의 형태에 대한 열망을 통해서 가장 기본적인 것의 형태를 정의한다. 이 방법은 높은 곳에 있는 것을 낮은 곳에 있는 것으로 하강시키지 않는다. 오히려 낮은 곳에 있는 것을 높은 곳에 있는 것으로 상승시킨다. 이것은 문자 그대로 유물론이다.

이제 19세기 프랑스철학을 고찰하는 데 있어, 형이상학자들뿐만 아니라 자신들의 학문에 대한 철학을 이룩해놓았던 학자들에도 연관해서 살펴보는 것, 바로 여기에 우리가 찾고자 하는 바가 있다고 라베송은 생각하였다. 정신이 처음에는 유물론의 방향으로 나아가거나 심지어 자신이 거기에 계속 머무르고 있다고 생각하는 것은 드문 일이 아니다. 정신은 자신의 눈에 비치는 것을 지극히 자연스럽게 역학적으로, 또는 기하학적으로 설명하려 한다. 그러나 그런 태도에 집착하는 것은 전 세기의 유물에 불과하다. 그 기원은 과학이 거의 절대적으로 기하학에 지나지 않던 시기에까지 거슬러 올라간다. 19세기 과학의 특징, 즉 19세기 과학이 시도했던 새로운 과업은 바로 생명체에 대하여 더 집중하는 연구였다. 이제 이러한 토대 위에서도 알맞다고만 생각되면 순수한 역학을 운위할 수도 있으나, 이때 염두에 두고 있는 것은 더 다른 것이다.

콩트의 《실증철학 강의(Cours de philosophie positive)》 제1권을 펼쳐보자. 여기서는 생명체에서 찾아볼 수 있는 제 현상이 무기적인 현상들과 똑같은 성질을 지닌다고 쓰여 있다. 8년 후 출간된 제2권에서 그는 식물에 대해서 이와 똑같은 견해를 표명했다. 그러나 이때는 오직 식물에 대해서뿐이었다. 그는 벌써 동물을 따로 구별해놓고 있었다. 결국 그는 마지막 권에서 전체 생명현상을 물리적-화학적 사실들과 완전히 구분시켜놓았다. 그는 생명 이상을 고찰할수록, 점점 더 제 사실의 여러 질서 사이에 단순히 복잡성의 구별이 아닌 순위, 또는 가치의 구별을 수립하려고 했던 것이다. 이러한 방향을 따라가면 우리는 드디어 유심론(唯心論)에 이르게 된다.

클로드 베르나르는 처음에 마치 역학적인 힘의 작용이 보편적 설명이 갖추어야 할 요소를 모두 제공해주는 듯이 말한다. 그러나 그는 일반화를 떠나서 생명현상을 더 상세히 기술하게 되는데, 그의 저서들은 여기에 빛을 던져주었다. 이렇게 되자 그는 '지향적 관념'과 심지어는 '창조'라는, 생물체의 참된 원인인 듯싶은 가설에 도달한다.

라베송에 의하면 생명의 본질에 대해 주의깊게 연구하는 사람들은 철학자든 아니든 모두 동일한 경향을 지니고 동일하게 진행해간다. 예측되는 바와 같이, 생명과학이 발전할수록 그들은 자연의 가슴속에 사유(思惟)를 재통합시켜야 할 필요성을 느끼게 된다.

어떠한 형태로, 또 어떤 종류의 작용을 통해서일까? 만일 생명체가 곧 피조물이라면, 우리는 관찰을 위해 주어진 다른 피조물들, 즉 우리 자신이 성취한 피조물들과의 유비(類比)를 통해 그 생명체를 표현해야 한다. 예를 들어 예술적 창조에 있어서 우리가 다루어야 할 소재들, 즉 시인에 있어서의 언어와 심상, 화가에 있어서의 형태와 색, 음악가에 있어서의 리듬과 화음 같은 것들은 어떻게 보면 상급의 관념성이 지닌 매력에 이끌려, 자신이 표현하고자 하는 관념 밑에 자발적으로 정렬하듯이 보인다. 이것은 생명체의 운동과 유사한 운동이 아닐까? 이것은 물질적 요소들이 생명체로 조직될 때 우리가 그 요소들에 부여해야 할 매력적인 상태가 아닐까? 라베송의 시각에서 볼 때, 생명의 창조적 힘은 설득이 지니는 창조적 힘과 그 본성이 같다.

그러나 이러한 매력에 빠지게 된 그 소재들은 어디에서 유래하는가? 이 무엇보다도 중요한 물음에 대한 대답으로서 라베송은 물질이 스스로 조직될 때 이루어지는 운동과는 정반대되는 운동이 물질의 창조적 생산 속에 있음을 보여준다. 조직이라는 것이 물질을 잠에서 깨어나게 하는 것이라면, 물질은 단지 정신의 수면 상태일 수밖에 없다.

그것은 또 사라져버린, 즉 자기 내부의 모든 내용물을 떨쳐버린 마지막 단계의 존재, 다시 말해서 그림자이다. 만일 물질이 "자연적 존재의 기초, 바꿔 말하면 그 위에서 모든 것이 자연적 질서, 즉 연속적 과정에 의하여 여러 단계와 영역을 거쳐서 정신의 통일체로 되돌아오는 기초"라면 역(逆)으로 우리는 그 시초에 있어서 정신의 팽창, 즉 물질성을 구성하는 공간과 시간으로의 확산을 생각하게 된다. 무한한 사유는 "존재하는 모든 것을 일종의 자각과 소생에 의하여 파악하려는 목적에서 자기 존재가 지니던 충만한 그 어떤 것을 취소해 버렸다."

이상이 〈보고서〉의 마지막 부분에서 제시된 학설이다. 여기에서 가시적 우주는 우리에게 한 실재의 외적 측면으로 보여지는데, 이 실재는 안에서 직시되고 그것 자체로서 파악될 때, 무상(無償)의 선물, 온후와 사랑의 위대한 행위로 나타난다. 분석을 통해서는 어떻게 해도 이 경탄할 만한 글에 나타난 착상을 얻을 수 없다. 여러 세대에 걸쳐서 학생들은 이 글을 암기해왔다. 그들은 〈보고서〉가 대학에서의 철학에 끼친 영향을 지대하게 받고 있었다. 이 영향은 그 한계를 정확히 결정할 수도 없고, 그 심도를 측정할 수도 없으며, 그 본질을 정확히 기술할 수도 없다. 어느 누구도 한 인간의 전 생애 위에 젊었을 때의 위대한 열정을 칠해놓은 그 표현할 수 없는 착색법을 회복시킬 수는 없다. 오히려 사람들은 자신들의 눈부신 재기(才氣)로 이 책의 가장 독창적인 사상을 약간이라도 왜곡시켰던 것은 아닌지? 생명현상을 진지하게 연구하려면, 실증과학으로 하여금 자신의 틀을 확장시켜서, 지난 3세기 동안 자신을 감금해두었던 순수역학(純粹力學)을 초극하도록 해야 한다. 이 점을 비록 우리 가운데 대다수가 인정하려 하지 않지만 오늘날 우리는 이 점을 궁극적 결과로서 고려하기 시작했다. 그러나 라베송의 시대에 있어서는 이와 정반대의 방향으로 치닫는 듯 보인 사상의 조류에 이러한 용어를 붙이기 위해서는 예언적인 참된 노력이 필요했다.

소묘 교육에 대하여

생명현상이 물리적-화학적 힘에 의해 설명되기는커녕 오히려 그것에 어떤 조명을 비춰줄 수 있다고 라베송이 판단하게 된 사실은 무엇을 의미하며, 또 그 이유는 무엇인가? 그 이론의 요소들은 모두 이미 《아리스토텔레스의 형이상학에 관한 시론》과 '습관'에 대한 논문에서 찾아볼 수 있다. 그러나 나의 생각으로는 〈보고서〉에서 더 정확한 형태로 나타난 이 이론은 매우 특별한 반성과 관련되어 있는 것 같다. 즉 이 기간 동안 라베송은 예술, 특히 그 이론과 기법을 알고 있었던 소묘 예술에 특별한 관심을 가졌던 것이다.

1852년 문교 장관은 국립학교에서 소묘 교육에 대한 감사를 실시했다. 1853년 6월 21일에는 법령에 의해 이 소묘 교육을 위한 기구의 창설계획을 제출하도록 한 위원회가 일을 맡게 되었다. 이 위원회에서는 들라크루아, 앵그르, 플랑드랭 같은 사람이 속해 있었으며, 이 위원회의 회장이 라베송이었다. 이 보고를 지휘한 사람도 역시 라베송이었다. 그의 견해는 수락되었고, 그가 작성한 규정 사항은 1853년 12월 29일 법령으로 공포되어 국립학교에 효력을 발휘하게 되었다. 그것은 소묘 교육에 있어서 이전까지 사용되던 방법을 근본적으로 개혁한 것이었다. 이 개혁안을 촉발시켰던 이론적인 착상들은 장관에게 보고된 제출서에는 얼마 나타나 있지 않다. 그러나 라베송은 후에 이 착상들을 다시 취해서 '예술'과 '소묘'라는 두 소론에 더 완전하게 담아《교육학 사전(Dictionnaire pedagogique)》에 기고하였다. 이 소론들은 저자가 이미 자신의 철학을 완전히 소유하고 있던 1882년 쓰여진 것이라서, 초기의 사상에 나타나지 않았던 형이상학적인 형태로 소묘에 대한 그의 생각을 보여주고 있다(1853년의 보고서를 읽어보면 이를 쉽게 알 수 있다). 적어도 이 소론들은 라베송의 사상이 애초부터 내포하고 있던 잠재적인 형이상학을 정확하게 표출해주었던 것이다. 이 소론들에서 우리는 지금까지 요약해 본 중심적인 철학사상과, 라베송이 끊임없이 실천에 옮겼던 예술이 그의 사유 속에서 어떻게 연결되는가를 볼 수 있다. 또한 이 소론들은 우리가 일반적이라고 생각하는 한 방법을 확증시켜준다. 즉 철학에 있어서 참으로 생존할 수 있는 사상은, 그 사상의 창시자에 의해 이전에 생명을 이미 부여받았던 것, 다시 말해서 그에 의해 매일 그가 사랑하는 일에 적용되고, 시간의 흐름 속에서 그에 의해 특별한 기법 위에 건조된 사상이라는 것이다.

그 당시 소묘 교육에 이용되던 방법은 페스탈로치의 사상에 의거하고 있었다. 이에 따르면, 다른 모든 예술과 마찬가지로 소묘예술에서 학생들은 단순한 것에서 복잡한 것으로 나아가야 한다. 따라서 학생은 우선 직선을, 다음에는 삼각형, 직사각형, 정사각형을 그려야 하며, 여기에서 다시 그는 곡선으로 나아간다. 나중에 그는 생물체의 윤곽을 그리는 데까지 이른다. 설령 그렇다 해도 그는 가능한 한 기본적으로 직선과 기하학적 곡선으로 소묘해야 한다. 표시점을 찍어 놓은 가상적(假像的)인 직선 도형을 모델(평평하다고 가정된) 주위에 그어놓든지, 아니면 일시적으로 모델의 곡선을 기하학적 곡선으로 대치시켰다가 후에 필요한 손질을 하기 위해 다시 모델의 곡선으로 되돌아가든지 해서 말이다.

라베송에 의하면 이러한 방법은 아무 효과도 없다. 실제로 사람들은 오직 기하학적 도형의 작도법을 배우고 싶어하거나, 아니면 엄밀한 의미에서 예술을 가르친다고 주장한다. 그런데 전자의 경우에 있어서는 적당한 도구를 사용하여 기하학에 이미 정립되어 있는 작도법에 따라 그리기를 더 원할 것이다. 그리고 후자의 경우에 있어서 경험한 바에 따르면, 역학적 과정을 생물체의 모방에 적용하는 일은 단지 그 생물체를 파악하고 재생산하는 데 해를 끼칠 뿐임을 우리는 알고 있다. 이러한 상황에서 가장 중요한 것은 사실 '시각의 훌륭한 판단'이다. 표시점을 찍어놓고 시작하여 그 점들을 연속적인 선으로 이어서, 가능한 한 자기의 영감을 기하학적 원에서 이끌어내는 학생은 단지 사물을 그릇되게 보는 법을 배울 수 있을 뿐이다. 그는 그려야 할 형태의 특징적인 운동을 파악하지 못한다. '형태의 정령(精靈)'은 언제나 그를 교묘하게 피해 달아난다. 그러나 생명의 특징적인 곡선들에서 시작할 때 결과는 전혀 달라진다. 이 중 가장 단순한 곡선은 기하학에 가장 밀접해 있는 곡선이 아니라 지성에 가장 잘 호소하는 것, 즉 가장 표현적인 곡선이다. 식물보다는 동물이, 동물보다는 사람이, 바삐 걸어가는 사람보다는 '벨베데르의 아폴론 상(像)'이 더 쉽게 이해된다. 따라서 어린이로 하여금 인간적 형상의 가장 완전한 형태인 그리스의 조각술이 만들어놓은 모델을 그리게 함으로써 시작하라. 그가 원근법에 곤란을 느낄 염려가 든다면 우선 모델을 사진으로 대치하라. 그때 우리는 그 위에 나머지가 나타남을 보게 될 것이다. 기하학에서 시작하면 복잡성의 방향으로 원하는 만큼은 갈 수 있으나, 생명체가 자신을 표출하는 곡선에는 더는 다가갈 수 없다. 그러나 반대로 이 곡선들에서 시작하면, 기하학적 곡선을 그리려고 했을 때 우리는 벌써 그것을 획득했음을 알게 된다.

《프랑스 철학에 관한 보고서》에서 발견된 두 편의 논문 중 첫 번째 것을 보자. 역학(力學)에서 시작하여 합성(合成)을 통해서는 살아 있는 것으로 갈 수 없다. 오히려 생명체가 무기적(無機的)인 세계로의 열쇠를 제공해준다. 우리의 손이 어떤 형태가 지닌 특징적인 운동을 재생산하려는 구체적인 노력 속에, 이러한 형이상학이 함축되어 있고 예시되며, 더 나아가 감각되고 있다.

이번에는 이러한 운동에 대한, 그리고 이 운동과 이것이 그리는 형태 간의 관계에 대한 고찰로 해서 라베송의 두 번째 논문은 특별한 의미를 갖는다. 여기서 그는 사물의 기원 및 그의 이른바 '겸양(謙讓 : condescendance)'의 태도에 대한 견해를 전개하는데, 그에 의하면 이 겸양의 태도의 현현이 곧 우주이다.

우리가 자신의 관점에서 자연의 사물을 볼 때 가장 놀랍게 보이는 것은 그 사물들의 아름다움이다. 더구나 그 아름다움은 자연이 무기체에서 유기체로, 식물에서 동물로, 동물에서 인간으로 올라감에 따라 그 정도가 점점 강해진다. 따라서 자연의 작업이 강렬해질수록 그 산물은 더욱 아름다워진다. 이 말은 만일 아름다움이 우리에게 그 비밀을 보여준다면, 우리는 자연이 만든 작품의 비원(秘苑)으로 들어갈 것이라는 말과 같다. 그러나 아름다움이 그 비밀을 보여줄까? 만일 아름다움 그 자체가 결과에 불과하다고 생각한다면, 또 그 원인으로 거슬러 올라간다면 아마도 그럴 것이다. 아름다움은 형태에 속한다. 그리고 모든 형태의 기원은 그것을 윤곽지워주는 운동에 있다. 따라서 형태란 기록된 운동에 불과하다. 이제 아름다운 형태를 기술하는 운동이 어느 것이냐고 자문해볼 때, 우리는 그것이 바로 우아한 운동이라는 것을 알게 된다. 다 빈치는 미(美)란 고정된 우아함이라고 말한 바 있다. 그러면 문제가 되는 것은 무엇이 우아함을 구성하는가를 아는 것이다. 그러나 이 문제는 쉽게 해결된다. 우아한 모든 것에서 우리는 일종의 양도(讓渡), 즉 겸양을 보고 느끼고 예견한다. 그리하여 예술가의 눈으로 우주를 응시하는 사람에게는 미를 통해서 파악하는 것이 곧 우아함이며, 우아함의 이면에는 선(善)이 그 빛을 발하고 있다. 모든 사물들은 그 형태를 기록하는 운동에서, 스스로 발생하는 원리의 무한한 겸양을 현현시킨다. 운동에서 보는 매력과 신적(神的) 선에 특징적인 온후한 행동을 동일한 이름으로 부름은 잘못됨이 없다. 즉 우아(grêce)라는 말이 갖는 두 가지 의미는 라베송에게는 동일한 것이다.

대학의 철학에 끼친 영향

그는 자기의 방법을 충실히 활용하여 사물의 구체적인 상(像)에서 최고의 고상한 형이상학적 진리를 찾았고, 미학에서 형이상학으로, 더 나아가 신학에까지 눈에 보이지 않게 이동해 갔다. 이러한 점에서 1887년 《두 세계 논평(Revue de Deux Mondes)》에 발표한 파스칼 철학에 대한 연구는 시사점을 가장 많이 던져주고 있다. 여기서 그가 기독교에 의해 세계에 새로이 부가된 것을 항상 인식하면서, 기독교와 고대의 철학 및 예술을 연결하는 데에 몰두하고 있음을 엿볼 수 있다. 라베송은 자기 생애의 후반을 이에 대한 연구로 모두 메우고 있었다.

이 생애의 후반 동안 만족스럽게도, 라베송의 사상은 전파되어 그의 철학은 교육에 침투하고, 정신적 행위를 실재의 토대로 만든 학설에 찬성하는 움직임이 전체적으로 일게 되었다. 1863년의 〈보고서〉는 대학에 있어서 철학의 방향을 설정하는 데 변화를 가져왔다. 쿠쟁의 영향에 뒤이어 라베송이 영향을 끼쳤던 것이다. 부트루는 라베송의 추억에 부친 유려한 문장[6]에서 다음과 같이 말한다. "라베송에게 영향이란 심중에 없었다. 그러나 결과적으로 그는 영향력을 행사하게 되었다. 마치 고대 우화에서 신의 노래가 온순한 것들이 스스로 정렬하여 벽이 되고 탑이 되게 했듯이" 교수 자격시험위원회 회장으로서 그는 직무에 있어서 엄정한 공정성을 거쳐, 재능이 나타난 곳 어디서든 그것을 구별해내는 데 몰두하였다. 1880년 인문사회학회는 그를 회원으로 받아들여 페스(Peisse)의 뒤를 잇게 하였다. 그가 이 단체에서 행한 최초의 강연들 중에는 회의론에 관한 중요한 보고가 있다. 이 모임은 학회의 미래의 동료가 된 브로샤르가 대단히 훌륭한 성적으로 상을 받은 시험을 계기로 마련된 것이다. 1899년 고대 미술 및 순수문학 학회는 그의 당선 15주년을 기념한바 있다. 그 자신 젊고 항상 미소를 잃지 않으면서 라베송은 여러 학회를 전전하였다. 한편에서는 그리스 고고학에서의 몇몇 작품에 관해서 회고하는가 하면, 다른 한편에서는 도덕 또는 교육에 대한 연설을 하기도 하고, 상의 분배를 주재하는가 하면, 친우들끼리의 대화에서 가장 추상적인 진리를 가장 재미있는 형태로 표현하곤 했다. 생애의 마지막 30년 동안 라베송은 그 원리적 단계가 이미 《아리스토텔레스의 형이상학에 관한 시론》과 '습관'에 대한 논문, 그리고 1868년의 〈보고서〉에 나타나 있는 사상을 끊임없이 발전시켜갔다. 그러나 이러한 새로운 노력은 완결된 저작이 없기 때문에 거의 알려져 있지 않다. 더구나 실제로 그가 출간한 여러 논문들은 본질상 가장 관심을 갖고 그를 따르던 제자들을 약간 놀라게 (어리둥절

---

6   《형이상학 및 도덕 논평》(1900. 11.)

하게) 했을 뿐이다. 이것들은 우선 '밀로의 비너스'에 대한 연속된 보고와 논평이었다. 많은 사람들이 그가 그토록 특별한 주제에 여전히 집착한다는 사실에 놀라움을 금치 못했다. 그 다음은 고대의 장례 유물에 대한 저술이었다. 마지막으로는, 오늘날 우리가 현실적으로 직면하고 있는 도덕, 교육의 문제에 대한 고찰이었다. 사람들은 그토록 다양한 관심 간의 연관성을 알 수 없었다. 실제로는 그리스 조각의 대표작들에 대한 그의 가설, 밀로의 군상(群像)을 재건하려던 그의 시도, 장례용 저부조(低浮彫)에 대한 그의 해석, 도덕 및 교육에 대한 그의 견해, 이들 모두는 훌륭히 일관된 조화를 이루어 라베송의 사상 속에서 그의 형이상학의 새로운 발전과 접속되어 있다. 이러한 만년의 철학에 대한 예비적인 개요를 우리는 1893년 출간된 '형이상학과 도덕(Metaphysique et morale)'이라는 제명의 논문에서 찾아볼 수 있는데, 이 논문은 동명의 주제에 대한 입문적 고찰이다. 이 주제에 대한 명확한 형태는 죽음이 갑자기 그를 덮쳤을 때에 그가 쓰고 있던 저서에 있을지도 모른다. 이 저서의 단편들은 그를 존경하던 이들의 손에 의해 수집되어 '철학적 유언'이라는 제명 하에 출판되었다. 의심할 바 없이 이 단편들은 그 저서가 어떤 것이 되었을 것인가에 대해 충분히 시사해주고 있다. 그러나 라베송의 사상을 그 마지막 단계까지 따라가고자 하면, 우리는 1870년을 넘어서, 더욱이 1867년의 〈보고서〉로 거슬러 넘어가서, 라베송이 처음으로 고대의 조각품에 관심을 집중했던 시기까지 거슬러 올라가야 한다.

고대 조각에 대하여

그가 여기에 관심을 갖게 된 것은 소묘 교육에 대한 그의 성찰에 의한 것이다. 소묘연습이 인간의 형상과 아울러 완전히 구현된 미를 모방하는 데에서 시작해야 한다면, 우리는 그 모델을 고대의 조각에서 찾아야만 할 것이다. 왜냐하면 고대의 조각은 인간의 형상을 최고의 완전성으로 이끌어 올렸기 때문이다. 더구나 어린이들이 원근법에 어려움을 느끼지 않도록, 앞서 말했듯이, 조각품을 사진으로 대치할 수 있기 때문이다. 그리하여 라베송은 우선 사진들을 수집하고, 다음 또 다른 중요한 일, 즉 그리스 예술이 이룬 조각품의 주형(鑄型)을 제작하였다. 이 조각 주형의 수집전은 처음에는 캉파나 수집전과 공동으로 설치되었는데, 후에 샤를 라베송—몰리앵이 루브르 박물관에 병합시켜 놓은 고대 석고상 수집전의 출발점이 되었다. 자연적으로 라베송은 조형예술을 새로운 각도에서 보기에 이르렀다. 그때까지만 해도 근대 회화에만 전심하던 그는 고대 조각에 관심을 쏟기 시작했다. 한 예술의 정수에 몰입하기 위해서는 그 예술의 기법을 알아야 한다는 생각을 고수하여, 그는 몸소 끌을 쥐고 모델 작업을 하는 등 힘든 작업을 통해 실제적인 숙련을 익혔다. 그에게 곧 이 기법 속에서 예술을, 더 나아가 보이지 않는 이동(移動)을 통해서 철학을 성장시킬 기회가 주어졌다.

황제 나폴레옹 3세는 여러 번, 특히 캉파나 박물관 준공식에서 라베송을 평가할 기회를 가졌었기 때문에, 1870년 6월 그를 루브르 박물관의 고대 작품 및 근대 조각품 담당자로 임명했다. 몇 주 후에 전쟁이 발발하여 적군은 파리 시가로 진입했고 포격이 임박해 있었다. 이때 라베송은 고대 미술학회에 대해 예술의 보배들을 위협하는 폭력에 반대하여 문명 세계에 항의하도록 제안한 후, 고대 작품 박물관에 있는 가장 가치있는 작품들을 모든 포화에서 보호할 목적으로 지하동굴로 이전하는 데 전력을 다했다.

'밀로의 비너스'를 옮길 때, 이 조각을 구성하고 있는 두 블록이 원래 설치시에 잘못 놓여, 그 사이에 끼워놓았던 나무쐐기가 원래의 형태를 비뚤어지게 했음을 알았다. 그는 몸소 두 블록의 상대적 위치를 새롭게 결정했다. 그는 개인적으로 수정을 가했던 것이다. 몇 년 후 그는 이와 똑같은 일을 '사모트라케의 승리의 여신상'에 행했는데, 이것은 더욱 큰 중요성을 지닌다. 이 조각을 처음으로 재설치할 때에는 현재 그토록 강렬한 효과를 주고 있는 두 날개를 조정할 수 없었던 것이다. 라베송은 오른쪽의 떨어져 나간 조각과 흉부 왼편 전체를 석고로 다시 만들었다. 그러자 양 날개는 합당한 연결점을 지니게 되었고, 여신상은 오늘날 우리가 루브르 박물관의 계단에서 보는 바와 같은 자태를 갖게 되었다. 머리 없는 팔 달린 몸체, 여기서 주름진 의상의 굴곡과 쫙 펼쳐진 날개만이 영혼을 스쳐가는 한 줄기 열정을 보여주고 있다.

라베송이 고대의 조각에 더욱 친근해짐에 따라, 그리스 조각 모두에 적용되는 한 생각이 떠올랐다. 그런데 그것은 주위 상황에 의해 특히 그의 주의를 끈 작품, 즉 '밀로의 비너스'에 대해 가장 구체적인 의미를 지닌다.

그의 생각에 따르면, 조소예술은 피디아스 시대에는 위대하고 품위있는 인물을 모델로 삼았으나, 그 이후로 줄곧 이 표준은 격하되었다. 이러한 하락은 신성(神性)의 고전적 개념이 점차 세속화되면서 변화가 생겨 퇴락했다는 사실에 연유한다. "초기의 그리스는 비너스 안에서 우라니아라 불리는 한 여신을 숭배했다…… 당시의 비너스는 세계의 통치자였다…… 그녀는 섭리요 전능자이며 동시에 최고의 자비였다. 보통 그녀는 비둘기로 상징된다. 비둘기는 그녀가 사랑과 온유함을 통해 지배했음을 의미한다…… 이러한 낡은 개념은 변했다. 민중에 자애스럽던 한 아테네의 입법자는 민중을 위해 천상의 비너스 제식과 나란히 민중이라 불리는 단계 낮은 비너스를 위한 제식을 마련했다. 고대의 웅대한 시가(詩歌)는 경박한 사실들로 엮어진 소설로 점차 변모해 갔다."[7]

'밀로의 비너스'는 우리를 바로 이 고대의 시가로 이끌어간다. 리시푸스(Lysippus)나 그 제자의 작품인 이 비너스 상(像)은, 라베송에 의하면, 피디아스의 비너스 상의 한 아류에 지나지 않는다. 원래 비너스상은 단상(單像)이 아니었다. 그녀는 한 군상(群像)의 일부였던 것이다. 이 군상을 재건하기 위해 라베송은 혼신의 노력을 다했다. 사람들은 이 여신의 팔 모형을 수없이 만들어보는 그를 보고 냉소를 던졌다. 그들은 라베송이 이 어려운 일에서 회복시키려 했던 것이 바로 그리스정신이었다는 것을 알고 있었던가? 그들은 이 철학자가 자기 학설의 정신을 계속 고수하면서, 철학의 추상적·일반적 형식들에서뿐만 아니라 한 구체적인 형태에서도, 즉 아테네의 융성기에 최고의 예술가가 미(美)의 최고 표현을 목적으로 조각해놓은 한 자태 속에서도 이교적인 고대의 기본적 열망을 찾으려 했음을 알고 있었을까?

라베송이 얻게 된 결론에 대해 고고학적 견지에서 평가하는 일은 우리가 할 일이 아니다. 단지 그가 원래의 비너스 옆에 마르스(Mars)임에 틀림이 없는 신이나 테스우스(Theseus)일 가능성이 있는 한 영웅을

7　1890년 10월 25일 5대 학회의 공개 회의에서 발표된 기념 논문.

세웠다고 말하는 것으로 충분하다. 귀납에 귀납을 통해서 그는 이 상징적인 군상에서 야성적인 힘에 승리를 거두는 설득을 찾아내기에 이르렀다. 그리스 신화가 그 서사시로 읊었던 것이 바로 이 승리에 대한 것이다. 영웅 숭배란, 가장 강하면서도 가장 선(善)하기를 바라고 자기의 힘을 고난받는 자들을 돕는 데 쓰는 사람들에게 그리스인들이 바친 감사의 의식에 지나지 않는다. 따라서 고대인들의 종교는 동정에 보답하는 경의(敬意)였다. 모든 것의 위, 모든 것의 근원에는 온후와 관대, 그리고 단어의 최고의 의미에 있어서 사랑이 자리 잡고 있다.

그리하여 라베송은 그리스 조각이라는 특이한 우회로를 통하여 자기 철학의 중심 사상에 되돌아온다. 〈보고서〉에서 그는 우주란 온후, 겸양, 사랑을 통해서 스스로 발생하는 어떠한 원리가 현현한 것이라 말하지 않았던가? 그런데 그리스 조각을 통해서 고대인들에게 재발견되었던 이 사상은 이제 라베송의 정신 속에서 더 풍부하고 간결한 형태로 모습을 갖추게 되었다. 이 새로운 형태에 대해 라베송은 우리로 하여금 불완전한 개략적인 모습으로밖에 보여주지 않는다. 그러나 그의 〈철학적 유언〉은 그 형태의 주요 골자를 보여주고 있다.

〈철학적 유언〉

여기서 그는 한 위대한 철학이 인간 사유의 여명기에 나타나 역사의 흥망성쇠를 통하면서 끊임없이 맥류(脈流)하고 있다고 말한다. 그것은 영웅의 철학, 관대한 자의 철학, 강력한 자의 철학, 온후한 자의 철학이다. 이 철학은 탁월한 지성에 의해 사유되기 이전에 벌써 엘리트들의 정신에 의해 생명을 부여받았다. 그것은 언제나 참으로 왕자(王者)다운 영혼들의 철학이었다. 이들은 그들 자신들을 위해서가 아니라 세계를 위해서 태어나서, 우주의 기본적인 선율, 즉 온후와 사랑의 선율의 조화에 장단맞춰 그 원래의 충동에 끊임없이 충실했다. 이 철학을 최초로 실행한 사람들이 바로 숭앙되던 그리스의 영웅들이었다. 후에 이 철학을 전수한 사람들이 탈레스에서 소크라테스로, 소크라테스에서 플라톤과 아리스토텔레스, 아리스토텔레스에서 데카르트와 라이프니츠로 하나의 중심선을 따라 연속된 사상가들이었다. 이들은 모두 기독교를 예시(豫示), 발전시키는 한편, 영혼의 나라에 완전 몰입된 철학을 사유하고 실천했다. 이 영혼의 나라가 바로 우리의 데카르트가 그 아름다운 이름 '온후(générosité)'로 불렀던 바로 그 나라이다.

이러한 새로운 시각 속에서 라베송은 〈철학적 유언〉에서 〈보고서〉의 기본 명제들을 다루었다. 그는 모든 시대의 위대한 철학자들에게서 이 명제들을 발견했던 것이다. 그는 예를 들어가면서 이를 검증했다. 그는 진리 탐구에 있어서 감정에, 미(美)의 창조에 있어서 열정에 더 커다란 역할을 부여하면서 그 명제들에 새로운 정신으로 활력을 불어넣었다. 그는 모든 예술 가운데 최고의 것, 즉 삶의 예술, 영혼을 주조하는 예술을 강조했다. 그는 이것을 성 어거스틴의 계율 속에 요약했다. "사랑하라. 그리고 원하는 바를 행하라." 부연하여, 이렇게 이해된 사랑은 우리 각자의 마음속에 자리 잡고 있으며, 사랑은 자연스러운 것이라서 우리는 그것을 창조해낼 필요가 없고, 아울러 사랑은 우리의 의지가 사랑에 반대하여 설치한 장애물, 다시 말해서 우리 자신의 숭배에서 우리가 멀리 떨어져 있을 때 스스로 꽃피운다는 것이다.

우리의 전 교육체제를 온후의 감정이 완전히 발휘되게끔 만드는 것이 그가 바랐던 바인지도 모른다. 그는 이미 1887년에 다음과 같이 쓰고 있다. "우리가 겪고 있는 악은 가끔이지만 극단적인 조건의 불평등에 있지 않다. 그것은 불행하게도 그와 관련된 정서에 있다……"

"이러한 악의 치유는 원칙적으로 계급 간의 상호 조화 및 공감을 가져오는 도덕적 개혁에서 찾아져야 한다. 이것은 무엇보다도 교육이 다루어야 할 문제이다." 그는 교과서 수업에는 거의 중점을 두지 않았다. 라베송은 참으로 자유로운 교육, 다시 말해서 영혼을 그 여러 제한에서, 특히 그 중에서도 최악인 이기주의에서 해방시켜주며 자유를 발전시키기 위한 교육의 계획을 다음과 같이 몇마디로 개관한다. "사회는 온후함에 기초해야 한다. 바꾸어 말하자면, 스스로를 위대한 종족, 영웅적이며 더 나아가 신적인 종족으로 생각하는 심성에 정초해야 한다."[8] "한편으로는 자신을 위해서만 부유할 뿐 공동 목적을 위해서는 그렇지 못한 부유한 사람들이 있고, 다른 한편으로는 자신의 노력 외에 의지할 데라고는 없기 때문에 부(富)를 단지 시기(猜忌)의 대상으로만 생각하는 사람들이 있다는 사실에서 사회적 분열이 발생한다." 부유한 사람들, 상류계급이 할 일은 노동자 계급의 영혼의 나라를 수정하는 일이다. "기꺼이 남을 돕는 사람들은 그 불행과 결점에도 불구하고 어린 시절의 성격을 이루는 그 공평성과 온후함을 아직도 많이 보존하고 있다 …… 관대함을 그 옛날의 왕국에 재건시키기 위해 밟아가야 할 길을 혼미한 우리들에게 지시해주도록 천상에서 한 신호를 내려 보내자. 이 신호는 민중들 간에는 어느 곳에서보다 더 빠른 반응을 얻을 것이다. 애덤 스미스는 말하기를 '사람들은 정조(貞操)를 존경하므로 근엄(謹嚴)만큼 그들을 사로잡는 것은 없다'고 말했다."

---

8 《청색(青色) 논평(Revue bleue)》(1887. 4. 23.)

라베송은 온후함을 자연적 감정으로 생각하여, 여기에서 우리는 우리의 기원이 고귀함을 의식하게 된다고 함과 동시에, 이에 못지않게 자연적인 우리 미래의 운명에 대한 육감이 불멸성에 대한 우리의 신앙 속에 있음을 보여준다. 사실 그는 그리스의 전 시대를 통해 이 신앙을 찾아냈다. 그는 그것을 그리스의 묘석에서 읽어냈던 것이다. 그에 의하면 묘석 위의 그림들은 사자(死者)가 아직도 살아 있는 가족들에게 자신이 축복받은 자들의 세계에서 순수한 기쁨을 누리고 있음을 알리기 위해 되돌아오는 모습을 그리고 있다. 고대인들의 감정은 이 점에 있어서 그들을 속이지 않았으며, 우리는 이승에서 간직하던 것을 저승에서 되찾고, 한번 사랑받는 자는 언제나 남을 사랑하리라고 그는 말한다. 덧붙여 그는 종교가 약속한 불멸성이란 영원한 행복이며, 이외의 다른 것으로 이해할 수도 이해해서도 안된다고 하면서, 만일 그렇지 않으면 온후함은 그 결정적인 의미를 잃게 될 것이라고 말했다. 그에 따르면,[9] "기독교의 핵심적인 정신인 자비의 정신과는 거리가 먼 신학은, 정의(正義)라는 미명 하에 흔히 오랜 지속밖에 의미하지 않는 영원이라는 말을 오용하면서, 회개하지 않고 죽은 죄인들, 다시 말해서 전 인류를 끊임없는 불행으로 몰아넣는다. 그렇다면 영원 속에서 그토록 수많은 신음소리를 듣고 있는 신의 행복이라는 것은 어떻게 이해해야 하는가?…… 기독교가 태어난 땅에는 전혀 다른 사유에 의해 영감을 받은 우화적인 신화가 있다. 즉 사랑의 신 아모르(Amour)와 프시케(psyché), 즉 영혼에 관한 신화다. 사랑의 신은 프시케에 매혹된다. 프시케는 성경의 이브처럼 신을 통하지 않고서도 선악을 구별해내

---

9   〈철학적 유언〉, p. 29(《형이상학 및 도덕 평론》, 1901. 1.)

는 법을 알아내 신의 은총을 거부하려는 불경스러운 호기심 때문에 죄를 짓게 된다. 사랑의 신은 그녀에게 속죄를 위한 벌을 내린다. 그러나 그것은 그녀에게 새롭게 선택받을 자격을 주기 위함이며, 그렇게 하고는 후회에 빠진다. 한 소조품(塑彫品)은 한 손에 나비를 들고 있는 그의 모습을 그리고 있다(영혼과 부활의 상징인 나비는 언제나 똑같은 뜻을 갖는다). 다른 한 손으로는 횃불로 그 나비를 태우고 있다. 그러나 그의 얼굴은 뒤로 돌려져 있다. 마치 연민에 가득찬 듯이."

이것이 바로 라베송이 죽기 며칠 전에 〈철학적 유언〉의 마지막 몇 페이지에 써놓은 우화요 이론이다. 마치 웅장한 수목과 향긋한 내음을 풍기는 꽃들이 늘어선 길을 따라 걷듯이, 그는 고귀한 사상과 그 우아한 영상 사이를 걸어갔다. 다가오는 어둠에는 신경도 쓰지 않았다. 오직 시선을 곧바로 지평선을 향해 태양을 바라보는 데 여념이 없었다. 그 태양은 빛이 엷어지면서 그 자태를 더욱 훌륭히 드러냈다. 와병중에도 몸을 돌보는 데 소홀히 했던 탓으로 며칠 후에 병마가 그를 데려가버렸다. 가족들이 둘러보는 가운데 그는 1900년 5월 18일 사라져갔다. 마지막 순간까지 그의 위대한 지성의 명료함을 지닌 채.

철학사를 통해서, 난관을 헤쳐가면서 모순점들을 해결하고 우리 사유와 균형이 맞지 않는 실재를 점차 정확하게 측정하려 애쓰는 성찰이 끊임없이 새롭게 노력함을 본다. 그러나 때로는 이러한 복잡성에 대해 간결성의 힘으로 승리를 거두는 영혼이 나타나는데, 그것은 바로 예술가의 영혼, 시인의 영혼이다. 이 영혼은 자신의 기원(起源)을 떠나지 않으면서, 지성과는 융합할 수 없는 용어들을 정신만으로 느낄 수 있는 조화 속에 융합시킨다. 이 영혼이 철학에 그 목소리를 빌려 주었을 때 말하는 언어를 모든 사람이 동일하게 이해하지는 않는다. 어떤 사람은 그 언어가 모호하며 그 언어가 표현하는 것도 역시 마찬가지라고 생각한다. 또는 그것이 정확하다고 느끼는 사람도 있다. 그 언어가 제시하는 것을 모두 경험하기 때문이라는 것이다. 수많은 귀에 그것은 단지 지나간 과거의 메아리만을 들려준다. 그러나 그 안에서 이미 꿈속에서처럼 미래의 즐거운 노래를 들은 귀도 있다. 이성뿐만 아니라 감정에도 호소하는 철학이 모두 그렇듯이, 라베송의 저작은 이러한 매우 다른 인상들을 후세에 남겨줄 것이다. 그 형태가 약간 모호하다는 사실에 반박할 사람은 없다. 그것은 영감에 의한 형태다. 그러나 그 영감은 천상에서 내려오는 것이며 그 방향은 뚜렷하다. 그 형태가 여러 고대의 소재, 특히 아리스토텔레스 철학이 제공한 소재들을 이용했음을 라베송은 즐겨 이야기하곤 했다. 그러나 그것에 활력을 불어넣은 정신은 새로운 정신이다. 어쩌면 미래는 그것이 우리의 학문과 행동에 제시해준 이상이 여러 점에서 우리 자신의 것보다 앞서 있음을 말해줄 것이다. 그는 물리학자에게 불활성적(不活性的)인 것은 활성적인 것에 의해 설명될 것이라 했다. 철학자에게는 일반적인 것들은 철학적이 아니라 말했다. 교수들에게는 전체(全體)를 요소(要素)보다 먼저 가르쳐야 하며, 학생들에게는 완전성에서 배움을 시작해야 한다고 말했다. 인간에게, 더욱이 때로 이기주의와 증오에 빠지는 인간에게 그는 인간의 자연스런 추진력은 바로 온후함이라는 말을 남겼다. 이보다 더 담대하고 더 새로운 것이 또 어디에 있을 것인가?

참고문헌

1. 베르그송의 저작

Oeuvres(Q), Paris, Presses Universitaires de France, 1959.(이 전집은 1970년 색인이 부가되어 다시 출판되었는데, 이것은 로비네(A. Robinet)가 편집한 것이다. 구이에(H. Gouhier)도 여기에 서문을 썼다. 이 전집 속에 들어 있는 책들의 목록을 보면 다음과 같다.

Essai sur les données immédiates de la conscience, 1889

Matiere et mémoire, 1896

Le Rire, 1900

L' Evolution creatrice, 1907

L' Energie spirituelle, 1919

Durée et le simultanéité, 1922

Les Deux Sources de la morale et de la religion, 1932

La Pensée et le mouvant, 1934

Mélanges(M), Paris, Presses Universitaires de France, 1972(전집에 미포함)

2. 베르그송 연구서 및 논문

Barlow, M. (1966), *Henri Bergson*, Paris, Presses Universitaires de France.

Barreau, H. (1973), Bergson et Einstein: à propos de *Durée et simultanéité, Les études Bergsoniennes*, vol. X; pp. 73~134.

Berthelot, R. (1913), *Un romantisme utilitaire: étude sur le mouvement pragmatiste. Troisiéme partie. Un pragmatisme psychologique: le pragmatisme partial de Bergson*, Paris, Alcan.

Bjelland, A.G. (1974), 'Bergson's dualism in *Time and Free Will*', *Process Studies*, vol. IV, no. 2, pp. 83~106.

Boudot, M. (1980), 'L'espace selon Bergson', *Revue de Métaphysique* et *de Morale*, vol. 85, no. 3, pp. 332~56.

Broad, C.D. (1938), *Examination of McTaggart's Philosophy*, Cambridge, Cambridge University Press.(Vol. 2, pp. 281~8)

Brooks, D.R. and Wiley, E.O. (1984), 'Evolution as an entropic Phenomenon', in Pollard, J.W. (ed.), *Evolutionary Theory: Paths into the Future*, Chichester, John Wiley & Sons.

_____. (1986), *Evolution as Entropy*, Chicago and London, University of Chicago Press.

Buchdahl, G. (1961), 'The problem of negation', *Philosophy and Phenomenological Research*, vol. XXII, no. 2, pp. 163~78.

Čapek, M. (1969), 'Bergson's theory of matter and modern physics', in Gunter, P.A.Y. (ed. and transl.), *Bergson and the Evolution of Physics*, Knoxville, University of Tennessee Press.

_____. (1971), *Bergson and Modern Physics*, Dordrecht, Reidel.

_____. (1980), 'Ce qui est vivant et ce qui est mort dans la critique bergsonienne de la relativité, *Revue de Symthése*, vol. CI, nos. 99~100, pp. 313~44.

Carr, H.W. (1914), reply to Russell, included in Russell, B., *The Philosophy of Bergson*, Cambridge, Bowes & Bowes. (Originally published elsewhere in 1912).

Chambers, C.J.(1974), 'Zeno of Elea and Bergson's neglected thesis', *Journal of the History of Philosophy*, vol. XIII, no. 1, pp. 63~76.

Chevalier, J. (1959), *Entretiens avec Bergson*, Paris, Plon.

I chisholm, R.M. (1966), 'Freedom and action', in Lehrer, K. (ed.), *Freedom and Determinism*, New York, Random House.

Chopra, Y. (1963), 'Porfessor Urmson on "Saints and heroes"', *Philosophy*, vol. XXXVIII, no. 144, pp. 160~6.

Cunningham, G.W. (1916), *A Study in the Philosophy of Bergson*, New York and London, Longman, Green.

Davidson, D. (1967), 'Causal relations', *Journal of Philosophy*, vol. LXIV, no. 21, pp. 691~703.(Often reprinted.)

Dawkins, R. (1986), *The Blind Watchmaker*, Harlow, Longman. (Defends Darwinism.)

Dennett, D. (1984), *Elbow Room*, Oxford, Clarendon Press.

Dobzhansky, T. (1955), *Evolution, Genetics, and Man*, London, Wiley.

Eldredge, N. (1986), *Time Frames*, London, Heinemann.

Findlay, J.N. (1941), 'Time: a treatment of some puzzles', *Australasian Journal of Psychology and Philosophy*, vol. XIX, no. 3, pp. 216~ 35.(Reprinted in Smart, J.J.C.(ed.), *Problems of Space and Time*, New York, Macmillan, London, Collier-Macmillan, 1964, and in Gale, R.M. (ed.), *The Philosophy of Time*, London, Macmillan, 1968.)

Frege, G. (1952), 'Negation', in Geach P. and Black, M. (eds), *Translations from the Philosophical Writings of Gottlob Frege*, Oxford, Blackwell. (Original 1919.)

Fuss, P. (1963/4), 'Conscience', Ethics, vol. LXXIV, no. 2, pp. 111~20.

Gale, R.M. (ed.), (1968), *The Philosophy of Time*, London, Macmillan.

Gale, R.M. (1973~4), 'Bergson's analysis of the concept of nothing', *The Modern Schoolman*, vol. LI, pp. 269~300.

Ginnane, W.J.(1960), 'Thoughts', *Mind*, vol. LXIX, no. 275, pp. 372~90.

Goodman, N. (1954), *Fact, Fiction and Forecast*, London, Athlone. (Revised in later editions.)

Goudge, T.A.(1967), 'Bergson' in Edwards, P.(ed.), *The Encyclopedia of Philosophy*, vol. 1, New York, Macmillan, London, Collier-Macmillan.

Gouhier, H. (1959), 'Introduction', in Bergson, H., *Oeuvres*, Paris, Presses Universitaires de France, 1959.

Green, T.H. (1883), *Parolegonema to Ethics*, Oxford, Clarendon Press.

Gunter, P.A.Y.(ed. and transl.) (1969), *Bergson and the Evolution of physics*, Knoxville, university of Tennessee press.

_____. (1986), *A Biblography of Bergon*, revised second edition, Bowling Green, Philosophy Documentation Centre.(First edition 1974.)

Gunter, P.A.Y.(1987): See Papanicolaou, A.C. and Gunter, P.A.Y.

Hamlyn, D.W. (1961), *Sensation and Perception*, London, Routledge and Kegan Paul. (See p. 170.)

Heidsieck, F. (1957), *Henri Bergson et la notion d'espace*, Paris, Le Circle du Livre.

Hobart, R.E. (1934), 'Free will as involving determination and inconceivalble without it', *Mind*, vol. XLIII, no. 169, pp. 1~27.

Holland, R.F. (1954), 'The empiricist theory of memory', *Mind*, vol. LXIII, no. 252, pp. 464~86.

Hume, D.(1888), *A Treatise of Human Nature*, ed. by L.A.Selby-Bigge, Oxford, Clarendon Press.(Originally published 1739~40.)

Husson, L. (1947), *L'Intellectualisme de Bergson, Paris, Presses Universitaires de France*.

James, W. (1890), *The Principles of Psychology*, London, Macmillan.

_____. (1909), *A Pluralistic Universe*, London, Longmans, Green.

_____. (1912), *Essays in Radical Empiricism*, London, Longmans, Green.

Jankélévitch, V. (1959), *Henri Bergson*, Paris, Presses Universitaires de France.

Janvier, P. (1984), 'Cladistics: theory, purpose and evolutionary implications', in Pollard. J.W.(ed.), *Evolutionary Theory: Paths into the Future*, Chichester, John Wiley and Sons.

Kant, I. (1873), *Critique of Practical Reason*, transl. T.K. Abbott, London, Longmans, Green. (Original edition, 1788. For the discussion of the deposit Bergson's editor refers to 1.1 § 4, Theorem III, Remark(Q, 1570)

Kirk, G.S. and Raven, J.E.(1957), *The Presocratic Philosophers*, Cambridge, Cambridge University Press.

Kolakowski, L. (1985), *Bergson*, Oxford, Oxford University Press.(Useful brief introduction viewing wood rether than trees.)

Lacey, H.M. (1970), 'The scientific intelligbility of absolute space', *British Journal for the Philosophy of Science*, vol. 21, pp. 317~42.

Le Dantec, F. (1907), 'La biologie de M. Bergson', *La Revue du Mois*, vol. IV, no. 20(August), pp. 230~41.(Bergson replies in vol. IV, no. 21(September), pp. 351~3, also in Bergson, H., *Mélanges*, Paris, Presses Universitaires de France, 1972, 731.)

Lenneberg, E.H. (1967), *Biological Foundations of Language*, New York, Wiley.

Lindsay, A.D. (1911), *The Philosophy of Bergson*, London, J.M. Dent & Sons.

Locke, D. (1971), *Memory*, London, Macmillan.

MacKay, D.M. (1958), '*Complementararity, Proceedings of the Aristotelian Society*, Supplementary Vol. XXXII, pp. 105~22.

McTaggart, J.M.E. (1908) 'The unreality of time', *Mind,* vol. XVII, no. 68, pp. 457~74.

MacWilliam, J. (1928), *Criticism of the Philosophy of Bergson,* Edinburgh, T. & T. Clark.

Martin, C.B. and Deutscher, M. (1966), 'Remembering', *Philosophical Review,* vol. LXXV, pp. 161~96.

Milet, J. (1974), *Bergson et le calcul infinitésimal,* Paris, Presses Universitaires de France.(Cf. also J. Ullmo's preface, and review by J. Theau in *Dialogue,* vol. XV, no. 1, 1976, pp. 169~73).

_____. (1987), 'Bergsonian epistemology and its origins in mathematical thought', in Papanicolaou, A.C. and Gunter, P.A.Y.(eds), *Bergson and Modern Thought,* Chur, Harwood Academic Publishers.

Moore, E.F. (1964), 'Mathematics in the biological sciences', *Scientific American,* vol. 211, no. 3, pp. 148~64.

Moore, G.E. (1903), *Principia Ethica,* Cambridge, Cambridge University Press.

More, H. (1679): Henrici Mori, *Scriptorium Philosophicorum* Tomus Alter, London, Martyne, J. and Kettilby, G.

Mossé-Bastide, R.M. (1955), *Bergson Educateur,* Paris, Presses Universitaires de France.

Mouton, D.L. (1969), 'Thinking and time', *Mind,* vol. LXXVIII, no. 309, pp. 60~76.

Papanicolaou, A.C. and Gunter, P.A.Y.(eds)(1987), *Bergson and Modern Thought,* Chur, Harwood Academic Publishers.

Parfit, D. (1984), *Reasons and Persons,* Oxford, Oxford University Press.

Pollard, J.W.(ed.)(1984), *Evolutionary Theory: Paths into the Future,* Chichester, John Wiley and Sons.

Putnam, H. (1975~6), 'What is "realism"?' *Proceedings of the Aristotelian Society*, N.S. vol. LXXVI, pp. 177~94.

Ridley, M. (1985), *The Problems of Evolution*, Oxford, Oxford University Press.

Robinet, A. (1965), *Bergson et les métamorphoses de la durée*, Paris, Editions Seghers.

Rohrlich, F. (1987) *From Paradox to Reality*, Cambridge, Cambridge University Press.

Ruse, M. (1986), *Taking Darwin Seriously*, Oxford, Blackwell.

Russell, B. (1914), *The Philosophy of Bergson*, Cambridge, Bowes & Bowes(This volume also contains a reply by H.W.Carr and a rejoinder to it by Russell. These three items were originally published separately in 1912 and 1913. Russell's views are repeated in abbreviated form, with new initial paragraph, in his *History of Western, Philosophy*, London, Allen & Unwin 1946. Bergson found Carr's reply 'excellente',)

Ryle, G. (1929), 'Negation', *Proceedings of the Aristotelian Society*, supplementary vol. IX, pp. 80~96.

Salmon, W.C.(ed.)(1970), *Zeno's Paradoxes*, Indianapolis and New York, Bobbs-Merrill.

Schlesinger, G. (1977), *Religion and Scientific Method*, Dordrecht, Reidel.

Sciama, D. (1986), 'Time 'paradoxes' in relativity', in Flood, R. and Lockwood, M.(eds.) *The Nature of Time*, Oxford, Blackwell.

Shoemaker, S. (1969), 'Time without change', *Journal of Philosophy*, vol. LVI, no. 12, pp. 363~81.

Simpson, G.G. (1949), *The Meaning of Evolution*, New Haven, Yale University Press.

Smart, J.J.C.(ed.)(1964), *Problems of Space and Time*, New York, Macmillan, London, Collier-Macmillan.

Stewart, J.McK. (1911), *A Critical Expositioin of Bergson's Philosophy*, London, Macmillan.

Taylor, R. (1955), 'Spatial and temporal analysis and the concept of identity', *Journal of Philosophy*, vol. LII, no. 22, pp. 599~612, reprinted in Smart, J.J.C(ed.), *Problems of Space and Time*, New York, Macmillan, London, Collier-Macmillan.

Theau, J. (1976), Review of Milet, J., *Bergson et le calcul infinitésimal, in Dialogue*, vol. XV, no. 1, pp. 169~73.

Tye, M. (1986), 'The subjective qualities of experience', *Mind*, vol. XCV, no. 377, pp. 1~17.

Ullmo, J. (1974), 'Préface' to Milet, J., *Bergson et le calcul infinitésimal*, Paris, Presses Universitaires de France.

Urmson, J.O. (1958), 'Saints and heroes', in Melden, A.I.(ed.), *Essays in Moral Philosophy*, Seattle and London, University of Washington Press.

Whorf, B. (1968), 'An American Indian model of the universe', in Gale, R.M.(ed.), *The Philosophy of Time*, London, Macmillan.(Originally Published 1950.)

찾아보기

옮긴이의 말

이 책은 앙리 베르그송(Henri Bergson, 1859~1941)의 《사유와 운동(La pensée et le mouvant)》(Presses Universitaires de France, 1975, 91 éd.)을 완역한 것이다. 원서는 1903년부터 1930년까지 발표된 몇 개의 강연과 강의 내용을 모아 1934년에 출판된 논문집이자 그의 마지막 저서다.

그가 쓴 논문 가운데서 가장 탁월한 것으로 인정받는 〈형이상학입문〉(1903)이 실려 있다는 점에 이 책이 지닌 커다란 가치가 있다. 이 논문을 통해 그는 형이상학과 과학이라는 용어의 의미를 분명히 하려 했다. 그는 이 논문을 쓰면서 "이 논문의 집필 시기가 칸트의 비판론과 그 후계자들의 독단론이 철학적 사변의 시발점으로서 상당히 인정받던 시기라는 것을 잊어서는 안된다"고 당부하고 있다. 또한 이 논문에서는 그의 첫 번째 저서인 《의식에 직접 주어진 것에 관한 시론(Essai sur données immédiates de la conscience)》(1889)에서 제시된 직관적 방법이 더욱 간결하게 다시 한번 정리되고 있다. 그런가 하면 이 논문은 몇 년 뒤에 나올 그의 대표적인 저서 《창조적 진화(L'Evolution créatrice)》(1907)에 앞서 형이상학과 과학에 대한 자신의 관점을 재확인시킴으로써 《창조적 진화》의 방법과 관점을 예고하는 것이기도 하다. 특히 이 책의 서론에 해당하는 논문 두 편은 그가 순전히 이 책의 출판을 위해 쓴 것이므로 그의 〈형이상학 입문〉에 대한 이해를 보충하는 데 크게 도움이 될 것이다.

이 책에는 그의 형이상학을 깊이 있게 이해시켜주는 글들이 두 편 더 실려 있다. 〈가능적인 것과 실재적인 것〉 및 〈변화의 지각〉이 그것이다.

전자는 1930년 스웨덴 학술지 〈Nordisk Tidskrift〉에 발표된 것이지만, 이것은 그가 1927년 노벨상을 수상한 뒤 기념 강연을 하지 못한 유감을 표시하기 위해 발표한 것이므로 그의 수상 기념 강연이라 할 만하다. 후자는 1911년 옥스퍼드대학에서 있었던 두 차례의 강연 내용이다. 여기에서는 운동과 변화에 대한 형이상학의 핵심 문제가 논의되고 있다. 그는 "우리가 해야 할 일은 변화와 지속을 그 본래적 운동성(mobilité originelle) 속에서 파악하는 것"이라고 주장함으로써 변화 가운데서 변화하지 않는 것들, 운동 가운데서 운동하지 않는 것들을 붙들고 형이상학의 불가능성을 제기했던 제논이나 칸트에게서 형이상학의 가능성을 부활시키고 있다. 이상의 글들만 가지고도 옮긴이는 독자들이 베르그송의 형이상학에 입문하는 데 충분하리라 생각한다.

이 책의 후반부에는 베르그송의 철학과 직접 또는 간접적으로 관련을 맺어온 세 사람의 철학자에 대한 베르그송 자신의 글들이 실려 있다. 이것들은 베르그송의 철학적 계보와 영향을 이해하는 데 가치 있는 자료들이다. 프랑스철학의 중심축을 이뤄온 자연과학은 특히 19세기 이래 프랑스의 지적 분위기를 주도하고 있다. 베르그송의 생철학도 클로드 베르나르(Claude Bernard)의 생명현상, 생명원리에 대한 논의에서 비롯된 '생명의 형이상학'의 한 결론일 수 있다. 이 점에서 베르나르 탄생 100주년을 기념하는 '클로드 베르나르의 철학'에 대한 강연 기회가 그에게 주어진 것은 당연한 일로 여겨진다. 여기에서도 그는 "철학과 과학은 체계적이어서는 안된다"는 베르나르의 신념을 다시 한번 역설하고 있다.

베르그송이 프랑스의 지식인 사회에서 주목받기 시작한 것은 1900년 콜레주 드 프랑스의 교수가 되면서부터이다. 이는 그에게 누구보다도 많은 영향을 주었던 유심론자 라베송(J. G-F Ravaisson)이 죽으면서 고대철학 강좌를 물려주었기 때문이다. 이 책에 실린 〈라베송의 생애와 저작〉이라는 글도 그가 라베송에 대한 존경의 표시로서 고대철학 강좌를 승계하기 얼마 전에 발표한 것이다. 이렇게 보면 그의 승계는 이미 예약된 것인지도 모른다.

베르그송과 실용주의 철학자인 윌리엄 제임스(W. James) 간의 철학적 교류와 영향에 관해서는 누가, 어떻게 그리고 더 많은 영향을 주었는지 단언하기 어렵다. 그들의 대표적인 저서인 《창조적 진화》와 《프래그머티즘》이 공교롭게도 같은 해(1907)에 출판됨으로써 더욱 그러하다. 그러나 제임스는 베르그송의 《창조적 진화》를 격찬하면서도 의식의 흐름에 관한 자신의 이론을 베르그송이 순수지속의 개념으로 변조시켰다 해서 그를 비난한 바 있다. 이 책에 실린 〈윌리엄 제임스의 프래그머티즘〉은 베르그송이 1911년 제임스의 《프래그머티즘》의 프랑스어 번역판 서문으로 쓴 것이지만 제임스에 대한 베르그송의 입장을 알아보는 데 좋은 단서가 될 것이다.

옮긴이는 이 책의 번역에 있어서 원문의 의미에 일매지도록 직역에 충실하였다. 이것은 노벨상을 받은 베르그송의 문체와는 상반된 결과였으나 프랑스어가 갖는 표현상의 아름다움을 살리기 어려웠고, 베르그송의 뛰어난 필치를 따를 길 없었다. 무엇보다도 미천한 번역 능력이 가장 큰 원인이라 생각한다. 번역 공해에 덤이 되지 않았으면 좋겠다.

끝으로, 고전의 출판에도 주저하지 않는 문예출판사 전병석 사장님에게 다시 한번 감사한다. 편집부원들의 수고에 대해서도 못지않은 마음을 전하고 싶다. 이 책의 교정을 도와준 강원대 대학원의 나의 제자 고승규, 정승태 군의 수고에 대해서도 마찬가지 마음이다.

이광래

옮긴이 **이광래**

1946년 서울에서 출생했다. 고려대학교 문과대학 철학과를 졸업하고,
같은 대학원에서 철학박사 학위를 받았다. 강원대학교 철학과 교수를 지냈다.
저서로《미셸 푸코 : 광기의 역사에서 성의 역사까지》,《프랑스 철학사》등이 있고,
역서로《서양철학사》(사무엘 E. 스텀프),《말과 사물》(미셸 푸코),
《20세기 프랑스 사상가》(조셉 치아리) 등 다수가 있다.

사유와 운동

1판 1쇄 발행 1993년 1월 30일
2판 3쇄 발행 2020년 6월 30일

지은이 앙리 베르그송 | 옮긴이 이광래
펴낸곳 (주)문예출판사 | 펴낸이 전준배
출판등록 1966. 12. 2. 제 1-134호
주소 03992 서울시 마포구 월드컵북로 6길 30
전화 393-5681 | 팩스 393-5685
홈페이지 www.moonye.com | 블로그 blog.naver.com/imoonye
페이스북 www.facebook.com/moonyepublishing | 이메일 info@moonye.com

ISBN 978-89-310-0069-6 93110